LES ŒUVRES COMPLETES DE VOLTAIRE

65C

VOLTAIRE FOUNDATION
OXFORD
2017

© 2017 VOLTAIRE FOUNDATION LTD

ISBN 978 0 7294 1200 1

Voltaire Foundation Ltd
University of Oxford
99 Banbury Road
Oxford OX2 6JX

A catalogue record for this book
is available from the British Library

www.voltaire.ox.ac.uk

The Forest Stewardship Council is an international network to
promote responsible management of the world's forests

Printed on FSC-certified and chlorine-free paper at
T J International Ltd in Padstow, Cornwall, England

Œuvres de 1768

I

Ce volume est dédié à la mémoire de
Roland Mortier
(1920-2015)

TABLE DES MATIÈRES DU TOME 65

TABLE DES MATIÈRES

ABRÉVIATIONS

Arsenal	Bibliothèque de l'Arsenal, Paris
Bengesco	Georges Bengesco, *Voltaire: bibliographie de ses œuvres*, 4 vol. (Paris, 1882-1890)
BGE	Bibliothèque de Genève, Geneva
BnC	*Catalogue général des livres imprimés de la Bibliothèque nationale: auteurs, tome 214, Voltaire*, éd. H. Frémont et autres, 2 vol. (Paris, 1978)
BnF	Bibliothèque nationale de France, Paris
Bodley	Bodleian Library, Oxford
BV	M. P. Alekseev et T. N. Kopreeva, *Bibliothèque de Voltaire: catalogue des livres* (Moscou, 1961)
Caussy	Fernand Caussy, *Inventaire des manuscrits de la bibliothèque de Voltaire conservée à la Bibliothèque impériale publique de Saint-Pétersbourg* (Paris, 1913; réimpression Genève, 1970)
CLT	F. M. Grimm, *Correspondance littéraire, philosophique et critique, par Grimm, Diderot, Raynal, Meister, etc.*, éd. Maurice Tourneux, 16 vol. (Paris, 1877-1882)
CN	*Corpus des notes marginales de Voltaire* (Berlin et Oxford, 1979-)
D	Voltaire, *Correspondence and related documents*, éd. Th. Besterman, dans *Œuvres complètes de Voltaire*, t.85-135 (Oxford, 1968-1977)
DP	Voltaire, *Dictionnaire philosophique*
EM	Voltaire, *Essai sur les mœurs*

Encyclopédie	*Encyclopédie, ou dictionnaire raisonné des sciences, des arts et des métiers, par une société de gens de lettres*, éd. J. Le Rond D'Alembert et D. Diderot, 35 vol. (Paris, 1751-1780)
GpbV	Bibliothèque de Voltaire, conservée à la Bibliothèque nationale de Russie, Saint-Pétersbourg
ImV	Musée Voltaire de la Bibliothèque de Genève
Kehl	*Œuvres complètes de Voltaire*, éd. J. A. N. de Caritat, marquis de Condorcet, J. J. M. Decroix et Nicolas Ruault, 70 vol. (Kehl, 1784-1789)
Leigh	*Correspondance complète de Jean-Jacques Rousseau*, éd. Ralph Leigh, 59 vol. (Genève, Oxford, 1963-1989)
LP	Voltaire, *Lettres philosophiques*, éd. G Lanson, rév. A. M. Rousseau, 2 vol. (Paris, 1964)
M	*Œuvres complètes de Voltaire*, éd. Louis Moland, 52 vol. (Paris, 1877-1885)
ms.fr.	manuscrits français (BnF)
n.a.fr.	nouvelles acquisitions françaises (BnF)
OCV	*Œuvres complètes de Voltaire* (Oxford, 1968-) [la présente édition]
OH	Voltaire, *Œuvres historiques*, éd. R. Pomeau (Paris, 1957)
QE	Voltaire, *Questions sur l'Encyclopédie*
SVEC	*Studies on Voltaire and the eighteenth century*
Taylor	Taylor Institution, Oxford
Trapnell	William H. Trapnell, 'Survey and analysis of Voltaire's collective editions', *SVEC* 77 (1970), p.103-99
VF	Voltaire Foundation, Oxford
VST	René Pomeau, René Vaillot, Christiane Mervaud et autres, *Voltaire en son temps*, 2ᵉ éd., 2 vol. (Oxford, 1995)

L'APPARAT CRITIQUE

L'apparat critique placé au bas des pages fournit les diverses leçons ou variantes offertes par les états manuscrits ou imprimés du texte.

Chaque note critique est composée de tout ou partie des indications suivantes:
— Les numéros des lignes auxquelles elle se rapporte.
— Les sigles désignant les états du texte, ou les sources, repris dans la variante. Des chiffres arabes, isolés ou accompagnés de lettres, désignent en général des éditions séparées de l'œuvre dont il est question; les lettres suivies de chiffres sont réservées aux recueils, w pour les éditions complètes, et T pour les œuvres dramatiques; après le sigle, l'astérisque signale un exemplaire particulier, qui d'ordinaire contient des corrections manuscrites.
— Les deux points (:) marquant le début de la variante proprement dite, dont le texte, s'il en est besoin, est encadré par un ou plusieurs mots du texte de base. A l'intérieur de la variante, toute remarque de l'éditeur est placée entre crochets.

Les signes typographiques conventionnels suivants sont employés:
— Les mots supprimés sont placés entre crochets obliques (< >).
— La lettre grecque bêta (β) désigne le texte de base.
— Le signe de paragraphe (¶) marque l'alinéa.
— Deux traits obliques (//) indiquent la fin d'un chapitre ou d'une partie du texte.
— La flèche horizontale ($\rightarrow$) signifie 'adopté par'.
— Les mots ajoutés à la main par Voltaire ou Wagnière sont précédés, dans l'interligne supérieur, de la lettre ^{V} ou ^{W}.
— La flèche verticale dirigée vers le haut ($\uparrow$) ou vers le bas ($\downarrow$) indique que l'addition est inscrite au-dessus ou au-dessous de la ligne.
— Le signe $^+$ marque la fin de l'addition, s'il y a lieu.

LES DESCRIPTIONS BIBLIOGRAPHIQUES

Dans les descriptions bibliographiques les signes conventionnels suivants sont employés:
- Pi (π) désigne des cahiers non signés supplémentaires à l'enchaînement régulier des pages préliminaires.
- Chi (χ) désigne des cahiers non signés supplémentaires à l'enchaînement régulier du texte.
- Le signe du dollar ($) signifie 'un cahier typique'.
- Le signe plus ou moins (±) indique l'existence d'un carton.

REMERCIEMENTS

La préparation des *Œuvres complètes de Voltaire* dépend de la compétence et de la patience des membres du personnel de nombreuses bibliothèques de recherche partout dans le monde. Nous les remercions vivement de leur aide généreuse et dévouée. Parmi eux, certains ont assumé une tâche plus lourde que d'autres, dont en particulier le personnel de la Bibliothèque nationale de France et de la Bibliothèque de l'Arsenal, Paris; du Musée Voltaire de la Bibliothèque de Genève; de la Taylor Institution Library, Oxford; de la Bibliothèque nationale de Russie, Saint-Pétersbourg; du Harry Ransom Center de l'Université de Texas, Austin; et de la Bibliothèque Carnegie, Reims. La base de données *Electronic Enlightenment* (*EE*) de la Bodleian Library constitue pour notre équipe un outil irremplaçable. Nous remercions également Stephen Ashworth, Madeleine Chalmers, Elizabeth L. Garver, Dominique Lussier, Olivia Madin, Leah Morin et Cédric Ploix qui nous ont aidés à préparer ce volume. Nous sommes particulièrement reconnaissants à David Adams pour son aide bibliographique et à Marie-Hélène Cotoni pour sa relecture.

PRÉFACE

1768... Il serait difficile de ne pas rappeler que, cette année-là, la vie confortable de Voltaire a été soudain bouleversée, dès la fin de février, par des événements pénibles et douloureux, suivis par une séparation rapide d'avec Mme Denis. Les drames vécus auront des échos dans les lettres pendant de longs mois.

Dès les premiers jours de l'année, Voltaire avait écrit à ses correspondants que depuis trois mois il ne sortait presque point de son lit, que tout gelait, qu'il n'y avait aucune communication d'un village à un autre, qu'une plaine de neige d'environ quatre-vingts lieues de tour formait leur horizon, 'spectacle admirable et horrible' (D14689). Après avoir reçu les livres de Panckoucke, le 1er février il lui envoie ce bilan: 'Le froid excessif, la faiblesse excessive, la vieillesse excessive et le mal aux yeux excessif ne m'ont pas permis, Monsieur, de vous remercier plus tôt' (D14716). Pour informer Mme Du Deffand de sa 'vie ridicule', il précise: 'Il y a trois ans que je ne suis sorti de ma maison; il y a un an que je ne sors point de mon cabinet, et six mois que je ne sors guère de mon lit' (D14739).

Il ne faudrait pas en déduire qu'il s'est comporté, à soixante-quatorze ans, en pauvre vieillard malade et inactif. Le nombre, le contenu et le rythme de ses lettres montrent tout le contraire. Toujours poussé à l'action, il a écrit à Cramer en janvier: 'Je veux crier la vérité à plein gosier; je veux faire retentir le nom du chevalier de La Barre à Paris et à Moscou; je veux ramener les hommes à l'amour de l'humanité par l'horreur de la barbarie. Je vous prie de me seconder' (D14678). Il s'inquiète également de la situation des Sirven, dont il poursuit l'affaire depuis cinq ans, sans se rebuter devant les obstacles. Il généralise en écrivant à Damilaville: 'Il importe beaucoup que les juges ne s'accoutument pas à se jouer de la vie des hommes' (D14700). Il ne doute plus 'que l'arrêt infâme qui le condamnait à la mort ne soit cassé comme celui des Calas' (D14723). Mais l'affaire avait été rapportée le 29 janvier, devant le Conseil du roi, qui préféra la forme au fond et rejeta la requête de Sirven, ne souhaitant pas émettre un avis contraire à la décision d'une cour provinciale (Mazamet). Voltaire se dit 'atterré de ce coup' (D14738).

Or voilà que, le 19 février, il confie à Damilaville 'une nouvelle tracasserie bien désagréable' (D14766). Ne voulant le montrer à personne, il avait enfermé dans son cabinet le manuscrit du second chant de *La Guerre civile de Genève*. Mais La Harpe entrait là tous les jours. Une fois de retour à Paris, à l'automne 1767, sans rien dire à son hôte il agit de telle sorte qu'une centaine de personnes eurent des copies de ce manuscrit. Revenu à Ferney en février, il se tut lorsque Voltaire se plaignit de la publicité de ce second chant; et, un peu plus tard, il prétendit qu'il tenait de quelqu'un d'autre le texte dérobé. Comme il le confia à Damilaville, l'écrivain éprouva évidemment du 'ressentiment' devant 'la malhonnêteté et la turpitude' de La Harpe, une 'aventure [...] bien désagréable' (D14766). Néanmoins le 22 février, il relata les faits à D'Alembert, 'parce que vous l'aimez et que je l'aime'. Il lui pardonne 'cette petite légèreté'. Toutefois, il demanda à son correspondant de le gronder 'paternellement' (D14770). Le même jour, il écrivit à Damilaville pour qu'il parle à D'Alembert, et 'que cette malheureuse aventure soit dans le dernier secret' (D14771). Le 1er mars, lui-même révélera, cependant, l'essentiel à Hennin, résident de France à Genève, en assurant 'qu'il faut pardonner' et qu'il continuera à rendre à La Harpe des services essentiels (D14785).

Bien évidemment, Mme Denis était informée de ces tracas. Elle avait fortement soutenu le coupable, avec quelque indulgence. Cette crise suscita des querelles violentes, des scènes pénibles entre l'oncle et la nièce. Soucieux de retrouver son calme, Voltaire la renvoya du château de Ferney, le 28 février. Elle en partit le lendemain avec Marie Françoise Corneille et son époux, sans chercher à le rencontrer. La lettre qu'il lui écrivit le 1er mars, conscient d'un éloignement définitif, relate ses vaines attentes et sa douleur. Cependant il rédigea aussitôt une dizaine de lettres pour des correspondants bien connus, afin d'annoncer le départ pour Paris de Mme Denis, sans en révéler les causes véritables. Il s'en tint aux problèmes de santé de sa nièce, ou à leurs affaires délabrées à cause de leur très longue absence, sujet qui reviendra assez souvent.

Il envoya une trentaine de lettres à Mme Denis, en 1768. Les premières sont touchantes. Dans celle du 8 mars il affirme 'Ferney m'est odieux sans vous [...]. Je songe plus à vous qu'à moi. Je veux que vous soyez heureuse'. Et plus loin: 'J'aurais eu la consolation de mourir entre vos bras sans ce funeste La Harpe' (D14820). Un mois plus tard toutefois, il lui rappelle 'l'humeur cruelle' qu'elle eut avec lui à table, au point que sa 'plaie saigne encore'. Il ajoute que lui ont aussi échappé, dans ses lettres, 'des traits qui percent le cœur' (D14924). Au marquis et à la marquise de Florian, qui étaient leurs proches, il a pu confier, au début d'avril, les 'orages violents qui la bouleversent quelquefois et qui désolent la société', de même que son aversion naturelle pour la vie à la campagne, tandis qu'une 'vie tumultueuse ne convient ni à mon âge de soixante-quatorze ans, ni à la faiblesse de ma santé' (D14917). Après avoir eu des banquets de deux cents personnes à souper, après avoir assisté à des bals ou des comédies, donné des fêtes à trois régiments, logé, pendant deux mois, un colonel et ses officiers, reçu, durant toutes ces années, trois ou quatre cents Anglais, il est las d'être 'l'aubergiste de l'Europe', comme il le répète très souvent. Il affirme apprécier, maintenant, son goût pour la solitude et partager sa vie entre l'agriculture et les lettres, en se levant à 4 heures du matin après s'être couché de plus en plus tôt. Le 24 août, il déclare à Mme Denis qu'il a continué à fermer sa porte à tout le monde; 'mon état ne me permet plus de voir des passants et de me gêner pour eux' (D15186).

Immédiatement après le départ de sa nièce, le Patriarche avait eu l'idée de vendre Ferney. Cependant, juridiquement la propriété appartenait à Mme Denis, qui avait envoyé sa procuration, mais sans volonté d'opérer la transaction. Toutefois, comme il l'écrit à

Dompierre d'Hornoy, elle avait laissé '15 000 livres de dettes criardes à payer comptant' (D14835). Il fallait lui verser une rente de 20 000 livres pour ses dépenses à Paris. Et les sommes que devaient le duc de Württemberg, le duc de Richelieu, le marquis de Lézeau, la succession de Guise n'avaient pas encore été récupérées. Les lettres de Voltaire abondent sur ces sujets.

Avant Pâques, il avait donné les instructions nécessaires au curé. Il s'était confessé et avait reçu l'absolution. Le jour de Pâques, 3 avril, il communia, prit le pain bénit, mais intervint, pendant le service divin, pour informer l'assistance d'un vol qui venait d'être commis, puis l'inviter à prier pour la santé de la reine, très malade. Il reçut, quelques jours plus tard, une lettre de Mgr Biord, évêque d'Annecy, qui ne voulait pas voir, dans la scène qu'on lui avait rapportée, un acte d'hypocrisie avilissant, tout en manœuvrant habilement. Il demandait à Voltaire un désaveu de ses attaques contre le christianisme. Dans sa réponse, le destinataire feint de ne voir dans sa lettre que des compliments. Le 25, cependant, Biord précise que, dorénavant, on ne pourra l'admettre aux sacrements. Voltaire s'étonne et lui envoie, pour se justifier, un certificat signé par des autorités locales, qui montre en lui, religieusement, moralement et socialement, un bienfaiteur... Un mois plus tard, il écrivit à sa nièce (D15034) que c'était 'absolument nécessaire pour faire taire deux dogues mitrés' (l'évêque d'Annecy et celui de Saint-Claude). Toutefois Mgr Biord voulait une réparation publique et il envoya ses lettres au ministre Saint-Florentin. Le Patriarche fut alors contraint de multiplier les certificats susceptibles d'annihiler les calomnies parvenues jusqu'au roi.

Bien sûr il joue la comédie quand il feint la pratique religieuse. Néanmoins les amis du philosophe et le public parisien éclairé avaient manifesté une certaine surprise devant ses provocations. Il prétend donc qu'il communiera tant qu'il y aura une communion dans le monde, et poursuit, pour Jacob Tronchin: 'Vivez gaiement, moquez-vous de tout. C'est un très bon parti que j'ai pris depuis longtemps' (D14946). Il juge, pourtant, que ses dévotions sont indispensables pour donner toute satisfaction aux gens de son village, qu'il effrayerait s'il ne pensait pas et n'agissait pas comme eux. Le 27 avril, il écrit à sa nièce que, dorénavant, il est 'seul à Ferney chargé de la manutention de la terre et de l'édification publique' (D14984).

C'est en juin qu'est sortie *La Profession de foi des théistes*. Dès le début de l'année, il avait répondu à une lettre de Catherine II, du 22 décembre 1767 (D14611): il n'aurait jamais deviné 'qu'un jour la raison [...] viendrait à Moscou, à la voix d'une princesse née en Allemagne, et qu'elle assemblerait dans sa grand-salle, des idolâtres, des musulmans, des Grecs, des Latins, des luthériens, qui tous deviendraient ses enfants' (D14704). Voltaire n'a caché là ni son étonnement, ni l'importance de la tolérance pour le pouvoir civil. Le 28 mars, il écrira au comte Vorontsov: 'Il faut enfin que les hommes conçoivent que la religion ne doit servir qu'à unir les hommes et non à les diviser, que la morale ne peut faire que du bien et que le dogme a toujours fait du mal' (D14890). Inversement, il rejette l'athéisme. Au marquis de Villevielle il assure: 'Un honnête homme [...] rend service au genre humain s'il répand les principes humains de la tolérance; mais quel service peut-il rendre s'il répand l'athéisme?' (D15189) Au comte de La Touraille il affirme: 'J'ai toujours pensé que les athées étaient de très mauvais raisonneurs, et que cette malheureuse philosophie n'est pas moins dangereuse qu'absurde' (D15216).

Voltaire ne se limite donc pas à jouer le seigneur de village. Il est sensible à l'évolution de pays voisins de la France. Juste après Pâques, le 5 avril, D'Alembert lui avait demandé s'il acceptait de recevoir à Ferney deux jeunes nobles espagnols: Mora, le gendre du marquis d'Aranda, et le duc de Villahermosa. Il réagit avec enthousiasme: 'J'irais dix lieues au-devant d'eux, si je pouvais aller' (D14936). Aussi le 1er mai écrit-il à D'Alembert, puis au marquis de Villevielle pour leur dire que ces voyageurs sont venus passer trois jours avec lui. 'L'Inquisition d'Espagne n'est pas abolie, mais on a arraché les dents à ce monstre' précise-t-il au marquis de

Villevielle, en ajoutant: 'Les Espagnols en moins de deux ans ont réparé cinq siècles de la plus infâme bigoterie' (D14992). Les jours suivants, c'est dans les lettres à sa nièce, au pasteur Jacob Vernes, à l'ami d'Argental qu'il s'est réjoui de marquer les progrès de l'Espagne. Un peu plus tard il citera l'Italie en écrivant à l'avocat Sébastien Dupont: 'Soyez sûr que d'un bout de l'Europe à l'autre il s'est fait depuis quelque temps dans les esprits une révolution qui n'est ignorée peut-être que des capucins de Colmar et des chanoines de Porrentruy' (D15255).

Il n'a pas manqué, alors, de correspondre avec des hommes de lettres. Le 30 mai il avait répondu à une missive, aujourd'hui perdue, du marquis de Beccaria en affirmant: 'Votre ouvrage a fait du bien et en fera. Vous travaillez pour la raison et pour l'humanité qui ont été toutes deux si longtemps écrasées'. Il en venait, plus loin, à la mort du chevalier de La Barre, qui 'excite partout l'horreur et la pitié' (D15044). Sa lecture du livre *Des délits et des peines* laissa des traces dans sa *Relation de la mort du chevalier de La Barre*, adressée à 'Monsieur le marquis de Beccaria' et réimprimée en mai 1768.

Le 6 juin, dans des circonstances bien différentes, Voltaire avait demandé à Horace Walpole, sans le connaître, de lui faire parvenir le beau livre qu'il venait d'écrire, *Historic doubts on the life and reign of King Richard the third*. Le 15 juillet il avait rédigé une fort longue réponse destinée à son correspondant. Il l'avait envoyée directement à la duchesse de Choiseul, en la suppliant d'être 'juge du combat', et de bien vouloir la faire parvenir, ensuite, à l'écrivain anglais (D15141). Sans entrer dans les détails, il ne peut accepter que Walpole 'justifie le tyran Richard III' et 'donne la préférence à son grossier bouffon Shakespeare sur Racine et sur Corneille, et c'est de quoi je me soucie beaucoup'. Tout est dit! Face à un théâtre shakespearien sans 'régularité', sans 'bienséance', sans 'art', l'épistolier trouva bon, alors, d'évoquer de 'sublimes scènes de Corneille' et de 'parfaites tragédies de Racine' (D15140).

Charles Hénault, président au parlement de Paris, historien et ami de Mme Du Deffand, âgé de quatre-vingt trois ans, a, cette année-là, particulièrement, attiré l'attention de Voltaire. Dans sa lettre du 6 février, ce dernier le remerciait du beau présent dont il l'avait honoré, son *Nouvel Abrégé chronologique de l'histoire de France* (Paris, 1768, BV1619). Mais trois semaines plus tard, il annonce 'de plus grandes plaintes' concernant l'article 'Servet', qu'il a lu: 'Il semble que vous vouliez un peu justifier Calvin et tous les persécuteurs. [...] Vous n'ignorez pas que le meurtre de Servet est [...] un véritable assassinat commis en cérémonie, et qui devait attirer sur les assassins le châtiment le plus terrible'. Voltaire introduit les mots les plus violents: 'attentat inouï', 'brigandage', 'brûler Servet à petit feu avec des fagots verts'. Il est affligé que ce 'fatal article' soit écrit par 'le plus doux et le plus aimable des hommes' (D14779). Le 14 mars il ne reçoit la justification d'Hénault 'qu'en gémissant'. Il ne peut que donner à Calvin, ce 'monstre d'orgueil et de cruauté', 'une 'âme atroce et sanguinaire'. (D14832).

Ce n'est que beaucoup plus tard, le 13 septembre, qu'il écrit à nouveau au président sur un tout autre sujet, dont il s'occupe lui-même depuis juin. A la suite d'une *Histoire de Henri IV*, de Bury, court une critique de cette histoire, que Voltaire a lue en juin et qu'il attribue au seul La Beaumelle: *Examen de la nouvelle histoire de Henri IV*. Il cite une dizaine de lignes de 'ce maraud', qui dénonce en M. Hénault, historien, 'un guide peu sûr, un abrévia-teur infidèle, hasardeux dans ses anecdotes' et qui relève ses négligences, omissions, confusions' (D15207). Voltaire souhaite que le président fasse maintenant un usage utile de ce qu'il lui a rapporté. Mais il avait multiplié bien des lettres avant celle-ci et il les multipliera à nouveau, voulant savoir si l'auteur de l'*Examen* était Bélestat ou La Beaumelle, persuadé lui-même que c'était bien 'ce scélérat de La Beaumelle' (D15273).

Quant à Jean-Philippe-René de La Blèterie, historien et traducteur, c'est en avril que D'Alembert montra de lui une image peu flatteuse à Voltaire: il lui indique que ce janséniste venait de donner une traduction des six premiers livres de Tacite, jugée basse, ampoulée, précieuse. Dans une note, l'auteur s'exprimait 'avec beaucoup de mépris sur les écrivains autrefois célèbres, qui veulent mourir la plume à la main' (D14972). Après quelques réactions hostiles, le 13 juillet le Patriarche assure à Mme Du Deffand que La Bléterie 's'est mis au rang de mes persécuteurs les plus acharnés' (D15139). Il enrage de plus en plus, au point que le duc de Choiseul lui écrit, le 16 novembre: 'Il ne vous a point eu en vue du tout dans les notes de son ouvrage; il me l'a juré'. Il y voit 'une tracasserie d'auteur qui est bien au-dessous de vous' (D15319). Voltaire passera outre et estimera que La Bléterie n'a fait des notes 'que pour insulter tous les gens de lettres' (D15400).

Parmi les 570 lettres conservées de 1768, on peut recueillir des missives apparemment sans grande importance, où on perçoit, cependant, des détails pittoresques de la vie, ou bien la sensibilité du scripteur. Le 3 octobre, par exemple, le Patriarche avait prié Hennin de venir dîner chez lui, avec le duc de Bragance, ainsi qu'avec M. et Mme de Caire. Il se réjouit, plus tard, de la présence du baron de Van Swieten à ce dîner. A certains moments le vieil homme a dû probablement se sentir un peu seul. Le 1er décembre il invitera donc à nouveau avec grand plaisir M. De Caire, ingénieur en chef à Versoix, ainsi que sa famille.

Les relations sont évidemment différentes avec les correspondants lointains. En mars, n'ayant pu trouver l'estampe que le marquis Francesco Albergati Capacelli demandait, il lui avait envoyé un petit portrait fait d'après un buste, 'qui ressemble assez au vieillard qui vous écrit' (D14804). Il lui fera parvenir, le 15 mai, de 'mauvaises estampes' suggérant encore cette similitude.

Les lettres peuvent également exprimer la gratitude. A plusieurs reprises l'écrivain avait remercié Jacques de Rochefort d'Ally et sa jeune femme de lui avoir envoyé du vin de Champagne. Plus tard, comblé d'avoir reçu 'deux gros fromages' (D15286) il leur a fait parvenir quatre volumes de la nouvelle édition du *Siècle de Louis XIV*.

Il avait écrit de même, avec surprise et plaisir, à un armateur de Nantes, qui avait donné comme nom 'le Voltaire' à un des bateaux mis à la mer. 'Moins je le mérite et plus j'en suis reconnaissant', car 'aucun n'avait été baptisé du nom d'un faiseur de vers et de prose', affirma l'épistolier (D15055). Aussi versifiera-t-il une belle épître intitulée 'A mon vaisseau'.

Le 17 mai, il avait remercié George Keate du poème annoncé en décembre. Il venait de le recevoir, le lire et sentir tous les charmes de *Ferney. An epistle to M. de Voltaire* (BV1775). Le 9 juillet, il fait de même avec Panckoucke pour son 'beau présent', 'cette magnifique édition', 'luxe de la typographie': les quatre volumes in-folio des *Fables choisies* de La Fontaine (Paris, 1755-1759) (D15132). En mars il avait apprécié que Mme Favart lui ait envoyé *Les Moissonneurs*, opéra-comique de son mari, peut-être appelé au succès...

Rêver d'un voyage... Il l'avait fait pendant plusieurs mois. Le 24 mai, il avait écrit à Collini que 'mort ou vif' il viendrait l'embrasser au mois de juillet (D15031). Mais, ce mois arrivé, il s'est trouvé trop faible pour aller chez l'électeur palatin à l'automne. Il a juste confié à sa nièce, le 18 novembre, qu'il était sorti de sa solitude pour se rendre à l'invitation des républicains de Genève, qui l'ont reçu mieux qu'un ambassadeur! (D15324).

On aura remarqué que, sans raison connue, il n'y a eu aucun échange épistolaire entre Voltaire et Frédéric II dans l'année 1768. Le roi de Prusse apparaît, toutefois, dans *La Profession de foi des théistes* et dans le *Fragment d'une lettre du lord Bolingbroke*, peut-être écrit antérieurement.

Tout au long de l'année avaient surgi des écrits de tous genres, nés des motivations diverses d'un écrivain prolifique. Mais a compté beaucoup, pour Voltaire, l'édition 'revue et augmentée' en 1768 du *Siècle de Louis XIV* (Cramer, 4 vol., in-8°) avec le *Précis du siècle de Louis XV* qui y était annexé. Au début de l'année, de jour en jour il répéta qu'il lui faudrait augmenter de plus d'un tiers le premier ouvrage, pour embellir encore ce siècle mémorable. Le 5 mars, il déclare imprimés les trois quarts du *Siècle*. En mai, il juge le livre aussi difficile qu'immense; il y travaille depuis deux ans, mais la fin approche. Il dit à nouveau, à la fin de juillet, passer ses jours et ses nuits à terminer les deux livres. A la fin d'octobre, les premiers exemplaires seront envoyés à Paris.

Cependant, ont défilé aussi certains ouvrages interdits. Au marquis d'Argence, intéressé par les livres clandestins, Voltaire conseillait, dès le 2 janvier, de prendre contact avec Marc-Michel Rey en Hollande, pour se faire livrer une quinzaine de volumes peu orthodoxes. En fait, M.-M. Rey a justement suivi de près l'offensive de 1768 contre l'Infâme, avec des publications ou republications, comme *Le Dîner du comte de Boulainvilliers*, la *Relation de la mort du chevalier de La Barre*, le *Sermon prêché à Bâle*, la *Relation du bannissement des jésuites de la Chine*. Voltaire s'est fait parfois le propagandiste de Rey en s'adressant à des correspondants dont il était sûr. Au marquis de Villevielle il demande, le 8 janvier, si on peut lui envoyer 'quelques petites brochures intéressantes échappées aux griffes de l'Inquisition' (D14654). En janvier et février il ne cessera de proclamer qu'on lui impute à tort *Le Dîner du comte de Boulainvilliers*, rédigé dans l'automne de 1767 et diffusé à partir de janvier 1768. Il attribue le livre à Saint-Hyacinthe, tout en l'envoyant à des proches qui se garderont de lui porter tort.

La Princesse de Babylone, conte merveilleux écrit d'avril à août 1767, parut en mars 1768. *L'Homme aux quarante écus*, rédigé à la fin de 1767, sortit en février 1768. Ce 'roman de formation' montre, de chapitre en chapitre, avec toute la vivacité nécessaire, les préoccupations des philosophes, mais aussi leurs combats.

Dès la fin de janvier Voltaire expédia à Rieu 'un rogaton', probablement le *Sermon prêché à Bâle le premier jour de l'an 1768 par Josias Rossette*. Il l'envoie en février à Moultou, à Schouvalov (en même temps qu'une grosse expédition de livres pour la bibliothèque de Catherine II) et à Vorontsov. L'auteur rend hommage à l'action de Catherine II en Pologne: elle va y instaurer la tolérance universelle, combattre le fanatisme dans ce pays et aboutir à la victoire de l'esprit pacificateur sur la persécution.

La *Relation du bannissement des jésuites de la Chine*, 'ce petit écrit comique et raisonneur' (D14841), parut en mars. Après un aperçu très positif de la Chine, le lecteur assiste à un dialogue fictif entre l'empereur et Frère Rigolet. L'empereur sera ébahi par l'absurdité du jésuite, qui introduit des divagations ridicules et une parfaite caricature du catholicisme. Devant ce mauvais procès de la religion chrétienne, Yong-Ching décidera donc d'expulser de son pays les jésuites!

Voltaire se plaignait souvent, à Damilaville et à d'autres, de 'l'acharnement de certaines gens à [lui] attribuer tout ce qui paraît' (D14850), des brochures scandaleuses par exemple. Toutefois il a indiqué à Mme Denis, le 24 juin, qu'il a lu 'par un grand hasard' les *Conseils raisonnables à M. Bergier pour la défense du christianisme*, *La Profession de foi des théistes*, *L'Epître aux Romains* 'et quelques autres drogues' (D15094). Le premier écrit fut mentionné par la *Correspondance littéraire* (*CLT*, t.8, p.94) le 1er juin et il était, vers le 26, dans les mains de Mme Du Deffand. Voltaire avait parlé à André Morellet, le 22 janvier, de l'abbé Bergier, 'celui qui a réfuté Fréret'. Il venait de lire *La Certitude des preuves du christianisme, ou Réfutation de l'ouvrage critique des apologistes de la religion chrétienne* et avait 'gémi de voir une si bonne cause défendue par de si mauvaises raisons' et 'des bévues continuelles' (D14695). Comme il y avait remarqué quelques attaques personnelles, sa lecture entraîna probablement une rédaction orientée des *Conseils raisonnables*.

Le deuxième ouvrage a été mentionné par D'Alembert dans une lettre à Voltaire du 15 juin (D15073). *La Profession de foi des théistes* oppose la moralité des théistes, présente dans tout l'univers et tous les temps, aux sectes et aux religions corrompues qui maintiennent fanatisme et superstition. Quant à *L'Epître aux Romains*, pamphlet virulent où l'auteur ne restreint pas ses bouillants réquisitoires, elle ne manque pas, pourtant, d'ironie. Voltaire, bien loin de saint Paul, mais pleinement engagé dans sa croisade contre l'Infâme, met en contraste la Rome impériale et la Rome pontificale, misérable. Devant fausses donations ou usurpations, il appelle les Romains à secouer le joug.

Les 'autres drogues' pourraient être *Les Droits des hommes et les usurpations des autres*. Opuscule en sept points, ils sont encore dirigés contre la puissance pontificale, les donations et possessions. Voltaire demande la séparation absolue du pouvoir temporel et du spirituel.

A la fin de juillet le Patriarche avait fait une curieuse expérience: couper des têtes de colimaçons. Il en informa d'Argental, le pasteur Allamand, Mme Denis, Mme Du Deffand. *Les Colimaçons du révérend père l'Escarbotier* ont suivi. La *Correspondance littéraire* les a mentionnés le 1er septembre; D'Alembert les a lus le 14. Cette fiction facétieuse de vingt-quatre pages a été partiellement reprise dans les *Questions sur l'Encyclopédie*. La première lettre relate une observation d'histoire naturelle: la décapitation de limaces et d'escargots, puis leur régénération. L'auteur s'est amusé à répéter ensuite, de façon burlesque, que ces animaux avaient de doubles organes de plaisir et que leurs voluptés étaient beaucoup plus durables que les nôtres. Il soulèvera, plus loin, d'importantes questions: celle du siège de l'âme, de la puissance de l'action divine dans la nature etc.

En juillet, a paru un *Discours aux confédérés catholiques de Kaminiek en Pologne* 'par le major Kaiserling'. Cet opuscule dénonce bien un ennemi à Rome mais, comme le *Sermon* de Josias Rossette, défend la politique de Catherine II, ainsi que la tolérance qu'elle veut instaurer en Pologne.

Le 19 août, Voltaire envoya à Jacob Vernes les *Remontrances du corps des pasteurs du Gévaudan à Antoine-Jean Rustan*. Roustan avait lancé une offensive contre le théisme dans ses *Lettres sur l'état présent du christianisme et la conduite des incrédules*. Devant ces positions Voltaire voulut défendre l'œuvre des philosophes français en faveur de la tolérance, de la religion naturelle et en revint à une apologie du théisme 'avec Jésus et comme Jésus'. A suivi, en octobre l'*Homélie du pasteur Bourn*, présentée comme 'prêchée à Londres le jour de la Pentecôte 1768'. Voltaire avait demandé à George Keate des ouvrages de Samuel Bourn. Sous ce pseudonyme il expurgea, en théiste, quelques textes du Nouveau Testament.

C'est en novembre qu'il travailla aux *Singularités de la nature*. Le livre sera imprimé à la fin de décembre. Il offre de brefs chapitres sur des problèmes d'histoire naturelle. Par principe Voltaire refuse bon nombre de découvertes de son temps. Il ne croira jamais que la disposition des continents et des océans ait été modifiée fondamentalement. Il ne veut pas admettre que la mer soit passée pardessus les Alpes ou les Pyrénées. Il est convaincu de l'immuabilité des lois naturelles, et convaincu que le Grand Etre a donné à chaque espèce sa place et ses fonctions éternelles.

A la fin d'octobre, parut l'*A, B, C*. Voltaire multipliera des allusions, des expéditions de ce livre de seize entretiens, antidaté, dont la 'traduction' est une supercherie, jusqu'en avril 1769. Le 13 novembre il l'envoie à Christin et lui annonce qu'il lui en fera passer d'autres. Il en demande des nouvelles à Charles Bordes le 29. Restant dans l'anonymat il ne cesse de répéter, non sans quelque inquiétude, protestations et dénégations. Le 21 décembre, il décrit l'ouvrage ainsi à Mme Du Deffand: 'Cela est fier, profond, hardi. Cette lecture demande de l'attention [...]. Cela est insolent, vous dis-je, pour des têtes françaises' (D15380). Il répète ce jugement à sa nièce, en prétendant ne pas concevoir comment on a pu en laisser entrer des exemplaires en France... Il en fait 'un rosbif anglais, très difficile à digérer par beaucoup de petits estomacs de Paris' (D15387). Non seulement il refuse d'être un traducteur, mais il écrit à D'Alembert: 'Par quelle fureur veut-on m'attribuer *L'A, B, C*? C'est un livre fait pour remettre le feu et le fer aux mains des assassins du chevalier de La Barre' (D15400). En fait, les dialogues audacieux ont permis la souplesse des thèmes: déisme, importance de la liberté, sciences politiques et juridiques... L'auteur a su prêter, souvent, une personnalité à chacun des trois interlocuteurs, lors de leurs discussions.

A l'automne, redevenant poète, il versifia deux fables satiriques en alexandrins: *Le Marseillois et le lion* et *Les Trois empereurs en Sorbonne*, véritable facétie théologique animée par Titus, Trajan et Marc-Aurèle. Mais une tragédie, *Les Guèbres*, se préparait. Le 14 août Voltaire avait relaté à d'Argental la visite d'un jeune homme imaginaire qui lui avait confié sa pièce, *Les Guèbres*, écrite en douze jours. Il l'avait envoyée à d'Argental, puis à Mme Denis un peu plus tard. Pendant les mois suivants il s'abrita successivement derrière quatre noms différents, car il ne voulait pas apparaître comme l'auteur de la tragédie, mais souhaitait stimuler ses proches, redemandait ses textes pour les corriger. D'Argental et Mme Denis furent mis à contribution, sans grand enthousiasme de leur part. Sur leurs conseils, il affaiblit certains traits, introduisit des remaniements, en particulier au troisième acte. Les prêtres fanatiques, trop odieux, qui n'auraient attiré qu'indignation devant leur cruauté, 'ne paraissent plus dans les trois derniers actes' (D15375). Mais la pièce était faiblement écrite. Elle ne sera pas jouée en 1769.

Voltaire n'a pas terminé l'année dans la joie. A la fin d'octobre, il a été témoin d'une 'maladie horrible', 'mélange d'écrouelles et de lèpre', auxquelles les troupes envoyées avaient 'ajouté la vérole' (D15273). Il apprit aussi des disparitions marquantes: à quatre-vingt-six ans, celle de l'abbé d'Olivet, académicien soucieux de la langue française, pour qui il conserva toujours une grande amitié. Mais, après le suicide du syndic Pictet, il fut surtout ébranlé par la mort, le 13 décembre, de Damilaville, atteint d'un cancer à la gorge. Il parle de cette 'cruelle perte' à d'Argental (D15379), confie à sa nièce qu'il le 'pleure amèrement' (D15383), après avoir écrit à D'Alembert qu'il le regretterait toute sa vie (D15382). Il fera de lui, pour Grimm, 'le défenseur intrépide de la raison et le vertueux ennemi du fanatisme' (D15392).

D'abord surpris d'être encore là pour l'année nouvelle, malgré les peines, les craintes et les travaux multiples de 1768, Voltaire avait dû retrouver pourtant avec plaisir ses habitudes, lorsqu'il écrivit à sa nièce, le 1er janvier: 'Je ne m'étais pas attendu à voir l'année 1769. Puisque la voilà, qu'elle soit la bienvenue' (D15403).

Marie-Hélène Cotoni

Préface des éditeurs

Edition critique

par

David Adams

TABLE DES MATIÈRES

INTRODUCTION

1. *Les projets des œuvres complètes, 1756-1775*

La *Collection complète des œuvres de Monsieur de Voltaire* qui parut
en trente volumes de 1768 à 1777[1] contient deux textes intitulés
'Préface des éditeurs'. Bien qu'ils portent le même titre, ils sont loin
d'être à tous les égards les deux faces de la même médaille. Le
premier fut composé apparemment par les Cramer, bien qu'on y
entende par endroits les accents de Voltaire lui-même; le second
n'est qu'une réimpression de la préface 'Qui était au devant de la
première édition de Genève', c'est-à-dire la *Collection complète des
œuvres de Monsieur de Voltaire*, 17 vol. (Genève, 1756), sortie
également des presses de Cramer et désignée ci-après par le sigle
w56.[2] Les deux préfaces furent de nouveau réimprimées à la tête de
l'édition 'encadrée' des œuvres de Voltaire,[3] publiée elle aussi à
Genève chez les Cramer, en 1775 (w75G). Celle de 1756 y demeure
inchangée, alors que celle de 1768 fut sensiblement modifiée par
Voltaire, pour des raisons que nous examinerons plus loin.[4]

Alors que l'encadrée n'est qu'un modeste in-octavo, la *Collection
complète* (w68) est un in-quarto, et la précision mérite d'être faite.
Les éditions des écrits de Voltaire publiées dans ce format auguste
ne sont pas nombreuses: avant la parution de celle de 1768, on n'en
dénombre que deux. La première fut une impression luxueuse de
La Henriade, sortie à Londres en 1728 sans nom d'imprimeur,[5] et

---

[1] A Genève chez les Cramer, et à Paris chez Panckoucke. Les tomes 25-30 furent
publiés en 1777; quinze volumes supplémentaires sortirent en 1796, à Paris chez
Bastien (Bengesco 2137; BnC 141). Cette édition est désignée ci-après par le sigle
w68.

[2] Pour l'édition critique de cette seconde préface, voir *OCV*, t.45B, p.417.

[3] Le sobriquet vient du fait que chaque page est entourée d'un cadre ornemental.

[4] Pour l'édition critique de cette seconde préface, ainsi que celle de la lettre
adressée par Voltaire aux frères Cramer qui la suit, voir *OCV*, t.45B, p.417.

[5] C'est l'édition 28A décrite par O. R. Taylor (*OCV*, t.2, p.72-75, 236-37). En

destinée à des souscripteurs membres de la noblesse ou de la haute bourgeoisie. [6] La seconde, publiée en 1752 à Londres par Dodsley, mais visant cette fois le grand public, fut le *Siècle de Louis XIV*. [7] Il est même incertain si Voltaire fut au courant de celle-ci avant sa parution, car il mande à Georg Conrad Walther le 22 août 1752: 'J'ai appris, mon cher Walther, que les Anglais avaient fait une édition magnifique in-quarto du *Siècle de Louis XIV* sur l'édition de Berlin. On en a fait aussi trois en France. Les libraires se sont trop pressés, ils devaient au moins me consulter, mais c'est ce qu'ils ne font jamais.' [8] Par la suite, il n'est plus question avant 1768 de faire paraître des éditions in-quarto de ses ouvrages. En fait, il semble avoir conclu qu'un format luxueux n'assurait guère le succès d'une œuvre; il avait d'ailleurs émis des doutes là-dessus en considérant l'*Encyclopédie*, déclarant à D'Alembert dès 1766: 'Jamais vingt volumes in-folio ne feront de révolution; ce sont les petits livres portatifs à trente sous qui sont à craindre. Si l'évangile avait coûté douze cents sesterces, jamais la religion chrétienne ne se serait établie.' [9] Et l'on sait que, conformément à ce principe, son *Dictionnaire philosophique* (1764) ne fut qu'un simple in-octavo, sans gravures ni embellissements, dont les exemplaires foisonnaient, malgré les tentatives réitérées des autorités pour les supprimer au fil des années. [10]

---

fait, il y eut deux éditions in-quarto; la seconde (28B), qui ne fut pas autorisée par Voltaire, utilise des feuilles non corrigées de 28A. Elle servit également de point de départ pour l'édition in-quarto de Paris, publiée en 1741 par Gandouin.

[6] Voir surtout Geraldine Sheridan, 'Voltaire's *Henriade*: a history of the "subscriber" edition, 1728-1741', *SVEC* 215 (1982), p.77-90.

[7] 52LN1. Voir *OCV*, t.11.

[8] D4989. L'annonce du livre imprimée dans le *London evening post* du 13 juin (n° 3847) le décrit comme 'beautifully and correctly printed'. Même si elle ne s'adressait pas aux souscripteurs, l'édition se rencontre souvent dans des bibliothèques privées ayant appartenu à des familles nobles.

[9] D13235, 5 avril 1766.

[10] De 1764 à 1770, on dénombre au moins une douzaine d'éditions du *Dictionnaire philosophique*; sur la publication du livre, voir l'édition critique établie par Christiane Mervaud (*OCV*, t.35, p.231-64).

Dans ce contexte, l'idée de faire paraître une édition in-quarto des œuvres de Voltaire a, de prime abord, de quoi surprendre. Et pourtant, on aurait tort de le taxer d'être inconséquent avec lui-même, car l'initiative semble en fait être venue du libraire Gabriel Cramer, sans doute vers la fin des années soixante. Une lettre de Voltaire à l'éditeur suisse qui date de cette époque fait croire que le philosophe ne fut pour rien dans l'origine de l'in-quarto, se contentant de suivre le progrès de l'édition, plutôt que de jouer un rôle dans sa préparation: 'Si Monsieur Caro n'a pas la goutte à la main, je le supplie de me mander des nouvelles de son édition in-4'.[11] Ecrivant au même correspondant le 30 avril 1768, Voltaire prend de nouveau ses distances par rapport à son éditeur: 'Mon cher Caro, j'ai reçu les estampes. Ce sont assurément de très belles enseignes à bière. Je vous plains bien d'avoir fait cette malheureuse dépense, et je me flatte que le siècle de Louïs 14 et de Louïs 15 vous dédommagera.'[12] De plus, Cramer s'avisa de lancer son édition par souscription, sans même avoir informé Voltaire de son projet, comme celui-ci l'indique à Mme Denis: 'Vous m'étonnez beaucoup de me dire que les frères Cramer font une souscription. Je ne sais pas un mot de cela. Frère Cramer le Conseiller est trop important pour que je le voie; frère Cramer le Libraire est trop dissipé; il est à Tournay et ne m'instruit de rien. Je n'ai rien vu de son édition qui probablement sera pleine de fautes.'[13] Peu de temps après, les premiers volumes furent mis en vente,[14] par les soins de Cramer et de Charles Panckoucke, le libraire parisien qui, selon Grimm, 'a acheté cette édition de M. Cramer, et la vend avec ou sans planches, au gré de l'acquéreur'.[15]

[11] D14631, 1767/1768.
[12] D14990.
[13] D14999, 4 mai 1768.
[14] Voir D15047, 30 mai 1768, Gabriel de Seigneux, seigneur de Correvon, à Jean-Louis Wagnière.
[15] Cité par Bengesco, t.4, p.80 (*CLT*, mars 1768, t.8, p.67-68). Sans les planches, les volumes auraient bien entendu coûté nettement moins cher.

Ecrivant lui-même à Panckoucke le 1er juin, Voltaire exprime ses réserves, tout en louant les aspects de l'édition qui lui plaisent:

J'ai lu la nouvelle édition in-4 qu'on débite à Paris de mes œuvres. Je ne puis pas dire que j'en trouve tout beau papier, dorure, images, caractère [...] Mais je suis très satisfait de l'exactitude et de la perfection de cette édition qui à ce que j'espère, sera la dernière [...] Je souhaite que ceux qui l'ont entreprise ne se ruinent pas; et que les lecteurs ne me fassent pas les mêmes reproches que je me fais. [16]

Au fur et à mesure, pourtant, la désillusion s'installe dans ses lettres aux deux éditeurs. Le 9 juillet, il déclare à Panckoucke: 'L'ami Gabriel ne m'a pas trop consulté quand il a ramassé toutes mes sottises pour en faire une effroyable suite d'in-4'. [17] Et le 15 juillet, Cramer est informé que 'Pankouke m'écrit une lettre lamentable. Il dit qu'on décrie l'édition in-4 mais comment ne la pas décrier? Le public veut avoir de la marchandise pour son argent. Je crains bien que cette édition n'aille chez la beurrière.' [18] Ces précisions sont indispensables si nous voulons comprendre l'écart qui existe entre les prétentions exposées dans la première préface de w68 et la réalité telle que la percevait Voltaire. Pour leur part, les éditeurs y affirment sans ambages: 'Nous croyons que cette édition in-quarto, corrigée et augmentée, sera favorablement reçue. L'auteur a joint à la communication qu'il a bien voulu nous donner de tous ses ouvrages, le soin de les revoir tous avec exactitude.' Or, la correspondance citée ci-avant montre au contraire que ces espérances devaient être déçues; pendant des années, Voltaire continue à se plaindre des erreurs que renferme l'édition et du format des volumes; en 1770 il écrit à Cramer:

Mon cher Gabriel je vous ai demandé mille fois de ne me point immoler au public. Vous avez imprimé, sans me consulter, des sottises de ma jeunesse, et des pièces fugitives qui ne méritent pas de grossir des recueils. Je vous ai dit, je vous ai écrit, j'ai écrit à Pankouke votre associé,

---

[16] D15052.
[17] D15132.
[18] D15144.

que vous seriez tous deux tôt ou tard les dupes de cette rage de tant d'octavo et de quarto. [19]

En même temps, Voltaire ne fut pas tout à fait étranger aux insuffisances de l'in-quarto: il savait bien que l'édition était en cours, et n'était pas obligé de la laisser imprimer indépendamment de sa volonté. C'est Bengesco qui fait le point sur la question: 'Quoi qu'en dise Voltaire, l'édition in-4 contient très peu d'écrits qui ne soient pas de lui: elle est loin d'être incorrecte; et, quant au "désordre qui défigure plusieurs tomes", comment aurait-il pu être évité, puisque les Cramer imprimaient les œuvres du Patriarche au fur et à mesure qu'elles échappaient de sa plume?' [20]

Quelque rôle qu'il ait réellement joué dans la confection de l'édition in-quarto de 1768, il est certain qu'elle provoqua chez Voltaire une vive déception. Rien d'étonnant donc s'il prit assez rapidement la décision de procéder à la rédaction d'une nouvelle version de ses œuvres, purgée des défauts de l'in-quarto, et réduite aux dimensions plus modestes d'un in-octavo. Les premiers volumes de cette nouvelle entreprise, qui deviendra l'édition encadrée de 1775, verraient forcément le jour en même temps que les derniers volumes de l'in-quarto sortiraient des presses de Cramer et de Panckoucke, et ne pouvaient donc pas éviter de la concurrencer. Grâce à la correspondance, et surtout aux recherches de S. S. B. Taylor et de Jeroom Vercruysse, [21] nous sommes aujourd'hui en mesure de suivre de près son évolution, et de voir qu'en effet les deux éditions se côtoyaient dès 1772 au moins. La grande différence pourtant, c'est que cette fois Voltaire comptait surveiller de près l'in-octavo pour s'assurer de la correction du texte. Au début de l'été 1772, il écrit à son cher Gabriel: 'Si Monsieur Cramer continue sa jolie petite édition encadrée, je le prie très instamment de se conformer aux corrections que je lui

[19] D16267, 31 mars 1770.
[20] Bengesco, t.4, p.82.
[21] S. S. B. Taylor, 'The definitive text of Voltaire's works: the Leningrad encadrée', SVEC 124 (1974), p.7-132; Jeroom Vercruysse, Les Éditions encadrées des Œuvres de Voltaire de 1775, SVEC 168 (1977).

envoie, et surtout de retrancher je ne sais quelles petites pièces de vers très insipides qui ne sont point de moi, et que je désavoue hautement'.[22] En août 1773, Cramer mande à la Société typographique de Neuchâtel qu'il a en chantier 'une édition des œuvres de M. de Voltaire, qu'il s'amuse à corriger et à distribuer lui-même'.[23] Et Voltaire, près d'un an plus tard, fait état à son tour de la 'jolie édition encadrée' à laquelle Cramer travaille encore:[24] à ce qu'il semble donc, auteur et éditeur ont travaillé de concert, du moins pour un certain temps, à la préparation de l'encadrée.

Néanmoins, d'après les indications fournies par la correspondance, des malentendus auraient surgi au cours de l'impression, si bien que la nouvelle édition, non plus que celle de 1768, ne répondait pas en fin de compte aux exigences de Voltaire. En premier lieu, bien qu'elle contienne bon nombre de cartons,[25] conformément au vœu de celui-ci,[26] il se plaint des nombreuses erreurs qu'elle renferme. Ecrivant à Charles Panckoucke le 12 juin 1775, il observe: 'Il n'était pas possible de laisser paraître cette édition [l'encadrée] qu'on avait faite sans me consulter, et qui était remplie non seulement de fautes intolérables, mais de beaucoup de traits, qui sans plaire au public, auraient déplu infiniment au ministère, et attiré des chagrins aux débitants. J'ai travaillé nuit et jour pour mettre tout en ordre.'[27] La correspondance montre que Voltaire ne pouvait pas prétendre que Cramer l'avait tenu à l'écart en préparant l'encadrée; il est quand même possible – et là, nous restons forcément dans le domaine des hypothèses – que Cramer n'ait pas toujours tenu compte des corrections signalées

---

[22] D17766 [mai/juin 1772]; en datant la lettre, Th. Besterman se fonde sans doute sur la mention de *Jean qui pleure et qui rit*, qui fut publié en 1772, et que Voltaire envoie à son correspondant dans le même paquet.

[23] D18525, 20 août 1773.

[24] Voir D18951 [vers 20 mai 1774], Voltaire à Gabriel Cramer.

[25] Les cartons de w75G et de w75X sont minutieusement décrits par J. Vercruysse, *Les Editions encadrées*, p.77-176.

[26] 'Tout le reste s'arrangera aisément pourvu que Monsieur Cramer fasse faire tous les cartons nécessaires' (D19270, 1774/1775, de Voltaire à Cramer).

[27] D19506.

par le Patriarche, surtout si elles étaient très nombreuses, et qu'en effet il n'ait pas fait, comme l'écrit Voltaire, 'tous les cartons nécessaires'.[28]

En second lieu, dans la même lettre, Voltaire avait demandé à Cramer de lui envoyer une douzaine d'exemplaires de l'édition; il est incertain s'il les reçut, car le 14 octobre 1775, écrivant à l'acteur Lekain qui en avait sollicité un exemplaire, Voltaire s'exclame: 'On ne m'a donné qu'une seule collection de ces coquilles dont vous êtes curieux. On a arrangé ce malheureux ramas de choses inutiles sans me consulter. On a mis ensemble des chenilles étrangères, et des colimaçons du voisinage. C'est le cabinet le plus mal fait et le plus mal arrangé qu'il soit possible de voir.'[29] Sans prétendre savoir de quel côté se trouve la vérité, on doit noter l'observation de Gabriel Cramer dans une lettre à Louis Necker du 25 mai 1777: 'On tirait cette édition à deux mille cent exemplaires, sur quoi il y en avait environ cinquante à retrancher pour les mauvaises feuilles etc.'[30] Si Voltaire a reçu, par erreur ou non, un ou plusieurs exemplaires défectueux, son chagrin se comprend. Ce qui complique singulièrement cette question, pourtant, c'est qu'il existe aussi une autre édition in-octavo, datée de 1775, calquée plus ou moins sur celle de Genève, et sortie à Lyon de l'atelier de Geoffroy Regnault.[31] Cette édition (notre w75x) est souvent fort proche de celle de Genève (bien que dans d'autres cas elle adopte le texte d'éditions antérieures que Voltaire avait corrigé longtemps avant). Si l'on y trouve même de nombreux cartons qui correspondent souvent à ceux de l'édition de Genève, le texte n'en fourmille pas moins d'erreurs.[32] D'ailleurs, il existe des exemplaires composés

---

[28] D19270, 1774/1775, Voltaire à Gabriel Cramer.

[29] D19709.

[30] D20678.

[31] Voir J. Vercruysse, *Les Editions encadrées*, *passim*, et Dominique Varry, 'L'édition encadrée des œuvres de Voltaire', dans *Voltaire et le livre*, éd. François Bessire et Françoise Tilkin (Ferney, 2009), p.107-16, et surtout p.114-16.

[32] Pour un résumé des questions concernant les rapports entre les deux éditions des *Œuvres* de 1775, voir Andrew Brown et Ulla Kölving, 'Voltaire and Cramer?',

de volumes provenant de l'une et de l'autre édition,[33] et le public n'était guère en mesure de les distinguer. Même si certains aspects de l'histoire des deux éditions demeurent mystérieux, il est évident que, malgré toutes les interventions éditoriales, malgré tous les cartons demandés par Voltaire, l'édition qui devait clore sa carrière finit par être, à ses yeux, décevante, parfois incorrecte, et pouvait contenir des versions de certains de ses ouvrages qui ne tenaient pas compte des changements qu'il y avait déjà apportés. Dans ces conditions, on comprend le mécontentement dont il fait preuve non seulement dans sa correspondance mais, comme nous le verrons plus loin, dans la préface de 1775 aussi.

Cette hostilité à l'égard de l'encadrée persista donc, à tel point que Voltaire eut l'idée, vers la fin de sa vie, de procéder encore une fois à la réécriture du texte, en vue d'en faire paraître une version vraiment définitive qui s'élèverait sur les décombres de l'ancienne. Son intention était toujours – et malgré tous ses déboires – qu'elle sorte des presses de Cramer, mais il semble que Panckoucke ait voulu s'y associer aussi.[34] Qu'il ait été pleinement impliqué dans l'entreprise ou non, nous savons du moins que ce géant de l'édition française, avide de profiter d'une nouvelle édition éventuelle, envoya à l'auteur des volumes interfoliés de l'encadrée, sur les feuilles blanches desquels Voltaire inscrirait ses corrections. En le remerciant en janvier 1778, le Patriarche ne cache toujours pas son opinion de l'édition de 1775, se plaignant de 'l'énormité des fautes

---

dans *Le Siècle de Voltaire: hommage à René Pomeau*, éd. Christiane Mervaud et Sylvain Menant, 2 vol. (Oxford, 1987), t.1, p.149-83, et surtout p.173-83.

[33] D. Varry, 'L'édition encadrée des œuvres de Voltaire', p.113-14.

[34] Voir J. Vercruysse, *Les Editions encadrées*, p.14. Bien que Cramer et Panckoucke eussent déjà travaillé ensemble pour publier l'édition in-quarto (w68), nous savons peu de choses sur cette nouvelle collaboration. Si elle est évoquée dans la correspondance de Cramer (voir D20678, du 25 mai 1777, à Louis Necker), elle ne semble pas avoir été documentée (voir D. Varry, 'L'édition encadrée des œuvres de Voltaire', p.115). Sur l'ensemble de la carrière extra-ordinaire de Panckoucke, on consultera Suzanne Tucoo-Chala, *Charles-Joseph Panckoucke et la librairie française, 1731-1798* (Paris, 1977).

absurdes de l'ancien éditeur [Cramer], et [de] l'extrême impertinence qu'il a eue d'ajouter à ce fatras intolérable un nombre prodigieux de sottises qui ne sont nullement de l'auteur'.[35] Les changements manuscrits qu'il apporta se lisent dans une vingtaine des quarante volumes d'un exemplaire de l'encadrée qui se trouve aujourd'hui dans sa bibliothèque à Saint-Pétersbourg.[36] Ils permettent de voir, du moins en partie, ce qu'aurait pu être cette nouvelle édition définitive, si la mort de l'auteur en mai 1778 n'était pas intervenue pour y mettre fin. En fait, elle ne devait jamais voir le jour, du moins sous la forme qu'envisagea Voltaire. Si le projet s'était réalisé comme prévu, cette édition aurait servi de base à celle de Kehl; par malheur, les éditeurs de celle-ci s'avisèrent tantôt d'accepter, tantôt d'ignorer, les corrections de Voltaire, sans toujours signaler leurs démarches, confectionnant ainsi une édition parfois à leur guise et, de ce fait, indigne de foi.[37] Pour le malheur des études voltairiennes, elle est à l'origine de toutes les grandes éditions ultérieures, y compris celle de Moland, qui faisaient autorité jusqu'à notre époque.

Dans ce contexte historique, la première 'Préface des éditeurs' revêt une signification plus grande que celle que présentent d'habitude les documents de ce genre, et qui ne ressort pleinement que si on la compare avec la seconde préface. Alors que la première ne figure pas dans w56, ayant initialement paru dans l'édition de 1768, la seconde 'Préface' est présente dans les éditions de 1756, de 1768 et de 1775 (ainsi que dans w75x).[38] Le fait que la seconde préface se trouve dans les trois éditions indique qu'elle dut revêtir aux yeux des éditeurs une importance tout aussi grande que la

[35] D20980, 12 janvier 1778.
[36] S. S. B. Taylor, 'The Leningrad *encadrée*', p.15-25.
[37] Voir S. S. B. Taylor, 'The Leningrad *encadrée*', p.12-19, qui est assez sévère envers les éditeurs de Kehl; J. Vercruysse, *Les Editions encadrées*, p.190-91, est plus indulgent. Voir aussi Andrew Brown et André Magnan, 'Aux origines de l'édition de Kehl: le "Plan" Decroix–Panckoucke de 1777', *Cahiers Voltaire* 4 (2005), p.83-124.
[38] Voir *OCV*, t.45B, p.420-21, pour les autres éditions, et w75x, t.1, p.4-7.

première. Son propos est à la fois de dénoncer comme fautives, incomplètes ou défigurées toutes les éditions qui avaient paru jusque-là et, du même coup, de vanter les qualités de celles dont elle fait partie. Le texte de cette seconde préface est resté inchangé d'une édition à l'autre, ce qui fait qu'elle pose problème pour le lecteur qui tient à acquérir les œuvres complètes de l'auteur. Il est après tout curieux de lire chaque fois qu'

[i]l serait pour le moins inutile d'insister sur le mérite d'un recueil complet des vrais ouvrages de monsieur de Voltaire, on n'en avait point encore: cette édition doit être considérée comme la première qui en ait été faite; c'est la seule à laquelle il a mis son cachet. On trouvera cette approbation importante dans une des dernières lettres dont il nous a honoré, et que nous mettons à la suite de cet avertissement. [39]

Effectivement, chacune des trois éditions reproduit à la suite des préfaces la lettre de Voltaire de 1756 dans laquelle il exprime sa reconnaissance envers les éditeurs, les remerciant 'de l'honneur que vous me faites d'imprimer mes ouvrages' et les assurant que 'c'est à cette seule édition que ceux qui me veulent du mal ou du bien, doivent ajouter foi'. [40]

Nous sommes donc en présence de trois éditions différentes, dont chacune se vante d'être la première qui soit complète, correcte, et la seule à avoir obtenu l'approbation de l'auteur lui-même. Dans le cas de w68 et de w75G, il ne s'agit pas, bien entendu, d'une simple inadvertance de la part des éditeurs, car l'une et l'autre indiquent que cette seconde préface 'était au devant de la première édition de Genève'. C'est plutôt que chacune veut affirmer que son authenticité vient en ligne directe de ses prédécesseurs, et qu'elles héritent l'une et l'autre de la bénédiction de Voltaire lui-même. En reproduisant sa lettre aux Cramer, elles attestent, du moins en principe, de leur bonne foi et de leur volonté d'offrir au lecteur une édition dont le prix 'est inférieur aux prix

[39] *OCV*, t.45B, p.426, lignes 80-86. Voir aussi: w57G, t.1, p.vi; w68, t.1, p.vi; w75G, t.1, p.7.
[40] *OCV*, t.45B, p.433-34 (et D.app.153).

ordinaires [...] nous n'avions que cette manière de reconnaître l'amitié et le désintéressement de l'auteur'. [41] Il va de soi que seuls les adeptes les plus convaincus du Patriarche risquaient de mettre côte à côte les pages des trois éditions contenant ces affirmations, et leur présence constante semble être passée inaperçue du grand public. La seconde préface, bien qu'elle ne manque pas de dénoncer les éditions fautives ou faussement attribuées à Voltaire, est donc pour l'essentiel un document à vocation publicitaire, mais il est indispensable de la comparer à la première pour apprécier toute la portée de ces deux textes.

Une telle comparaison révèle l'écart important qui les sépare. Si la raison d'être de la seconde préface est avant tout de vanter les mérites des éditions Cramer, la première préface nourrit une ambition assez différente. Elle fait partie, tant dans sa version originale de 1768 qu'en 1775, d'une sorte de campagne essentiellement autobiographique menée par Voltaire.

2. *Vers un autoportrait littéraire*

Ce qui conforte l'idée qu'ayant passé le cap des soixante-dix ans, le Patriarche eut l'idée de rédiger une sorte d'autobiographie, c'est que cette notion est esquissée même dans la première préface de 1768. Elle avait pour but principal d'offrir un autoportrait à deux volets. D'une part, elle nous propose un Voltaire poète épique, novateur en matière de tragédie et d'histoire, adepte convaincu de la philosophie nouvelle de Locke, et de la science nouvelle de Newton (lignes 17-20). D'autre part, elle nous invite à sympathiser avec un Voltaire injustement persécuté depuis le commencement de sa carrière d'écrivain, victime de la jalousie de ses confrères littéraires, et constamment en proie à l'hostilité de l'intolérance et du fanatisme (lignes 48-56):

[41] *OCV*, t.45B, p.426, lignes 87-90. Voir aussi: w57G, t.1, p.vi; w68, t.1, p.vi; w75G, t.1, p.7.

On a poussé le ridicule de la calomnie jusqu'à dire qu'il avait fait sa fortune par ses ouvrages, quoiqu'assurément ce ne soit pas le chemin de la fortune. Il y a bien peu de ses pièces de théâtre qu'on n'ait essayé de faire tomber aux premières représentations. Les louanges qu'il donna au sage Locke aigrirent contre lui les fanatiques. Il prit le parti de quitter Paris, qu'il regardait comme un séjour charmant pour ceux qui se contentent des douceurs de la société, et souvent très dangereux pour ceux qui aiment la vérité, et qui cultivent les arts.

Or, ce côté autobiographique et assez vengeur se manifeste plus fortement encore dans de nombreux endroits de la première préface de 1775. Cette fois, elle s'inscrit dans le cadre d'une campagne menée également dans d'autres textes de l'époque sortis de la plume de Voltaire: le *Dialogue de Pégase et du Vieillard* (1774), la *Lettre de Monsieur de La Visclède, à Monsieur le secrétaire perpétuel de l'Académie de Pau* (1775) et le *Commentaire historique sur les œuvres de l'auteur de la Henriade* (1776).

Dans le *Dialogue*, Voltaire avait désavoué, en des termes qui anticipent sur ceux de la préface, certains textes qu'on lui imputait dans l'in-quarto: 'On a glissé dans le recueil de ses ouvrages bien des morceaux qui ne sont pas de lui, [...] des vers sur la mort de Mlle Lecouvreur [...] Cette pièce est du sieur Bonneval [...] On trouve dans la collection des ouvrages de M. de Voltaire de prétendus vers de M. Clairaut, qui n'en fit jamais.'[42] Ce n'est toutefois pas le seul endroit où le *Dialogue de Pégase et du Vieillard* annonce la préface, car le 'M. de Morza' à qui le *Dialogue* est attribué affirme dans une note: 'On a fait pourtant un recueil immense de ces fadaises barbares en trente-six volumes in-octavo et en vingt-quatre volumes in-quarto sans consulter jamais l'auteur, ce qui est aussi incroyable que vrai. Tant pis pour les libraires qui ont ainsi déshonoré leur art et la littérature.'[43] Il y avait déjà donc de quoi saper les bases de la seconde préface, dans laquelle les Cramer se félicitent d'avoir reçu l'approbation de

---

[42] 'Notes de M. de Morza' (1774) (*OCV*, t.76, p.542-43).
[43] *OCV*, t.76, p.545.

l'auteur. La version nouvelle de la préface de 1775 dut les consterner encore plus. [44] Dans w68, le texte finit ainsi: 'Il a vécu longtemps dans la retraite; c'est là que nous l'avons connu, et qu'il nous a confié les ouvrages que nous présentons aux amateurs'; [45] par le moyen d'un carton inséré dans l'encadrée, [46] cette partie du texte a été fortement remaniée en 1775:

Il a vécu longtemps dans la retraite; c'est là que nous l'avons connu, et qu'il nous a confié la plupart de ses ouvrages: nous avons tiré le reste des journaux et des porte-feuilles des curieux.

On a retranché de cette édition beaucoup de petites pièces de vers ridiculement attribués à l'auteur, et indignes de tout homme de goût. Nous avons eu soin de ne mettre sous son nom que ce qui est de lui. On ne trouvera point ici *la Brunette anglaise* d'un gentilhomme suisse, des vers attribués au savant géomètre Clairaut qui n'a jamais fait de vers, une complainte d'un nommé Bonneval sur la mort de la Le Couvreur [...]. [47]

Voltaire ne mâche pas ses mots non plus dans la *Lettre de Monsieur de La Visclède*:

ces maudits éditeurs veulent imprimer tout. Ce sont des corbeaux qui s'acharnent sur les morts, comme l'envie sur les vivants. Encore s'ils ne fatiguaient le public que par les mauvais ouvrages des bons auteurs, on pourrait pardonner à leur avidité. Ce qu'il y a de pis, c'est qu'ils y ajoutent trop souvent leurs propres sottises qu'ils font passer sous le nom des écrivains un peu connus. J'ai pâti moi-même, moi inconnu, de cette rage d'imprimer. [48]

Ces affirmations indiquent pourquoi un texte comparable à la première préface est absent de w56: c'est qu'à ce moment-là, Voltaire n'éprouvait évidemment pas le besoin d'épurer les éditions de son œuvre en refusant la paternité d'un certain

---

[44] La première préface de 1768 est reproduite par Bengesco (t.4, p.79-81).
[45] w68, t.1, p.iii.
[46] Le texte modifié de la préface est imprimé sur le feuillet A2, en des caractères plus petits que les autres pages des deux préfaces.
[47] w75G, t.1, p.3-4 (voir J. Vercruysse, *Les Editions encadrées*, p.71).
[48] *OCV*, t.77A, p.122.

nombre de textes qui s'y étaient glissés au fil des années. S'il changea d'avis par la suite, jugeant indispensable de les désavouer dans les années 1770, c'est que le nombre d'ouvrages qui lui étaient alors faussement attribués s'était accru au point de déformer l'image de son œuvre aux yeux du public et, plus encore, à ceux de la postérité. [49] A l'évidence, il entend désormais peaufiner son profil littéraire, et présenter aux lecteurs une version plus correcte de l'ensemble de ses œuvres. La préface de 1775 se clôt en soutenant carrément que 'Toutes ces énormes platitudes ont été imprimées par des libraires qui ont osé les publier par souscription. C'est le comble du brigandage et de l'ignorance qui avilissent aujourd'hui l'art typographique.' [50] Nul n'ignore que Voltaire fait allusion ici aux Cramer. L'un des buts qu'il se propose de remplir en modifiant la première préface pour l'édition de 1775, c'est donc de donner un coup de patte à des éditeurs dont il croit avoir lieu de se plaindre, et qu'il continue à dénoncer dans ses lettres.

En plus, la comparaison de cette préface avec le *Commentaire historique sur les œuvres de l'auteur de la Henriade*, paru l'année suivante, [51] montre qu'ils nourrissent la même ambition de proclamer l'importance de la carrière de Voltaire pour l'ensemble de la culture française: [52]

1. *Préface*:

> On trouvera même quelques morceaux nouveaux dans la *Henriade*, ouvrage qui devient de jour en jour plus cher à la France, ainsi que le héros qui fait le sujet du poème (lignes 6-8).

Commentaire historique:

> Une édition de la *Henriade*, ou des tragédies, ou de l'histoire, ou de ses pièces fugitives, était-elle sur le point d'être épuisée, une autre édition lui succédait sur-le-champ (p.93).

---

[49] La plupart des écrits signalés par Bengesco comme faussement attribués à Voltaire (t.4, p.273-380) sont postérieurs à 1756.
[50] w75G, t.1, p.4.
[51] Nous renvoyons à l'édition de Neuchâtel, 1776 (Bengesco 1862; BnC 4350).
[52] Les citations de la première préface se trouvent dans w68 et dans w75G.

2. *Préface*:

On connaissait à peine les découvertes de Newton en France, quand M. de V*** donna ses *Eléments de philosophie* (lignes 17-19).

Commentaire historique:

Cependant il embrassait dans ce temps-là même un genre d'étude tout différent: il composait les *Eléments de la philosophie de Newton*, philosophie qu'alors on ne connaissait presque point en France (p.12).

3. *Préface*:

Notre auteur fit connaître Milton, dont il traduisit plusieurs endroits en vers, avant qu'on en donnât une traduction en prose (lignes 20-22).

Commentaire historique:

j'ai fait connaître Shakespear aux Français; j'en traduisis des passages il y a quarante ans, ainsi que de Milton, de Waller, de Rochester, de Dryden et de Pope (p.165).

4. *Préface*:

Il fut le premier qui fit des tragédies profanes sans amour, comme *Mérope*, *Oreste*, la *Mort de César*. Ce fut une entreprise par laquelle il détruisit le préjugé où l'on était en France, que l'amour devait être le premier mobile de la tragédie (lignes 31-35).

Commentaire historique:

La tragédie de *Mérope*, première pièce profane, qui réussit sans le secours d'une passion amoureuse [...] fit à notre auteur plus d'honneur qu'il n'en espérait (p.21).

5. *Préface*:

Il y a bien peu de ses pièces de théâtre qu'on n'ait essayé de faire tomber aux premières représentations (lignes 50-51).

Commentaire historique:

Il donna la tragédie de *Mariamne* en 1722. Mariamne était empoisonnée par Hérode; lorsqu'elle but la coupe, la cabale cria: *la reine boit*, et la pièce tomba. Ces mortifications continuelles le déterminèrent à faire imprimer en Angleterre la *Henriade*, pour laquelle il ne pouvait obtenir en France, ni privilège, ni protection (p.7).

Les ressemblances assez manifestes entre le *Dialogue de Pégase et du Vieillard* de 1774, la préface de 1775, la *Lettre de Monsieur de La Visclède* et le *Commentaire historique* de 1776 indiquent suffisamment que dans la préface, tout autant que ces deux autres textes, Voltaire déploie sa verve polémique en même temps qu'il exprime son mécontentement vis-à-vis des frères Cramer. Replacée dans ce contexte, la préface, surtout dans la version augmentée que propose l'encadrée, dégage une signification particulière, en devenant un précieux fragment autobiographique tout autant qu'une mise au point historique.

La valeur documentaire de la première préface, surtout la version de w75G, est, en ce sens, plus grande que celle de l'édition encadrée elle-même. Souvent considérée comme la version définitive de ses œuvres que Voltaire nous a laissée, l'encadrée s'avère parfois assez peu fiable; de plus, comme l'indique la préface, elle ne traduit pas très bien les ambitions qu'il nourrissait pour la destinée posthume de son œuvre. Malgré la publication des préfaces, et les protestations réitérées des 'éditeurs' (nom qui englobe évidemment Voltaire lui-même autant que les Cramer), l'encadrée ne pouvait devenir le monument que Voltaire avait espéré ériger à lui-même: la première préface est donc la preuve non d'une ambition réalisée, mais d'une illusion qui fut rapidement détruite, et d'une espérance vouée à l'échec.

3. *Editions*

On ne connaît aucune version manuscrite de la *Préface des éditeurs*.

De plus amples informations sur les éditions collectives se trouvent ci-dessous, p.313-16.

w68

Tome 1: i-iii Préface des éditeurs.

W70L (1771)

Tome 13: v-viii Préface des éditeurs qui est au devant de l'édition in-quarto.

W75G

Tome 1: 1-4 Préface des éditeurs.

W75X

Tome 1: 1-4 Préface des éditeurs.

4. *Principes de cette édition*

Cette préface fut imprimée pour la première fois dans W68 (t.1, p.i-iii); la version augmentée que présentent W75G et W75X constitue le dernier stade du texte paru du vivant de Voltaire; c'est donc celui de W75G que nous retenons comme notre texte de base.

Traitement du texte de base

La syntaxe et la ponctuation du texte de W75G ont été respectées; cependant la graphie et l'accentuation ont été modernisées. L'italique du texte de base a été respecté, sauf dans les cas suivants: on imprime en romain les noms propres, et l'on attribue l'italique au titre d'ouvrage 'Elémens de philosophie' (le seul titre d'ouvrage qui ne soit pas en italique dans W75G). Nous n'avons pas retenu les petites majuscules de W75G pour le mot 'DIEU'. Nous avons corrigé la coquille de la ligne 74: 'que que sa clarté'. Les particularités du texte de W75G étaient les suivantes:

I. *Particularités de la graphie*

1. Consonnes

— absence de la consonne *p* dans: longtems, tems.

— absence de la consonne *t* dans: Elémens, événemens, savans.

2. Voyelles

— absence du *e* final dans: encor.

3. Divers
— utilisation systématique de l'esperluette.

4. Abréviations
— Mr. devient M.

5. Le trait d'union
— il a été supprimé dans: c'est-là.

6. Majuscules rétablies
— nous mettons la majuscule, conformément à l'usage moderne, à: ancien Testament, état, *le Couvreur* (nom propre).

7. Majuscules supprimées
— les majuscules ont été supprimées dans: *Anglaise* (adj.), Fables, Histoire, Suisse (adj.), Théâtre, Tragédie.

II. *Particularités d'accentuation*
L'accentuation a été rendue conforme aux usages modernes à partir des caractéristiques suivantes du texte de base:

1. L'accent aigu
— il est employé au lieu de l'accent grave dans: piéces, siécle.
— il est employé au lieu de l'accent circonflexe dans: mélées.

2. L'accent grave
— il est absent dans: poeme.

3. L'accent circonflexe
— il est absent dans: ame, épitre, théatre (mais on trouve aussi: théâtre).
— il est employé dans: plûpart, toûjours.

PRÉFACE DES ÉDITEURS

Nous espérons que cette édition corrigée et augmentée, sera favorablement reçue. L'auteur a joint à la communication qu'il a bien voulu nous donner de ses ouvrages, le soin de les revoir tous avec exactitude, et d'y faire des additions très considérables, surtout dans l'*Histoire générale*.[1]

On trouvera même quelques morceaux nouveaux dans la *Henriade*,[2] ouvrage qui devient de jour en jour plus cher à la France,[3] ainsi que le héros qui fait le sujet du poème.[4]

Les pièces de théâtre ont été souvent imprimées avec des leçons différentes. La raison principale en est, que l'auteur n'étant jamais

---

a   w70L: Préface des éditeurs / qui est au devant de l'édition in-quarto
1   w68, w70L: Nous croyons que
    w68: édition in-quarto, corrigée
    w75X: édition in-octavo corrigée
3   w68, w70L, w75X: de tous ses ouvrages

---

[1] Voir *OCV*, t.22-26c. Pour les nombreux changements supplémentaires que Voltaire apporta ensuite en manuscrit à l'*Histoire générale* dans un exemplaire de l'encadrée, voir S. S. B. Taylor, 'The definitive text of Voltaire's works: the Leningrad *encadrée*', *SVEC* 124 (1974), p.7-132 (p.64-91).

[2] Sur les changements apportés au texte de *La Henriade* dans w75G, voir l'édition critique de O. R. Taylor, *OCV*, t.2.

[3] Cette affirmation est hautement contestable: de 1723 à 1770, au moins vingt-cinq éditions du poème virent le jour, sans compter les nombreuses traductions (voir Bengesco 360-84); de 1772 à 1773, mises à part les collectives, on n'en connaît que deux (Bengesco 385-86). En 1775, cependant, Fréron publia le *Commentaire sur la Henriade*, ouvrage posthume de La Beaumelle, qui ne foisonne guère d'éloges ni pour le poème ni pour son auteur (Bengesco 387). Sur les relations entre La Beaumelle et Voltaire, voir Claude Lauriol, *La Beaumelle, un protestant cévenol entre Montesquieu et Voltaire* (Genève, 1978).

[4] Les ouvrages dans lesquels Henri IV est doté d'un statut héroïque sont en effet nombreux à cette époque; citons, à titre d'exemple, *La Bienfaisance de Henri IV* (1768; c'est l'ouvrage d'un anonyme qui s'appelle tout simplement 'l'abbé Br...'); *Eloge de Henri IV* de La Harpe (1769); *L'Esprit de Henri IV* de Prault (1770); et *Henri IV, drame lyrique* de Durosoy (1774).

content de lui-même changeait à chaque édition quelque chose à ses pièces. Nous avons rassemblé les différentes manières autant que nous l'avons pu, et nous les avons mises à la suite de l'ouvrage.[5]

Quant aux *Mélanges de philosophie et de littérature*,[6] ce sera   15
toujours un objet de la curiosité des lecteurs, de voir quels progrès a fait l'esprit humain dans le temps où l'auteur écrivait. On connaissait à peine les découvertes de Newton en France, quand M. de V*** donna ses *Eléments de philosophie*.[7] Locke était ignoré de la plupart des littérateurs, et surtout des universités.[8] Notre   20
auteur fit connaître Milton,[9] dont il traduisit plusieurs endroits en

[5] Les éditeurs de w75G ne sont pas allés plus loin dans ce sens que ceux de w68, et donnent assez peu de variantes pour les pièces de théâtre, comme pour les autres œuvres de Voltaire.

[6] Les *Nouveaux Mélanges* furent publiés par Cramer en dix-neuf volumes de 1765 à 1775. Ils contiennent de nombreux textes qui sont imprimés également dans l'édition de 1775.

[7] Le 25 novembre 1743, ayant appris qu'il vient d'être élu membre de la Société royale de Londres, Voltaire écrit au président Martin Folkes: 'I made some steps afterwards in the temple of philosophy towards the altar of Newton. I was even so bold as to introduce into France some of his discoveries' (D2890). Newton figure d'abord dans les lettres 14-17 des *Lettres philosophiques* en 1734, et les *Eléments de la philosophie de Newton* furent publiés en 1738 (pour les réactions contemporaines à l'ouvrage, voir l'édition critique de Robert L. Walters et W. H. Barber, *OCV*, t.15, p.81-97).

[8] La treizième des *Lettres philosophiques* est consacrée à Locke, et, à partir de 1738, le texte fut souvent imprimé séparément dans sa version originale, intitulée *Lettre philosophique*. Ross Hutchison montre, contre Voltaire, que l'œuvre de Locke fut bien connue en France avant la publication en 1734 des *Lettres*, grâce surtout à Bolingbroke (*Locke in France, 1688-1734*, *SVEC* 290, 1991, p.223-29). L'*Essai sur l'entendement humain* avait d'ailleurs déjà connu trois éditions en français (en 1700, 1723 et 1729), en plus d'un *Abrégé* en 1720; ces chiffres font croire que l'ouvrage dut avoir attiré un certain public.

[9] C'est exact; avant l'*Essai sur la poésie épique* (1733) et les *Lettres philosophiques*, Milton fut connu du public francophone grâce seulement à deux ouvrages de politique: l'*Eikonoklastes* (1649) et le *Pro populo anglicano defensio* (1651); voir à ce sujet l'introduction à l'*Essai* par David Williams (*OCV*, t.3B, p.270-71). Voltaire n'ignorait pas les problèmes de compréhension que posait le style de Milton pour un public français. Dès 1728, il mande à Thiriot: 'What I say of Milton cannot be

vers, avant qu'on en donnât une traduction en prose;[10] il fut même le premier qui parla de l'inoculation de la petite vérole.[11]

Mille connaissances devenues aujourd'hui familières, étaient le partage d'un très petit nombre de savants, qui ne se donnaient pas la peine de les rendre publiques, ou qui ne l'osaient pas.[12] Le théâtre, surtout, était presque toujours sans pompe, sans appareil.[13] On y voyait rarement de ces grands coups qui frappent les yeux en remuant le cœur.[14] Les tragédies étaient (si on excepte *Athalie* tirée de l'Ancien Testament)[15] un tissu de conversations amoureuses

25

30

---

understood by the French unless I give a fuller notion of that author' (D333, 2 mai 1728).

[10] Par exemple, dans l'*Essai sur la poésie épique*, Voltaire avait traduit les vers 56-67 du premier livre du *Paradis perdu*, en soutenant que 'Milton fait autant d'honneur à l'Angleterre que le grand Newton' (*OCV*, t.3B, p.405-406, 409).

[11] Lanson, entre autres, montre que cette affirmation est erronée; l'inoculation était connue en France depuis les années 1720, du moins chez les spécialistes. Il serait plus exact de dire que Voltaire fut le premier à porter cette pratique à la connaissance du grand public en France (*Lettres philosophiques*, éd. G. Lanson, 2 vol., Paris, 1924, t.2, p.136-39).

[12] Il suffit de jeter un coup d'œil sur les livres écrits contre les *Lettres philosophiques* pour voir l'hostilité réservée à toute tentative pour mettre la science à la portée du public. Pour Le Coq de Villeray, l'inoculation est 'une fable' (*Réponse, ou critique des Lettres philosophiques de Monsieur de V***, Bâle, 1735, p.45); pour Jean-Baptiste Molinier, 'Le naturel des Français se révolte au système de l'insertion' (*Réponse aux Lettres de Monsieur de Voltaire*, La Haye, 1735, p.29).

[13] Cette opinion ne fut pas universelle: dans sa *Description nouvelle de la ville de Paris*, 2 vol. (Paris, 1706), Germain Brice affirme 'on peut avancer très hardiment en cette occasion, qu'on ne voit rien dans toute l'Europe, qui puisse être comparé à la pompe et à la régularité de la scène française' (t.2, p.369).

[14] Ici encore, les témoignages contemporains tendent à contredire l'avis des 'éditeurs'. On sait que les pièces de théâtre de Crébillon père, par exemple, ne manquaient pas d'intérêt dramatique ni d'incidents faits pour éveiller chez le spectateur des sentiments d'horreur autant que de pitié. En même temps, on sait que Voltaire était loin d'admirer les pièces de son aîné; en 1752, il avait écrit au marquis de Thibouville: 'On me mande que l'on va redonner au théâtre le *Catilina* de Crebillon. Il serait plaisant que ce rhinocéros eût du succès à la reprise. Ce serait la preuve la plus complète que les Français sont retombés dans la barbarie' (D4868, 15 avril [1752]).

[15] Racine publia *Athalie: tragédie tirée de l'Ecriture sainte* à Paris en 1691.

mêlées avec quelques intérêts d'Etat. [16] Il fut le premier qui fit des tragédies profanes sans amour, comme *Mérope*, *Oreste*, la *Mort de César*. Ce fut une entreprise par laquelle il détruisit le préjugé où l'on était en France, que l'amour devait être le premier mobile de la tragédie. [17]

Il traita l'histoire dans un goût nouveau; [18] elle n'était auparavant qu'une suite d'événements, [19] il en fit l'histoire de l'esprit humain, et l'écrivit en philosophe. [20] Les fables que tant d'écrivains

35

[16] Corneille avait déjà protesté contre le rôle accordé à l'amour dans le théâtre, le jugeant incompatible avec la véritable tragédie: 'Lorsqu'on met sur la scène une simple intrigue d'amour entre des rois [...] je ne crois pas que, bien que les personnes soient illustres, l'action le soit assez pour s'élever jusqu'à la tragédie. Sa dignité demande quelque grand intérêt d'Etat, ou quelque passion plus noble et plus mâle que l'amour, telles que sont l'ambition ou la vengeance, et veut donner à craindre des malheurs plus grands que la perte d'une maîtresse' (*Premier Discours du poème dramatique*, 1660, dans *Œuvres complètes de Corneille*, éd. Georges Couton, 3 vol., Paris, 1987, t.3, p.124). Pour Voltaire, cependant, 'il n'y a aucune pièce de Corneille dont l'amour ne fasse l'intrigue' (*Théodore*, acte 1, scène 1, dans *Commentaires sur Corneille*, *OCV*, t.54, p.466).

[17] L'importance de Voltaire à cet égard était depuis longtemps reconnue: dès 1738, le père Tournemine avait écrit à Pierre Brumoy, à propos de *Mérope*, qu'il se réjouissait 'de voir un aussi grand poète, un poète aussi accrédité que le fameux Voltaire, donner une tragédie sans amour' (D1705, 23 décembre 1738).

[18] En effet: c'est Voltaire qui donne un des premiers exemples d'une histoire laïque, qui rejette la chronologie traditionnelle et la perspective chrétienne qui prédominent chez ses prédécesseurs (voir J. H. Brumfitt, *Voltaire historian*, Londres, 1958, p.119-21).

[19] Rappelons cependant que Montesquieu, entre autres, avait déjà jeté les fondements d'une historiographie nouvelle, qui privilégie les facteurs climatologiques et géographiques (voir *De l'esprit des lois*, Genève, 1748, livres 14-18).

[20] Voltaire insiste surtout sur la nécessité pour l'historien d'évaluer soigneusement les documents et autres témoignages du passé, et de posséder des connaissances très variées: 'On exige des historiens modernes plus de détails, des faits plus constatés, des dates précises, des autorités, plus d'attention aux usages, aux lois, aux mœurs, au commerce, à la finance, à l'agriculture, à la population' (article 'Histoire' pour l'*Encyclopédie*, *OCV*, t.33, p.185). Mais s'il exprime des réserves en ce qui concerne la valeur des sources dont l'historien dispose, il maintient, contre des sceptiques tels que Descartes, l'utilité de l'histoire. Ce dernier prétend, dans le *Discours de la méthode* (1637), que les historiens omettent les circonstances ordinaires de la vie, si bien que 'ceux qui règlent leurs mœurs par les exemples qu'ils en tirent

copiaient de siècle en siècle ne furent point ménagées par lui;[21] il
devint utile aux hommes par une sage hardiesse, et ne fut jamais   40
découragé par les cris de ceux qui croyaient les anciennes erreurs
respectables.[22]

Le lecteur trouvera dans ce recueil tous les genres de littérature.
On ne s'étonnera pas qu'un homme qui a couru tant de carrières, et
qui avait presque toujours un caractère de nouveauté, ait été exposé   45
à l'envie et à la persécution; il le fait assez entendre dans plusieurs
de ses pièces fugitives que nous avons recueillies.

On a poussé le ridicule de la calomnie jusqu'à dire qu'il avait fait
sa fortune par ses ouvrages,[23] quoiqu'assurément ce ne soit pas le
chemin de la fortune.[24] Il y a bien peu de ses pièces de théâtre qu'on   50

46   w75x: assez etendre dans [erreur]
49-50 w75x: soit par le chemin [erreur]

---

sont sujets à tomber dans les extravagances des paladins de nos romans, et à
concevoir des desseins qui passent leurs forces' (éd. G. Gadoffre, Manchester, 1964,
p.8). Pour Voltaire, au contraire, 'Les grandes fautes passées servent beaucoup en
tout genre. On ne saurait trop remettre devant les yeux les crimes et les malheurs
causés par des querelles absurdes. Il est certain qu'à force de renouveler la mémoire
de ces querelles, on les empêche de renaître' ('Histoire', *OCV*, t.33, p.176).

[21] 'Avec le temps, la fable se grossit, et la vérité se perd: de là vient que toutes les
origines des peuples sont absurdes' ('Histoire', *OCV*, t.33, p.164-65).

[22] Par exemple, dans la *Défense des livres de l'Ancien Testament, contre l'écrit
intitulé 'La Philosophie de l'histoire'* (Amsterdam, 1767), l'abbé Clémence affirme que
Voltaire 'emploie l'érudition superficielle, dont il se pare, à persuader, s'il lui est
possible, que le monde est bien plus ancien que ne le représentent toutes les éditions
de nos livres saints' (p.1).

[23] 'En l'année 1726, étant en Angleterre, j'y trouvai une protection générale et des
encouragements que je n'aurais jamais pu espérer ailleurs [...] La *Henriade* parut
donc alors pour la première fois, sous son véritable nom, en dix chants; et ce fut
d'après les éditions de Londres que furent faites depuis celles d'Amsterdam, de
La Haye et de Genève, assez inconnues en France par l'interruption du commerce de
la librairie avec les étrangers. Cette générosité de la nation anglaise rétablit ma
fortune, que des banqueroutes avaient totalement dérangée' (Laurent Angliviel de
La Beaumelle, *Monsieur de Voltaire peint par lui-même*, Lausanne, 1768, p.17-18).

[24] Dans le *Commentaire historique sur les œuvres de l'auteur de la Henriade*
(Neuchâtel, 1776), Voltaire éclaire un peu plus son histoire financière. Il prétend
que 'Le roi George Ier, et surtout la princesse de Galles, qui depuis fut reine, lui firent

n'ait essayé de faire tomber aux premières représentations.[25] Les louanges qu'il donna au sage Locke aigrirent contre lui les fanatiques.[26] Il prit le parti de quitter Paris, qu'il regardait comme un séjour charmant pour ceux qui se contentent des douceurs de la société, et souvent très dangereux pour ceux qui aiment la vérité, et qui cultivent les arts. Il a vécu longtemps dans la retraite; c'est là que nous l'avons connu, et qu'il nous a confié la plupart de ses ouvrages: nous avons tiré le reste des journaux et des porte-feuilles des curieux.

On a retranché de cette édition beaucoup de petites pièces de vers ridiculement attribués à l'auteur, et indignes de tout homme de goût. Nous avons eu soin de ne mettre sous son nom que ce qui est de lui.[27] On ne trouvera point ici *la Brunette anglaise* d'un gentilhomme suisse,[28] des vers attribués au savant géomètre

55

60

57-79   w68, w70L: et qu'il nous a confié les ouvrages que nous présentons aux amateurs.//

---

une souscription immense: ce fut le commencement de sa fortune, car, étant revenu en France en 1728, il mit son argent à une loterie établie par M. Desforts, contrôleur général des finances. On recevait des rentes sur l'Hôtel de Ville pour billets, et on payait les lots argent comptant; de sorte qu'une société, qui aurait pris tous les billets, aurait gagné un million. Il s'associa avec une compagnie nombreuse et fut heureux' (*M*, t.1, p.75).

[25] Même s'il n'est pas nécessaire de prendre cette affirmation au pied de la lettre, il est vrai que de nombreuses pièces de Voltaire provoquèrent des critiques, souvent hostiles. Voir J. Vercruysse, 'Bibliographie des écrits français relatifs à Voltaire, 1719-1830', *SVEC* 60 (1968), p.7-71.

[26] Le 15 décembre 1732, donc avant la parution des *Lettres philosophiques* en anglais ou en français, Voltaire écrit à Jean-Baptiste Nicolas Formont: 'Il n'y a qu'une lettre touchant M. Locke. La seule matière philosophique que j'y traite est la petite bagatelle de l'immatérialité de l'âme, mais la chose est trop de conséquence pour la traiter sérieusement. Il a fallu l'égayer pour ne pas heurter de front nos seigneurs les théologiens, gens qui voient si clairement la spiritualité de l'âme qu'ils feraient brûler, s'ils pouvaient, les corps de ceux qui en doutent' (D545).

[27] Voir à ce sujet le *Dialogue de Pégase et du Vieillard* (*OCV*, t.76, p.527), et notre introduction ci-dessus (p.14).

[28] *Le Bijou trop peu payé et la brunette anglaise, nouvelles en vers pour servir de supplément aux œuvres posthumes de Guillaume Vadé* (Bengesco 2310) est de Jacques

Clairaut qui n'a jamais fait de vers, [29] une complainte d'un nommé   65
Bonneval sur la mort de la Le Couvreur, qui commence ainsi:

> Quel contraste frappe mes yeux,
> Melpomène ici désolée! [30]

Une autre encore plus plate intitulée *les Avantages de la raison*; [31]
une épître à l'abbé de Rothelin par M. de Formont; [32] une ode sur le   70
vrai Dieu; [33] une épître ordurière de l'abbé de Grecour, qui dit à
une femme que l'amour dresse son pupitre. [34] Une épître à mon

---

Cazotte (qui était de nationalité française, et non suisse); il fut publié pour la première
fois en 1764, chez Cramer, et fut réimprimé à plusieurs reprises dans des éditions des
œuvres de Voltaire parues dans les années 1770, sous le titre de *La Brunette anglaise*.

[29] On trouve des vers de 'M. Clairaut' à Voltaire, et la réponse de Voltaire, dans la
Troisième suite des mélanges de poésie, de littérature, d'histoire et de philosophie (Paris,
1761), p.386-87. Sans le consentement de Voltaire ni de Cramer, ce volume parut
chez le libraire parisien Prault, qui voulait le faire passer pour le tome 19 de w56.
Dans la table qui se trouve à la fin du volume, ce morceau est titré 'Epître de Monsieur
Clément à M. de Voltaire': l'attribution à Clairaut (p.386) est sans doute due à une
erreur du compositeur, suggérée par l'incipit 'Laisse à Clairaut tracer la ligne'. Voir
OCV, t.18A, p.293-95; et le *Dialogue de Pégase et du Vieillard*, 'Notes de M. de
Morza', n.*g*, lignes 12-13 et note (*OCV*, t.76, p.543).

[30] René de Bonneval, chevalier d'Ogrinville (1700-1760), poète et critique, fut
membre du cercle d'Adrienne Lecouvreur. Son *Apothéose de Mademoiselle
Le Couvreur* parut d'abord dans le *Recueil de nouvelles pièces fugitives en prose et en
vers* (Londres [Rouen], 1741), et fut réimprimée plusieurs fois dans diverses éditions
des œuvres de Voltaire. Celui-ci désavoua sans ambages 'cette plate et impertinente
apothéose de Mlle Le Couvreur' (D.app.408), dont il cite les premiers vers de même
dans les 'Notes de M. de Morza' qui suivent le *Dialogue de Pégase et du Vieillard*
(*OCV*, t.76, p.543, n.22) et dans le *Commentaire historique* (*M*, t.1, p.124). Voir aussi
la *Lettre de Monsieur de La Visclède* (*OCV*, t.77A, p.122-23, n.48).

[31] Publié d'abord dans le *Portefeuille trouvé* (1757), p.33-34, avant de paraître dans
la *Troisième suite des mélanges de poésie, de littérature, d'histoire et de philosophie*,
p.400.

[32] Voir le *Recueil de nouvelles pièces fugitives en prose et en vers par Monsieur
de Voltaire* (Londres, 1741), p.22, et Bengesco 2322, qui affirme 'Nous savons par
Voltaire lui-même (*Dialogue de Pégase et du Vieillard* [...]) que cette *Epître* est de
Formont' (voir *OCV*, t.76, p.543).

[33] Publiée d'abord, sous le nom d'Arouet, dans le *Nouveau Choix de pièces de
poésie*, 2 vol. (La Haye, 1715), t.1, p.141 (Bengesco 539); voir *OCV*, t.1B, p.316.

[34] L'*Epître à Madame de* *** [de Grécourt] fut publiée d'abord dans le *Portefeuille*

cher B, dans laquelle il est dit à mon cher B, que le soleil est l'âme du monde, que sa clarté l'inonde, que sa plus belle production est la lumière éthérée; et que de Newton la main inspirée la sépara par la réfraction.[35] Toutes ces énormes platitudes ont été imprimées par des libraires qui ont osé les publier par souscription.[36] C'est le comble du brigandage et de l'ignorance qui avilissent aujourd'hui l'art typographique.

75

---

trouvé (1757), p.31-32, avant de paraître dans la *Troisième suite des mélanges de poésie, de littérature, d'histoire et de philosophie*, p.398. Voir aussi D.app.408.

[35] Ce poème avait été publié d'abord dans le *Mercure de France* en septembre 1752 (p.62-64), faisant partie de la réponse anonyme à la *Lettre de Monsieur de B... capitaine au régiment de B... à Monsieur L. C. D. V.* Il fut réimprimé dans son intégralité en 1768 dans les *Nouveaux Mélanges* (t.5, p.325), republié dans le *Mercure* (juillet 1769, t.1, p.54-55, où il est ouvertement attribué à Voltaire), et puis dans plusieurs éditions de ses œuvres complètes (voir *OCV*, t.77A, p.123, n.49). Si Voltaire en cite quelques vers dans w75G (t.13, p.312), c'est pour le désavouer (voir le *Dialogue de Pégase et du Vieillard*, 'Notes de M. de Morza', *OCV*, t.76, p.544-45 et D19272).

[36] Voir notre introduction, note 13.

Conseils raisonnables à Monsieur Bergier, pour la défense du christianisme. Par une société de bacheliers en théologie

Edition critique

par

Alain Sandrier

TABLE DES MATIÈRES

INTRODUCTION [1]

Les *Conseils raisonnables à Monsieur Bergier*, une petite brochure d'une trentaine de pages, sortent vraisemblablement des presses de Gabriel Grasset, l'imprimeur habituel de ces incartades clandestines, [2] fin mai 1768. Ils se distinguent parmi les œuvres polémiques de circonstance dont Voltaire n'est pas avare dans les années 1760 à l'acmé de la bataille contre l'Infâme. Ils sont à la croisée de deux voire trois séries, les œuvres antichrétiennes proprement dites d'un côté, les œuvres d'attaque personnelle de l'autre, et on pourrait ajouter, avec l'importance de certaines remarques des *Conseils raisonnables*, les œuvres historiques.

Celui qui est visé, l'abbé Nicolas-Sylvestre Bergier (1718-1790), n'est ni un Fréron ou un Le Franc de Pompignan, ni un de ces apologistes hommes d'Eglise comme Nonnotte ou Guénée, qui s'en sont pris spécifiquement à Voltaire: avec eux, Voltaire a adopté la stratégie du siège, pilonnant régulièrement et méchamment les hommes jusqu'à reddition. Rien de tel ici: les *Conseils raisonnables* sont le seul ouvrage de sa main qui vise l'apologiste, encore est-il dénué de cette acrimonie qui marque parfois les vengeances voltairiennes et épargne-t-il l'homme dont il loue au contraire les bonnes mœurs. C'est donc un peu plus que d'un exercice de bastonnade antiphilosophique qu'il est question avec les *Conseils raisonnables*. Car ils ont un statut à part malgré leur caractère très circonstanciel: ils amalgament, dans une synthèse inédite et spirituelle, plusieurs thèmes chers à Voltaire et se proposent d'infliger une leçon à celui qui est devenu l'astre montant de l'apologétique du temps, le champion presque officiel de la religion catholique en France et dont tout le monde reconnaît les qualités.

---

[1] Je remercie John Renwick, Ulla Kölving et André Magnan pour leur relecture des différentes sections de cette édition.

[2] Voir Andrew Brown, 'Gabriel Grasset, éditeur de Voltaire', dans *Voltaire et le livre*, éd. F. Bessire et F. Tilkin (Ferney-Voltaire, 2009), p.80.

Grimm dans la *Correspondance littéraire* du 15 avril 1767 estime qu'il 'est un homme très supérieur aux gens de son métier' avant d'ajouter perfidement: 'C'est dommage que sa bonne foi lui fasse exposer les objections de ses adversaires dans toute leur force, et que les réponses qu'il leur oppose ne soient pas aussi victorieuses qu'il se l'imagine'.[3] Cette figure, étudiée en détail par Sylviane Albertan-Coppola,[4] mérite le détour, comme elle a mérité l'attention de Voltaire.

1. *L'adversaire*

L'abbé Bergier a connu en effet une ascension spectaculaire qui le conduisit, lui le modeste mais déjà savant curé de Flangebouche dans le Doubs (1749-1765), aux plus hautes reconnaissances de l'Eglise par son seul travail apologétique: chanoine de Notre-Dame de Paris et protégé de l'archevêque de Paris, Christophe de Beaumont, en décembre 1769, il reçoit l'année suivante une pension de deux mille livres votée par l'Assemblée du Clergé, qui le décharge de son canonicat pour lui permettre de se concentrer sur ses fonctions d'apologiste. Fin mars 1771, il est nommé confesseur de la nouvelle comtesse de Provence et dans la foulée de Mesdames de France. Ce confesseur de la cour officiera même pour le couple royal lors des Pâques de 1776. On ne peut que souligner la réussite exemplaire d'un homme qui répugne pourtant aux mondanités. Précisons qu'en 1769, il reçoit deux brefs de deux papes, Clément XIII et son successeur Clément XIV, le premier du 31 janvier, le second du 5 juillet, pour le remercier hautement de

---

[3] F. M. Grimm, *Correspondance littéraire, philosophique et critique, par Grimm, Diderot, Raynal, Meister, etc.*, éd. Maurice Tourneux, 16 vol. (Paris, 1877-1882) (ci-après *CLT*), t.7, p.295.

[4] Sylviane Albertan-Coppola, *L'Abbé Nicolas-Sylvestre Bergier (1718-1790): des Monts-Jura à Versailles, le parcours d'un apologiste du dix-huitième siècle* (Paris, 2010). C'est de cette étude que nous sommes redevables pour l'essentiel des informations de cette introduction concernant Bergier.

son zèle contre les ennemis de la religion chrétienne. Enfin, en ce qui concerne le monde savant, Bergier est non seulement un pilier de l'Académie de Besançon dont il est membre à partir de 1765, mais il entre ensuite à l'Académie des inscriptions et belles-lettres (1768) puis à l'Académie Stanislas de Nancy (1772). On ne connaît guère de trajectoire similaire à la fois dans le milieu ecclésiastique et dans le monde des lettres pour un homme d'origine aussi modeste: son père a été laboureur avant de devenir sacristain puis maître d'école. On ne peut lui comparer, dans le camp adverse, que Marmontel.

Cet itinéraire exceptionnel est le fruit d'une persévérance sans faille dans le travail érudit et savant, d'un goût passionné pour le débat intellectuel, l'un et l'autre entièrement mis au service de la cause de l'Eglise. C'est par son opiniâtreté dans les controverses avec les intellectuels les plus en pointe qu'il se fait un nom. Contrairement aux 'antiphilosophes' qui se sont illustrés dans l'affaire des Cacouacs par exemple, il n'y a pas chez lui cette méfiance pour l'échange intellectuel, ce refus du dialogue avec l'adversaire, et ce mépris a priori pour le travail des Lumières considéré comme arrogant et dangereux. C'est bien d'un homme de profonde tradition qu'il s'agit, qui a choisi son camp, et qui, à partir de 1770, se rangera de plus en plus clairement parmi les partisans de l'ordre, prenant des positions très réactionnaires sur la tolérance religieuse et la place des protestants en France. C'est cependant le même homme qui sera regardé par ses pairs comme un théologien hétérodoxe, en raison de sa conception trop conciliante du salut: en 1779, l'approbation du censeur lui est refusée pour son *Tableau de la miséricorde divine*. Son anti-augustinisme tendanciel le met en porte-à-faux avec la sévérité dogmatique affichée par l'Eglise. On perçoit chez lui un véritable intérêt pour les idées en tant que telles, et partant, une reconnaissance du champ savant tel qu'il se construit, avec le poids inévitable des encyclopédistes et autres 'philosophes' qui l'animent. Ce n'est pas pour rien que Bergier, si réticent envers les philosophes, acceptera cependant en 1781 de participer à l'aventure de l'*Encyclopédie méthodique* en se chargeant de la partie théologique.[5] Ce théologien veut battre les philosophes sur leur terrain, celui des idées, en se tenant à distance de la polémique personnelle ou idéologique. C'est même le seul apologiste qui, dans sa carrière, réunit à son tableau de chasse les trois penseurs les plus dangereux pour l'orthodoxie catholique, allant du déisme à l'athéisme: Rousseau, Voltaire et le baron d'Holbach. En quatre années d'intense production, il réfute coup sur coup Rousseau dans *Le Déisme réfuté par lui-même* (1765), de nombreuses productions voltairiennes dans *L'Apologie de la religion chrétienne* (1769), et le *Système de la nature* du baron d'Holbach dans l'*Examen du matérialisme* (1771). Entre Voltaire et Rousseau, il aura eu le temps de réfuter l'*Examen critique des apologistes de la religion chrétienne*, attribué alors à Fréret, dans *La Certitude des preuves du christianisme* (1767). C'est précisément cet ouvrage qui va décider Voltaire à répliquer à cet apologiste entreprenant qui aime s'attaquer à des formes bien dessinées et compactes de l'antichristianisme: et c'est ainsi que naissent les *Conseils raisonnables*.

De son côté, contrairement à son habitude, Voltaire préfère s'en tenir aux idées quand il engage la querelle avec Bergier. S'il épargne l'homme, c'est peut-être parce que la famille Bergier ne lui est pas tout à fait inconnue. Plus précisément, le frère de Nicolas-Sylvestre Bergier, François-Joseph (1732-1784), avocat au parlement de Paris, est un homme introduit dans le monde des lettres. Il passe pour libertin et philosophe. Il est traducteur et fréquente d'ailleurs le salon du baron d'Holbach: c'est par son intermédiaire sans doute qu'il faut imaginer que l'abbé Bergier a pu obtenir son entrée au cœur du milieu philosophique dans sa frange la plus radicale. Au reste, cette fréquentation du salon par l'apologiste ne durera que jusqu'à la parution de l'*Examen du matérialisme* en 1771 qui attaque vigoureusement l'athéisme matérialiste de son hôte. La rupture est immédiate et définitive. François-Joseph connaît aussi

---

[5] *Encyclopédie méthodique. Théologie, par M. l'abbé Bergier*, 3 vol. (Paris et Liège, 1788-1790).

D'Alembert, suffisamment en tout cas pour s'en réclamer quand il vient visiter Voltaire à Ferney en 1766: 'Je viens de voir aussi un M. Bergier qui pense comme il faut; il dit qu'il a eu le bonheur de vous voir quelquefois, et il ne m'en a pas paru indigne' (D13382). Dans la lettre du 1ᵉʳ juillet 1766 à Damilaville Voltaire évoque ce voyageur de passage: 'J'ai reçu la visite d'un homme de mérite qui je crois, vous a vu quelquefois chez M. d'Olbach. Son nom est, je crois, Bergier; il m'a paru en effet digne de vivre avec vous' (D13384). Trois jours plus tard, au même, c'est dans une fraternité philosophique bien comprise qu'il l'inclut: 'Je vous [ai] déjà dit que j'avais vu frère Bergier et plusieurs autres frères' (D13391). Il y a donc tout lieu de penser que Voltaire connaît dès 1766 l'opposition qui règne entre les deux frères Bergier, l'aîné, homme d'Eglise et apologiste, et le cadet, littérateur et libre penseur. Peut-être est-ce pour ne pas froisser la fibre familiale du 'philosophe' qu'il ménage autant la personne de l'apologiste dans les *Conseils raisonnables*.

2. *Un duel au long cours*

A vrai dire, le différend entre Voltaire et Bergier[6] est antérieur de plusieurs années aux *Conseils raisonnables*, qui ne constituent en quelque sorte que l'explicitation et l'apogée d'un conflit latent, largement nourri par l'abbé Bergier lui-même dans son activité apologétique et littéraire. Il faut remonter à 1761 pour trouver les premières traces d'un antagonisme encore voilé mais déjà saillant. C'est l'année de la publication des *Anecdotes sur Fréron* dans lesquelles Voltaire déverse toutes les injures possibles sur le journaliste. Entre autres, celle-ci: 'A l'exception de quelques

---

[6] Outre la monographie de S. Albertan-Coppola déjà citée, on peut se reporter aussi aux travaux d'Alfred J. Bingham: 'Voltaire and the abbé Bergier: a polite controversy', *Modern language review* 59 (1964), p.31-39; 'The earliest criticism of Voltaire's *Dictionnaire philosophique*', *SVEC* 47 (1966), p.15-37; 'Voltaire antichrétien réfuté par l'abbé Bergier', *Revue de l'université de Laval* 20, n° 9 (mai 1966), p.853-71.

injures grossières dont Fréron lardait les extraits qu'on lui apportait, tout était de main étrangère; et voici les noms de ces nouveaux croupiers'. [7] Parmi ces noms, il cite celui de 'Bergier' qui revient un peu plus loin, de manière plus circonstanciée encore: 'C'est ainsi que Fréron, qui mettait son nom à tous les extraits, faisait travailler ses croupiers les uns sur les autres. Il a peu travaillé à la critique odieuse du livre *De l'esprit* d'Helvétius. Bergier a fait celle de l'*Ami des hommes*, et des *Annales* de l'abbé Saint-Pierre.' [8] Pourrait-il s'agir du frère de notre apologiste, François-Joseph Bergier? L'hypothèse paraît très fragile car François-Joseph, on l'a vu, soutient des positions qui ne sont pas celles de Fréron, alors que l'*Ami des hommes* est incontestablement connu de Nicolas-Sylvestre Bergier qui l'utilise en particulier dans son *Apologie de la religion chrétienne* en 1769.

Ce n'est que deux ans plus tard que les griefs sont un peu mieux exprimés, cette fois-ci du côté de Bergier. A Besançon, en 1763 paraît le *Discours qui a remporté le prix d'éloquence de l'Académie de Besançon, par M. Bergier, curé de Flangebouche (Combien les mœurs donnent de lustre aux talents)*. Bergier était devenu une figure en vogue de la jeune Académie de Besançon, ayant remporté depuis dix ans de nombreux prix d'éloquence. Dans la conclusion du discours de 1763 (signalé, remarquons-le, par Fréron dans l'*Année littéraire* à la date du 27 septembre de la même année) Bergier fait le portrait d'un homme de lettres dans lequel les contemporains n'ont pu s'empêcher de reconnaître Voltaire. Le jugement est très sévère dans une dissertation qui ne peut que condamner le manque de mœurs chez l'homme talentueux. Les critiques pleuvent sur l'écrivain dont la dispersion semble le trait caractéristique et qui ne peut se prévaloir que d'une production vouée à l'oubli:

Si dans un siècle trop enclin à vanter ce qui paraît singulier, il se trouvait un écrivain qui eût l'ambition d'exceller dans tous les genres, de posséder tous les talents, d'être tout à la fois poète et théologien, littérateur et

---

[7] *OCV*, t.50, p.505.
[8] *OCV*, t.50, p.509.

géomètre, critique et philosophe, historien et romancier; un génie plus varié qu'étendu, plus hardi que solide, plus capable d'éblouir que d'instruire, qui traitât sur le même ton le sacré et le profane, le sérieux et le burlesque, la fable et l'histoire; un auteur plein de mépris pour ses critiques, inconstant par goût et opiniâtre par vanité; qui fît douter s'il a donné plus d'atteintes à la vérité ou à la vertu, à la religion ou aux mœurs; quelle destinée pourrait-on lui prédire?

On lui dirait que ses ouvrages, trop nombreux pour être parfaits, trop superficiels pour être exacts, trop frivoles la plupart pour être estimés, parviendront difficilement à la postérité. [9]

L'Origine des dieux du paganisme en 1767, travail historique érudit qui prend position dans la querelle sur l'évhémérisme, consacre Bergier, devenu entre-temps membre associé de l'Académie des sciences, arts et belles-lettres de la ville de Besançon, en tant que savant. Le chapitre 4 n'est pas exempt d'attaques contre Voltaire, mais celui-ci est cité avec Rousseau dans la préface comme ces 'deux écrivains célèbres [qui] ont encore récemment attaqué le sentiment des mythologues historiens': [10] il s'agit, en ce qui concerne Voltaire, d'un extrait de l'article 'Idole, idolâtre, idolâtrie' du *Dictionnaire philosophique* (voir *OCV*, t.36, p.218). Cette charge contre l'évhémérisme, qui préfère voir dans les fables des allégories, servira ironiquement de caution à Voltaire dans la première édition des *Lois de Minos* chez Valade en 1773 (désigné par le sigle 73GP dans *OCV*, t.73, p.60). Il renvoie très précisément à la page 3 du second tome en citant l'ouvrage: 'On doit dire, avec M. l'abbé Bergier: *que les différents peuples qui se glorifiaient d'avoir le berceau ou le tombeau de ce Dieu fameux, étaient des imposteurs ou des gens follement abusés par des traditions fabuleuses*' (p.65; voir *OCV*, t.73, p.180). Bergier dans la réédition de 1774, pour se venger de cet hommage encombrant, retranchera de la préface la citation de Voltaire. Le *Mercure de France* (janvier 1768, t.2, p.73) et l'*Année littéraire* (24 décembre 1767, p.262) ne manqueront pas

[9] Nicolas Bergier, *Discours qui a remporté le prix d'éloquence à l'Académie de Besançon* (Besançon, 1763), p.26-27.

[10] 2 vol. (Paris, 1767), t.i, p.xi.

de signaler l'érudition impeccable de l'ouvrage, et la *Correspondance littéraire* en parlera même, à l'occasion de la publication des *Conseils raisonnables*, dans sa livraison du 1er juin 1768, comme de 'son meilleur ouvrage'. Il faut reconnaître cependant que le compliment, sous la plume de Grimm, est quelque peu empoisonné:

Il a donné l'hiver dernier son meilleur ouvrage et celui qui a eu le moins de succès. C'est une traduction de la *Théogonie* d'Hésiode, avec des dissertations relatives à cet objet, sous le titre de *L'Origine des dieux du paganisme, et le sens des fables découvert par une explication suivie des poésies d'Hésiode*. L'objet de son ouvrage est de prouver, contre le système de l'abbé Banier, que les dieux du paganisme n'étaient point des personnages historiques. Si l'abondance des matières me le permet, je reviendrai à ce livre, qui est partagé en deux tomes et en quatre parties. Il n'y a rien de nouveau dans les idées mythologiques de M. l'abbé Bergier, rien qui n'ait été dit par plusieurs savants de France, d'Angleterre et d'Allemagne; mais si l'auteur n'écrivait pas platement, s'il avait de l'imagination et du style, il en aurait fait un ouvrage très intéressant. [11]

On ne peut guère parler jusqu'à présent que d'anicroches. Mais la publication fin 1766 de l'*Examen critique des apologistes de la religion chrétienne* sous le nom de Fréret va précipiter la brouille. C'est bien Fréret que vise Bergier dans *La Certitude des preuves du christianisme*: il reprend le plan de l'ouvrage, en rectifiant, chapitre après chapitre et dans le même ordre, les allégations de l'*Examen critique*. Voltaire, en rédigeant les *Conseils raisonnables*, veut-il défendre la mémoire de Fréret si durement attaqué? Il est vrai que le personnage ne le laisse pas indifférent: on se souvient qu'il le mentionne avec éloge dans les *Lettres à Son Altesse Monseigneur le prince de* *** de novembre 1767 et qu'il le fait parler longuement dans le *Dîner du comte de Boulainvilliers* peu de temps après, fin 1767. [12] Ces deux œuvres en font le porte-parole le plus virulent de l'antichristianisme, à la fois inattaquable dans les sources qu'il

[11] *CLT*, t.8, p.95.
[12] *OCV*, t.63B, p.448, 454; t.63A, p.361-401.

exploite et intransigeant dans son opposition raisonnée au christianisme. Cependant il paraît curieux qu'il choisisse de défendre la
mémoire de Fréret en ripostant à une œuvre attaquant un livre dont
il sait que Fréret n'est pas l'auteur. Sur ce point d'ailleurs, la
recherche actuelle lui donne raison, puisqu'on attribue de nos jours
l'*Examen critique* à Jean Lévesque de Burigny, autre académicien.
Peut-être faut-il faire l'hypothèse que Voltaire n'a pas été étranger
à la publication de l'*Examen critique*, voire qu'il y a été impliqué. Il
est d'ailleurs probable que l'édition soit sortie des presses de
Gabriel Grasset, l'éditeur plus tard des *Conseils*, bien que les
preuves matérielles ne permettent pas de trancher. [13]

Mais, ce qui incite surtout Voltaire à répondre, c'est qu'il se sent
attaqué dans *La Certitude des preuves du christianisme*. Tout au
moins Bergier n'hésite-t-il pas à s'en prendre à plusieurs reprises
aux œuvres de Voltaire, en le désignant obliquement. C'est tout
d'abord l'auteur des *Lettres philosophiques* qui est visé: 'Un de nos
plus fameux adversaires a cru détruire ce raisonnement en
soutenant que *la nature humaine n'a pas besoin du vrai pour tomber
dans le faux*'. [14] La citation se poursuit sur toute la page et reproduit
l'intégralité de la section 41 de la vingt-cinquième lettre 'sur les
Pensées de Pascal' à l'exception de l'incipit modalisateur 'Il me
semble que'. [15] La référence est donnée en note, selon l'habitude de
Bergier d'indiquer ses sources aussi systématiquement et précisément que possible. Plus loin, au chapitre 8, Voltaire est gratifié du
titre transparent d''oracle de nos nouveaux philosophes', popula-
risé par l'ouvrage de l'abbé Guyon. Là encore, la référence est
clairement donnée en note et c'est à nouveau l'auteur des *Lettres
philosophiques* qui est visé: 'Il n'est pas moins singulier que l'oracle
de nos nouveaux philosophes ait avancé qu'il y a encore de la
difficulté à savoir si l'on croira des témoins qui meurent pour

---

[13] L'hypothèse vient d'Ulla Kölving. Voir Andrew Brown, 'Gabriel Grasset,
éditeur de Voltaire', p.99.

[14] 2 vol. (Paris, 1767), t.1, p.189.

[15] Voir *Lettres philosophiques*, éd. G. Lanson, rév. A. M. Rousseau, 2 vol. (Paris,
1964) (ci-après *LP*), t.2, p.217-18.

soutenir leur déposition, *comme ont fait*, dit-il, *tant de fanatiques*'.[16]
Cette fois-ci, c'est un extrait de la section 33 de la même lettre qui
est cité. Cependant une dizaine de pages plus loin, au chapitre 9,
c'est à nouveau 'l'oracle des nouveaux philosophes' qui est pris à
partie, mais maintenant pour un article du *Dictionnaire philosophique*, 'Athée, athéisme'.[17] Un peu plus loin encore, on reprochera à
l'auteur d'avoir ressuscité la doctrine du fatalisme dans son article
'Chaîne des événements'.[18] C'est assez clairement marquer l'identité entre l'auteur des *Lettres* et celui du *Dictionnaire* tous deux
philosophiques. Et c'est mettre en vedette cet auteur au milieu
d'autres 'philosophes' cités, mais moins souvent sollicités, que ce
soit Diderot, Rousseau, Montesquieu et, avant eux, Bayle.

La dénonciation s'emballe tout à coup quand Bergier s'avise
d'évaluer l'influence de Fréret sur les philosophes modernes, ou
disons autrement, de montrer les emprunts qu'ils font à cette
source réputée pour sa fiabilité. C'est le cas au chapitre 10, quand
Bergier déplore la facilité avec laquelle les philosophes reprennent
les exemples que Fréret donne des différentes guerres de religion:
'Tels sont les faits que l'on trouve répétés, exagérés, commentés
dans tous les livres qui paraissent contre la religion; ils sont
présentés sous les plus noires couleurs dans les *Essais sur l'Histoire
générale*, dans le *Traité sur la tolérance*, dans le *Dictionnaire
philosophique*, etc. Mais on a grand soin de supprimer toutes les
circonstances qui pourraient les rendre moins odieux, et en
indiquer la vraie cause.'[19] Tous les titres, et ce n'est sans doute
pas un hasard, font référence à des œuvres de Voltaire: Bergier a
l'astuce de leur opposer le point de vue d'un 'de nos adversaires'
(t.2, p.110) en la personne de Rousseau, ennemi patenté de
Voltaire. Ce dernier ne manquera pas de relever cette incongruité
dans la section IV des *Conseils raisonnables* en dénigrant, comme à

---

[16] N. Bergier, *Certitude*, t.2, p.58; *LP*, t.2, p.212.
[17] N. Bergier, *Certitude*, t.2, p.68; *OCV*, t.35, p.389-90.
[18] N. Bergier, *Certitude*, t.2, p.78; *OCV*, t.35, p.522-28.
[19] N. Bergier, *Certitude*, t.2, p.109.

son habitude, cet 'auteur [qui] s'exprime aussi mal qu'il pense' (lignes 71-72). Mais l'incorrection de Bergier atteint son comble dans les premiers mots du chapitre 11:

Les objections rassemblées dans ce chapitre ont fourni une ample matière à plusieurs ouvrages imprimés récemment. On en retrouve la plupart dans le *Dictionnaire philosophique*, dans la *Philosophie de l'histoire*, dans les mélanges de philosophie, dans les *Lettres sur les miracles*. L'auteur de ces livres sans doute ne les a point empruntés du manuscrit de M. Fréret puisqu'il ne lui en fait pas honneur. [20]

Il désigne une même plume derrière des ouvrages d'attribution fictive et met en doute l'originalité de son argumentaire. C'est parler de Voltaire comme d'un hypocrite et d'un plagiaire. La raison de la réplique acerbe de Voltaire se trouve sans doute là: qu'on puisse prendre si peu de précautions pour le pointer du doigt, et qu'on remette en cause ses compétences historiques, deux sujets sur lesquels il a toujours été chatouilleux.

L'affaire n'en restera pas là, puisque Bergier n'entend pas laisser le dernier mot à Voltaire. Très réactif, peu de temps après la parution des *Conseils raisonnables*, il réplique par une brochure au titre explicite, *Réponse aux Conseils raisonnables*. L'approbation a été donnée en décembre 1768. Fidèle à sa méthode, il reprend très scrupuleusement le découpage de l'ouvrage qu'il réfute: c'est donc en vingt-cinq sections et quatre-vingt-quatorze pages qu'il répond point par point aux attaques de Voltaire. Le moins que l'on puisse dire est que ce n'est pas cette réponse qui rompt avec le régime de la stigmatisation. L'ouverture feint de respecter l'attribution collective des *Conseils raisonnables* à des 'bacheliers en théologie' et paraît jouer l'apaisement en louant l'absence d'attaque personnelle:

Malgré le déguisement sous lequel on a donné les *Conseils raisonnables*, le public a cru y reconnaître la même main de laquelle sont déjà sorties tant de brochures lancées contre la religion; c'est un mystère qu'il serait inutile de dévoiler. [...] Quoi qu'il en soit, de quelque part que viennent des *Conseils raisonnables*, ils sont bons à recevoir. Si ceux-ci ne méritent

[20] N. Bergier, *Certitude*, t.2, p.123.

pas tout à fait le titre qu'ils portent ni les louanges qu'on leur prodigue, ils sont du moins beaucoup plus modérés que la plupart des réponses que l'on a faites aux apologistes de la religion; c'est un mérite qu'il est bon de relever; si dans la dispute on pouvait en revenir au ton de la décence et de l'honnêteté, ce serait déjà un grand scandale de moins. [21]

Mais bien vite, Bergier en revient aux positions qui avaient poussé Voltaire à répondre à *La Certitude des preuves du christianisme*. Il récidive dans ses accusations en identifiant la source des *Conseils raisonnables* dans d'autres œuvres antichrétiennes de Voltaire, avec un sens très sûr de l'attribution véritable:

Le *Dictionnaire philosophique*, *L'Examen important de milord Bolingbroke*, les *Lettres sur les miracles*, le *Catéchisme de l'honnête homme*, le *Sermon des cinquante*, les *Questions de Zapata*, le *Dîner du comte de Boulainvilliers*, etc., sont les sources où ils [les 'prétendus bacheliers en théologie'] ont puisé toute leur doctrine; leurs conseils ne sont qu'un extrait de ces différentes brochures. [22]

On ne sait pas si Voltaire a répliqué de quelque manière à ce nouveau texte de Bergier qui sera intégré à la deuxième édition de la *Certitude* en 1771. L'affrontement n'est pas terminé cependant: Bergier n'en a pas fini avec 'l'oracle de nos nouveaux philosophes'. On le retrouve en bonne place parmi les victimes de son nouvel *opus* apologétique, l'*Apologie de la religion chrétienne*, qui, daté de 1769, paraît en fait dès décembre 1768, en même temps donc que la *Réponse*. C'est dire si Voltaire est l'objet de tous les soins de Bergier. S. Albertan-Coppola a dénombré les citations contenues dans cet ouvrage, sous-titré *contre l'auteur du Christianisme dévoilé et de quelques autres critiques*. Or cette œuvre a priori bâtie contre les positions holbachiques montre 'la prédominance des œuvres de Voltaire dans le quadrillage qu'il effectue à travers la littérature antichrétienne'. [23] Les chiffres sont sans appel: les renvois en note

[21] Nicolas Bergier, *Réponse aux Conseils raisonnables, etc., pour servir de supplément à la Certitude des preuves du christianisme, etc.* (Paris, 1769), p.2-3.

[22] N. Bergier, *Réponse aux Conseils raisonnables*, p.4.

[23] S. Albertan-Coppola, *L'Abbé Nicolas-Sylvestre Bergier*, p.155.

de bas de page à *L'Examen important de milord Bolingbroke* montent à une centaine, suivis des renvois au *Dictionnaire philosophique*, une cinquantaine, puis au *Dîner du comte de Boulainvilliers*, près de vingt-cinq, et enfin aux *Questions sur les miracles*, à *La Philosophie de l'histoire* et au *Traité sur la tolérance*, un peu moins d'une vingtaine chacun. Il convient d'ajouter que l'ouvrage est flanqué d'une *Suite de l'Apologie ou réfutation des principaux articles du 'Dictionnaire philosophique'* qui reprend, en fait, les remarques que Bergier avait rédigées sans nom d'auteur sous le titre 'Examen des principaux articles du *Dictionnaire philosophique*' et qui avaient paru précédemment dans le *Journal helvétique* tout au long de l'année 1767. L'*Examen du matérialisme*, en 1771, sous-titré *Réfutation du Système de la nature*, met bien en vedette, quant à lui, le baron d'Holbach, les références à Voltaire diminuant très sensiblement. On peut donc soutenir que l'*Apologie* constitue la dernière grande œuvre polémique de Bergier qui prenne ostensiblement pour cible la 'manufacture de Ferney', pour parler comme Grimm. Selon S. Albertan-Coppola, Bergier n'ambitionne rien de moins que 'la disqualification totale de l'œuvre de Voltaire'. [24]

A partir de 1770, ce sera la montée en puissance des athées, avec comme figure de proue le baron d'Holbach, qui retiendra Bergier. Une inquiétude similaire devant ce déchaînement irréligieux radical s'empare de Voltaire au même moment: finalement les athées ont fait diversion au combat entre l'apologétique catholique et le déisme voltairien. On ne retrouve plus, en tout cas, aucun règlement de compte entre les deux hommes jusqu'à la disparition de Voltaire. Les points de litiges que laisse deviner la correspondance de Voltaire paraissent bien dérisoires quand ils ne sont pas révélateurs du changement de paysage dans la philosophie irréligieuse du temps. En 1770, c'est Voltaire qui s'inquiète de savoir quelle réfutation du *Système de la nature* paraîtra la première, la sienne ou celle de Bergier, et si son ouvrage bénéficiera de la tolérance de la Librairie: 'Il n'est pas juste, mon cher correspon-

[24] S. Albertan-Coppola, *L'Abbé Nicolas-Sylvestre Bergier*, p.175.

dant, que M. Bergier me prévienne, tout prêtre qu'il est. Je pense que ma petite drôlerie sur l'Etre éternel pourrait obtenir au moins une de ces permissions qu'on appelle tacites' (D16581, à François-Louis-Claude Marin le 13 août 1770). L'*Examen du matérialisme*, au reste, ne paraîtra qu'en 1771 après la brochure de Voltaire, *Dieu. Réponse au Système de la nature*. Deux ans plus tard, c'est l'obstruction de Bergier en tant que censeur qui est l'objet d'une lettre au comte d'Argental. Elle porte, comme il se doit, sur le théâtre: 'Mon cher ange, ceci est sérieux. On m'accuse publiquement dans Paris d'être l'auteur d'une pièce de théâtre intitulée *Les Lois de Minos, ou Astérie*. Cette calomnie sera si préjudiciable à votre pauvre du Roncel qu'assurément sa pièce ne sera jamais jouée, et je sais qu'il avait besoin qu'on la représentât pour bien des raisons. Vous savez qu'on fit examiner *Les Druides* par un docteur de Sorbonne, et qu'on a fini par en défendre la représentation et l'impression' (D17725, le 4 mai 1772). Bergier se serait ravisé sur l'approbation après les protestations soulevées par la représenta-tion de la pièce à Versailles.[25] On se souvient aussi que Bergier n'avait pas apprécié de se voir citer dans les notes des *Lois de Minos*. Ces petites vexations du monde des lettres n'ont plus l'ampleur de l'affrontement qui a eu lieu entre 1768 et 1769. Le fossé reste cependant toujours aussi profond entre l'apologiste

---

[25] Voir la version qu'en donne Condorcet à Voltaire: '*Les Druides* dont je vous ai parlé ne seront pas imprimés. Il y a eu des retranchements à faire après la première représentation. M. Watelet, M. Thomas les ont faits en présence de l'auteur à qui le mauvais succès de sa première représentation avait ôté le courage. J'étais avec eux. M. Bergier a eu la bonté d'écrire que nous étions des encyclopédistes, qui avions en une après-dînée fait trois ou quatre cents vers impies pour assurer le succès de la pièce. Ce Bergier l'avait approuvée l'année dernière, mais toutes les bégueules l'ayant trouvée irréligieuse lorsqu'on l'a jouée à Versailles et lui ayant fait des reproches, il a dit que ce n'était plus la même. Nous l'avons convaincu d'avoir menti, et voilà qu'il est regardé dans son parti comme un confesseur. On le compare aux saints pères qui mentaient si effrontément pour la foi et il aura une grosse pension sur l'abbaye de Thélème à la première promotion. En attendant on a défendu à sa sollicitation l'impression et la représentation du même ouvrage qu'il avait approuvé. Assurément cet homme aurait besoin qu'on lui donnât des Conseils raisonnables' (D17695).

reconnu et l'antichrétien intarissable. Les quelques mots brutaux de Bergier envoyés à son correspondant et vieil ami, l'abbé Trouillet, à l'occasion de la mort de Voltaire en témoignent éloquemment: 'Pendant mon séjour à Paris Voltaire a crevé comme il devait naturellement le faire avec le sombre désespoir d'un réprouvé; selon le curé de Saint-Sulpice, il était déjà damné quinze jours avant sa mort'.[26]

3. *Composition*

Dater la rédaction des *Conseils raisonnables* en l'absence d'indications dans la correspondance, où ils ne sont mentionnés qu'une seule fois,[27] pourrait se révéler délicat, s'il n'y avait une chronologie serrée qui restreint le champ des hypothèses. L'ouvrage de Bergier lui-même paraît au printemps 1767. Une lettre à Charles-Frédéric-Gabriel Christin du 23 novembre 1767 semble indiquer qu'à cette date, Voltaire ne le connaît pas encore: 'Mon cher petit philosophe, on célébrera en temps et lieu les amours de notre ami le bon chrétien Bergier' (D14546). D'après une indication fournie à Morellet, dans une lettre signée du pseudonyme 'l'abbé d'Yvroie', ce n'est qu'à partir de la fin janvier 1768 que Voltaire a pris véritablement connaissance du livre:

Vous savez, Monsieur, qu'on a donné six cents francs de pension à celui qui a réfuté Fréret. En ce cas il en fallait donner une de douze cents à Fréret lui-même. On ne peut guère réfuter plus mal. Je n'ai lu cet ouvrage que depuis quelques jours, et j'ai gémi de voir une si bonne cause défendue par de si mauvaises raisons. J'admire comment cet écrivain

---

[26] Lettre du 16 juin 1778; voir *Un théologien au siècle des Lumières: Bergier, correspondance avec l'abbé Trouillet*, éd. A. Jobert, Lyon, 1987, p.181.

[27] Voir D15094, à Mme Denis, le 24 juin 1768: 'J'ai lu par un grand hasard les *Conseils raisonnables*, *La Profession de foi des théistes*, *L'Epître aux Romains*, et quelques autres drogues. Je me flatte qu'on ne m'imputera pas ces bagatelles tandis que je me consume jour et nuit sur une histoire [*Histoire du parlement de Paris*] qui contient cent trente années.'

soutient la vérité par des bévues continuelles, et suppose toujours ce qui est en question. Il n'appartient qu'à vous, Monsieur, de combattre avec de bonnes armes, et de faire voir le faible de ces apologies qui ne trompent que des ignorants. [28]

Les *Conseils raisonnables* paraissent vraisemblablement fin mai 1768, puisque la *Correspondance littéraire* peut en faire état dès la livraison du 1er juin, [29] et ils sont publiés en même temps que *La Profession de foi des théistes*. Il faut compter, en outre, avec une production frénétique, qui laisse peu de temps: fin 1767 paraît *Le Dîner du comte de Boulainvilliers*, en mars la *Relation du bannissement des jésuites de la Chine* (voir *OCV*, t.67, p.75-122). Enfin, une allusion, dans la section XXIV des *Conseils raisonnables*, à la visite à Ferney du marquis de Mora et du duc de Villahermosa, qui a eu lieu fin avril 1768, invite à imaginer une rédaction s'étirant jusqu'à l'approche de la publication, au gré de la lecture discontinue et commentée de l'ouvrage de Bergier. Vraisemblablement entre mars et avril 1768 tout s'est cristallisé. Il est vrai que ce texte relativement court et volontairement sans architecture, fait de vingt-cinq sections de longueur variable, semble obéir à un principe de composition assez simple, celui de la réaction à la lecture de l'ouvrage de Bergier.

Les traces que Voltaire laisse de sa lecture sont consignées dans le *Corpus des notes marginales* (voir *OCV*, t.136: *CN*, t.1, notice n° 156, p.292-96). En l'absence d'annotations manuscrites, on doit se contenter de signets et de papillons qui témoignent des points d'achoppement de Voltaire avec la pensée de Bergier. Encore ne faut-il pas réduire ces réactions et ces matérialisations de lecture uniquement à un travail préparatoire aux *Conseils raisonnables*: là comme ailleurs, Voltaire indique par ces marques, dont la chronologie reste incertaine, des questions et des événements, des dates et des noms dont les statuts sont variés: tantôt point de

[28] D14695, 22 janvier 1768.
[29] Ulla Kölving, consultée, invite cependant à prendre avec circonspection les dates fournies par la *Correspondance littéraire*, en particulier pendant cette année 1768 fertile en retards de toutes sortes.

fixation de sa pensée, tantôt événement à approfondir, tantôt aide-mémoire, tantôt prêt à l'emploi, aucune interprétation de ces signes ne peut être univoque. Ainsi, par exemple, les papillons collés sur les passages consacrés à Ambroise Paré (ch.5, t.1, p.197; voir *CN*, t.1, p.294) ou aux martyrs musulmans (ch.7, t.2, p.53; voir *CN*, t.1, p.295) ne paraissent pas relever d'une recherche utilisée dans les *Conseils raisonnables*. On peut remarquer encore que, si les papillons collés sur les passages évoquant la traduction de Julien par le marquis d'Argens (ch.4, t.1, p.161, voir *CN*, t.1, p.293) semblent avoir pour répondant immédiat dans les *Conseils raisonnables* la section XVIII qui analyse longuement la conception des miracles par Julien, il paraît tout aussi plausible de les indexer à la préparation du *Discours de l'empereur Julien contre les chrétiens* (voir *OCV*, t.71B): celui-ci paraîtra quelques mois seulement après les *Conseils raisonnables*. Il est certain, quoi qu'il en soit, qu'on retrouve dans les traces laissées par Voltaire l'origine de quelques-unes des querelles qu'il engage avec Bergier. Ainsi, dans les *Conseils raisonnables*, où Voltaire se contraint autant que possible à fournir les références exactes des citations incriminées, sans doute pour suivre l'exemple de Bergier lui-même, certaines des allusions données sans référence sont distinguées sur l'exemplaire conservé: c'est le cas de la référence à Tertullien et Eusèbe dans la section IX, dont le passage est signalé par un papillon (voir *OCV*, t.136, p.293), ou encore, dans la section XIX, du miracle néotestamentaire des démons envoyés dans deux mille pourceaux, signalé par plusieurs papillons (voir *CN*, t.1, p.294).

Si l'on tire le bilan des traces de lecture et des passages cités et référencés dans les *Conseils raisonnables*, on s'aperçoit que Voltaire a procédé à une lecture très sélective de l'ouvrage de Bergier. Il n'en retient qu'une part réduite qu'il soumet à une critique féroce: sont particulièrement mis à contribution quelques paragraphes privilégiés des chapitres 2, 5, 10, un peu moins quelques points des chapitres 1, 7 et 11. Le *Corpus des notes marginales* indique aussi des marques de lecture pour les chapitres 4 et 6. Les chapitres 3, 9, 12 et 13 ne font, en revanche, l'objet d'aucune attention palpable dans les

Conseils raisonnables ou dans *CN*. Au demeurant, ces différences de traitement ne surprennent guère: si l'on garde en mémoire le fait que le découpage en chapitres de l'ouvrage de Bergier suit celui de sa cible, l'*Examen critique*, on constate un intérêt plus prononcé de Voltaire pour les débats qui ont trait à l'authenticité des textes saints (ch.1) et, à l'inverse, aux textes apocryphes (ch.2), pour la croyance aux démons (ch.5) et pour la moralité du christianisme (ch.10), autant de questions qui, l'annotation le détaillera, relèvent d'une curiosité presque compulsive.

A vrai dire, si les points de rencontre avec l'*Examen critique*, qui sont les points de litige avec Bergier, contribuent de manière essentielle à l'architecture des *Conseils raisonnables*, ils doivent composer avec un intérêt intrinsèque pour les questions historiques en tant que telles. Les références très critiques à l'abbé Nicolas Lenglet Du Fresnoy (section I) ou au jésuite Gabriel Daniel (section XXIII) en témoignent: répondre à Bergier, c'est l'occasion aussi pour Voltaire de se montrer historien. Or être historien, c'est choisir les meilleures sources avec discernement et savoir les interpréter. En fait, dès le début, avant même que la discussion ne s'engage sur la 'dispute avec feu M. Fréret' (section IX, ligne 150), Voltaire attaque voire harcèle Bergier sur quelques points précis: les raisons de l'assassinat de Henri IV (section I), les conditions du supplice de Jean Hus (section II), l'exécution du conseiller Anne Du Bourg (section IV). Or ces questions ont fait l'objet de développements circonstanciés dans l'œuvre de Voltaire historien: la *Dissertation sur la mort de Henri IV* de 1745 élimine l'hypothèse de l'implication de la marquise de Verneuil défendue par Bergier; les chapitres 72 et 73 de l'*Essai sur les mœurs* ont déjà traité du concile de Constance et de l'injustice faite à Jean Hus; enfin le sort d'Anne Du Bourg occupe le chapitre 21 de l'*Histoire du parlement de Paris* (*OCV*, t.68, p.249-54) qui sera publiée en juin 1769, et Voltaire reviendra sur le cas de ce conseiller en publiant en 1771 le *Discours du conseiller Anne Du Bourg à ses juges* (*OCV*, t.73, p.287-90). On a donc affaire à un ensemble de matériaux qui sont familiers à Voltaire, et qu'il se plaît à mettre en scène pour souligner la vision historique très intéressée de son interlocuteur. Voltaire a inscrit sa réplique à Bergier dans une campagne d'intense activité historique dont, après le *Précis du siècle de Louis XV*, l'*Histoire du parlement de Paris* sera l'imminente traduction: aussi n'est-il pas étonnant de voir la proximité des références entre ces deux œuvres. De même, la section XXIII est incontestablement l'acmé des *Conseils raisonnables*. Or c'est bien parce qu'elle multiplie les exemples empruntés à l'histoire qu'elle parvient à se hisser à ce niveau critique, usant tour à tour du pathétique et de l'ironie: Voltaire invite à une réflexion sur les sources en juxtaposant dans la même section les témoignages les plus immédiats sur des événements douloureux (d'Aubigné et Crespin pour les martyrs protestants) et les sources les moins crédibles sur des récits fantaisistes (Ruinart et Jacques de Voragine pour les saints). C'est par là, sans doute, que Voltaire, une fois de plus, parvient à plier l'histoire à sa cause, au détriment de Bergier, renvoyé à son érudition trop orientée pour être fiable.

4. *Accueil*

Ce duel entre le philosophe et le théologien, entre l'historien et l'érudit, s'il n'est pas passé complètement inaperçu, étant donné la stature des deux duellistes, se trouve cependant noyé dans une production abondante, de la part de Voltaire aussi bien que des autres incrédules militants qui commencent parfois à lui voler la vedette: cette année voit la parution du *Dîner du comte de Boulainvilliers* de Voltaire mais aussi celle du *Christianisme dévoilé* du baron d'Holbach, pour ne rien dire des très nombreuses autres œuvres dont Voltaire a inondé le marché du livre 'philosophique'. Les *Mémoires secrets* réservent, à la date du 15 juillet 1768, un accueil distant et bienveillant, comme à leur habitude, à cette nouvelle illustration de la vitalité critique du Patriarche:

M. de Voltaire, depuis sa communion [de Pâques 1768], était resté dans un silence édifiant, mais il paraît que le diable n'y a rien perdu; il tombe

49

aujourd'hui sur le corps d'un nouvel adversaire, c'est M. Bergier, curé en Franche-Comté, auteur de plusieurs ouvrages en faveur du christianisme, qu'on connaissait peu, et qui devront leur célébrité au grand homme qui les tire de la poussière et les honore de sa critique. Ce pamphlet est intitulé: *Conseils raisonnables à M. Bergier, par une société de bacheliers en théologie.* Sans approuver le fond de cet ouvrage impie, on peut dire qu'on y reconnaît facilement son auteur, peu logicien, mais toujours agréable dans les matières les moins susceptibles de gaieté. Ces *Conseils* contiennent 25 paragraphes, et forment environ 30 pages d'impression. [30]

C'est dans la *Correspondance littéraire*, à la date du 1er juin 1768, qu'on trouve le compte rendu le plus détaillé de l'œuvre. Le pseudonyme collectif ne trompe pas Grimm, toujours admiratif pour l'écrivain talentueux et combattif:

Cet écrit est en effet signé par quatre soi-disant bacheliers; mais on y reconnaît à chaque ligne la touche du grand, de l'immortel docteur de Ferney. C'est un morceau plein de solidité, de sagesse, d'éloquence, et d'une éloquence pathétique et touchante. Je n'en ai entendu faire qu'une lecture très rapide, mais il m'a paru qu'il y avait quelques traits vraiment sublimes. [31]

La critique est sévère en revanche pour l'abbé Bergier, traité en espion de l'Eglise dans le clan philosophique, à cause de sa fréquentation du salon du baron d'Holbach. Les quelques concessions polies sont toutes de façade et ne servent qu'à rehausser le lustre du Patriarche:

Comme défenseur de la religion chrétienne, l'abbé Bergier est sans doute très supérieur à ses confrères qui ont combattu pour la même cause; mais quand on lit avec un peu de réflexion les *Conseils raisonnables par la société des bacheliers en théologie*, on ne peut se dissimuler que les faits d'armes du champion Bergier sont au fond pitoyables, et que ses doctes écrits sont un tissu de pauvretés cousues avec une mauvaise foi choquante pour tout ce qui ne croit pas qu'on doive sacrifier la vérité à l'espérance d'obtenir

---

[30] *Mémoires secrets pour servir à l'histoire de la république des lettres en France*, 36 vol. (Londres, 1777-1789), t.4, p.62-63.

[31] *CLT*, t.8, p.94.

quelque bénéfice. Faisons des vœux pour l'auteur des *Conseils raison-nables* et pour qu'il nous donne souvent de semblables écrits; c'est un des meilleurs qui soient sortis depuis longtemps de cette manufacture si abondante en productions excellentes. [32]

Il est difficile de montrer plus d'enthousiasme. Pourtant cette longue notice s'achève sur une note plus réservée quant aux qualités de Voltaire historien. C'est la question de l'assassinat d'Henri IV dans la section d'ouverture qui en est l'occasion: 'Je n'aime cependant pas le premier conseil. L'auteur reproche au champion Bergier d'avoir traité Marie de Médicis comme complice de l'assassinat de Henri IV; et il le lui reproche comme je ne peux souffrir qu'on reproche, en lui faisant un crime d'accuser l'aïeule du roi d'une action si horrible. [...] Quand on lit avec attention l'histoire de ce siècle abominable, où le meilleur des rois fut assassiné au milieu d'un peuple qui n'en était pas digne, on ne peut s'empêcher, malgré qu'on en ait, de soupçonner la reine.' [33]

5. *Recyclages*

Les sections XXIII et XXIV des *Conseils raisonnables* ont fait l'objet de plusieurs reprises dans d'autres productions voltai-riennes. Si le phénomène n'est pas exceptionnel chez Voltaire, qui se permet de nombreux recyclages, notamment dans ses œuvres alphabétiques, il est néanmoins remarquable ici par les modalités d'insertion et les variantes textuelles apportées.

La même année, en 1768, et quasiment en même temps, c'est dans *La Profession de foi des théistes*, anonyme, que la seule section XXIII resurgit au milieu de nombreux collages d'extraits voltairiens dont ce texte adressé à Frédéric II est tissu. Constituant l'essentiel de la section 'Persécutions chrétiennes', cet emprunt est indiqué comme tel et se présente comme 'ce morceau d'un petit livre excellent, qui a paru depuis peu, intitulé *Conseils raisonnables*,

[32] *CLT*, t.8, p.95-96.
[33] *CLT*, t.8, p.96.

etc.' (voir p.154, lignes 361-63). On y remarque un ajout de quelques lignes à la fin du premier paragraphe par rapport à la leçon de toutes les éditions des *Conseils raisonnables* jusqu'à Kehl. Il s'agit de l'évocation de la situation anglaise qui succède sans transition aux dernières paroles prêtées à Jérôme de Prague (lignes 371-74):

Vous n'avez pas été à Londres, où parmi tant de victimes que fit brûler l'infâme reine Marie fille du tyran Henri VIII, une femme accouchant au pied du bûcher, on y jeta l'enfant avec la mère par l'ordre d'un évêque.

Les sections XXIII et XXIV, fidèlement découpées en deux parties, sont ensuite reprises en tant que 'Section seconde' de l'article 'Martyrs' dès la première édition des *Questions sur l'Encyclopédie* (1771). Elles se présentent alors comme l'*'*Extrait d'une lettre écrite à un docteur apologiste de Don Ruinart'. L'ajout effectué dans *La Profession de foi des théistes* n'est pas reproduit. En revanche, dès la seconde édition de 1772, la fin de la section XXIII est sensiblement augmentée par l'adjonction d'un texte qui s'insère juste avant le dernier paragraphe, dont il modifie d'ailleurs l'attaque, qui n'est plus 'Non, si vous voulez' mais 'Ah monsieur, si vous voulez'. Après le paragraphe débutant par 'Pierre Bergier chantait un psaume de Marot' (ligne 516) on lit cinq paragraphes inédits:

Les vallées du Piémont auprès de Pignerol étaient habitées de temps immémorial par ces malheureux persuadés. On leur envoie en 1655 des missionnaires et des assassins. Lisez la *Relation de Morland* alors ministre d'Angleterre à la cour de Turin. Vous y verrez un Jean Brocher auquel on coupa le membre viril qu'on mit entre les dents de sa tête coupée, plantée sur une pique pour servir de signal.

Marthe Basal, dont on tua les enfants sur son ventre; après quoi on lui coupa les mamelles qu'on fit cuire au cabaret de Macel, et dont on fit manger aux passants.

Pierre Simon et sa femme, âgés de quatre-vingts ans, liés et roulés ensemble, et précipités de rocher en rocher.

Anne Charbonier violée, et ensuite empalée par la partie même dont on venait de jouir, portée sur le grand chemin pour servir de croix, selon l'usage du pays, où il faut des croix à tous les carrefours.

Le détail de ces horreurs vous fait dresser les cheveux; mais la multiplicité en est si grande qu'elle ennuie. On faisait périr ainsi des milliers d'imbéciles, en leur disant qu'il fallait entendre la messe en latin. Il était bien clair qu'étant déchirés en morceaux ils ne pouvaient avoir le bonheur d'aller à la messe. [34]

Ajoutons, pour clore cette histoire complexe des reprises, que le début du paragraphe qui a précédé cette nouvelle mouture est lui aussi modifié par la suppression de la première phrase: 'Le nombre des martyrs réformés soit vaudois, soit albigeois, soit évangéliques est innombrable' (lignes 508-509). Comme on peut le remarquer, les ajouts de cette nouvelle édition des *Questions* multiplient les scènes d'horreur avec une crudité qui aurait eu peu de chance d'être de mise, originellement, face au chaste abbé Bergier.

Ces diverses modifications, relatives à la section XXIII, qui ressortissent pourtant à des œuvres et des éditions différentes, ont toutes été intégrées sans distinction par Beuchot dans son édition des *Conseils raisonnables* (*M*, t.27, p.35-53).

6. *Editions*

De plus amples informations sur les éditions collectives se trouvent ci-dessous, p.313-16.

68

CONSEILS / *RAISONNABLES* / A / MONSIEUR BERGIER, / *Pour la défense du Christianisme*. / PAR / Une société de Bacheliers en / Théologie.

In-8°. A-B⁸ [$4, en chiffres romains (-A1)]; pag. 31; réclames par cahier.

[1] titre; [2] en blanc; [3]-31 Conseils raisonnables à Monsieur Bergier, pour la défense du Christianisme; [32] en blanc.

Bengesco 1761; BnC 4163.

Oxford, Taylor: V.8.C.10.1769(1/5). Paris, BnF: Z Bengesco-320.

[34] *OCV*, t.42B, p.177-80: voir surtout l'illustration p.178.

EJ69

Tome 1: 22-48 Conseils raisonnables à Monsieur Bergier, pour la défense du Christianisme. Par une société de Bacheliers en Théologie.

EJ72

Tome 1: 21-45 Conseils raisonnables à Monsieur Bergier, pour la défense du Christianisme. Par une société de Bacheliers en Théologie.

K84

Tome 33: 374-400 Conseils raisonnables à M. Bergier, pour la défense du christianisme, par une société de bacheliers en théologie.

K85

Tome 33: 374-400 Conseils raisonnables à M. Bergier, pour la défense du christianisme; par une société de bacheliers en théologie.

K12

Tome 42: 275-307 Conseils raisonnables à M. Bergier, pour la défense du christianisme; par une société de bacheliers en théologie.

w68 (1796)

Tome 32: 551-65 Conseils raisonnables à M. Bergier, pour la défense du christianisme. Par une société de bacheliers en théologie.

Une erreur survenue pendant l'impression fait que la p.563 est chiffrée 561, entraînant un décalage de deux pages dans la numérotation du reste du volume.

7. *Principes de cette édition*

Nous avons choisi pour texte de base l'édition originale de 1768. L'édition fournie par *L'Evangile du jour* de 1772, pour être la dernière à laquelle Voltaire a pu prêter la main, présente cependant des leçons peu satisfaisantes. Les *Conseils raisonnables* ne sont pas repris dans l'édition encadrée de 1775, et n'apparaissent dans l'édition in-4° des *Œuvres complètes* de Cramer que dans le tome 32, imprimé en 1796. Le texte reste très stable d'une édition à l'autre, ne différant que par quelques variantes mineures. On n'en connaît pas de traduction.

Traitement du texte de base

La ponctuation et les italiques du texte de base ont été respectés, mais on a retiré les points à la suite des numéros, des titres et des ordinaux des rois. On a respecté aussi la graphie des noms propres à une exception près: on a supprimé le tréma dans le prénom Louïs. On a cependant normalisé dans des cas où la graphie d'un nom varie (Egesipe/Egésipe et Barthelemi/Barthélemi). Les coquilles suivantes ont été corrigées: puis qu'à (pour 'puisqu'à', ligne 389), ur (pour 'sur', ligne 56). On a mis en italiques le titre de l'ouvrage *Pasteur* (ligne 257).

Ailleurs le texte de base a fait l'objet d'une modernisation portant sur la graphie, l'accentuation et la grammaire. Les particularités du texte de base dans ces trois domaines étaient les suivantes:

I. *Particularités de la graphie*

1. Consonnes

— absence de la consonne *p* dans: longtems, tems (mais on trouve aussi longtemps, temps).

— absence de la consonne *t* dans: enfans, habitans.

— emploi de la consonne *t* à la place de *d* dans: échafaut.

— présence d'une seule consonne là où l'usage actuel prescrit son doublement: aparence, apellés, aporta, aporter, aprêtez, aprise, aproche, aprofondir, échapées, échaufés, nouri, pouraient, pourions, raporte, raportent, raporter, raportés, raportons, suplice, suplier, suposé.

— redoublement de consonnes contraire à l'usage actuel: apellés, appellé(s), appellons, jetta, jettait, plattement, rejettés.

2. Voyelles

— emploi de *i* à la place de *y* dans: martirs (mais on trouve aussi martyrs), mistères, paralitique, Pithonisse, prosélites, Sibilles, simbole, stile, tipes, tirannique.

– emploi de *y* à la place de *ï* dans: ayeule, Payens.
– emploi de *y* à la place de *i* dans: joye, voye, vraye.
– emploi de *ʒ* à la place de *s* dans: mazures.

3. Divers

– utilisation systématique de l'esperluette sauf en tête de phrase.

4. Graphies particulières

– l'orthographe moderne a été rétablie dans les mots suivants: autenti-cité, autentique(s), catécumènes, encor, entousiasme, hermite, intri-guants, ortodoxes, prophane, Quacres, solemnellement.

5. Abréviations

– Madame devient Mme; Mademoiselle devient Mlle; Mr. devient M. (et Monsieur Fréret devient M. Fréret); St. et Ste. deviennent saint, Saint et sainte.
– François I devient François Ier ; Henri quatre devient Henri IV.

6. Le trait d'union

– il a été supprimé dans les mots suivants: mal-adroit, par-tout, tout-à-fait.
– il a été rétabli dans les noms et expressions suivants: ce tems là, croyez moi, Dites nous, fais toi, pardonnez nous, quatre vingt, St. Barthelémi, St. Esprit, sur le champ, tout puissant.

7. Majuscules rétablies

– nous mettons la majuscule, conformément à l'usage moderne, à: actes (des apôtres), ancien Testament, estrapade (place de), état, fils, inquisition, ligue, pere.

8. Majuscules supprimées

– les majuscules ont été supprimées dans: Abbé, Acrostiches, Albigeois, Alogiens, Apôtre, Arien, Brames, Canoniques, Capucin, Catho-lique(s), Chancelier, Chevalier Romain Fermier, Chrétiens, Christia-nisme, Circoncis, Circoncision, Concile, Conseiller, Constitutions Apostoliques, Convulsionnaires, Cordelier, Cour, Dauphin, De, Démon, Disciples, Docteurs, Dulie, Edition, Eglise, Empereur, Empire, Evangeliques, Evêque, Fille, Gentil, Histoire, Jésuites, Judaïque, Laïques, Lettre, Magistrats, Magistrature, Maison Royale,

Mère, Ministres, Monseigneur, Pape(s), Parlement, Payens, Père, Platonicien(s), Prince, Quacres, Religion, Religion Chrêtienne, Roi, Romain, Seigneurs, Sermon, Sibilles, Souverain, Testament, Théologie, Théologien(s), Vaudois, Vierge.

II. *Particularités d'accentuation*

L'accentuation a été rendue conforme aux usages modernes à partir des caractéristiques suivantes du texte de base:

1. L'accent aigu

— il est absent dans: Evangeliques, refléxion, repréhensible, reprimer.
— il est employé au lieu de l'accent grave dans: cinquiéme, derriére, entiére, entiérement, premiére(s), premiérement, procéde, quinziéme, régle.
— contrairement à l'usage actuel, il est présent dans: mercénaires, refléxion, unanimément.

2. L'accent grave

— contrairement à l'usage actuel, il est présent dans: celà.
— il est absent dans: grossiereté, secretement.

3. L'accent circonflexe

— il est employé au lieu de l'aigu dans: chrêtien(ne)(s).
— il est absent dans: ames, brulé(e)(s), bucher, diner, dut, eut, fachés, fut, prit, put, retroussat, rotis, voute.
— contrairement à l'usage actuel, il est présent dans: nôtre, vôtre.

4. Le tréma

— contrairement à l'usage actuel, il est présent dans: Louïs.

III. *Particularités grammaticales*

— emploi du pluriel en —*x* dans: loix.
— l'adjectif numéral cardinal 'cent' demeure invariable, même quand il est multiplié: huit cent ans, quatorze cent années, quatre cent citoyens.

CONSEILS RAISONNABLES À MONSIEUR BERGIER, POUR LA DÉFENSE DU CHRISTIANISME.

I

Nous vous remercions, Monsieur, d'avoir essayé de justifier la religion chrétienne des reproches que le savant M. Fréret lui fait dans son livre,[1] et nous espérons que dans une nouvelle édition vous donnerez à votre réponse encore plus de force et de vérité. Nous commençons par vous supplier, pour l'honneur de la religion, de la France et de la maison royale, de retrancher ces cruelles paroles qui vous sont échappées (a).

(a) Page 102.

[1] Voltaire reconduit au moins formellement l'attribution traditionnelle, reprise par Bergier, de l'*Examen critique des apologistes de la religion chrétienne* paru en 1767 à Nicolas Fréret (1688-1749). L'"Avertissement" de *La Certitude des preuves du christianisme* précise: 'M. Fréret l'a écrit du même style que ses dissertations académiques, il y a répandu la même érudition; il semble avoir tout lu et tout approfondi, il affecte une apparence de droiture et de sincérité qui ne peut manquer d'imposer, à moins que l'on ne soit très instruit' (2 vol., Paris, 1767, t.1, p.v). C'est bien cette impression favorable qui domine la lettre que Voltaire consacre à Fréret parmi les *Lettres à Son Altesse Monseigneur le prince de* *** en suivant d'assez près l'*Examen critique des apologistes de la religion chrétienne*: 'C'est un philosophe d'autant plus dangereux qu'il est très instruit, très conséquent, et très modeste. Il faut espérer qu'il se trouvera des savants qui le réfuteront mieux qu'on n'a fait jusqu'à présent' (*OCV*, t.63B, p.456-57). Mais dans la correspondance, si l'ouvrage lui plaît, sa paternité lui semble suspecte: 'Je ne suis pas bien sûr que Fréret en soit l'auteur' (D13369). Il a noté sur l'exemplaire de sa bibliothèque: 'Je ne crois pas que cet Examen soit de Fréret' (BV2546, p.645). Voltaire a fait de Fréret en 1767 un des protagonistes du dialogue *Le Dîner du comte de Boulainvilliers* (*OCV*, t.63A): il s'y distingue par son extrême virulence antichrétienne. De nos jours, on attribue cet *Examen* à Jean Lévesque de Burigny (1692-1785) et place la rédaction dans les années 1730: voir l'édition critique d'A. Niderst (Paris, 2001). Il faut noter que c'est ce même Jean Lévesque de Burigny qui adressera une réponse très détaillée à Bergier sous forme d'une 'Lettre au sujet du livre intitulé *La Certitude des preuves du christianisme*', insérée en tant que quatorzième pièce du *Recueil philosophique* publié par les soins de

*C'est une fausseté d'attribuer uniquement au fanatisme l'assassinat
de Henri IV. Il n'est plus douteux que la vraie cause de ce parricide
n'ait été la jalousie furieuse d'une femme, et l'ambition de quelques*   10
gens de la cour.[2]

Est-il possible, Monsieur, que pour défendre le christianisme,
vous accusiez une aïeule du roi régnant du plus horrible des
parricides, je ne dis pas sans la moindre preuve, je dis sans la
moindre présomption? Est-ce à un défenseur de la religion   15
chrétienne à être l'écho de l'abbé Langlet,[3] et à oser affirmer
même ce que ce compilateur n'a fait que soupçonner?

Un théologien ne doit pas adopter des bruits populaires. Quoi!
Monsieur, une rumeur odieuse l'emportera sur les pièces authen-

---

Naigeon, le bras droit du baron d'Holbach, en 1770 (2 vol., t.2, p.174-208). Comme il
l'a fait pour Voltaire, Bergier ne manquera pas de répliquer à cette attaque par sa
*Réponse à la lettre insérée dans le 'Recueil philosophique' au sujet du livre intitulé 'La
Certitude des preuves du christianisme'* (Rome et Paris, 1771). On notera, par ailleurs,
que Voltaire et Lévesque de Burigny, qui se connaissent depuis les années 1730, sont
liés par une estime réciproque qui s'est manifestée notamment dans le domaine
historique (voir en particulier en 1757, D7207 et D7258). Ces affinités intellectuelles
et ces relations amicales, quoiqu'éloignées, suggèrent peut-être une connaissance
plus avancée de la paternité de l'*Examen critique*, sous le sceau du secret
philosophique, que ne le laisse explicitement entendre la correspondance. Mais
cette hypothèse n'a pas reçu de preuve formelle.

[2] Citation presque exacte: 'C'est une fausseté d'ailleurs d'attribuer uniquement au
fanatisme l'assassinat de Henri IV. Il n'est pas douteux que la vraie cause de ce
parricide n'ait été la jalousie furieuse d'une femme, et l'ambition de quelques grands
de la cour' (*Certitude*, t.2, ch.10, §4, p.102). Passage signalé par un papillon dans
l'exemplaire de Voltaire (voir *CN*, t.1, p.295).

[3] L'abbé Nicolas Lenglet Du Fresnoy (1674-1755), historien et critique littéraire
souvent cité par Voltaire, accompagne la conception voltairienne de l'assassinat de
Henri IV depuis *La Henriade*. Il s'est fait l'éditeur du poème en 1741 pour la
réimpression de la grande édition de Londres par le libraire Gandouin, augmentant
l'ouvrage de notes que Voltaire, au fil des rééditions, finira par élaguer. Mais c'est
l'édition en 1745 par Lenglet du sixième tome des *Mémoires de Condé* (Londres, 1740)
qui accuse l'opposition de vues sur les complicités possibles de Ravaillac. Voltaire
s'en explique en 1745 dans une *Dissertation sur la mort de Henri IV* (*OCV*, t.2, p.338-
46) qui rejette l'hypothèse de l'implication de la marquise de Verneuil (voir ci-
dessous, n.5). Cette dissertation sera intégrée dès 1748 aux pièces relatives au poème
dans les éditions successives de *La Henriade* jusqu'à Kehl.

tiques du procès de Ravaillac![4] Quoi! lorsque Ravaillac jure sur sa   20
damnation à ses deux confesseurs, qu'il n'a point de complices,
lorsqu'il le répète dans la torture, lorsqu'il le jure encore sur
l'échafaud, vous lui donnez pour complice une reine à qui l'histoire
ne reproche aucune action violente.[5]

[4] Dès 1745, dans la *Dissertation sur la mort de Henri IV*, Voltaire se réclame du
retour aux sources primaires, les archives du procès, contre les interprétations
intéressées des historiens: 'Il y a des preuves, dit Mézeray, que des prêtres avaient
mené Ravaillac, jusqu'à Naples. Je réponds qu'il n'y a aucune preuve. Consultez les
pièces criminelles de ce monstre, vous y trouverez tout le contraire' (*OCV*, t.2,
p.342). Il cite ensuite à plusieurs reprises des extraits des interrogatoires. Dans l'*Essai
sur les mœurs*, à nouveau, Voltaire, au chapitre 174, rappelle que 'les actes de son
procès [furent] imprimés en 1611' (*OCV*, t.26B, p.233; il s'agit de l'édition incomplète
parue dans le *Mercure français* en 1611) et étaye sa conception de l'absence de
complicité sur des pièces authentiques consultées personnellement: 'Il faut en croire
les dépositions constantes de Ravaillac. Il assura, sans jamais varier, qu'il n'avait
aucun complice [...]. Il signa son interrogatoire, dont quelques feuilles furent
retrouvées en 1720, par un greffier du parlement: je les ai vues' (*OCV*, t.26B,
p.232). Pourquoi une telle insistance sur l'authenticité du témoignage? L'article
'Originaux' de l'*Encyclopédie* donne peut-être la réponse avec la définition: 'On
appelle *écrits originaux* des pièces uniques dont on n'a jamais tiré copies. Ainsi l'on
rapporte que les *originaux* du procès de Ravaillac furent brûlés avec ce régicide, pour
des raisons d'Etat sur lesquelles on a débité bien de fausses conjectures' (t.11, p.648).
Le chapitre 44 de l'*Histoire du parlement de Paris* s'appuiera lui aussi sur des citations
tirées des interrogatoires du procès (voir *OCV*, t.68, p.383). Notons que l'édition
complète du procès de Ravaillac est consignée dans le tome 6 des *Mémoires* du prince
de Condé que possède Voltaire (Londres, 1745, BV834; *CN*, t.2, p.703).

[5] Note de Kehl: 'M. Bergier a répondu qu'il n'avait pas voulu parler de la reine,
mais de la marquise de Verneuil: or il n'est pas beaucoup plus chrétien de charger
gratuitement d'une imputation atroce la mémoire d'une femme que celle d'une reine.
L'imputation est au moins également absurde. La marquise de Verneuil était
vindicative, mais elle était ambitieuse; quel intérêt avait-elle de se mettre elle, sa
famille et son fils à la merci de la reine qui la haïssait et qui l'avait outragée?' Bergier
dans sa *Réponse aux Conseils raisonnables, etc., pour servir de supplément à la Certitude
des preuves du christianisme, etc.* (Paris, 1769) soutient en effet que 'Quand l'auteur a
accusé la jalousie furieuse d'une femme est-il bien certain qu'il voulait désigner la
reine? Nos critiques ne peuvent pas ignorer que la marquise de Verneuil est une des
personnes sur lesquelles on a jeté les plus violents soupçons' (p.4-5). Bergier fait
référence à Catherine Henriette de Balzac d'Entragues, marquise de Verneuil (1579-
1633), qui fut une maîtresse du roi Henri IV. Elle en eut deux enfants, Gaston-Henri
(1601-1682) et Gabrielle-Angélique (1603-1627). En 1604, elle participe avec son

Est-il possible que vous vouliez insulter la maison royale pour   25
disculper le fanatisme! Mais n'est-ce pas ce même fanatisme qui
arma le jeune Chatel? n'avoua-t-il pas qu'il n'assassina notre
grand, notre adorable Henri IV que pour être moins rigoureuse-
ment damné? ⁶ Et cette idée ne lui avait-elle pas été inspirée par le
fanatisme des jésuites? Jacques Clement, qui se confessa et qui   30
communia pour se préparer saintement à l'assassinat du roi
Henri III, Baltazar Gérard qui se munit des mêmes sacrements
avant d'assassiner le prince d'Orange, étaient-ils autre chose que
des fanatiques? ⁷ Nous vous montrerions cent exemples effroyables

---

demi-frère, Charles de Valois, comte d'Auvergne et fils bâtard de Charles IX, à un
complot pour faire reconnaître son fils comme le dauphin au détriment du futur
Louis XIII. Henriette d'Entragues parviendra à sauver sa tête, mais Henri IV rompra
sa relation avec elle en 1609 quelque temps avant son assassinat en 1610.

⁶ Jean Châtel tenta d'assassiner Henri IV: voir le chapitre 174 de l'*EM* (*OCV*,
t.26B, p.225-30) ainsi que le chapitre 36 de l'*Histoire du parlement de Paris*, qui est plus
précis: 'Ce malheureux, âge de dix-neuf ans, se persuada que du moins s'il assassinait
Henri IV il rachèterait une partie des peines que l'enfer lui préparait' (*OCV*, t.68,
p.348). La source principale de Voltaire pour cet épisode est l'*Histoire universelle* du
président de Thou (Bâle et La Haye, 1742, BV3297) (voir t.8, p.532-36).

⁷ C'est toujours la même liste des 'fanatiques' se confessant avant de commettre un
attentat sur les rois que l'on rencontre sous la plume de Voltaire. L'article
'Fanatisme', dans les éditions de 1764 et 1765 du *Dictionnaire philosophique*, cite les
'Cléments, les Châtels, les Ravaillacs, les Gérards, les Damiens' (*OCV*, t.36, p.108),
et l'article 'Confession': 'les assassins des Sforces, des Médicis, des princes d'Orange,
des rois de France, [qui] se préparèrent aux parricides par le sacrement de la
confession' (*OCV*, t.35, p.635). Dans le *Commentaire sur le livre Des délits et des peines*
Voltaire écrit: 'Jaurigni et Balthazar Gerard, assassins du prince d'Orange
Guillaume Iᵉʳ, le dominicain Jacques Clément, Châtel, Ravaillac, et tous les autres
parricides de ce temps-là, se confessèrent avant de commettre leurs crimes' (*OCV*,
t.61A, p.138: ce passage est repris dans une des sections de l'article 'Confession' des
Questions sur l'Encyclopédie, voir *OCV*, t.40, p.167-68). Dès *La Henriade*, Voltaire
note que Jacques Clément 'jeûna, se confessa, et communia avant de partir pour aller
assassiner le roi' (*OCV*, t.2, p.488). Sur Jean Châtel voir ci-dessus, n.6. Le Franc-
Comtois Balthasar Gérard assassina Guillaume de Nassau en 1584 (voir *EM*, ch.164,
OCV, t.26B, p.34-35). Ces exemples sont aussi ceux de l'*Examen critique* du pseudo-
Fréret: 'Jacques Clément s'était mis dans l'esprit qu'il gagnerait la couronne du
martyre en tuant Henri III. Jean Châtel disait à ses juges, qu'il croyait avoir fait une
action méritoire, en attentant à la vie d'un prince qui n'était pas réconcilié avec le

de ce que peut l'enthousiasme religieux, si vous n'en étiez pas 35
instruit mieux que nous.

II

Ayez encore la bonté de ne plus faire l'apologie du meurtre de Jean
Hus et de Jérome de Prague. (*b*)[8] Oui, Monsieur, le concile de
Constance[9] les assassina avec des formes juridiques, malgré le
sauf-conduit de l'empereur. Jamais le droit des gens ne fut plus 40
solennellement violé. Jamais on ne commit une action plus atroce
avec plus de cérémonies. Vous dites pour vos raisons; *la principale
cause du supplice de Jean Hus, fut les troubles que sa doctrine avait
excités en Bohême.*[10]

Non, Monsieur, ce ne fut point le trouble excité en Bohême qui 45
porta le concile à ce meurtre horrible. Il n'est pas dit un mot *de ce
trouble* dans son libelle de proscription appelé décret. Jean Hus et
Jérome de Prague ne furent juridiquement assassinés que parce
qu'ils n'étaient pas jugés orthodoxes, et qu'ils ne voulurent pas se
rétracter. Il n'y avait encore aucun vrai trouble en Bohême. Ce fut 50
cet assassinat qui fut vengé par vingt ans de troubles et de guerres
civiles. S'il y avait eu des troubles, c'était à l'empereur et non au
concile à en juger, à moins qu'étant prêtre vous ne prétendiez que
les prêtres doivent être les seuls magistrats, comme on l'a prétendu
à Rome. 55

(*b*) Page 106.

Saint-Siège et qui, par conséquent, ne devait pas être regardé comme un roi légitime'
(Paris, 2001, ch.10, p.213).

[8] Cette justification est l'objet du §5 du chapitre 10 dans la deuxième partie de la
Certitude (t.2, p.104-108). La citation qui suit est extraite de cette section. Passage
marqué d'un signet dans l'exemplaire de Voltaire (voir *CN*, t.1, p.296).

[9] Le concile de Constance (1413-1418) est étudié par Voltaire dans les chapitres 72
et 73 de l'*EM* (*OCV*, t.24, p.65-99).

[10] Citation exacte: *Certitude*, t.2, ch.10, §5, p.107.

Ce qu'il y eut de plus étrange, c'est qu'il fut arrêté sur un simple ordre du pape, de ce même pape Jean XXIII [11] chargé des crimes les plus énormes, mis ensuite en prison lui-même et déposé par le concile. Cet homme convaincu d'assassinat, de simonie et de sodomie ne fut que déposé; et Jean et Jérome pour avoir dit 60 qu'un mauvais pape n'est point pape, que les chrétiens doivent communier avec du vin, et que l'Eglise ne doit pas être trop riche, furent condamnés aux flammes.

Ne justifiez plus les crimes religieux; vous canoniseriez bientôt la Saint-Barthelémi et les massacres d'Irlande; [12] ce ne sont pas là 65 des preuves de la vérité du christianisme.

[11] Au chapitre 71 de l'*EM*, Voltaire parle sans ménagement de 'Balthasar Cozza Napolitain' (*OCV*, t.24, p.60) qu'il surnomme le 'corsaire Jean XXIII' (p.62) car 'C'était un homme de guerre: il avait été corsaire' (p.60). Il s'enfuit du concile de Constance, puis, arrêté, est déposé (voir ch.72 et 73).

[12] La proximité entre les massacres irlandais et parisiens n'est pas fortuite. Dans l'*EM* Voltaire revient, au chapitre 180, sur les massacres irlandais en établissant le même parallèle: 'La religion et la liberté, ces deux sources des plus grandes actions, les précipitèrent dans une entreprise horrible, dont il n'y a d'exemple que dans la Saint-Barthélemi' (*OCV*, t.26C, p.72). *La Philosophie de l'histoire* effectue aussi le rapprochement (voir *OCV*, t.59, p.214): c'est ce passage que Voltaire choisit de citer dans *La Profession de foi des théistes* qui paraît à la même période que les *Conseils raisonnables* (lignes 303-305). L'annotateur du *Discours de l'empereur Julien* (1769) déplore aussi 'les massacres de Paris et d'Irlande' (*OCV*, t.71B, p.304), de même que l'auteur de *Des conspirations contre les peuples* (1766) constate que 'La conjuration des Irlandais catholiques contre les protestants, sous Charles Ier, en 1641, est une fidèle imitation de la Saint-Barthelemi' (*OCV*, t.61B, p.253). Mais c'est dans le *Traité sur la tolérance* de 1763, dans la continuité de l'affaire Calas, que le rapprochement est le plus intensément souligné: 'Y a-t-il, dans les relations avérées des persécutions anciennes, un seul trait qui approche de la Saint-Barthélemy, et des massacres d'Irlande?' (*OCV*, t.56C, p.182). Même proximité encore dans *Dieu et les hommes*: 'nos massacres d'Irlande, la Saint Barthélemi de France' (*OCV*, t.69, p.371). Ce parallèle était suggéré déjà dans le chapitre 10 de l'*Examen critique*: 'C'est à la religion catholique qu'on doit les horreurs de la Saint-Barthélemy, et l'affreux massacre d'Irlande' (p.219). Le même rapprochement entre les deux événements revient plus loin, à la section XXIII, en chiffrant cette fois-ci le nombre des victimes irlandaises (voir ci-dessous, n.87).

III

Vous dites (*c*): *il est faux que l'on doive à la religion catholique les horreurs de la Saint-Barthelémi.* [13] Hélas! Monsieur, est-ce à la religion des Chinois et des brames qu'on en est redevable?

IV

Vous citez l'aveu d'un de vos ennemis (*d*) qui dit que les guerres de religion *ont eu leur cause à la cour.* [14] Mais ne voyez-vous pas que cet auteur s'exprime aussi mal qu'il pense? Ne savez-vous pas que sous François Ier, Henri II et François II on avait brûlé plus de quatre cents citoyens, et entre autres le conseiller du parlement Anne Dubourg, [15] avant que le prince de Condé prît secrètement le parti des réformés? Sentez combien l'auteur que vous citez se trompe.

Je vous défie de me montrer aucune secte parmi nous, qui n'ait pas commencé par des théologiens et par la populace, à commencer

70

75

(*c*) Page 112.
(*d*) Page 110.

71   EJ69, EJ72: *ont leur*

[13] Citation exacte: *Certitude*, t.2, ch.10, §6, p.112.
[14] Voltaire se réfère à ce passage: 'A Dieu ne plaise que nous prétendions excuser les cruautés et les crimes qui ont été commis dans les guerres civiles, en France et ailleurs; il suffit d'être homme pour en avoir horreur. Mais nous réclamerons toujours contre l'injustice de ceux qui imputent ces guerres malheureuses à la religion: elle n'en fut que le prétexte. Quelques-uns de nos adversaires, plus équitables en cela que Bayle, que Fréret et leurs copistes en sont convenus de bonne foi. "Examinez, dit l'auteur d'*Emile*, toutes vos précédentes guerres appelées guerres de religion, vous trouverez qu'il n'y en a pas une qui n'ait eu sa cause à la cour et dans les intérêts des grands. Des intrigues de cabinet brouillaient les affaires et puis les chefs ameutaient les peuples au nom de Dieu" (*a*)' (*Certitude*, t.2, ch.10, §6, p.109-10). Bergier renvoie en note *a* à la 'lettre à M. de Beaumont, p.88' (citation exacte de la *Lettre à M. de Beaumont* de Rousseau, 1762).
[15] Episode relaté dans le chapitre 21 de l'*Histoire du parlement de Paris* (*OCV*, t.68, p.249-54) intitulé 'Du supplice d'Anne Du Bourg'. Voltaire reviendra sur le cas en publiant en 1771 le *Discours du conseiller Anne Du Bourg à ses juges* (*OCV*, t.73, p.283-90).

par les querelles d'Athanase et d'Arius, [16] jusqu'aux convulsionnaires. Quand les esprits sont échauffés, quand le gouvernement en   80
exerçant des rigueurs imprudentes allume lui-même par la
persécution le feu qu'il croit éteindre; quand les martyrs ont fait
de nouveaux prosélytes, alors quelque homme puissant se met à la
tête du parti; alors l'ambition crie de tous côtés, religion, religion,
Dieu, Dieu; alors on s'égorge au nom de Dieu. Voilà, Monsieur,   85
l'histoire de toutes les sectes, excepté celle des primitifs appelés
quakers. [17]

Nous osons donc nous flatter que désormais en réfutant
M. Fréret vous aurez plus d'attention à ne pas affaiblir notre
cause par des allégations trop indignes de vous.   90

V

Nous pensons qu'il faut convenir que la religion chrétienne est la
seule au monde dans laquelle on ait vu une suite presque continue
pendant quatorze cents années, de discordes, de persécutions, de
guerres civiles et d'assassinats pour des arguments théologiques.
Cette funeste vérité n'est que trop connue; plût à Dieu qu'on pût en   95
douter. Il est donc à notre avis très nécessaire que vous preniez une
autre route. Il faut que votre science et votre esprit se consacrent à
démêler par quelle voie une religion si divine a pu seule avoir ce
privilège infernal.

[16] Ces 'querelles', qui conduisent Constantin à convoquer en 325 le concile de
Nicée, occupent le chapitre 32 de *L'Examen important de milord Bolingbroke* (*OCV*,
t.62, p.315-19). La matière de ce chapitre nourrit l'article 'Arius' qui apparaît dans
l'édition de 1767 du *Dictionnaire philosophique* (*OCV*, t.35, p.369-74). L'article
'Arianisme' des *QE*, qui contient en citation l'article 'Arius', développe une dernière
fois ces querelles, avec davantage de détails encore, en faisant un rapprochement final
avec le socinianisme (voir *OCV*, t.38, p.591-602).

[17] Voltaire a contribué à la notoriété des quakers dès 1734 dans les quatre
premières *Lettres philosophiques*. Ils accompagneront de loin en loin sa production,
qui vantera toujours, comme c'est le cas ici, leur pacifisme, que ce soit dans le
chapitre 153 de l'*EM* consacré notamment à la Pennsylvanie (*OCV*, t.26A, p.287-
98); dans la *Lettre* puis la *Seconde Lettre du quaker* (1763-1764) en tant que voix de
l'adversaire de Jean-Georges Le Franc de Pompignan (*OCV*, t.57A, p.275-92 et 293-
98); ou dans l'article 'Quaker ou qouacre' des *QE* (1772) (*OCV*, t.43, p.71-75).

VI

Nos adversaires prétendent que la cause de ces fléaux si longs et si sanglants est dans ces paroles de l'Evangile, *Je suis venu apporter le glaive et non la paix.* [18]

100

Que celui qui n'écoute pas l'Eglise soit comme un gentil, ou comme un chevalier romain, un fermier de l'empire [19] (car publicain signifiait un chevalier romain fermier des revenus de l'Etat.)

105

Ils disent ensuite que Jésu étant venu donner une loi, n'a jamais rien écrit; que les Evangiles sont obscurs et contradictoires; que chaque société chrétienne les expliqua différemment; que la plupart des docteurs ecclésiastiques furent des Grecs platoniciens [20] qui

---

[18] Matthieu 10:34: 'Ne pensez pas que je sois venu apporter la paix sur la terre; je ne suis pas venu y apporter la paix, mais l'épée' (trad. Lemaître de Sacy).

[19] Matthieu 18:17: 'Que s'il ne les [les témoins] écoute pas non plus, dites-le à l'Eglise; et s'il n'écoute pas l'Eglise même, qu'il soit à votre égard comme un païen et un publicain' (trad. Lemaître de Sacy).

[20] Plus loin, à la fin de la section X des *Conseils raisonnables*, Voltaire revient sur le 'style platonicien' du premier chapitre de l'Evangile de saint Jean et suggère, en étalant les soupçons de 'nos adversaires', 'qu'un Grec platonicien en était l'auteur' (ligne 175). Dans les écrits antichrétiens qui encadrent chronologiquement les *Conseils raisonnables*, Voltaire n'a cessé de rappeler l'influence platonicienne dans les premiers temps de l'Eglise, disons même le rôle essentiel du platonisme dans les premiers développements de la théologie chrétienne, et, en particulier, son rôle fondamental dans la constitution du dogme de la Trinité (considéré comme un emprunt et une transformation de la métaphysique issue du *Timée*). Le chapitre 26 de *L'Examen important de milord Bolingbroke* ('D'Origène et de la Trinité') souligne la place prépondérante d'Origène dans l'établissement de 'cette métaphysique chimérique' (*OCV*, t.62, p.282): 'Origène était platonicien; il prit ce qu'il put de Platon; il fit une Trinité à sa mode' (p.281). Le chapitre 38 de *Dieu et les hommes* ('Chrétiens platoniciens. Trinité') approfondit ce diagnostic en rappelant le platonisme des Juifs d'Alexandrie, et sa transmission naturelle aux premiers chrétiens de langue grecque (voir *OCV*, t.69, p.458-64). Dans l'*Examen du discours de l'empereur Julien*', que Voltaire ajoute en préambule à son édition du *Discours de l'empereur Julien contre les chrétiens* dérivée de celle du marquis d'Argens, il soutient que 'Le clergé grec qui fut le vrai fondateur du christianisme, appliqua l'idée du logos et des demi-dieux créés par le grand *Demiourgos*, à Jésus et aux anges' (*OCV*, t.71B, p.262). Le 'Supplément' de la même édition souligne que 'le christianisme se guinda peu à peu sur les épaules du platonisme' (p.370).

chargèrent notre religion de nouveaux mystères dont il n'y a pas un   110
seul mot dans les Evangiles.

Que ces Evangiles n'ont point dit que Jésu fût consubstantiel à
Dieu; que Jésu fût descendu aux enfers; qu'il eût deux natures et
deux volontés; que Marie fût mère de Dieu; que les laïques ne
dussent pas faire la Pâque avec du vin; qu'il y eût un chef de l'Eglise   115
qui dût être souverain de Rome; qu'on dût acheter de lui des
dispenses et des indulgences; qu'on dût adorer les cadavres d'un
culte de dulie,[21] et cent autres nouveautés qui ont ensanglanté la
terre pendant tant de siècles. Ce sont là les funestes assertions de
nos ennemis, ce sont là les prestiges que vous deviez détruire.   120

VII

Il serait très digne de vous de distinguer ce qui est nécessaire et
divin de ce qui est inutile et d'invention humaine.

Vous savez que la première nécessité est d'aimer Dieu et son
prochain, comme tous les peuples éclairés l'ont reconnu de tous les
temps. La justice, la charité marchent avant tout. La Brinvilliers, la   125
Voisin,[22] la Tophana, cette célèbre empoisonneuse de Naples,[23]
croyaient que Jésu-Christ avait deux natures et une personne, et
que le Saint-Esprit procédait du Père et du Fils, etc. Ravaillac, le
jésuite Le Tellier, et Damiens en étaient persuadés. Il faut donc, à

[21] Le culte de dulie est, dans la liturgie catholique, le culte réservé aux saints,
contrairement au culte de latrie, réservé à Dieu, et au culte d'hyperdulie qui concerne
la sainte Vierge. Ces distinctions furent développées et affinées lors du concile de
Trente pour répondre à l'accusation protestante d'idolâtrie.

[22] Les empoisonnements de la marquise de Brinvilliers (1630-1676) sont évoqués
par Voltaire dans le *Siècle de Louis XIV*. Il précise à l'occasion qu'"Au milieu de tant
de crimes elle avait de la religion' (ch.26, *OCV*, t.13C, p.47). Le cas de la Voisin est
traité immédiatement après (p.48-52). Les deux noms sont ensuite, comme ici,
systématiquement rapprochés, que ce soit dans le chapitre 29 ('Les horreurs des
Brinvilliers et des Voisin', *OCV*, t.13C, p.129) ou le chapitre 32 (*OCV*, t.13D, p.23).

[23] Voltaire évoque Giulia Tofana dans l'article 'Empoisonnements' des *QE*: 'Un
grand apothicaire m'assure que la Tophana, cette célèbre empoisonneuse de Naples,
se servait principalement de cette recette [la *cantarella*]' (*OCV*, t.41, p.89).

ce qu'il nous semble, insister beaucoup sur ce premier, sur ce grand   130
devoir d'aimer Dieu, de le craindre et d'être juste. (e)[24]

VIII

A l'égard de la foi, comme les écrits de saint Paul sont les seuls dans
lesquels le précepte de croire soit exposé avec étendue,[25] ne
pourriez-vous pas expliquer clairement ce que veut dire ce grand
apôtre par ces paroles divines adressées aux Juifs de Rome, et non   135
aux Romains (car les Juifs n'étaient pas Romains).

*La circoncision est utile si vous observez la loi judaïque; mais si vous
prévariquez contre cette loi, votre circoncision devient prépuce. Si donc
le prépuce garde les justices de la loi, ce prépuce ne sera-t-il pas réputé
circoncision? Ce qui est prépuce de sa nature consommant la loi, te*   140
jugera toi qui prévariques contre la loi, par la lettre et la circoncision:[26]
et ensuite, *Détruisons-nous donc la loi?* (c'est toujours la loi
judaïque) *à Dieu ne plaise; mais nous établissons la foi. – Si Abraham
a été justifié par ses œuvres, il y a de quoi se glorifier, mais non devant
Dieu.*[27]   145

Il y a cent autres endroits pareils qui mis par vous dans un grand

(e) *Diliges Deum tuum, et proximum tuum sicut te ipsum.*

[24] Matthieu 19:19: 'aimez votre prochain comme vous-même' (trad. Lemaître de
Sacy). Voir aussi Matthieu 22:39; Marc 13:31.

[25] Voir en particulier, outre les citations que Voltaire fournit dans cette section, les
développements importants de saint Paul sur la justification par la foi: Romains 3 et 4,
Galates 2 et 3, et Hébreux 11.

[26] Romains 2:25-27: 'Ce n'est pas que la circoncision ne soit utile, si vous
accomplissez la loi; mais si vous la violez, tout circoncis que vous êtes, vous devenez
comme un homme incirconcis. / Si donc un homme incirconcis garde les
ordonnances de la loi, n'est-il pas vrai que, tout incirconcis qu'il est, il sera considéré
comme circoncis? / Et qu'ainsi celui qui, étant naturellement incirconcis, accomplit
la loi, vous condamnera, vous qui, ayant reçu la lettre de la loi, et étant circoncis, êtes
violateur de la loi' (trad. Lemaître de Sacy).

[27] Romains 3:31 et 4:2: 'Détruisons-nous donc la loi par la foi? A Dieu ne plaise;
mais au contraire nous l'établissons [...] Certes si Abraham a été justifié par ses
œuvres, il a de quoi se glorifier, mais non devant Dieu' (trad. Lemaître de Sacy).

jour, pourraient éclairer nos incrédules dont le nombre prodigieux augmente si sensiblement.[28]

IX

Après ces préliminaires, venons à présent, Monsieur, à votre dispute avec feu M. Fréret sur la manière dont il faut s'y prendre pour réfuter nos ennemis. 150

Nous aurions souhaité que vous eussiez donné moins de prise contre nos apologies en regardant comme des auteurs irréfragables Tertullien et Eusèbe.[29] Vous savez bien que le révérend père

---

[28] Voltaire se plaît à parodier le style de l'apologétique classique. Rappelons que l'ouvrage est censé être écrit par 'une société de bacheliers en théologie'. Aussi met-il ici en scène, comme un peu plus loin dans une formulation voisine ('le nombre des incrédules augmente', ligne 390), les fantasmes de contagion incrédule. L'inquiétude chez les apologistes est ancienne, et dans *La Doctrine curieuse des beaux esprits de ce temps* (Paris, 1623), François Garasse la pousse jusqu'à la caricature, tandis que Marin Mersenne l'évalue de manière dramatique en comptabilisant pas moins de cinquante mille athées dans la capitale (*Quaestiones celeberrimae in Genesim*, Paris, 1623, colonnes 669-74). Voltaire, après avoir repéré cette dernière référence dans *Les Recherches philosophiques sur les Egyptiens et les Chinois* de Cornelius de Pauw (Berlin, 1773, BV2674; *CN*, t.6, p.272), s'en fait l'écho dans une note des *Fragments sur l'Inde et sur le général Lalli*: 'le minime Mersenne, colporteur des rêveries de Descartes, écrivit dans une de ses lettres qu'il y avait soixante mille athées dans Paris de compte fait' (*OCV*, t.75B, p.201). Cette obsession perdure jusqu'à la fin de l'ancien régime, elle est perceptible notamment, tous les cinq ans, dans les *Avertissements du clergé de France*, titre révélateur, celui de 1770 portant 'sur les dangers de l'incrédulité'. Du point de vue ironique de Voltaire, cette augmentation du nombre des incrédules sonne comme le succès de la campagne de lutte contre l'Infâme, dont le *Dictionnaire philosophique* fut l'étendard. L'*Examen critique* lui-même, en préambule, faisait entendre la même ironie dans des termes similaires: 'Ce n'est que parce qu'on n'a pas toujours observé soigneusement cette règle, que le nombre des incrédules est prodigieusement augmenté; et c'est pour le diminuer qu'on se propose dans cet ouvrage de faire voir le faible de plusieurs preuves dont se servent communément les apologistes du christianisme' (p.34).

[29] Voltaire fait allusion au chapitre 2, §3 de la *Certitude* dans lequel Bergier critique la sévérité avec laquelle les deux auteurs sont traités par Fréret en s'appuyant sur une citation de l'*Examen critique* ('Eusèbe rapporte cette même histoire, mais comme il ne fait que copier Tertullien, il n'ajoute point une nouvelle autorité à ce récit', p.60-61): 'il [Fréret] aurait dû avoir plus d'égards pour deux auteurs aussi anciens et aussi

Mallebranche traite Tertullien de fou, [30] et qu'Eusèbe était un arien   155
qui compilait tous les contes d'Egésipe. [31] Ne montrons jamais nos
côtés faibles quand nous en avons de si forts.

X

Nous sommes fâchés que vous avanciez (*f*) *que les auteurs des*

(*f*) Page 93.

---

respectables qu'Eusèbe et Tertullien' (*Certitude*, t.1, p.91-92). Ce passage est signalé
par un papillon sur l'exemplaire de Voltaire (voir *CN*, t.1, p.293).

[30] Allusion au célèbre passage du chapitre 3 de la troisième partie du livre 2 de *La
Recherche de la vérité* (1674-1675) où Malebranche dresse un tableau sévère des
qualités d'esprit de Tertullien en le rangeant parmi les 'visionnaires': 'Tertullien était
à la vérité un homme d'une profonde érudition, mais il avait plus de mémoire que de
jugement, plus de pénétration et plus d'étendue d'imagination, que de pénétration et
d'étendue d'esprit. On ne peut douter enfin qu'il ne fût visionnaire dans le sens que
j'ai expliqué auparavant' (*De la recherche de la vérité: livres I-III*, éd. J.-Ch. Bardout,
Paris, 2006, p.372). L'accusation figure déjà dans *L'Examen important de milord
Bolingbroke* (1766) au chapitre 23 consacré à Tertullien. En voici l'ouverture:
'L'Africain Tertullien parut après Justin. Le métaphysicien Malbranche, homme
célèbre dans son pays, lui donne sans détour l'épithète de fou; et les écrits de cet
Africain justifient Malbranche' (*OCV*, t.62, p.266).

[31] Voltaire entretient une ambiguïté sur l'identité de l'Hégésippe en question en
parlant de 'contes'. Car les contes auxquels on peut penser sont ceux, par exemple, qui
sont dénoncés plus loin, section XVII, quand Voltaire s'emporte une fois de plus
contre le voyage supposé de saint Pierre à Rome, en citant l'autorité de 'Marcel,
Abdias, et Egésipe' (lignes 300-301, et voir n.51). Or l'Hégésippe dont il est question
dans la section XVII n'est qu'un chrétien défendant sa foi par tous les moyens, qu'on
situe de nos jours à la fin du quatrième siècle. Il ne faut pas le confondre avec son
homonyme, historien considéré comme le père de l'histoire de l'Eglise, cité souvent
par Eusèbe en effet, et qui vécut au second siècle: c'est à celui-ci que semble faire
allusion cette section IX. La distinction est connue du monde savant au dix-huitième
siècle et figure dans un ouvrage de référence comme le dictionnaire de Moréri. Bergier,
dans sa *Réponse aux Conseils raisonnables*, interprète donc cette ambiguïté comme une
malhonnêteté, à l'occasion de sa critique de la section XVII: 'Il y a de la mauvaise foi à
confondre l'ancien Hégésippe, auteur respectable, qui a vécu au second siècle, et
qu'Eusèbe a souvent cité, avec un autre prétendu Hégésippe, auteur d'une histoire
latine des Juifs, dont on ne connaît ni le siècle, ni la patrie, ni le caractère et dont les
savants ne font aucun cas. Ces petites supercheries qui peuvent induire en erreur les
lecteurs peu instruits, ne font pas honneur à ceux qui les mettent en usage' (p.50-51).

Evangiles n'ont point voulu inspirer d'admiration pour leur maître. [32] Il
est évident qu'on veut inspirer de l'admiration pour celui dont on   160
dit qu'il s'est transfiguré sur le Tabor, et que ses habits sont
devenus tout blancs pendant la nuit, qu'Elie et Moyse sont venus
converser avec lui, qu'il a confondu les docteurs dès son enfance;
qu'il a fait des miracles, qu'il a ressuscité des morts, qu'il est
ressuscité lui-même. Vous avez peut-être voulu dire que le style   165
des Evangiles est très simple, qu'il n'a rien d'admirable; nous en
convenons; mais il faut convenir aussi qu'ils tendent dans leur
simplicité à rendre admirable Jésu-Christ comme ils le doivent.

Il n'y a en cela nulle différence entre ce qui nous reste des
cinquante Evangiles rejetés, [33] et les quatre Evangiles admis. Tous   170
parlent avec cette même simplicité que nos adversaires appellent
grossièreté. Exceptons-en le premier chapitre de saint Jean que les
alogiens [34] et d'autres ont cru n'être pas de lui. Il est tout à fait dans

---

[32] Citation approximative: 'Au premier coup d'œil que l'on jette sur nos vrais
Evangiles, on aperçoit aisément que le but de leurs auteurs n'a point été d'inspirer de
l'admiration pour leur Législateur' (*Certitude*, t.1, ch.2, §4, p.93). Le passage est
signalé par un papillon dans l'exemplaire de Voltaire (voir *CN*, t.1, p.293).

[33] C'est le chiffre que Voltaire reprend du *Codex apocryphus Novi Testamenti*
(1703-1719) de Johann Albert Fabricius (2ᵉ éd., 3 vol., Hamburg, 1719-1743, BV1284;
CN, t.3, p.461-68), et qu'il évoquait déjà dans l'article 'Christianisme' du *Dictionnaire
philosophique* (voir *OCV*, t.35, p.564). Il le rappelle à nouveau dans l'"Avant-propos"
de la *Collection d'anciens évangiles* qu'il publie en 1769: 'le savant Fabricius a publié
une notice de cinquante évangiles apocryphes que l'on trouvera dans ce recueil
avant la traduction de quatre conservés en entier' (*OCV*, t.69, p.59). Ils sont décrits
dans la 'Notice et fragments de cinquante évangiles' (*OCV*, t.69, p.75-104). On se
reportera aussi aux développements de l'article 'Apocryphe' des *QE* (*OCV*, t.38,
p.449-88).

[34] Ils sont mentionnés rapidement dans l'*Examen critique* ('Les Aloges, Théodote
et les Théodotiens rejetaient avec mépris l'Evangile de saint Jean; ils en parlaient
comme d'un ouvrage de mensonges', p.38), et font l'objet d'un développement dans
La Certitude des preuves du christianisme: 'Les Aloges, au troisième siècle, Théodote
et ses disciples, sur la fin du second, rejetaient l'Evangile de saint Jean qu'ils
prétendaient être de Cérinthe' (t.1, ch.1, §2, p.26). Pour la définition, on peut se
reporter à l'article éponyme de l'*Encyclopédie*: '(*Théol.*) secte d'anciens hérétiques
dont le nom est formé d'*a* privatif, et de *logos*, *parole* ou *verbe*, comme qui dirait *sans
verbe*, parce qu'ils niaient que Jésus-Christ fût le Verbe éternel, et qu'en conséquence

le style platonicien, et nos adversaires ont toujours soupçonné qu'un Grec platonicien en était l'auteur. 175

XI

Vous prétendez, Monsieur, (g) que feu M. Fréret confond deux choses très différentes, la vérité des Evangiles et leur authenticité.[35] Comment n'avez-vous pas pris garde qu'il faut absolument que ces écrits soient authentiques pour être reconnus vrais? Il n'en est pas d'un livre divin qui doit contenir notre loi comme d'un 180 ouvrage profane. Celui-ci peut être vrai sans avoir des témoignages publics et irréfragables qui déposent en sa faveur.

(g) Page 16.

---

ils rejetaient l'Evangile de saint Jean comme un ouvrage apocryphe écrit par Cerinthe, quoique cet apôtre ne l'eût écrit que pour confondre cet hérétique, qui niait aussi la divinité de Jésus-Christ' (t.1, p.292). Richard Simon évoque les Alogiens au chapitre 19 de son *Histoire critique du Nouveau Testament* (1689), tout comme Louis-Sébastien Le Nain de Tillemont, rapidement, dans ses *Mémoires pour servir à l'histoire ecclésiastique des six premiers siècles*, 2ᵉ éd., 16 vol. (Paris, 1701-1714): 'L'Evangile de saint Jean a toujours été reçu sans difficulté par les catholiques et ceux qui ne l'ont pas reçu ont été traités d'hérétiques. Saint Epiphane leur a donné le nom d'Aloges ou ennemis du Verbe, en quoi il a été suivi par saint Augustin' (t.1, p.346).

[35] Bergier précise en effet: 'Mais M. Fréret confond deux choses très différentes; la *vérité* des Evangiles et leur *authenticité*. Les Evangiles sont vrais si ce qu'ils rapportent est conforme à la vérité historique; ils sont authentiques s'ils ont été écrits par ceux dont ils portent les noms. Les Evangiles ne peuvent pas être authentiques sans être vrais; mais ils pourraient être vrais sans être authentiques. L'Evangile qui porte le nom de saint Matthieu, par exemple, pourrait être entièrement conforme à la vérité, quoiqu'il n'eût pas été écrit par saint Matthieu, mais par un autre témoin bien instruit des actions et de la doctrine de Jésus-Christ' (*Certitude*, t.1, ch.1, §1, p.16). Bergier attaque en fait l'ouverture du chapitre premier de l'*Examen critique* où l'auteur utilise ces deux termes de vérité et d'authenticité. Néanmoins Bergier effectue une lecture sommaire puisque les deux termes ne s'appliquent pas tous deux, comme il le croit, à l'Evangile, mais le premier, la vérité, au christianisme, et le second seulement, l'authenticité, aux Evangiles: 'Ce sont les Evangiles qui fournissent la preuve la plus complète de la vérité du christianisme: on ne saurait donc mettre dans une trop grande évidence l'authenticité de ces ouvrages, puisque de là dépend le jugement que nous devons porter de la sincérité de ceux qui les ont composés' (p.35).

L'histoire de Philippe de Comines [36] peut contenir quelques vérités sans le sceau de l'approbation des contemporains. Mais les actions d'un Dieu, les paroles d'un Dieu doivent être constatées par le témoignage le plus authentique. Tout homme peut dire, Dieu m'a parlé, Dieu a fait tels et tels prodiges; mais on ne doit le croire qu'après avoir entendu soi-même cette voix de Dieu, après avoir vu soi-même ces prodiges; et si on ne les a ni vus ni entendus, il faut des enquêtes qui nous tiennent lieu de nos yeux et de nos oreilles.

Plus ce qu'on nous annonce est surnaturel et divin, plus il nous faut de preuves. Je ne croirai point la foule des historiens qui ont dit que Vespasien guérit un aveugle et un paralytique, [37] s'ils ne m'apportent des preuves authentiques et indubitables de ces deux miracles.

Je ne croirai point ceux d'Apollonius de Thiane [38] s'ils ne sont

185

190

195

[36] Voltaire se réfère aux *Mémoires* de Philippe de Commynes par deux fois dans l'*EM*, aux chapitres 91 et 94. Dans ce dernier chapitre, il évoque plus précisément 'Philippe de Comines, célèbre traître, qui ayant longtemps vendu les secrets de la maison de Bourgogne au roi, passa enfin au service de la France, et dont on estime les *Mémoires*, quoique écrits avec la retenue d'un courtisan qui craignait encore de dire la vérité même après la mort de Louis XI' (*OCV*, t.24, p.457). Les *Mémoires*, après une première édition en 1596 à Genève (BV830, *CN*, t.2, p.695), sont publiés par les soins de Lenglet Du Fresnoy en 1747 à Londres et Genève (BV831; *CN*, t.2, p.695-702).

[37] Exemple mis en évidence dans la section 33 de *La Philosophie de l'histoire* où Voltaire déclare 'De toutes les guérisons miraculeuses, les plus attestées, les plus authentiques, sont celles de cet aveugle à qui l'empereur Vespasien rendit la vue, et de ce paralytique auquel il rendit l'usage de ses membres' (*OCV*, t.59, p.202-203). Et il ajoute: 'Le miracle est consigné dans les archives de l'empire et dans toutes les histoires contemporaines. Cependant, avec le temps, ce miracle n'est cru de personne, parce que personne n'a intérêt à le soutenir' (p.203). L'anecdote est en effet rapportée dans les *Histoires* de Tacite (livre 4, ch.81) et dans la *Vie des douze Césars, Vespasien* de Suétone (ch.7). Dès 1749, à deux reprises, dans sa correspondance, Voltaire plaisantera sur cet exemple (D3855 et D3873).

[38] La référence aux miracles prêtés à Apollonius de Tyane suit l'allusion à Vespasien dans *La Philosophie de l'histoire* avec la même conclusion décevante: 'Mais avec le temps, l'apothéose d'Apollonius eut le sort de celui qu'on décernait aux empereurs romains, et la chapelle d'Apollonius fut aussi déserte que le Socratéion élevé par les Athéniens à Socrate' (*OCV*, t.59, p.204). Apollonius de Tyane est cité dans le chapitre 5 de l'*Examen critique* comme un exemple qu''il y a eu de fameux

constatés par la signature de tous ceux qui les ont vus. Ce n'est pas assez, il faut que ces témoins aient tous été irréprochables, incapables d'être trompeurs et d'être trompés; et encore après toutes ces conditions essentielles, tous les gens sensés douteront de 200 la vérité de ces faits: ils en douteront parce que ces faits ne sont point dans l'ordre de la nature.

C'est donc à vous, Monsieur, de nous prouver que les Evangiles ont toute l'authenticité que nous exigeons sur les miracles de Vespasien et d'Apollonius de Thiane. Le nom d'Evangile n'a été 205 connu d'aucun auteur romain. Ces livres étaient même en très peu de mains parmi les chrétiens. C'était entre eux un mystère sacré qui n'était même jamais communiqué aux catéchumènes pendant les trois premiers siècles. Les Evangiles sont vrais, mais on vous soutiendra qu'ils n'étaient pas authentiques. Les miracles de l'abbé 210 Paris ont eu mille fois plus d'authenticité; ils ont été recueillis par un magistrat, [39] signés d'un nombre prodigieux de témoins

---

exorcistes chez les païens' (p.107). Mais la succession de Vespasien et d'Apollonius a peut-être été suggérée à Voltaire par la lecture de l'*Analyse de la religion chrétienne* qu'il publie dans le *Recueil nécessaire* et qui rapproche les deux noms: 'Vespasien guérit un aveugle et un boiteux en présence de tout le peuple d'Alexandrie. Apollonius de Thiane fait aux yeux des Romains plus de miracles que Jésus-Christ [...]. Cependant nous voulons admettre les uns et rejeter les autres [...]. N'est-il pas plus raisonnable et plus sûr de rejeter également les uns et les autres?' (Leipzig [Genève], 1765, p.57). Cette œuvre, connue aussi sous le titre de *La Religion chrétienne analysée*, est attribuée à Du Marsais dans l'édition de Voltaire, bien que cette attribution soit de nos jours contestée (voir G. Mori, 'Du Marsais, philosophe clandestin', dans *La Philosophie clandestine à l'âge classique*, éd. A. McKenna et A. Mothu, Oxford et Paris, 1997, p.169-92).

[39] Voltaire fait référence à Louis-Basile Carré de Montgeron (1686-1754), l'auteur de *La Vérité des miracles opérés à l'intercession de M. de Pâris* (s.l., 1737) dont il possède un exemplaire (BV2502). Présenté au roi à Versailles le 29 juillet 1737, l'ouvrage vaut l'exil et l'emprisonnement à vie à son auteur, un parlementaire débauché converti au jansénisme outré. Voltaire évoque précisément des 'miracles' du cimetière Saint-Médard et le sort de Carré de Montgeron dans les chapitres 64 et 65 de l'*Histoire du parlement de Paris* (*OCV*, t.68, p.494-504) après en avoir fait la matière de l'incisif article 'Convulsions' du *Dictionnaire philosophique* (*OCV*, t.35, p.637-43). Les preuves alléguées par les jansénistes étaient aussi une pièce essentielle dans la déconstruction du miracle opérée par l'*Examen critique*: 'Toute l'Europe

oculaires, présentés publiquement au roi par ce magistrat même. Jamais il n'y eut rien de plus authentique; et cependant jamais rien de plus faux, de plus ridicule, et de plus universellement méprisé. 215

Voyez, Monsieur, à quoi vous nous exposez par vos raisonnements qu'on peut si aisément faire valoir contre nos saintes vérités.

XII

Jésu, dites-vous, (*h*) *nous a assurés lui-même de sa propre bouche qu'il était né d'une vierge par l'opération du Saint-Esprit.* [40] Hélas! Monsieur, où avez-vous pris cette étrange anecdote? Jamais Jésu 220 n'a dit cela dans aucun de nos quatre Evangiles; jamais il n'a même rien dit qui en approche. Est-il possible que vous ayez préparé un tel triomphe à nos ennemis? Est-il permis de citer à faux Jésu-Christ? Avez-vous pu lui attribuer de votre propre main ce que sa

(*h*) Page 23.

---

vient de voir avec quelle facilité on en a imposé à la moitié d'une des plus grandes villes du monde au sujet de miracles attribués à M. Paris, et les rapides progrès que ces prétendues merveilles ont faits en un instant dans le royaume de France. [...] Il y a une différence remarquable entre ce qui est arrivé à Paris et à Jérusalem, dont les défenseurs des nouveaux miracles peuvent se prévaloir. Ceux-ci ont été crus non seulement par le peuple, mais aussi par des gens en place, par des magistrats, par des prêtres, que l'on concevait avoir de l'esprit et de la probité; au lieu qu'on ne produit, en faveur des premiers miracles, qu'une populace aussi crédule qu'incapable d'examen' (p.138-39).

[40] Citation approximative: 'Jésus est né d'une vierge, par l'opération du Saint-Esprit; Jésus lui-même nous l'a ainsi assuré plusieurs fois de sa propre bouche. Tel est le récit des apôtres' (*Certitude*, t.1, ch.1, §2, p.23). Voltaire attaquera à nouveau Bergier sur ce même passage de la *Certitude* dans la première section de l'article 'Généalogie' du fonds de Kehl: 'Ce témoignage [celui du *Toldos Jeschu*] a paru d'un si grand poids à M. Bergier que ce savant théologien n'a point fait difficulté de l'employer sans en citer la source. Voici ses propres termes, page 23 de *La Certitude des preuves du christianisme*: "Jésus est né d'une vierge par l'opération du Saint-Esprit; Jésus lui-même nous l'a ainsi assuré plusieurs fois de sa propre bouche. Tel est le récit des apôtres." Il est certain que ces paroles de Jésus ne se trouvent que dans le Toldos Jeschu, et la certitude de cette preuve de M. Bergier subsiste, quoique saint Matthieu applique à Jésus ce passage d'Isaïe: "Il ne disputera point, il ne criera point, et personne n'entendra sa voix dans les rues" ' (*OCV*, t.34, p.266-67).

propre bouche n'a point prononcé? Avez-vous pu imaginer qu'on   225
serait assez ignorant pour vous en croire sur votre propre méprise?
Et cela seul ne répand-il pas une dangereuse faiblesse sur votre
propre livre?

XIII

Nous vous faisons, Monsieur, des représentations sans suite,
comme vous écrivez. Mais elles tendent toutes au même but.   230
Vous dites que c'est une témérité condamnable dans M. Fréret,
d'avoir soutenu que le symbole des apôtres[41] n'avait point été fait
par les apôtres. Rien n'est cependant plus vrai que cette assertion
du savant Fréret. Ce symbole qui est sans doute un résumé de la
croyance des apôtres fut rédigé en articles distincts vers la fin du   235
quatrième siècle. En effet, si les apôtres avaient composé cette
formule pour servir de règle aux fidèles, les Actes des apôtres
auraient-ils passé sous silence un fait si important? Avouons que le
faussaire qui attribue à saint Augustin l'histoire du symbole des
apôtres dans son sermon 40 est bien répréhensible.[42] Il fait parler   240
ainsi saint Augustin: Pierre dit, *Je crois en Dieu père tout-puissant*;
André dit, *Et en Jésu-Christ son fils*; Jacques ajouta, qu'*il a été conçu*

---

[41] Référence au §6 du chapitre 2 de la *Certitude* (t.1, p.82-118), où Bergier examine
en particulier les accusations d'inauthenticité touchant le symbole des apôtres. Il
affirme très fermement mais sans plus de justifications: 'C'est une témérité
condamnable, que de regarder comme supposé le Symbole attribué aux apôtres, et
de contredire une tradition si ancienne et si universelle sans aucune raison solide' (t.1,
p.105). Bergier visait ici le passage suivant du chapitre 2 de l'*Examen critique*: 'On
attribue aux apôtres assemblés un symbole et un concile qu'on dit avoir été tenu à
Antioche, où on a encore neuf canons qui sont regardés par les gens habiles comme
l'ouvrage de l'imposture' (p.71).

[42] La source de Voltaire, comme souvent quand il est question de 'faussaire', est le
Codex apocryphus Novi Testamenti (1703-1719) de Johann Albert Fabricius. Voir sa
Collection d'anciens évangiles (*OCV*, t.69). Cependant l'article 'Apocryphe' des *QE*
n'incrimine pas le 'sermon 40' mais une '*Homélie* attribuée à saint Augustin, *sur la
manière dont se forma le Symbole*' (*OCV*, t.38, p.472). Voltaire signale cette référence
sur un signet à son exemplaire du *Codex* de Fabricius (BV1284; *CN*, t.3, p.465) alors
que celui-ci évoque aussi le 'serm. 240'. Peut-être faut-il supposer une erreur de
lecture ou de recopiage.

du Saint-Esprit etc. Dans le sermon 115 tout cet ordre est renversé. Malheureusement le premier auteur de ce conte est saint Ambroise dans son 38ᵉ sermon.[43] Tout ce que nous pouvons faire c'est 245 d'avouer que saint Ambroise et saint Augustin étant hommes et sujets à l'erreur se sont trompés sur la foi d'une tradition populaire.

XIV

Hélas! que les premiers chrétiens n'ont-ils pas supposé? le testament des douze patriarches, les constitutions apostoliques, des vers des sibylles en acrostiches, des lettres de Pilate, des lettres 250 de Paul à Sénèque, des lettres de Jésu-Christ à un prince d'Edesse etc. etc.[44] Ne le dissimulons point; à peine avaient-ils dans le second siècle un seul livre qui ne fût supposé. Tout ce qu'on a répondu avant vous, c'est que ce sont des fraudes pieuses; mais que

---

[43] Voltaire se réfère-t-il à la prestigieuse édition mauriste de 1686-1690 des *S. Ambrosii opera* dans laquelle le trente-huitième sermon s'intitule *De gratia baptismi* (2 vol., t.2, p.441)? Les éditeurs précisent que le trente-huitième sermon a pu désigner dans les éditions antérieures deux autres textes, *De jejuniis et quadragesima* ou *Dominica secunda quadragesimae*.

[44] Voltaire s'est souvent arrêté sur ces textes qu'il commentera synthétiquement dans l'article 'Apocryphe' des *QE* (*OCV*, t.38, p.467 pour le testament des douze patriarches, les lettres de Pilate, les lettres à un prince d'Edesse; p.472 pour les constitutions apostoliques; p.484 pour les sibylles). Il éditera les écrits attribués à Pilate dans la *Collection d'anciens évangiles* (*OCV*, t.69, p.218-23). Les lettres de Paul à Sénèque font l'objet d'un supplément corrosif à l'article 'Paul' des *QE* en 1772, où Voltaire fait parler 'plusieurs savants personnages' de la manière suivante: 'Si on nous a trompés indignement, disent-ils, sur les lettres de Paul et de Sénèque, sur les constitutions apostoliques, sur les Actes de saint Pierre, pourquoi ne nous aura-t-on pas trompés de même sur les Actes des apôtres?' (*OCV*, t.42B, p.397). Le chapitre 2 de l'*Examen critique* ('Histoire des suppositions d'ouvrages faits dans les premiers siècles de l'Eglise') parcourait déjà les mêmes exemples (les constitutions apostoliques, p.55; la lettre au roi d'Edesse, p.56; les sibylles, p.75). Bergier tentera dans la *Certitude* de sauver l'authenticité de certains d'entre eux: ainsi défend-il 'La lettre du roi Abgare à Jésus-Christ' (t.1, ch.2, §2, p.85), et, pour réduire l'effet désastreux des nombreux apocryphes évoqués dans l'*Examen critique*, il entend 'montrer que sur les principaux faits qui prouvent la vérité de notre religion, ces faux Evangiles sont d'accord avec les vrais, et en sont une copie imparfaite' (t.1, ch.2, §4, p.93).

direz-vous quand on vous soutiendra que toute fraude est impie, et 255
que c'est un crime de soutenir la vérité par le mensonge?

XV

Que vous importe que le livre du *Pasteur* soit d'Hermas? Quel que
soit son auteur, le livre en est-il moins ridicule? [45] Relisez-en
seulement les premières lignes, et vous verrez s'il y a rien de plus
platement fou. *Celui qui m'avait nourri vendit un jour une certaine fille* 260
à Rome. Or après plusieurs années je la vis et je la reconnus; et je
commençai à l'aimer comme ma sœur; quelque temps après, je la vis se
baigner dans le Tibre, je lui tendis la main, je la fis sortir de l'eau, et

---

[45] Bergier soutient en effet que 'Le *Pasteur* d'Hermas n'est pas, quoi qu'en dise
M. Fréret, un livre supposé ni reconnu pour tel. Il a certainement été écrit par
Hermas; cet auteur a pu avoir des révélations et les écrire de bonne foi, sans intention
de tromper. Ce livre n'est pas un livre canonique, il est moins respecté qu'il n'a été
autrefois, mais il n'est pas démontré faux' (*Certitude*, t.1, ch.2, §5, p.102-103). Le
jugement de Bergier semble le fruit d'une lecture précipitée, l'*Examen critique* se
contentant en fait, dans son chapitre 2, de classer le *Livre du pasteur* parmi les 'fausses
apocalypses'. La contestation d'attribution, présente dans la proposition relative, ne
s'applique pas spécifiquement à cet ouvrage: 'On peut mettre au nombre des fausses
apocalypses le 4e livre d'Esdras, qui n'est rempli que de visions; ainsi que le *Pasteur*
d'Hermas et le Testament des douze patriarches, qui a été autrefois cité avec respect
et qui est présentement regardé de tout le monde comme l'ouvrage d'un imposteur'
(p.67). Le *Livre du pasteur* doit son titre au fait que le second livre ('les préceptes')
évoque l'ange tutélaire de l'auteur supposé, saint Hermas, sous la figure d'un berger
venu enseigner les règles de la morale chrétienne. L'article 'Apocryphe' des *QE*, au
paragraphe XXIX, reviendra, en reprenant la tripartition de l'ouvrage, sur 'Les
visions, les préceptes et les similitudes d'Hermas' (*OCV*, t.38, p.482), et proposera
une traduction plus littérale que celle de notre section du même passage tiré de
l'incipit de l'œuvre: '*que je serai heureux si j'avais une femme semblable à elle pour la*
beauté et pour les mœurs!' (p.482). Voltaire suit la version fournie par le *Codex*
apocryphus de Fabricius. Cette femme se révèle être l'Eglise chrétienne. Les premiers
Pères (Clément d'Alexandrie, Origène) tenaient ce livre en haute estime, mais
Eusèbe se montre plus circonspect et finit par se prononcer défavorablement: 'Il faut
tenir pour faux et supposés les Actes de Paul, le livre du *Pasteur*, la Révélation de
Pierre, l'Epître de Barnabé et les Institutions des apôtres' (*Histoire de l'Eglise*,
trad. Louis Cousin, 4 vol., dont Voltaire possédait le premier, BV1250, Paris, 1675-
1676, t.1, livre 3, ch.25, p.123-24).

*l'ayant regardée, je disais dans mon cœur, que je serais heureux si
j'avais une telle femme si belle et si bien apprise.*   265

Ne trouvez-vous pas, Monsieur, qu'il est bien essentiel au
christianisme que ces bêtises aient été écrites par un Hermas ou
par un autre?

XVI

Cessez de vouloir justifier la fraude de ceux qui insérèrent dans
l'histoire de Flavien Josephe ce fameux passage touchant Jésu-   270
Christ, passage reconnu pour faux par tous les vrais savants. [46]
Quand il n'y aurait dans ce passage si maladroit que ces seuls mots,
il était le Christ, ne seraient-ils pas suffisants pour constater la
fraude aux yeux de tout homme de bon sens? N'est-il pas absurde
que Josephe si attaché à sa nation et à sa religion ait reconnu Jésu   275
pour *Christ?* Eh mon ami, si tu le crois *Christ,* fais-toi donc chrétien:
si tu le crois Christ, fils de Dieu, Dieu lui-même, comment n'en dis-
tu que quatre mots?

Prenez garde, Monsieur, quand on combat dans le siècle où nous
sommes en faveur des fraudes pieuses des premiers siècles, il n'y a   280
point d'homme de bon sens qui ne vous fasse perdre votre cause.
Confessons, encore une fois, que toutes ces fraudes sont très
criminelles; mais ajoutons qu'elles ne font tort à la vérité que par

---

[46] Le chapitre 2 de l'*Examen critique* mettait en doute ce passage: 'Ce fut
apparemment entre le temps d'Origène et celui d'Eusèbe qu'on inséra dans l'histoire
de Josèphe ce fameux passage où il rend un témoignage si avantageux à J.-C. car
Origène n'en a pas eu connaissance; cependant il se trouve dans les livres d'Eusèbe'
(p.83). Dans le §8 du second chapitre de la *Certitude*, Bergier maintient l'authenticité
de ce passage en stigmatisant l'arrogance de l'auteur de l'*Examen critique* qui ne
reconnaît comme savants que 'deux ou trois protestants audacieux' (t.i, p.112). Il
renvoie l'accusation de fraude aux Juifs plutôt qu'aux chrétiens et fait de Josèphe un
historien fidèle, contraint dans son expression par l'atmosphère de suspicion qui
entourait les chrétiens à Rome: 'son témoignage est un aveu arraché par la force de la
vérité, et une preuve invincible pour notre religion' (p.115). L'admonestation de
Voltaire dans ses *Conseils raisonnables* restera sans effet. Dans sa *Réponse aux Conseils
raisonnables*, reprenant une formule mise en vedette par Bayle, Bergier ne cède pas un
pouce de terrain sur ce passage: 'Nous soutenons qu'il est reconnu pour authentique
par tous les vrais savants; nous consentons non seulement à compter, mais encore à
peser les suffrages' (p.45).

l'embarras extrême et par la difficulté qu'on éprouve tous les jours
en voulant distinguer le vrai du faux.   285

XVII

Laissez là, croyez-moi, le voyage de saint Pierre à Rome, et son
pontificat de vingt-cinq ans. S'il était allé à Rome, les Actes des
apôtres en auraient dit quelque chose; saint Paul n'aurait pas dit
expressément, Mon Evangile est pour le prépuce, et celui de Pierre
pour les circoncis. (*i*) [47] Un voyage à Rome est bien mal prouvé,   290
quand on est forcé de dire qu'une lettre écrite de Babilone a été
écrite de Rome. [48] Pourquoi saint Pierre seul de tous les disciples
de Jésu aurait-il dissimulé le lieu dont il écrivait? Cette fausse date
est-elle encore une fraude pieuse? Quand vous datez vos lettres de
Bezançon, [49] cela veut-il dire que vous êtes à Quimpercorentin? [50]   295

(*i*) *Epit. aux Galates*, ch.2.

[47] Galates 2:7: 'Mais au contraire, ayant reconnu que la charge de prêcher
l'Evangile aux incirconcis m'avait été donnée, comme à Pierre celle de prêcher
aux circoncis' (trad. Lemaître de Sacy).

[48] Les doutes sur ce voyage sont exprimés dès le *Dictionnaire philosophique* à
l'article 'Pierre' dans des termes voisins: 'des canonistes judicieux ont prétendu que
par Babilone on devait entendre Rome. Ainsi supposé qu'il eût daté de Rome, on
aurait pu conclure que la lettre avait été écrite à Babilone' (*OCV*, t.36, p.450). Et c'est
justement par la bouche de Fréret, l'auteur supposé de l'*Examen* critiqué par Bergier,
que Voltaire exprime à nouveau ses doutes, de manière encore plus virulente, dans
Le Dîner du comte de Boulainvilliers, en citant d'ailleurs le passage que nous venons
d'indiquer du *Dictionnaire philosophique*. Le personnage de Fréret soutient en effet:
'Vous n'ignorez pas quels sont les imposteurs qui ont parlé de ce voyage de Pierre'
(*OCV*, t.63A, p.374).

[49] L'abbé Bergier entretient une relation privilégiée avec Besançon. Il passe dès
1735 au collège des jésuites de la ville avant d'intégrer son Grand Séminaire en 1739.
Après sa cure de Flangebouche qu'il occupe de 1749 à 1765, période pendant laquelle
il est plusieurs fois récompensé par l'Académie de Besançon aux concours d'histoire
et d'éloquence, il est nommé principal du collège de Besançon le 18 décembre 1765: le
poste vaquait depuis l'expulsion des jésuites. Une semaine auparavant il était reçu à
l'Académie de la ville. Il ne la quittera que le 29 décembre 1769 pour les postes plus
prestigieux qui l'attendent dans la capitale.

[50] Quimper-Corentin est l'ancien nom de la ville de Quimper en référence à saint
Corentin, selon la tradition, le premier évêque de la ville et l'un des sept saints

Il y a très grande apparence que si on avait été bien persuadé dans les premiers siècles du séjour de saint Pierre à Rome, la première église qu'on y a bâtie n'aurait pas été dédiée à saint Jean.[51] Les premiers qui ont parlé de ce voyage méritent-ils d'ailleurs tant de croyance? Ces premiers auteurs sont Marcel, Abdias, et Egésipe. Franchement, ce qu'ils rapportent du défi fait par Simon le prétendu magicien à Simon Pierre le prétendu voyageur, l'histoire de leurs chiens, et de leur querelle en présence de l'empereur Néron, ne donnent pas une idée bien avantageuse des écrivains de ce temps-là. Ne fouillons plus dans ces masures:[52] leurs décombres nous feraient trop souvent tomber.

300

305

XVIII

Nous avons peur que vous n'ayez raisonné d'une manière dangereuse en vous prévalant du témoignage de l'empereur Julien:[53] Songez que nous n'avons point tout l'ouvrage de

---

fondateurs de Bretagne. C'est aussi la ville natale de Fréron (voir *OCV*, t.50, p.495): faut-il y voir une allusion cryptée aux connivences journalistiques entre Fréron et Bergier au début de sa carrière (voir les *Anecdotes sur Fréron, OCV*, t.50, p.509)?

[51] Tous les arguments de ce second paragraphe de la section XVII sont déjà présents dans *Le Dîner du comte de Boulainvilliers*, tant du point de vue du raisonnement et des exemples ('s'il eût été condamné à Rome, si les chrétiens l'avaient su, la première église qu'ils auraient bâtie depuis à l'honneur des saints, aurait été Saint-Pierre de Rome, et non pas Saint-Jean de Latran', *OCV*, t.63A, p.373) que des autorités de ces fraudes pieuses (Abdias, Marcel, Hégésippe: voir *OCV*, t.63A, p.374-75, n.47-49). On notera que ces trois auteurs sont désignés comme 'trois imbéciles' dans le chapitre 21 de *L'Examen important de milord Bolingbroke* (*OCV*, t.62, p.261). L'article 'Voyage de saint Pierre à Rome' des *QE* reprend une dernière fois le même argumentaire (*OCV*, t.43, p.489-99). A l'époque des *Questions*, c'est Calmet que vise Voltaire, car le bénédictin a écrit, au tome 15 de son *Commentaire littéral*, une 'dissertation sur le voyage de saint Pierre à Rome' qui tente d'en établir l'authenticité (25 vol., Paris, 1709-1734, BV613, t.15, p.xv; *CN*, t.2, p.147).

[52] C'est pourtant Voltaire qui offrira la possibilité de fouiller 'dans ces masures' en éditant notamment la *Collection d'anciens évangiles* où figure la 'Relation de Marcel' incriminée ici (voir *OCV*, t.69, p.226-45).

[53] Bergier se prévaut du témoignage de l'empereur Julien au §3 du chapitre 7 de la *Certitude* (t.2, p.1-34). Il déclare, en citant Libanios (un rhéteur contemporain et ami de Julien) et des lettres de l'empereur, que 'Julien se plaint dans plusieurs de ses

Julien; nous n'en avons que des fragments rapportés par saint 310
Cirille son adversaire, qui ne lui répondit qu'après sa mort, ce qui
n'est pas généreux. [54] Pensez-vous en effet que Cirille ne lui aura
pas fait dire tout ce qui pouvait être le plus aisément réfuté! Et
pensez-vous que Cirille l'ait en effet combattu avec avantage?
pesez bien les paroles qu'il rapporte de cet empereur: les voici. *Jésu* 315
n'a fait pendant sa vie aucune action remarquable, à moins qu'on ne
regarde comme une grande merveille de guérir des boiteux et des
aveugles, et d'exorciser des démons dans les villages de Betzaïde et de
Béthanie. [55]

Le sens de ces paroles n'est-il pas évidemment, 'Jésu n'a rien fait 320
de grand; vous prétendez qu'il a passé pour guérir des aveugles et

---

lettres, de ce qu'il ne se trouve presque personne qui revienne au culte des dieux' (t.2,
p.19). Et de conclure: 'Si les conversions qui s'étaient faites sous les règnes
précédents, avaient été aussi peu sincères qu'on voudrait nous le persuader, le zèle
de Julien pour rétablir le paganisme aurait-il été aussi infructueux?' (p.20).

[54] Saint Cyrille (376-444), patriarche d'Alexandrie, a rédigé, dans le premier tiers
du cinquième siècle, la réfutation du discours perdu de l'empereur apostat 'contre les
Galiléens', alors que ce dernier est mort environ soixante-dix ans auparavant. Cet
ouvrage connu sous le titre de *Contre Julien* est publié pour la première fois à Bâle en
1528 en traduction latine. Il faut attendre le marquis d'Argens (*Défense du paganisme*
par l'empereur Julien en grec et en français, Berlin, 1764) pour qu'on s'avise enfin de
reconstituer une partie du discours de l'empereur, sans la glose du patriarche qui
l'accompagne, à partir des citations fournies par saint Cyrille lui-même.

[55] La citation condense un paragraphe du *Discours de l'empereur Julien contre les*
chrétiens (traduit par le marquis d'Argens) que Voltaire édite la même année que les
Conseils raisonnables. Voir les éditions critiques de José-Michel Moureaux (*OCV*,
t.71B): 'Mais qu'a fait votre Jésus, qui après avoir séduit quelques Juifs des plus
méprisables, est connu seulement depuis trois cents ans? Pendant le cours de sa vie il
n'a rien exécuté, dont la mémoire soit digne de passer à la postérité, si ce n'est que
l'on ne mette au nombre des grandes actions, qui ont fait le bonheur de l'univers, la
guérison de quelques boiteux, et de quelques démoniaques des petits villages de
Bethsaïda et de Béthanie' (p.301). Comme l'avait remarqué José-Michel Moureaux
(p.408), la note de Voltaire commente ce passage en des termes sensiblement
différents de ceux que les *Conseils raisonnables* font figurer à la suite de la citation:
'Julien dit donc aux chrétiens: vous exorcisez et nous aussi. Vous guérissez des
boiteux et nous aussi. Il pouvait même ajouter, vous avez ressuscité des morts, et
nous aussi' (p.301).

des boiteux, et pour chasser des démons; mais tous nos demi-dieux ont eu la réputation de faire de bien plus grandes choses. Il n'est aucun peuple qui n'ait ses prodiges, il n'est aucun temple qui n'atteste des guérisons miraculeuses. Vous n'avez en cela aucun 325 avantage sur nous, au contraire, notre religion a cent fois plus de prodiges que la vôtre. Si vous avez fait de Jésu un Dieu, nous avons fait avant vous cent dieux de cent héros; nous possédons plus de dix mille attestations de guérisons opérées au temple d'Esculape et dans les autres temples. Nous enchantions les serpents, nous 330 chassions les mauvais génies avant que vous existassiez. Pour nous prouver que votre Dieu l'emporte sur les nôtres et est le Dieu véritable, il faudrait qu'il se fût fait connaître par toutes les nations; rien ne lui était plus aisé; il n'avait qu'un mot à dire; il ne devait pas se cacher sous la forme d'un charpentier de village. Le Dieu de 335 l'univers ne devait pas être un misérable Juif condamné au supplice des esclaves. Enfin, de quoi vous avisez-vous, charlatans et fanatiques nouveaux, de vous préférer insolemment aux anciens charlatans et aux anciens fanatiques?'

Voilà nettement le sens des paroles de Julien. Voilà sûrement 340 son opinion, voilà son argument dans toute sa force: il nous fait frémir, nous ne le rapportons qu'avec horreur; mais personne n'y a jamais répondu, vous ne deviez donc pas en parler. Vous ne deviez pas exposer la religion chrétienne à de si terribles rétorsions.

XIX

Vous avouez qu'il y a eu souvent de la fraude et des illusions dans 345 les possessions et dans les exorcismes. [56] Et après cet aveu vous

---

343-44 EJ69, EJ72: répondu, vous ne deviez pas exposer

[56] Bergier fait une concession plus limitée que ce que laisse entendre Voltaire puisque la fraude ne touche que les païens: 'Que l'on suppose, à la bonne heure, de la collusion entre les exorcistes païens et ceux qu'ils prétendaient délivrer, ce préjugé n'aura rien que de raisonnable; deux hommes d'une même religion, et surtout d'une religion fondée sur l'erreur et le mensonge, peuvent s'accorder ensemble pour une pareille imposture. Nous abandonnons volontiers cette espèce d'exorcistes aux

voulez prouver[57] que Jésu envoya le diable du corps de deux possédés dans le corps de deux mille cochons[58] qui allèrent se noyer dans le lac de Génézareth; ainsi un diable se trouva dans deux mille corps à la fois, ou si vous voulez deux diables dans mille 350 corps, ou bien Dieu envoya deux mille diables.

Pour peu que vous eussiez eu de prudence, vous n'auriez pas parlé d'un tel miracle; vous n'auriez pas excité les risées de tous les gens de bon sens, vous auriez dit avec le grand Origène[59] que ce sont des types, des paraboles. Vous vous seriez souvenu qu'il n'y 355 eut jamais de cochons chez les Juifs ni chez les Arabes leurs voisins. Vous auriez fait réflexion que si contre toute vraisemblance quelque marchand eût conduit deux mille cochons dans ces contrées, Jésu aurait commis une très méchante action de noyer ces deux mille porcs; qu'un tel troupeau est une richesse très considérable. Le prix 360 de deux mille porcs a toujours surpassé celui de dix mille moutons. Noyer ces bêtes ou les empoisonner c'est la même chose. Que feriez-vous d'un homme qui aurait empoisonné dix mille moutons?

Des témoins oculaires, dites-vous,[60] rapportent cette histoire.

---

soupçons de notre critique et aux railleries de Lucien; mais ces railleries ne font pas une forte objection contre nous; Lucien est un auteur sans conséquence' (*Certitude*, t.1, ch.5, §2, p.184-85).

[57] Voir *Certitude*, t.1, ch.5, §5, p.194-95, où Bergier renvoie à la démonstration contenue dans un autre de ses ouvrages, *Le Déisme réfuté par lui-même* (2e éd., 2 vol., Paris, 1766, t.2, p.260).

[58] Voir Matthieu 8:28-34 et Marc 5:1-20.

[59] Voltaire consacre le chapitre 26 de *L'Examen important de milord Bolingbroke* à Origène. Il aime à tourner en ridicule celui qui 's'avisa de se couper les testicules' (*OCV*, t.62, p.279). L'abstraction toute platonicienne de sa métaphysique et l'obscurité de son expression en font une cible facile, mais c'est son herméneutique biblique qui manifeste le mieux sa singularité: 'N'oublions pas qu'Origène se signala plus que tout autre en tournant tous les faits de l'Ecriture en allégories; et il faut avouer que ces allégories sont fort plaisantes' (p.283).

[60] Voir *Certitude*, ch.5: 'Nous lisons dans l'Evangile, que Jésus-Christ ayant chassé une troupe de démons du corps d'un possédé, ils lui demandèrent permission de s'emparer d'un troupeau de deux mille pourceaux qui paissait dans la campagne. [...] Le fait est rapporté par des témoins oculaires' (t.1, p.194-95). Le passage est signalé par un papillon dans l'exemplaire de Voltaire (voir *CN*, t.1, p.294). L'insistance

Ignorez-vous ce que répondent les incrédules? Ils ne regardent 365
comme vrais témoins oculaires que des citoyens domiciliés dignes
de foi, qui interrogés publiquement par le magistrat sur un fait
extraordinaire, déposent unanimement qu'ils l'ont vu, qu'ils l'ont
examiné. Des témoins qui ne se contredisent jamais. Des témoins
dont la déposition est conservée dans les archives publiques 370
revêtue de toutes les formes. Sans ces conditions ils ne peuvent
croire un fait ridicule en lui-même, et impossible dans les
circonstances dont on l'accompagne. Ils rejettent avec indignation
et avec dédain des témoins dont les livres n'ont été connus dans le
monde que plus de cent années après l'événement; des livres dont 375
aucun auteur contemporain n'a jamais parlé; des livres qui se
contredisent les uns les autres à chaque page; des livres qui
attribuent à Jésu deux généalogies absolument différentes, [61] et

---

sur le témoignage visuel est sensible dans Luc (8:34: 'Ceux qui les [les pourceaux]
gardaient, ayant vu ce qui était arrivé, s'enfuirent et s'en allèrent le dire à la ville et
dans les villages'; et 8:36: 'Et ceux qui avaient vu ce qui s'était passé, leur racontèrent
comment le possédé avait été délivré de la légion de démons'); même insistance dans
la version de Marc (5:14-17).

[61] La contradiction des généalogies de Luc (3:23-38) et Matthieu (1:1-17) est
souvent signalée par Voltaire; il n'a de cesse d'y revenir tout au long de sa vie, en se
gaussant des exercices à la manière de Calmet dans sa 'Dissertation, où l'on essaye de
concilier saint Matthieu avec saint Luc, sur la généalogie de Jésus-Christ'
(*Commentaire littéral*, t.20, voir *CN*, t.2, p.241-44). Dès la vingt-cinquième des
Lettres philosophiques, à la section 17, il mentionne cette contradiction comme une
faiblesse de l'apologétique pascalienne, qui veut au contraire s'en prévaloir: 'cette
pensée, dont l'exposition seule est peut-être capable de faire du tort à la religion'
(éd. G. Lanson, rév. A. M. Rousseau, 2 vol., Paris, 1964, t.2, p.201-202). Il y revient
dans nombre des ses ouvrages antichrétiens, notamment le *Sermon des cinquante*
(*OCV*, t.49A, p.120-21), à l'article 'Christianisme' du *Dictionnaire philosophique*
(*OCV*, t.35, p.548-49), dans *Dieu et les hommes* (*OCV*, t.69, p.412). C'est aussi une
contradiction régulièrement relevée par la libre pensée: Voltaire la retrouve chez
Meslier, qu'il édite en 1762 (voir *OCV*, t.56A, p.110), tout comme dans l'*Analyse de la
religion chrétienne*, qu'il intégrera dans le *Recueil nécessaire* (p.22). L'ouverture de
l'article 'Généalogie' du fonds de Kehl reviendra encore une fois sur cette question
(*OCV*, t.34, p.262-65). On la voit mise en évidence, à la fin de sa vie, aussi bien dans
La Bible enfin expliquée (*OCV*, t.79A, p.520-21) que dans l'*Histoire de l'établissement
du christianisme* (*OCV*, t.79B p.408-409).

qui ne sont que la généalogie de Joseph qui n'est point son père: des
livres pour lesquels, disent-ils, vous auriez le plus profond mépris,   380
et que vous ne daigneriez pas réfuter s'ils étaient écrits par des
hommes d'une autre religion que la vôtre. Ils crient que vous
pensez comme eux dans le fond de votre cœur, et que vous avez la
lâcheté de soutenir ce qu'il vous est impossible de croire.
Pardonnez-nous de vous rapporter leurs funestes discours. Nous   385
n'en usons ainsi que pour vous convaincre qu'il fallait employer
pour soutenir la religion chrétienne une méthode toute différente
de celle dont on s'est servi jusqu'à présent. Il est évident qu'elle est
très mauvaise; puisqu'à mesure qu'on fait un nouveau livre dans ce
goût, le nombre des incrédules augmente. L'ouvrage de l'abbé   390
Houtteville[62] qui ne chercha qu'à étaler de l'esprit et des mots

---

[62] 'L'ouvrage' visé est *La Religion chrétienne prouvée par les faits* (Paris, 1722) de
l'abbé Claude-François Houtteville (1686-1742), un des grands succès apologétiques
du siècle, qui connut une seconde édition augmentée en 1740. La 'foule des
contradicteurs', dont il est question dans la suite de la phrase, fait sans doute
référence aux controverses que l'ouvrage a immédiatement suscitées de la part de
Fourmont, Hongnant ou Desfontaines. Voltaire ne parle qu'avec mépris de ce livre
qu'il annote rageusement sur son exemplaire de l'édition de 1749 (4 vol., Paris,
BV1684; *CN*, t.4, p.501-16). L'auteur est encore moins épargné, qualifié de
'maquereau' (D10816) et accusé de fournir en filles un fermier général. Dans son
œuvre les mentions sont brèves et assassines. Elles ne font que confirmer le jugement
très défavorable porté dès la *Défense de milord Bolingbroke* de 1752 (voir *OCV*, t.32B,
p.242-43). L'article 'Secte' (1765) du *Dictionnaire philosophique* avait usé du
travestissement antique pour mieux faire sentir la corruption de l'auteur ('Que
dirions-nous d'un secrétaire de Séjan, qui dédia à Pétrone un livre d'un style
ampoulé, intitulé, *La Vérité des oracles sibyllins prouvée par les faits*?', *OCV*, t.36,
p.521), tandis que l'apologiste fait une brève apparition dans la fiction du *Taureau
blanc*: 'Ils [ces contes] ne sont bons que pour être commentés chez les Irlandais par ce
fou d'Abadie, ou chez les Welches par ce phrasier d'Houtteville' (*OCV*, t.74A, p.121).
Son nom, comme on le voit, est souvent couplé avec celui d'autres apologistes, en
particulier Jacques Abbadie (1654-1727), mentionné en premier dans la *Défense de
milord Bolingbroke* (*OCV*, t.32B, p.242). Il est aussi cité par deux fois défavorablement en sa compagnie dans *L'Examen important de milord Bolingbroke* de 1767
(*OCV*, t.62, p.198 et 266). Un 'N.B.' inséré en 1774 à la fin de la seconde section de
l'article 'Superstition' des *QE* prédit ironiquement 'un beau champ ouvert aux
Houtevilles et aux Abadies' (*OCV*, t.43, p.312). Il faut rappeler enfin que Houtteville
est le premier nom d'apologiste cité dans l'*Examen critique*. Un long développement

nouveaux, [63] a produit une foule de contradicteurs, et nous craignons que le vôtre n'en fasse naître davantage.

XX

Dieu nous préserve de penser que vous sacrifiez la vérité à un vil intérêt; que vous êtes du nombre de ces malheureux mercenaires   395
qui combattent par des arguments pour assurer et pour faire respecter les immenses fortunes de leurs maîtres, qui s'exténuent dans la triste recherche de tous les fatras théologiques, afin que de voluptueux ignorants comblés d'or et d'honneurs laissent tomber pour eux quelques miettes de leurs tables. Nous sommes très loin   400
de vous prêter des vues si basses et si odieuses. Nous vous regardons comme un homme abusé par la simplicité de sa candeur.

Vous alléguez pour prouver la réalité des possessions, que saint Paulin vit un possédé qui se tenait les pieds en haut à la voûte d'une église, et qui marchait la tête en bas sur cette voûte comme un   405
antipode, sans que sa robe se retroussât; vous ajoutez que saint Paulin surpris d'une marche si extraordinaire, crut mon homme possédé du diable, et envoya vite chercher des reliques de saint Félix de Nole qui le guérirent sur-le-champ. [64] Cette cure consistait

---

lui est consacré dans les paragraphes précédant le premier chapitre qui vaut leçon de méthode et sert ironiquement de rétorsion: 'c'est avec raison que M. l'abbé Houtteville a remarqué que quiconque écrit sur les matières de religion, doit n'employer jamais que les preuves qui tranchent et qui décident par le fond même; et que celles qui sont faibles et contestables, à plus forte raison celles qui sont défectueuses, doivent être soigneusement évitées parce qu'ici tout ce qui ne sert pas devient nuisible' (p.33-34). Houtteville, comme Abbadie, fait ensuite l'objet de critiques récurrentes (p.47, 48, 50, 51, 52, 87, 93, 137, 176).

[63] Les abus néologiques d'Houtteville ont été sévèrement critiqués par Desfontaines, comme le rappelle D'Alembert dans l'*Eloge* qu'il a rédigé sur l'abbé: 'On y [dans *La Religion chrétienne prouvée par les faits*] trouva plusieurs expressions impropres ou recherchées; ces expressions furent relevées avec l'affectation la plus maligne dans le *Dictionnaire néologique* de l'abbé Desfontaines' (*Œuvres*, 5 vol., Paris, 1821, t.3, p.237). Houtteville, reçu en 1723 à l'Académie française, sera élu secrétaire perpétuel en 1742 quelques mois seulement avant sa mort.

[64] Voltaire se rapporte à ce passage: 'Saint Paulin atteste qu'il a vu de ses yeux un possédé marcher la tête en bas contre la voûte d'une église, sans que ses habits fussent

apparemment à le faire tomber de la voûte la tête la première. Est-il 410
possible, Monsieur, que dans un siècle tel que le nôtre, vous osiez
rapporter de telles niaiseries qui auraient été sifflées au quinzième
siècle.

Vous ajoutez que Sulpice Sévère atteste qu'un homme à qui on
avait donné des reliques de saint Martin, s'éleva tout d'un coup en 415
l'air les bras étendus et y resta longtemps. [65] Voilà sans doute un
beau miracle, bien utile au genre humain, bien édifiant; comptez-
vous cela, Monsieur, parmi les preuves du christianisme?

Nous vous conseillons de laisser ces histoires avec celles de saint
Paul l'ermite à qui un corbeau apporta tous les jours pendant 420
quarante ans la moitié d'un pain, et à qui il apporta un pain entier
quand saint Antoine vint dîner avec lui; [66] avec l'histoire de saint
Pacôme qui faisait ses visites monté sur un crocodile; [67] avec celle
d'un autre saint Paul ermite qui trouvant un jour un jeune homme

---

dérangés, et qu'il fut délivré par les reliques de saint Felix de Nole. Il rapporte la
même chose en parlant des reliques de saint Martin. Saint Paulin n'était ni un fourbe
ni un visionnaire' (*Certitude*, t.1, ch.5, §5, p.196). Bergier renvoie dans une note à la
vie du saint: '*In vita S. Felicis*'.

[65] Le paragraphe visé par Voltaire suit celui qu'on vient de citer (voir ci-dessus,
n.64): ' "J'ai vu, dit Sulpice Sévère, un homme, qui, à l'approche des reliques de
saint Martin, fut élevé en l'air, y demeura suspendu les mains étendues, de manière
que ses pieds ne touchaient point la terre." Ce n'est point ici une histoire apocryphe
ni des ouï-dire; c'est un homme sensé qui atteste ce qu'il a vu de ses yeux' (*Certitude*,
t.1, ch.5, §5, p.196-97). Bergier renvoie en note à 'Dial. 8, c. 6' (c'est-à-dire, en fait, si
l'on corrige la coquille, au sixième chapitre du troisième des *Dialogues* consacré à la
défense de saint Martin, dont Sulpice Sévère est aussi l'hagiographe).

[66] Exemple puisé chez Middleton, *A Free inquiry into the miraculous powers which
are supposed to have subsisted in the Christian Church* (1749), repris en tant que tome 1
des *Miscellaneous works* (2ᵉ éd., 1755, p.280, BV2447). Voltaire a déjà utilisé
l'exemple de Paul de Thèbes pour l'article 'Miracles' du *Dictionnaire philosophique*
(*OCV*, t.36, p.381).

[67] L'exemple est déjà utilisé par Voltaire dans la seconde des quatre *Homélies
prononcées à Londres en 1765 dans une assemblée particulière* parues en 1767. Elle
fournit la source: 'Nous ne pardonnons pas à Jérôme, traducteur savant, mais fautif,
de livres juifs, d'avoir, dans son histoire des Pères du désert, exigé nos respects pour
un saint Pacôme, qui allait faire ses visites monté sur un crocodile' (*OCV*, t.62,
p.450).

couché avec sa femme, lui dit, couchez avec ma femme tant que   425
vous voudrez, et avec mes enfants aussi; après quoi il alla dans le
désert. [68]

XXI

Enfin, Monsieur, vous regrettez que les possessions du diable, les
sortilèges et la magie *ne soient plus de mode* (ce sont vos
expressions), [69] nous joignons nos regrets aux vôtres. Nous   430
convenons en effet que l'Ancien Testament est fondé en partie
sur la magie, témoin les miracles des sorciers de Pharaon, la
Pythonisse d'Endor, les enchantements des serpents etc. Nous
savons aussi que Jésu donna mission à ses disciples de chasser les
diables; mais croyez-nous, ce sont là de ces choses dont il est   435
convenable de ne jamais parler. Les papes ont très sagement
défendu la lecture de la Bible; elle est trop dangereuse pour ceux
qui n'écoutent que leur raison. [70] Elle ne l'est pas pour vous qui êtes

---

[68] Voltaire se réfère au récit de 'Paul le simple' extrait de *L'Histoire lausiaque* (vers
420) de Pallade de Galatie: 'Un certain Paul, paysan rustre, bonasse et naïf à l'excès,
avait été marié à une femme fort jolie mais d'esprit dépravé, qui péchait en cachette
depuis très longtemps. C'est ainsi que, rentrant des champs à l'improviste, Paul les
trouva à mal faire... C'était la Providence qui conduisait Paul vers son bien! Riant
d'un air entendu, il leur tient ce langage: "Bien, bien! Au vrai, cela m'est égal; mais
par Jésus, moi je ne la veux plus!... Eh bien, tiens-la, avec ses gosses! Moi, je vais me
faire moine!" ' (*Les Pères du désert*, éd. R. Draguet, Paris, 1949, p.149-52). Ce
passage est absent de la version qu'en donne la traduction française de Robert
Arnauld d'Andilly (*Vies des saints Pères des déserts*, Paris, 1653, rééd. 1733, 3 vol., t.2,
p.173-78).

[69] Faut-il croire que Voltaire se rapporte à ce passage du chapitre 5 de la *Certitude*:
'Depuis que la mode s'est introduite de nier les possessions et la magie, il est
surprenant qu'aucun de nos philosophes n'ait encore entrepris de réfuter les actes du
procès fait par le parlement de Paris en 1682, contre les bergers de Pacy en Brie' (t.1,
p.197)? C'est en tout cas la seule apparition du mot 'mode' dans tout le chapitre 5,
celui qui évoque avec le plus de constance 'les possessions du diable, les sortilèges et
la magie'. C'est d'ailleurs de ce chapitre que provenaient les exemples vilipendés par
Voltaire dans la section précédente.

[70] A la fin du *Dîner du comte de Boulainvilliers*, en tant qu'une des 'Pensées
détachées de M. L'abbé de St Pierre', Voltaire écrira que 'Les papes et leurs suppôts
[...] ont toujours défendu la lecture du seul livre qui annonce leur religion' (*OCV*,

théologien, et qui savez immoler la raison à la théologie; mais quel trouble ne jette-t-elle pas dans un nombre prodigieux d'âmes éclairées et timorées? Nous sommes témoins que votre livre leur inspire mille doutes. Si tous les laïques avaient le bonheur d'être ignorants, ils ne douteraient pas. Ah! Monsieur, que le sens commun est fatal!

XXII

Vous auriez pu vous passer de dire que les apôtres et les disciples ne s'adressèrent pas seulement à la plus vile populace, mais qu'ils persuadèrent aussi quelques grands seigneurs. [71] Premièrement ce fait est évidemment faux. En second lieu, cela marque un peu trop d'envie de plaire aux grands seigneurs de l'Eglise d'aujourd'hui; et vous savez trop bien que du temps des apôtres il n'y avait ni évêque intitulé monseigneur, et doté de cent mille écus de rente; ni d'abbé crossé mitré, ni serviteur des serviteurs de Dieu maître de Rome et de la cinquième partie de l'Italie.

XXIII

Vous parlez toujours de martyrs. [72] Eh! Monsieur, ne sentez-vous pas combien cette misérable preuve s'élève contre nous. Insensés et cruels que nous sommes, quels barbares ont jamais fait plus de martyrs que nos barbares ancêtres? Ah! Monsieur, vous n'avez donc pas voyagé! vous n'avez pas vu à Constance la place où

440

445

450

455

---

t.63A, p.402). Dans l'*EM*, au chapitre 62, Voltaire fait remonter cette interdiction à l'époque médiévale, précisément en 1229: 'Un concile à Toulouse commença dans cette année par défendre aux chrétiens laïques de lire l'Ancien et le Nouveau Testament' (*OCV*, t.23, p.476). La section 3 de l'article 'Livres' du fonds de Kehl rappelle que la Bible 'est regardée comme un livre dangereux pour le plus grand nombre des fidèles' (*OCV*, t.34, p.320) par l'Eglise, comme le démontre 'la cinquième règle de l'*index*' que Voltaire donne à la suite.

[71] Voltaire résume le propos du §1 du chapitre 6 de la *Certitude*. Bergier soutient en particulier que 'Les apôtres eurent de même des disciples qui tenaient un rang honorable, soit parmi les Juifs, soit parmi les gentils' (t.1, p.208).

[72] Les sections XXIII et XXIV seront reprises par les *QE*, article 'Martyrs', section seconde, lignes 357-423 et 445-96. Voir *OCV*, t.42B, p.173-77, 180-82.

Jérome de Prague dit à un des bourreaux du concile qui voulait allumer son bûcher par derrière, *allume par devant, si j'avais craint* 460 *les flammes je ne serais pas venu ici.*[73]

Avez-vous jamais passé dans Paris par la Grève où le conseiller clerc Anne Dubourg neveu du chancelier, chanta des cantiques avant son supplice? Savez-vous qu'il fut exhorté à cette héroïque constance par une jeune femme de qualité nommée Mme de La 465 Caille[74] qui fut brûlée quelques jours après lui? Elle était chargée de fers dans un cachot voisin du sien, et ne recevait le jour que par une petite grille pratiquée en haut dans le mur qui séparait ces deux cachots. Cette femme entendait le conseiller qui disputait sa vie

[73] L'anecdote n'est pas mentionnée dans l'*EM* malgré la mention élogieuse d'‘un homme bien supérieur à Jean Hus en esprit et en éloquence' (*OCV*, t.24, p.95). Voltaire indique cependant le témoignage admiratif du secrétaire de Jean XXII, Pogge, qui ‘n'avait jamais rien entendu qui approchât autant de l'éloquence des Grecs et des Romains, que les discours de Jérôme à ses juges' (*OCV*, t.24, p.95). C'est bien de lui, dans une célèbre lettre à l'Arétin, que viennent les propos prêtés à Jérôme sur le bûcher: on les trouve en latin dans *Poggii Florentini oratoris et philosophi opera* (Bâle, 1538), p.305. Voltaire a pu les reprendre de l'*Examen critique*, où ils sont retranscrits comme appartenant à la préface de l'*Histoire universelle* de M. de Thou dans la traduction française parue à Rotterdam en 1711 (bien que l'*Examen critique* ne précise pas que ces paroles viennent de Jérôme de Prague): ‘M. de Thou rapporte à ce sujet une chose bien digne de remarque. Un homme avait été condamné au feu pour avoir embrassé la Réformation; on le lia à un poteau pour être brûlé; le bourreau, plus humain que les juges, mettaient le feu par derrière, de peur de l'effrayer. *Viens*, lui-dit-il, *et allume par devant; si j'avais craint le feu, je ne serais pas ici; il n'a tenu qu'à moi de l'éviter*' (p.174). On notera aussi que ces paroles figurent dans *Poggiana, ou la vie, le caractère, les sentences, et les bons mots de Pogge Florentin, avec son Histoire de la République de Florence, et un supplément de diverses pièces importantes*, édité par J. Lenfant à Amsterdam en 2 vol. en 1720 et dont Voltaire possède un exemplaire (BV2776): ‘Comme le bourreau approchait le feu par derrière de peur qu'il ne le vît, *avancez* lui dit-il avec courage, *et mettez le feu en ma présence. Si je l'avais craint, je ne serais pas venu ici, pouvant bien l'éviter*' (t.1, p.254).

[74] Voltaire prend le surnom pour le nom. Il s'agit en fait de Marguerite Le Riche, dont le mari tenait une librairie à l'enseigne de la caille, ce qui explique ce surnom. Elle fut brûlée le 19 août 1559. Elle est mentionnée brièvement par Agrippa d'Aubigné (*Histoire universelle*, 11 vol., éd. André Thierry, Genève et Paris, 1981-2000, t.1, p.235 et 264). C'est l'*Histoire des martyrs* (1562) de Jean Crespin qui lui accorde une place plus importante (rééd. Toulouse, 1885, 3 vol. [dérivée de l'éd. 1619], t.2, p.668-69).

contre ses juges par les formes des lois. *Laissez là*, lui cria-t-elle, *ces*   470
indignes formes, craignez-vous de mourir pour votre Dieu?[75]
Voilà ce qu'un indigne historien tel que le jésuite Daniel n'a
garde de rapporter,[76] et ce que d'Aubigné et les contemporains
nous certifient.[77]
Faut-il vous montrer ici la foule de ceux qui furent exécutés à   475
Lyon dans la place des Terraux depuis 1546? Faut-il vous faire voir
Mlle de Cagnon suivant dans une charrette cinq autres charrettes

[75] Anecdote rapportée à nouveau par Voltaire dans le *Discours du conseiller Anne
Du Bourg à ses juges* (1771): 'Une femme de qualité, nommée madame de La Caille,
accusée comme lui de favoriser les réformateurs, et détenue comme lui à la Bastille,
trouva le moyen de lui parler, et lui dit: "N'êtes-vous pas honteux de chicaner votre
vie, craignez-vous de mourir pour Dieu?" ' (*OCV*, t.73, p.287).

[76] Les caractérisations de cet 'indigne historien' sont toujours sévères sous la
plume de Voltaire, qui fait référence à nouveau au 'jésuite Daniel' quelques
paragraphes plus loin dans cette section XXIII (ligne 497). Dans l'*EM*, il n'a
droit très rapidement, au chapitre 11, qu'à un méprisant 'Le jésuite Daniel, historien
français, qui déguise tant de choses' (*OCV*, t.22, p.218). Gabriel Daniel (1649-1728)
fut historiographe de France à l'issue de la publication de son *Histoire de France*
(1696-1713): c'est le contre-modèle de l'historien pour Voltaire. La notice qu'il lui
consacre dans le 'catalogue de la plupart des écrivains français' du *Siècle de Louis
XIV* est assassine: 'nulle connaissance des finances, nulle de l'intérieur du royaume
ni des mœurs' (*OCV*, t.12, p.93).

[77] L'auteur des *Tragiques* peint le supplice d'Anne Du Bourg dans le livre 'Les
feux' aux vers 543-602. Il y revient dans l'*Histoire universelle* (1626, BV213) au
chapitre 16 du livre second ('Persécution: mort d'Anne Du Bourg': voir l'édition de
Genève, 1981-2000, 11 vol. éd. A. Thierry, t.1, p.264-67). D'Aubigné s'appuie
essentiellement sur l'ouvrage anonyme de 1561 intitulé la *Vraie Histoire contenant
l'inique jugement et fausse procédure contre le fidèle serviteur de Dieu Anne Du Bourg...*
et sur l'*Histoire des martyrs* de Jean Crespin (t.2, p.675-709). Ces deux œuvres
constituent sans doute les témoignages 'contemporains' qu'évoque Voltaire. On y
ajoutera l'*Histoire des persécutions et martyrs de l'Eglise de Paris* (Lyon, 1563)
d'Antoine de Chandieu, dont s'inspire Crespin pour cet épisode, ainsi que le
témoignage du catholique mais impartial Jacques-Auguste de Thou (1553-1617),
homme politique et historien, partisan de la tolérance et artisan de l'édit de Nantes.
Son *Histoire universelle* (BV3297 pour l'édition de 1742) traduite en français dans
l'édition de Londres (1734) relate aussi le supplice d'Anne Du Bourg (t.3, p.401-402).
Rappelons que Voltaire évoque le supplice d'Anne Du Bourg dans le chapitre 21 de
l'*Histoire du parlement de Paris* (*OCV*, t.68, p.249-54) et qu'il reviendra sur le cas de
ce conseiller en publiant en 1771 le *Discours du conseiller Anne Du Bourg à ses juges*
(*OCV*, t.73, p.287-90).

chargées d'infortunés condamnés aux flammes parce qu'ils avaient le malheur de ne pas croire qu'un homme pût changer du pain en Dieu. Cette fille malheureusement persuadée que la religion réformée est la véritable, avait toujours répandu des largesses parmi les pauvres de Lyon. Ils entouraient en pleurant la charrette où elle était traînée chargée de fers. *Hélas!* lui criaient-ils, *nous ne recevrons plus d'aumône de vous. Eh bien*, dit-elle, *vous en recevrez encore*, et elle leur jeta ses mules de velours que ses bourreaux lui avaient laissées. [78] 485

Avez-vous vu la place de l'Estrapade, à Paris? Elle fut couverte sous François Ier de corps réduits en cendre. Savez-vous comme on les faisait mourir? On les suspendait à de longues bascules qu'on élevait et qu'on baissait tour à tour sur un vaste bûcher, afin de leur faire sentir plus longtemps toutes les horreurs de la mort la plus douloureuse. On ne jetait ces corps sur les charbons ardents que lorsqu'ils étaient presque entièrement rôtis, et que leurs membres retirés, leur peau sanglante et consumée, leurs yeux brûlés, leur visage défiguré ne leur laissaient plus l'apparence de la figure humaine. [79] 495

490

480

[78] Voltaire fait allusion à 'Michelle de Caignoncle' (en suivant l'orthographe de Jean Crespin, *Histoire des martyrs*, t.1, p.558), dont d'Aubigné, qui reprend Crespin, précise qu'elle est 'Damoiselle grande aumônière' (*Histoire universelle*, t.1, p.223). Mais si on lit bien d'Aubigné, c'est seulement 'Claude Monier' qui est 'brûlé à petit feu aux terreaux à Lyon' (p.222), le supplice de Michelle de Craignoncle se déroulant à 'Valenciennes' dont elle est originaire, comme le précise Jean Crespin. Les faits relatés par Voltaire sont visiblement repris de l'anecdote développée dans des termes similaires par d'Aubigné et Crespin. Nous suivons l'*Histoire universelle* dont Voltaire possède un exemplaire (BV213): 'les pauvres comme on la menait au supplice couraient après elle criant, "Vous ne nous donnerez plus l'aumône! Si ferai encore une fois", dit-elle, en jetant ses pantoufles à une pauvre femme qui avait les pieds nus' (t.1, p.223).

[79] Ces détails de supplice sont inspirés de l'exécution de six réformés lors de l'affaire des Placards à Paris en 1535. Voltaire suit la description fournie par Gabriel Daniel dans son *Histoire de France*, en 10 vol. (Paris, 1729, BV938). Le procédé d'exécution explique le nom de la place: 'Il y avait au milieu de chaque bûcher une espèce d'estrapade élevée, où on les attacha; ensuite on alluma le feu au-dessous d'eux, et les bourreaux lâchant doucement la corde laissaient couler jusqu'à la hauteur du feu ces misérables pour leur en faire sentir la plus vive impression; puis on

Le jésuite Daniel suppose sur la foi d'un infâme écrivain de ce temps-là, que François Ier dit publiquement qu'il traiterait ainsi le dauphin son fils s'il donnait dans les opinions des réformés. [80] Personne ne croira qu'un roi qui ne passait pas pour un Néron 500 ait jamais prononcé de si abominables paroles. Mais la vérité est que tandis qu'on faisait à Paris ces sacrifices de sauvages qui surpassent tout ce que l'Inquisition a jamais fait de plus horrible, François Ier plaisantait avec ses courtisans, et couchait avec sa maîtresse. Ce ne sont pas là, Monsieur, des histoires de sainte Potamienne, [81] de 505 sainte Ursule et des onze mille vierges; [82] c'est un récit fidèle de ce que l'histoire a de moins incertain.

---

les guindait de nouveau en haut' (t.7, p.744). Les mêmes formules reviendront sous la plume de Voltaire, chaque fois qu'il relatera cet épisode, que ce soit dans l'*EM* ('suspendre les patients à une haute potence, dont on les faisait tomber à plusieurs reprises sur le bûcher', *OCV*, t.25, p.358), ou dans l'*Histoire du parlement de Paris* ('On les suspendait au bout d'une poutre posée sur une poulie au-dessus d'un poteau de vingt pieds de haut, et on les faisait descendre à plusieurs reprises sur un large bûcher enflammé', *OCV*, t.68, p.241).

[80] Voltaire relate l'anecdote dans le chapitre 125 de l'*EM*: 'Le père Daniel met à la marge: *Exemple de piété*. [...] Daniel ajoute que François Ier dit publiquement, qu'il ferait mourir ses propres enfants s'ils étaient hérétiques. Cependant il écrivait dans ce temps-là même à Mélancton, l'un des fondateurs du luthéranisme, pour l'engager à venir à sa cour' (*OCV*, t.25, p.358-59). Voltaire cite correctement l'annotation marginale de Daniel dans son *Histoire de France* (éd. 1729, BV938), qui porte sur un paragraphe se concluant ainsi: 'Le roi en cette occasion dit tout haut et publiquement ces belles paroles, que si son bras était infecté du venin de l'hérésie luthérienne, il le couperait lui-même et qu'il ne l'épargnerait pas dans ses propres enfants' (t.7, p.743; passage marqué d'un papillon dans l'exemplaire de Voltaire, voir *CN*, t.3, p.42). Voltaire remettra en doute l'authenticité de ces propos dans une addition des éditions de 1769 de son *Histoire du parlement de Paris* (voir *OCV*, t.68, p.241), qui cite ses deux autres sources: Louis Maimbourg, *Histoire du calvinisme* (Paris, 1682, BV2263), et l'*Abrégé chronologique de l'histoire de France* de François Eudes de Mézeray (Amsterdam, 1673-1674, BV2443).

[81] Cette sainte, dont Voltaire puise l'histoire chez Thierry Ruinart (*Les Véritables Actes des martyrs*, 2 vol., Paris, 1708, BV3052, t.1, p.182-84), est citée dans *L'Examen important de milord Bolingbroke*: cette belle esclave 'n'ayant pas voulu coucher avec le gouverneur d'Alexandrie, fut plongée trois heures entières dans la poix résine bouillante, et en sortit avec la peau la plus blanche et la plus fine' (*OCV*, t.62, p.291).

[82] Référence sortie tout droit de la *Légende dorée* de Jacques de Voragine

Le nombre des martyrs réformés soit vaudois, soit albigeois, soit évangéliques est innombrable. Un de vos ancêtres, du moins un homme de votre nom, Pierre Bergier, fut brûlé à Lyon en 1552 avec   510
René Poyet parent du chancelier Poyet. On jeta dans le même bûcher Jean Chambon, Louis Dimonet, Louis de Marsac, Etienne de Gravot, et cinq jeunes écoliers. [83] Je vous ferais trembler si je vous faisais voir la liste des martyrs que les protestants ont conservée. [84]   515

Pierre Bergier chantait un psaume de Marot en allant au supplice. Dites-nous en bonne foi si vous chanteriez un psaume latin en pareil cas? Dites-nous si le supplice de la potence, de la roue ou du feu est une preuve de la religion. C'est une preuve sans doute de la barbarie humaine. C'est une preuve que d'un côté il y a des   520
bourreaux, et de l'autre des persuadés.

Non, si vous voulez rendre la religion chrétienne aimable, ne parlez jamais de martyrs. Nous en avons fait cent fois, mille fois plus que tous les païens. Nous ne voulons point répéter ici ce qu'on

---

(chapitre 154, 'Les onze mille vierges', éd. A. Boureau, Paris, 2004, p.867-72). L'invraisemblance même du chiffre des suivantes de sainte Ursule dispense Voltaire d'en dire davantage.

[83] Tous ces noms figurent dans l'*Histoire universelle* d'Agrippa d'Aubigné après l'histoire de Mlle Caignoncle: 'De ce même an furent exécutés François Bourgoin, Hugues Gravier et René Poyet d'Anjou. Et encore emprisonnés à Lyon Pierre Bergier et Denis Peloquin de Blois. Ceux-là confrontés aux cinq écoliers: mais ils moururent en l'an 1553. Après de longues disputes et procédures ce Bergier convertit en prison Jean Chambon, qui lui tint compagnie à la mort. Il y eut aussi Louis Dimonet, qui après plusieurs familiarités et lettres avec les cinq écoliers, les suivit à la mort, mourut aussi Louis de Marsac et son cousin avec Etienne Gravot, le tout à Lyon' (t.1, p.224).

[84] Cette liste nourrit l'*Histoire universelle* de d'Aubigné et en constitue la source: il s'agit en particulier de l'*Histoire des martyrs* de Jean Crespin (1562) rééditée de nombreuses fois (1597, 1608, 1619). Cependant l'ouvrage de Crespin ne figure pas dans la bibliothèque de Voltaire. Voltaire possède, en revanche, de Benjamin de Daillon, l'*Histoire abrégée des martyrs français du temps de la Réformation* (Amsterdam, 1684, BV1637), qui semble une version abrégée de Crespin, ainsi que l'*Histoire ecclésiastique des Eglises réformées au royaume de France* (Genève, 1580, BV391) de Théodore de Bèze, qui contient de longues listes de martyrs.

a tant dit des massacres des Albigeois,[85] des habitants de Mérin-   525
dol,[86] de la Saint-Barthelémi, de soixante ou quatre-vingt mille
Irlandais protestants égorgés, assommés, pendus, brûlés par les
catholiques;[87] de ces millions d'Indiens tués comme des lapins dans
des garennes aux ordres de quelques moines.[88] Nous frémissons,

[85] La croisade contre les Albigeois, qui coïncide avec la création de l'Inquisition,
fait l'objet du chapitre 62 de l'*EM* (*OCV*, t.23, p.456-81). Elle occupe également une
brève section de *Des conspirations contre les peuples, ou des proscriptions* (1766, voir
OCV, t.61B, p.246; le texte sera repris par les *QE*, article 'Conspirations contre les
peuples, ou proscriptions', 1771, *OCV*, t.40, p.214).

[86] Voltaire consacre à ce massacre une des sections de *Des conspirations contre les
peuples, ou des proscriptions* (*OCV*, t.61B, p.250-52; t.40, p.218-21) ainsi qu'une partie
du chapitre 19 de l'*Histoire du parlement de Paris* (*OCV*, t.68, p.242-45) et du
chapitre 138 de l'*EM* (*OCV*, t.26A, p.88-90). Sa source, indiquée dans *Des
conspirations*, est Jacques Aubéry, *Histoire de l'exécution de Cabrières et de Mérindol,
et d'autres lieux de Provence* (Paris, 1645, BV211).

[87] Cette comptabilité macabre double le chiffre auquel se tient finalement l'auteur
de *Des conspirations contre les peuples* en 1766: Voltaire acceptait alors 'quarante mille
citoyens d'immolés à la religion, en y comprenant les femmes et les enfants' (*OCV*,
t.61B, p.253; t.40, p.224), estimation fournie par Henry Brooke dans *The Trial of the
Roman Catholics of Ireland* (Londres, 1764, BV545). Le chiffre coïncidait avec celui
de deux des autres sources voltairiennes sur l'événement, Hume (*Histoire de la
maison de Stuart*, Londres, 1760, BV1701) et Paul de Rapin de Thoyras (*Abrégé de
l'Histoire d'Angleterre*, La Haye, 1730, BV2871). Voltaire rappelle dans *Des
conspirations* que, de son côté, John Temple (*The Irish Rebellion*, Dublin, 1724,
BV3254) assurait 'qu'il y eut cent cinquante mille hommes de massacrés' (*OCV*,
t.61B, p.253; t.40, p.223). C'est ce dernier chiffre que Voltaire reprendra pourtant, en
indiquant la référence ('*Biblioth[èque] anglaise*, livre II, page 303') dans la section 3 de
l'article 'Hérésie' du fonds de Kehl: 'Nous abrégeons les détails de ces massacres:
ceux d'Irlande, où plus de cent cinquante mille hérétiques furent exterminés en
quatre ans' (*OCV*, t.34, p.283). Ainsi Voltaire reprend, dans les *Conseils raisonnables*,
l'évaluation des victimes qu'il attribuait, sans la suivre, dans *Des conspirations*, au
parlement d'Angleterre, qui 'dans sa déclaration du 25 juillet 1643, en compte quatre-
vingt mille' (*OCV*, t.61B, p.253; t.40, p.223).

[88] Les massacres des habitants du nouveau monde font l'objet d'une section de
Des conspirations contre les peuples, ou des proscriptions (1766). Voltaire, horrifié, y
résume les propos de Las Casas: 'Je vous ai vus donner vos semblables à dévorer à
vos chiens' (*OCV*, t.61B, p.249; t.40, p.218). Mais les comparaisons cynégétiques
sont présentes déjà dans les chapitres américains de l'*EM*: 'Ces malheureux sauvages
presque nus et sans armes étaient poursuivis comme des daims dans le fort des forêts,
dévorés par des dogues, et tués à coups de fusil, ou surpris et brûlés dans leurs

nous gémissons; mais il faut le dire; parler de martyrs à des   530
chrétiens, c'est parler de gibets et de roue à des bourreaux et à des
records. [89]

XXIV

Que pourrions-nous vous représenter encore, Monsieur, après ce
tableau aussi vrai qu'épouvantable que vous nous avez forcés de
vous tracer de nos mains tremblantes? Oui, à la honte de la nature,   535
il y a encore des fanatiques assez barbares, des hommes assez
dignes de l'enfer, pour dire qu'il faut faire périr dans les supplices
tous ceux qui ne croient pas à la religion chrétienne que vous avez si
mal défendue. C'est ainsi que pensent encore les inquisiteurs,
tandis que les rois et leurs ministres devenus plus humains [90]   540

---

habitations' (*OCV*, t.26A, p.205-206). Notons que l'image des innocents 'tués
comme des lapins dans des garennes' affleure aussi dans l'*Examen critique* où le
sort des Indiens est évoqué au chapitre 10, en se référant à Las Casas: 'Ce même
auteur nous apprend que les Espagnols, pour attraper les Indiens qui se sauvaient
dans les montagnes, avaient de gros chiens et de grands lévriers qui mettaient en
pièces un Indien en moins de temps qu'il n'en faut pour réciter un Credo' (p.229).

[89] Selon le *Dictionnaire de l'Académie* (1694): 'Celui qu'un sergent mène avec lui
pour servir de témoin à ses exploits, et pour lui prêter main forte en cas de besoin'.
L'*Encyclopédie*, sous la plume de Boucher d'Argis, précise: 'Record *dans un exploit*,
est un des témoins dont l'huissier se fait assister; ces témoins ont été appelés *records*,
parce que dans le temps que les exploits n'étaient pas rédigés par écrit, leur
témoignage servait à recorder ou rappeler ce qui avait été fait et dit par l'huissier
ou sergent' (t.13, p.863).

[90] Allusion à la résistible ascension de la tolérance en Europe, dont l'expulsion des
jésuites est le symbole. Dans la foulée de l'affaire suscitée par le *Bélisaire* de
Marmontel en 1767 (voir la première puis *Seconde Anecdote sur Bélisaire*, *OCV*, t.63A,
p.153-208), Voltaire flatte incontestablement ici, parmi 'les rois', aussi bien
Catherine II de Russie que le prince royal de Suède. Ils ont écrit tous deux des
lettres à l'auteur pour soutenir la tolérance civile prônée dans le chapitre 15 de
Bélisaire. Voltaire ne cesse durant cette période de louer l'action de Catherine II en ce
domaine. Ajoutons évidemment Frédéric II de Prusse, à qui *La Profession de foi des
théistes*, qui paraît au même moment que les *Conseils raisonnables*, semble adressée.
Parmi les 'ministres', outre les conseillers de ces souverains, Voltaire pense
certainement au ministre espagnol, le comte d'Aranda, auquel la phrase suivante
fait une discrète allusion.

émoussent dans toute l'Europe le fer dont ces monstres sont armés.
Un évêque en Espagne a proféré ces paroles devant des témoins
respectables de qui nous les tenons, *Le ministre d'Etat qui a signé
l'expulsion des jésuites mérite la mort.*[91] Nous avons vu des gens qui
ont toujours à la bouche ces mots cruels contrainte et châtiment, et   545
qui disent hautement que le christianisme ne peut se conserver que
par la terreur et par le sang.

Je ne veux pas vous citer ici un autre évêque de la plus basse
naissance, qui séduit par un fanatique s'est expliqué avec plus de
fureur qu'on n'en a jamais reproché aux Dioclétiens et aux   550
Décius.[92]

[91] L'évêque est malaisé à identifier: cet anonymat à valeur générique permettrait
ainsi à Voltaire de discréditer la hiérarchie ecclésiastique de tout le royaume
d'Espagne. Une hypothèse s'impose en revanche sur les 'témoins respectables' de
ses propos. Fin avril ou début mai 1768, donc très peu de temps avant la publication
des *Conseils raisonnables*, Voltaire reçoit la visite de deux Espagnols de condition, le
duc de Villahermosa et surtout le marquis de Mora, fils de l'ambassadeur d'Espagne
en France, le comte de Fuentès, et gendre du puissant comte d'Aranda, ministre
principal de Charles III depuis 1765. C'est à ce 'ministre d'Etat', visé par les propos du
mystérieux évêque, que l'on doit en effet l'expulsion des jésuites du royaume
d'Espagne comme la fin de l'empiètement de l'Inquisition sur le pouvoir civil.
Voltaire revient à plusieurs reprises sur cette visite prestigieuse, dans des lettres à sa
nièce, Mme Denis (D14996), à D'Alembert (D114978) ou à Jacob Vernes (D15002).
Malheureusement la teneur des propos échangés n'est pas précisée dans la
correspondance. Il est certain que Voltaire ne manque jamais de souligner
l'extraordinaire avancée accomplie par l'Espagne grâce à ce grand homme: fait
plutôt rare, et souligné comme tel, il lui consacrera un article tout à sa gloire dans les
QE ('Aranda', voir *OCV*, t.38, p.551-58), qui recycle en partie l'article 'Inquisition'
du *Dictionnaire philosophique*. Il n'y est cependant pas fait mention de cette anecdote
ni des propos de l'évêque espagnol.
[92] Allusion à Jean-Pierre Biord, évêque de Genève et d'Annecy, d'extraction
modeste comme Voltaire ne manque pas de le rappeler avec condescendance dans sa
correspondance où il apparaît comme 'ce fanatique imbécile d'évêque d'Annecy, soi-
disant évêque de Genève, fils d'un très mauvais maçon' (D15157, 27 juillet 1768, au
comte d'Argental), ou encore 'le petit fils de mon maçon, devenu évêque d'Annecy'
(D15660, 24 mai 1769, à D'Alembert). Les deux hommes se sont violemment heurtés
lors de l'affaire de la double 'profession de foi' de Voltaire en 1768 et 1769, Biord
n'ayant cessé de dénoncer et de contrecarrer les gestes orthodoxes (confession,
communion) auxquels Voltaire se soumet quand il en éprouve la nécessité. Biord fit
remonter ses récriminations jusqu'au roi, et reçut l'appui d'un des autres grands

La terre entière s'est élevée contre les jésuites, parce qu'ils étaient persécuteurs; mais qu'il se trouve quelque prince assez peu éclairé, assez mal conseillé, assez faible pour donner sa confiance à un capucin, à un cordelier, vous verrez les cordeliers et les capucins aussi insolents, aussi intrigants, aussi persécuteurs, aussi ennemis de la puissance civile que les jésuites l'ont été. Il faut que la magistrature soit partout occupée sans cesse à réprimer les attentats des moines. Il y a maintenant dans Paris un cordelier [93] qui prêche   555

---

ennemis de Voltaire, le jésuite Nonnotte (voir D15660): c'est sans doute à lui que Voltaire fait ici référence en parlant d'un 'fanatique'. Il se vengera en peignant méchamment Biord en 'évêque biscayen' dans la section 2 de l'article 'Fanatisme' des *QE* (*OCV*, t.41, p.335-38).

[93] Voltaire penserait-il à Louis Viret, comme le suggère Antonio Gurrado dans son annotation de l'article 'Martyrs' (*OCV*, t.42B, p.181-82, n.55)? L'article 'Gargantua' des *QE* le présentera en tout cas comme 'le révérend père Viret cordelier à la grande manche, confesseur de filles et prédicateur du roi' (*OCV*, t.42A, p.3), et l'article 'Humilité' comme 'le révérend père Viret cordelier, théologien et prédicateur' (*OCV*, t42A, p.297). L'article 'Auteurs' ne l'épargne pas non plus (voir *OCV*, t.39, p.253, et n.23). Louis Viret s'en est pris à Voltaire en faisant paraître en 1767 à Lyon sa *Réponse à La Philosophie de l'histoire, Lettres à M. le marquis de C*** par le père Louis Viret, cordelier conventuel* (BV3452). Il réitérera ses attaques contre Voltaire dans *Le Mauvais Dîner, ou lettres sur Le Dîner du comte de Boulainvilliers* (Paris, 1770). Mais on n'a pu établir précisément ses activités de prédicateur à cette époque. Cependant un autre cordelier se présente comme un excellent candidat. Les recherches effectuées à notre demande par Isabelle Brian, que nous ne faisons que retranscrire, ont isolé une dizaine de cordeliers, du grand couvent ou de l'Ave Maria, qui prêchent à Paris pour le carême de 1768. La plupart officient dans des maisons religieuses ou des hôpitaux, un seul dans une grande paroisse du centre de la capitale, le père Bonhomme, cordelier du grand couvent, à Saint-Louis-en l'Ile. Le père Bonhomme est l'auteur de deux ouvrages qui ont tout pour déplaire à Voltaire: *Réflexions d'un Franciscain sur les trois volumes de l'Encyclopédie, avec une lettre préliminaire aux éditeurs* (Berlin, 1754), et *L'Anti-Uranie, ou le déisme comparé au christianisme, épîtres à M. de Voltaire, suivies de réflexions critiques sur plusieurs ouvrages de ce célèbre auteur par L. P. B. C.* [Le Père Bonhomme, Cordelier] (Avignon, 1763). Mais c'est surtout son rôle dans 'l'affaire Bélisaire', encore récente, qui a pu marquer Voltaire: il évoque d'ailleurs ce 'frère Bonhomme cordelier à la grande manche' (*OCV*, t.63A, p.204) dans la *Seconde Anecdote sur Bélisaire* en 1767, après que Marmontel lui a décrit le personnage en censeur éthylique dans sa lettre du 31 mars: 'Le père Bonhomme, cordelier, l'un des commissaires nommés pour l'examen de mon livre était un personnage à mettre sur la scène. C'est de tous les

avec la même impudence et la même fureur que le cordelier Feu- 560
Ardent[94] prêchait du temps de la Ligue.

Quel homme a jamais été plus persécuteur chez ces mêmes
cordeliers que leur prédicateur Poisson?[95] Il exerça sur eux un
pouvoir si tyrannique que le ministère fut obligé de le faire déposer
de sa place de provincial et de l'exiler. Que n'eût-il point fait contre 565
les laïques? Mais cet ardent persécuteur était-il un homme
persuadé, un fanatique de religion? Non, c'était le plus hardi
débauché qui fût dans tout l'ordre. Il ruina le grand couvent de
Paris en filles de joie. Le procès de la femme Du Moutier qui
redemanda quatre mille francs après la mort de ce moine existe 570
encore au greffe de la Tournelle criminelle. Percez la muraille du

560   EJ72: avec la même imprudence et

---

docteurs de l'Eglise celui qui vide le mieux un broc de vin; et son visage rubicond
annonce l'ardeur de son zèle' (D14077).

[94] François Feuardent (1539-1610) fut professeur et orateur et entra, après avoir
étudié à Paris, chez les cordeliers. Professeur de rhétorique au collège Mazarin, il se
distingua surtout par son zèle contre les calvinistes. Feuardent fut parmi les plus
éminents prédicateurs dans la cause de la Ligue. Bayle lui consacre un rapide et
cinglant article dans son *Dictionnaire historique et critique*, notant que 'Son
tempérament était [...] conforme à son nom' (5e éd., 4 vol., Amsterdam, Leyde,
La Haye, Utrecht, 1740, t.2, p.468). Il précise: 'C'était un des plus furieux adversaires
et un des plus violents persécuteurs, que les protestants aient jamais eu sur les bras, à
ne considérer que les gens d'Eglise' (p.468), et il ajoute: 'il fut l'un des plus séditieux
prédicateurs qui enseignassent dans Paris contre Henri III et Henri IV les maximes de
Buchanan' (p.469). C'est, sauf erreur, la seule mention de ce personnage dans toute
l'œuvre de Voltaire, correspondance comprise.

[95] Il s'agit de Pierre Poisson, mort en 1744, prédicateur, d'abord cordelier, ensuite
définiteur général de tout l'ordre de saint François, puis provincial et premier père de
la grande province de France. On lui doit une *Oraison funèbre de Monseigneur Louis,
Dauphin, dans l'église des cordeliers de Paris, le 18 août 1711*. La section 2 de l'article
'Fanatisme' des *QE* s'en prend durement à ses mœurs: 'Nous avons vu le père
Poisson cordelier à Paris, qui ruina son couvent pour payer ses filles de joie, et qui fut
enfermé pour ses mœurs dépravées. C'était un des prédicateurs de Paris les plus
courus, et un des convertisseurs les plus acharnés' (*OCV*, t.41, p.339-40). Il est la
cible d'une anecdote scabreuse présente sous deux versions dans les carnets de
Voltaire (*OCV*, t.81, p.109 et 371).

parvis avec Ezéchiel (*j*), vous verrez des serpents, des monstres et l'abomination de la maison d'Israël. [96]

XXV

Si vous avez malheureusement invité nos ennemis à s'irriter de tant de scandales, de tant de cruautés, d'une soif si intarissable de l'argent, des honneurs et du pouvoir, de cette lutte éternelle de l'Eglise contre l'Etat, de ces procès interminables dont les tribunaux retentissent; ne leur apprêtez point à rire en discutant des histoires qu'on ne doit jamais approfondir. Qu'importe hélas! à notre salut que le démon Asmodée ait tordu le cou à sept maris de Sara, et qu'il soit aujourd'hui enchaîné chez les Turcs dans la haute Egypte ou dans la basse? [97]

Vous auriez pu vous abstenir de louer l'action de Judith qui assassina Holoferne en couchant avec lui. Vous dites pour la justifier (*k*), *que chez les anciens peuples comme chez les sauvages, le droit de la guerre était féroce et inhumain.* Vous demandez, *en quoi l'action de Judith est différente de celle de Mutius Scevola?* [98] Voici la

575

580

585

(*j*) *Ezech.* ch.8, v. 7.
(*k*) Page 154, seconde partie.

[96] Voir Ezéchiel, 'Et m'ayant conduit à l'entrée du parvis, je vis qu'il y avait un trou à la muraille, Et il me dit: fils de l'homme, percez la muraille; et ayant percé la muraille, je vis une porte. Et il me dit: Entrez, et voyez les effroyables abominations que ces gens-ci font en ce lieu' (Ezéchiel 8:7-9; trad. Lemaître de Sacy). C'est ici que se termine le recyclage de ces sections dans les *QE* (*OCV*, t.42B, p.182).

[97] Voir *Certitude*, le début du §9 du chapitre 11: 'Au jugement de nos censeurs, le livre de Tobie contient des traits romanesques. Le démon Asmodée qui tue les sept maris de Sara, et qui est enchaîné par l'ange Raphaël dans les déserts de la haute Egypte. [...] / Ces faits ne peuvent paraître romanesques qu'à ceux qui révoquent en doute l'existence des bons et des mauvais anges, enseignée clairement dans tous les livres saints. L'existence de ces esprits est constatée d'ailleurs par des faits que l'on ne peut nier, sans donner dans un pyrrhonisme outré' (t.2, p.152-53). Tous les exemples de la section XXV sont tirés de ce chapitre.

[98] Les citations amalgament plusieurs passages: 'C'est donc un grand crime, aux yeux des philosophes, de tuer, par trahison, le général d'une armée ennemie, pour sauver une ville assiégée; je loue leur délicatesse: mais qu'ils nous disent en quoi

différence, Monsieur; Scevola n'a point couché avec Tarquin, et Tite Live n'est point mis par le concile de Trente au rang des livres canoniques.

Pourquoi vouloir examiner l'édit d'Assuerus qui fit publier que dans dix mois on massacrerait tous les Juifs, parce qu'un d'eux n'avait pas salué Aman![99] Si ce roi a été insensé, s'il n'a pas prévu que les Juifs auraient pendant dix mois le temps de s'enfuir, quel rapport cela peut-il avoir à nos devoirs, à la piété, à la charité?

On vous arrêterait à chaque page, à chaque ligne: il n'y en a presque point qui ne prépare un funeste triomphe à nos ennemis.

Enfin, Monsieur, nous sommes persuadés que dans le siècle où nous vivons la plus forte preuve qu'on puisse donner de la vérité de notre religion est l'exemple de la vertu. La charité vaut mieux que la dispute. Une bonne action est préférable à l'intelligence du

590

595

600

---

l'action de Judith est différente de celle de Mutius-Scaevola tant vantée par les historiens romains. Quel jugement faut-il porter de la maxime: *dolus an virtus quis in hoste resquirat?* ['Ruse ou courage, qu'importe contre l'ennemi?', Virgile, *Enéide*, livre 2, vers 390] L'Evangile, il est vrai, nous apprend à penser autrement que les Romains et que les Juifs; il nous prêche une morale plus pure et plus héroïque: mais de quel droit veut-on juger les anciennes nations sur les lois de l'Evangile? Nous avons déjà observé que chez les anciens peuples, comme aujourd'hui chez les sauvages, le droit de la guerre est féroce et inhumain; les embûches et les trahisons y sont regardées comme des ruses légitimes: peu importe que l'on défasse l'ennemi par artifice ou par force' (*Certitude*, ch.11, §9, t.2, p.153-54). Bergier renvoie en note aux 'Mœurs des sauvages américains, tome 2, p.253, 274 et suiv.' (c'est-à-dire l'ouvrage du jésuite Joseph-François Lafitau, *Mœurs des sauvages américains, comparées aux mœurs des premiers temps*, Paris, 1724).

[99] Voir *Certitude*, à la fin du §9 du chapitre 11 ('Diverses réflexions sur l'Ancien et sur le Nouveau Testament'), qui résume avec réprobation la position de l'*Examen critique*: 'C'est une idée comique, dit M. Fréret, d'imaginer qu'Assuerus ait fait un édit pour ordonner que les maris eussent tout pouvoir et toute autorité dans leurs maisons: l'édit contre les Juifs n'a aucune vraisemblance' (t.2, p.157). L'*Examen critique* soutient en effet que, dans le livre d'Esther (1:22), on 'lit qu'Assuerus envoya des lettres par toutes les provinces de son empire, pour ordonner que les maris eussent tout pouvoir et toute autorité dans leur maison. L'édit contre les Juifs n'a aucune vraisemblance. Si l'intention d'Aman était de faire périr les Juifs, comme on le suppose, on ne pouvait pas s'y prendre plus mal qu'en leur donnant du temps, et en les avertissant qu'ils devaient chercher leur sûreté dans la fuite' (p.263).

dogme. Il n'y a pas huit cents ans que nous savons que le Saint-Esprit procède du Père et du Fils. Mais tout le monde sait, depuis quatre mille ans, qu'il faut être juste et bienfaisant. Nous en appelons de votre livre à vos mœurs mêmes; et nous vous conjurons de ne point déshonorer des mœurs si honnêtes par des arguments si faibles et si misérables etc.

Signé, Chambon, Dumoulin, Desjardins et Verzenot. [100]

605

[100] Les pseudonymes que Voltaire utilise jouent de leur caractère courant: c'est l'image de 'bacheliers en théologie' sans relief qu'ils sont tenus de restituer. Les deux derniers noms ne semblent pas avoir été repris ailleurs par Voltaire. Le patronyme Dumoulin, en revanche, n'est pas inconnu à Voltaire puisqu'il est celui d'au moins deux personnages, cités dans l'article 'Charlatan' des *QE*: 'Dumoulin, non pas le jurisconsulte [Charles Dumoulin, 1500-1566], mais le médecin [Jacques Molin ou Dumoulin, médecin de Louis XIV]' (*OCV*, t.40, p.36). Mais c'est le premier nom, Chambon, dont Voltaire se servira le plus souvent. Il le cite déjà dans le corps du texte parmi les protestants brûlés à Lyon en 1552 avec Pierre Bergier, l'homonyme de l'abbé Bergier (ligne 512). Le lecteur pourrait s'adresser ainsi au bachelier comme Voltaire s'adresse à Bergier: 'Un de vos ancêtres, du moins un homme de votre nom' (lignes 509-10). Ce patronyme sera aussi, en 1769, celui du traducteur de *De la paix perpétuelle* (*OCV*, t.70B, p.107); et en 1774, celui de l'auteur ('M. de Chambon') de l'*Eloge historique de la raison* (*OCV*, t.76, p.357) qui l'est également, promu 'académicien de Valence' (D18974), de l'*Eloge de Louis XV* (*OCV*, t.76, p.295-303), selon la rumeur que se plaît alors à répandre la correspondance.

La Profession de foi des théistes

Edition critique

par

Alain Sandrier

TABLE DES MATIÈRES

INTRODUCTION

La Profession de foi des théistes sort des presses de Gabriel Grasset vraisemblablement fin mai 1768, en même temps approximativement que les *Conseils raisonnables à M. Bergier.*[1] C'est une courte production de circonstance, noyée au milieu de l'inflation éditoriale de Voltaire en 1768. Les contemporains y ont vu, non sans raison, une de ces redites qui caractérisent désormais l'écriture de Voltaire dans sa lutte contre l'Infâme: le militant antichrétien se mue en radoteur déiste et ne cesse d'inonder le marché du livre antireligieux de variations sur les mêmes thèmes, les mêmes références et les mêmes obsessions. Au moins, dans notre texte, Voltaire prend-il la peine d'indiquer presque toujours les sources de ses autocitations. Cependant personne n'a pris garde en son temps que Voltaire proposait justement là, par ses répétitions mêmes, une de ces synthèses qui permettent le mieux d'apprécier les contours de son rapport à Dieu et de sa conception de la religion, à la fois négativement, contre l'idée de révélation, et positivement dans la possibilité d'un culte. Un condensé, en quelque sorte, du déisme de Voltaire tel qu'il s'est constitué jusqu'en 1768, juste avant les remembrements qu'appelleront les audaces et provocations athées du baron d'Holbach et de ses émules.

Chaque élément du titre de l'ouvrage appelle un commentaire et dessine finalement l'ambition d'une œuvre considérée un peu vite comme mineure: l'engagement qu'on y perçoit n'est pas seulement celui de l'idéologue théiste mais aussi celui, beaucoup plus personnel, de l'homme exposé aux contraintes de la religiosité de son temps.

---

[1] Je remercie André Magnan qui m'a fait l'amitié de relire la version préparatoire de cette introduction. Voir Andrew Brown, 'Gabriel Grasset, éditeur de Voltaire', dans *Voltaire et le livre*, éd. F. Bessire et F. Tilkin (Ferney-Voltaire, 2009), p.89.

La 'Profession de foi' désigne l'aveu individuel et public de sa croyance, et vaut socialement comme marque de soumission à une religion établie. Mais l'expression s'inscrit chez Voltaire dans une série de titres détournant le vocabulaire religieux, que ce soit le 'sermon', le 'catéchisme', les 'homélies' voire la 'prière': il suffit de citer le *Sermon des cinquante* ou le *Catéchisme de l'honnête homme*. Remarquons d'ailleurs que ces deux derniers titres sont publiés en 1765 à Genève dans le *Recueil nécessaire* à côté d'une des rares œuvres qui ne soient pas de Voltaire lui-même, la fameuse *Profession de foi du vicaire savoyard*, morceau détaché de l'*Emile*, que Voltaire admire malgré tout ce qui l'oppose à Rousseau. [2] Un autre adversaire, Charles Bordes, avait écrit une satire contre Rousseau, très souvent attribuée à Voltaire à l'époque, sous le titre de *Profession de foi philosophique* et publiée chez Marc-Michel Rey en 1763. Voltaire dans sa lettre à Charles Bordes du 23 mars 1765 laisse peu de doute sur l'idée qu'il se fait de l'auteur de ce pamphlet: 'L'auteur de la profession de foi a bien connu ce misérable qui a le cœur aussi faux que l'esprit, et dont tout le mérite est celui des charlatans qui n'ont que du verbiage et de la hardiesse' (D12497). Signalons enfin qu'en 1767 la coterie holbachique édite chez Marc-Michel Rey *De l'imposture sacerdotale, ou recueil de pièces sur le clergé traduites de l'anglais*. Ce recueil rassemble, pour sa plus grande part, des traductions de textes polémiques anglais de Davisson ou Bourn, parmi lesquels on peut distinguer *Le Symbole d'un laïque, ou profession de foi d'un homme désintéressé* de Thomas Gordon. L'expression 'profession de foi' connaît donc dans les années 1760 un regain d'intérêt. Voltaire lui-même terminera la troisième et dernière conférence des *Entretiens chinois* publiés en 1769 par la 'profession de foi' du mandarin en dix-neuf articles (*OCV*, t.49A, p.448-53). Faire 'profession de foi', c'est s'expliquer sur sa croyance, reconnaître ceux et ce que l'on prend

---

[2] La pièce, qui constitue la seconde du *Recueil nécessaire*, est titrée 'Le vicaire savoyard tiré de l'Emile de Rousseau' (Leipzig [Genève], 1765, p.63-86). Ce n'est qu'un extrait de la 'Profession de foi' telle qu'elle apparaît dans le livre 4 de l'*Emile*.

pour guides, prendre les autres à témoin de son affiliation à une doctrine: entreprise qui conjugue des dimensions d'établissement dogmatique et d'appartenance communautaire. Le besoin de Voltaire de défendre la cause du théisme explique sans doute le choix de ce terme, mais il est des éléments plus conjoncturels qui, en 1768, l'expliquent également. La coïncidence est au moins troublante.

1. *Les provocations de Pâques: l'attente d'une 'profession de foi'*

Il s'agit des Pâques de Voltaire, une affaire qui a laissé de nombreuses traces dans la correspondance et qui fit beaucoup de bruit dans la république des lettres. Rappelons brièvement les faits:[3] le 3 avril 1768, jour de Pâques, Voltaire officie dans son église de Ferney devant le curé et les paroissiens stupéfaits. Il ne se contente pas de distribuer le pain bénit, en grand seigneur dans son domaine, ni même de communier, toutes choses qu'il fait consciencieusement, mais, accompagné de deux gardes-chasse fusils à l'épaule dans l'enceinte sacrée, alors que le prône doit débuter, il prend la parole pour dénoncer un vol et, plus pacifiquement, inviter à prier pour la santé de la reine, souffrante. Le récit sur le vif de Wagnière à Damilaville témoigne du choc: 'j'assistai à la cérémonie et lorsque je lui ouïs ouvrir la bouche pour haranguer, le sang me glaça et je me cachai' (D14966). Le geste a surpris tout le monde et en consterne beaucoup.

D'abord l'évêque d'Annecy et de Genève *in partibus*, Jean-Pierre Biord, dont relève le curé de Ferney. C'est le début d'un bref et vigoureux échange épistolaire qui a eu une certaine publicité.[4] Le 11 avril, Jean-Pierre Biord ouvre les hostilités. Il s'émeut d'un

---

[3] Voir René Pomeau, René Vaillot, Christiane Mervaud et autres, *Voltaire en son temps*, 2ᵉ éd., 2 vol. (Oxford, 1995) (ci-après *VST*), t.2, p.300-303; et René Pomeau, *La Religion de Voltaire* (Paris, 1994), p.441-44.

[4] Voir *OCV*, t.70B, p.1-85.

acte qui pourrait passer pour 'une nouvelle scène que vous avez
voulu donner au public en vous jouant encore de ce que la religion
a de plus sacré' (D14944), et feint de croire à une action sincère qui
serait plus éclatante en 'perfectionnant l'ouvrage d'une conversion
ébauchée'. Bref, l'évêque accule Voltaire au dilemme: soit passer
pour un hypocrite qui détourne les offices sacrés à son profit, soit se
montrer un converti docile et sincère. Il dramatise quelque peu le
propos en rappelant à Voltaire son grand âge ('le temps presse') et
la nécessité de penser à son salut. Quatre jours plus tard, Voltaire
qui prétexte la maladie pour le délai de sa réponse, joue
l'incompréhension et assure se contenter 'de remplir des devoirs
dont tout seigneur doit donner l'exemple dans ses terres, et dont
aucun chrétien ne doit se dispenser, et que j'ai souvent remplis'
(D14950). Il atteste de ses bonnes œuvres devant 'le créateur des
temps et de tous les êtres'. Le 25 avril Jean-Pierre Biord se fait plus
menaçant en stigmatisant 'une communion de politique dont les
protestants même n'ont pas été moins scandalisés, que les catholiques' (D14980). Il prévient: 'aucun ministre instruit de son devoir
n'a pu et ne pourra vous absoudre, ni vous permettre de vous
présenter à la table sainte' sans 'réparations éclatantes'. Le 29 du
même mois, Voltaire répond en criant à la diffamation, en
cherchant des coupables de cette mauvaise opinion dont l'évêque
est prévenu. Il fait état d'un 'certificat qui détruisait ces impostures'
(D14987). Biord réagit le 2 mai en rappelant une nouvelle fois à
Voltaire sa triste réputation: 'presque tous les incrédules de notre
siècle se glorifient de vous avoir pour leur chef, et d'avoir puisé
dans vos écrits les principes de leur irréligion' (D14995). Il attend
des preuves non équivoques de soumission à l'Eglise: le certificat
(D.app.300) du 28 avril ne l'a sans doute pas convaincu. Il faut dire
que l'évêque recevra officiellement le 10 mai le désaveu d'un des
signataires, le curé Fournier (D15009). Biord entend élargir
l'audience du différend avec Voltaire en prenant sans risque la
France à témoin de ses simagrées, car lui-même relève du duché de
Savoie. Le ministre en France, le comte de Saint-Florentin, se
garde bien de donner trop d'écho à cette querelle extérieure au

royaume et répond mollement au zèle de l'évêque le 14 juin (D15071), comme il tance encore plus mollement Voltaire le 18: 'il n'appartient à aucun laïc de faire ainsi une espèce de sermon dans l'église et surtout pendant le service divin: Sa Majesté a très fort blâmé cette entreprise de votre part' (D15083). Voltaire s'en sort bien. Il n'aura eu qu'à exhiber un douteux certificat pour échapper aux griffes de l'évêque retors.

L'affaire ne retient pas seulement l'attention des soutiens de l'Eglise, elle est aussi auscultée par les philosophes, qui s'interrogent. A son ami d'Argental, Voltaire doit donner quelques explications, le 22 avril, 'pour avoir changé ma table ouverte contre la sainte table' (D14973). Et de plaider la pression sociale, la nécessité de simuler et de dissimuler. L'argumentaire est fourni et ordonné:

Premièrement, c'est un devoir que j'ai rempli avec Mme Denis une fois ou deux, si je m'en souviens bien.

Secondement [...] Il faut que je rende le pain bénit en personne dans ma paroisse; je me trouve seul de ma bande contre deux cent cinquante consciences timorées; et quand il n'en coûte qu'une cérémonie prescrite par les lois pour les édifier, il ne faut pas s'en faire deux cent cinquante ennemis.

3° Je me trouve entre deux évêques qui sont du quatorzième siècle, et il faut hurler avec ces sacrés loups.

4° Il faut être bien avec son curé, fût-il un imbécile ou un fripon [...].

7° Puisque l'on s'obstine à m'imputer les ouvrages de Saint-Hyacinthe, de l'ex-capucin Maubert, de l'ex-mathurin Laurent et du sieur Robinet, tous gens qui ne communient pas, je veux communier; et si j'étais dans Abbeville je communierais tous les quinze jours.

On ne peut me reprocher d'hypocrisie, puisque je n'ai aucune prétention.

A D'Alembert, le 1er mai, il sert les mêmes arguments, plus condensés (D14991):

A votre avis, que doivent faire les sages, quand ils sont environnés d'insensés barbares? Il y a des temps où il faut imiter leurs contorsions et parler leur langage. *Mutemus clypeos*. Au reste, ce que j'ai fait cette année, je l'ai déjà fait plusieurs fois, et, s'il plaît à Dieu, je le ferai encore. Il y a des gens qui craignent de manier des araignées, il y en a d'autres qui les avalent.

Mais dans une réponse 'à cœur ouvert', le 31 mai, D'Alembert tire le bilan de l'affaire. Les arguments de Voltaire ne l'ont pas convaincu et il évoque le peu d'effet de cette ostentation d'orthodoxie: 'je ne puis m'empêcher de vous demander si vous avez bien réfléchi à cette démarche. [...] Vous savez la rage que les dévots ont contre vous [...] La plupart font leurs Pâques sans y croire; ils ne vous croient pas certainement plus imbéciles qu'eux [...] J'ai donc bien peur, mon cher ami, que vous n'ayez rien gagné à cette comédie, peut-être dangereuse pour vous' (D15049). C'est une bonne illustration des doutes et des interrogations qu'ont pu susciter chez les philosophes les plus favorables à Voltaire un geste aussi déplacé.

La Profession de foi, d'une certaine façon, donne à lire ce que l'évêque Biord attend en vain au printemps 1768: si ce n'est une profession de foi 'sincère' de Voltaire, à tout le moins une clarification de ses positions religieuses. Mais ces dernières sont évidemment toujours aussi réfractaires au christianisme, ce qui ne peut que réjouir les philosophes qui se sont tant inquiétés des compromissions de Voltaire et des gages un peu trop ostensibles d'attachement au catholicisme. Avec *La Profession de foi des théistes*, Voltaire retourne l'obligation sociale en bravade hétérodoxe, fait un pied de nez au pouvoir ecclésiastique. Avec ses Pâques, il a conjugué duplicité et prudence pour ne pas risquer une mort ignominieuse, à laquelle il craint périodiquement de se voir réduit avec sa santé fragile. On ajoutera qu'en ce qui concerne la personne de l'évêque, ce sont les *Conseils raisonnables*, publiés au même moment, qui se chargeront de lui régler son compte au moyen d'allusions assassines. [5]

L'histoire n'est pas tout à fait terminée. Voltaire réitère la provocation l'année suivante, aux Pâques de 1769, de manière plus

[5] Voir plus bas, p.99, lignes 548-50.

contournée. [6] On en vient à de véritables 'professions de foi' mises par écrit et contradictoires, certaines désavouées. [7] Voltaire rédige la sienne devant notaire le 30 mars 1769: il se borne à qualifier la religion catholique de 'religion dans laquelle ledit malade est né, a vécu et veut mourir'. Son curé et son confesseur n'arrivent pas à faire signer au prétendu agonisant la profession de foi toute prête qui plairait davantage à l'évêque qui les surveille. L'affaire, embrouillée, se solde par des accusations de faux et des simagrées facétieuses de grand malade. Biord s'émeut encore, mais il est seul: il rédige une longue lettre le 5 mai 1769 alors que l'affaire n'a plus d'écho et incommode tout le monde, en particulier à Paris. Biord surjoue le prédicateur pour masquer le manque d'appui: 'si vous veniez à démentir la profession de foi que vous avez faite, en continuant de parler et d'écrire contre la religion avec autant d'impudence que tout le monde croit et assure que vous l'avez fait par le passé, vous sentez assez que je ne pourrais plus alors m'empêcher d'élever la voix de mon côté pour annoncer à l'univers entier votre fourberie, vos impostures et votre hypocrisie' (D15631). L'affaire lasse. Les années suivantes, la comédie, prudemment, ne sera plus rejouée.

De dépit, Biord lui-même, semble-t-il, publie en 1769 les échanges épistolaires de l'affaire, en plusieurs étapes et sous plusieurs formes: [8] une première brochure de seize pages, signalée par Grimm dans la livraison du 15 avril de la *Correspondance littéraire*, paraît sous le titre de *Lettres de Monseigneur l'évêque d'A*** à M. de V****. [9] Elle rassemble l'essentiel des lettres de l'esclandre de 1768, soit les trois de Biord (D14944, D14980 et D14995), les deux réponses de Voltaire (D14950 et D14987) ainsi que le récépissé de Saint-Florentin (D15071). Il existe aussi une brochure de douze pages, sans lieu ni date comme la précédente,

---

[6] Voir *VST*, t.2, p.322-27.
[7] Voir D.app.300 et D.app.310.
[8] Voir la liste des éditions, *OCV*, t.70B, p.22-28.
[9] Voir BnF: Z Beuchot-1461.

qui porte le titre de *Confession de foi de M. de Voltaire*:[10] elle contient les attestations et professions de foi des Pâques de 1769. On trouve enfin une brochure, sous deux impressions différentes de quarante-cinq ou quarante-sept pages, intitulée *Confession de foi de Messire François Marie Arouet de Voltaire, seigneur de Ferney, Tourney, Prégny et Chambéry, précédée des pièces qui y ont rapport*, à 'Anneci' en '1769'[11] et qui constitue la synthèse des deux brochures précédentes puisqu'elle rapporte l'affaire de 1768 avec les mêmes lettres en ajoutant les 'confessions de foi' devant notaires de 1768 et 1769. Cette profusion éditoriale ne s'arrête pas à la région qui fut le théâtre de la querelle. Le plus singulier, c'est que cette stratégie de divulgation, manifestement diligentée par l'évêque, ne semble pas avoir contrarié Voltaire outre mesure: il est remarquable en tout cas que cet échange épistolaire et ces 'confessions de foi' soient repris dans le cinquième tome de *L'Evangile du jour* publié par Marc-Michel Rey en 1769: sous le titre de *Lettres de l'évêque d'Annecy à Voltaire avec les réponses* et *Confession de foi de Voltaire*, cette section succède à *La Canonisation de saint Cucufin* en poursuivant sa pagination (p.16-37) et précède la *Cinquième homélie prononcée à Londres*. Ajoutons que ce recueil connaît les faveurs de la traduction en anglais en 1770 sous le titre de *Genuine letters between the archbishop of Anneci and Mr de Voltaire*.[12]

La Profession de foi apparaît comme un contrepoint anticipé de cette publicité éditoriale autour des 'professions de foi' ou 'confessions de foi' catholiques de Voltaire supposées ou réelles, attestées ou contestées. Elle répond à un défi que la religion en place a lancé à Voltaire. Intimé de livrer sa 'profession de foi' par une Eglise qui doute à bon droit de son orthodoxie, Voltaire, qui a joué avec le feu, répond par une nouvelle provocation, une 'profession de foi', mais la seule à laquelle il puisse souscrire, celle du 'théiste'.

---

[10] Voir BnF: Z Beuchot-167.
[11] Voir BnF: LN27-20763 et LN27-20763A.
[12] Voir BnF: LN27-20763(bis).

2. *La définition du 'théiste'*

A partir de 1751 Voltaire utilise systématiquement le terme de 'théisme' au détriment de 'déisme'. Comme le remarque Charles Porset à la suite de René Pomeau, [13] Voltaire suit ainsi la distinction rappelée dans *La Religion vengée de l'incrédulité* (Paris, 1772), par Jean-Georges Le Franc de Pompignan, évêque du Puy et frère de Jean-Jacques, l'académicien rudoyé par Voltaire (p.3):

> On a donné le nom de théistes à ceux qui croient non seulement à l'existence de Dieu, mais encore à l'obligation de lui rendre un culte, la loi naturelle dont il est la source, le libre arbitre de l'homme, l'immortalité de l'âme, les peines et les récompenses dans une autre vie. On a conservé le nom de déistes à ceux qui, se bornant à l'existence de Dieu, mettent tout le reste au rang des erreurs ou des problèmes.

Il est douteux que Voltaire soit un 'théiste' au sens strict que donne Le Franc de Pompignan ici, ne serait-ce que par sa conception de l'âme, si problématique. Il n'en reste pas moins que la distinction entre théiste et déiste articule clairement l'enjeu cultuel d'une religion épurée et universelle. Avec ce terme Voltaire indique un camp, celui des partisans d'une religion établie dans la société. Le théisme ne se réduit donc pas à la conviction intime et rationnelle de l'existence d'un Dieu créateur, telle que chaque conscience peut l'expérimenter, conviction nécessaire mais nullement suffisante. Il implique également une manifestation sociale – et comme telle relevant *in fine* de l'autorité politique – de cette existence divine, garante essentiellement de la moralité des comportements. Le théisme, c'est le déisme en société, avec une ambiguïté récurrente: dans la société telle qu'elle est, mais aussi dans la société telle qu'on la rêve.

Cette construction est en fait assez ancienne chez Voltaire, on peut en trouver les linéaments dès le *Traité de métaphysique* ou les

---

[13] R. Pomeau, *La Religion de Voltaire*, p.428-30; *Dictionnaire général de Voltaire*, éd. Raymond Trousson et Jeroom Vercruysse (Paris, 2003), p.281 (référence fautive aux *Questions diverses sur l'incrédulité*, 1751, de J.-G. Le France de Prompignan).

Lettres philosophiques, mais elle commence à se dire explicitement dans quelques écrits. *Sur le théisme* est certainement le premier. Cet essai a paru tout d'abord sous le titre *Sur le déisme* en 1742 dans les *Œuvres mêlées de M. de Voltaire* publiées chez Bousquet. C'est en 1752 qu'il prend ce nouveau titre, avec des ajouts notables, qui se renouvelleront en 1764. On a là la description la plus développée du théiste qu'on puisse trouver dans les écrits de Voltaire avant la bataille contre l'Infâme. La tentative de définition, cependant, doit composer avec les contraintes pesant sur l'expression des questions religieuses. Voltaire est forcé de maintenir une hiérarchie orthodoxe entre la religion naturelle et la révélation que toute sa philosophie contredit. Aussi biaise-t-il dans des lectures à double entente: 'Notre religion révélée n'est même, et ne pouvait être que cette loi naturelle perfectionnée. Ainsi le théisme est le bon sens qui n'est pas encore instruit de la révélation' (*OCV*, t.28B, p.19) où il faut lire *dégénérée* derrière *perfectionnée* et *perverti* derrière *instruit*. L'idée qui domine, c'est celle du théisme en tant que fondement, source et origine de toutes les religions existantes: 'Le théisme est une religion répandue dans toutes les religions; c'est un métal qui s'allie avec tous les autres' (p.17). Voltaire semble simplement reprendre l'architecture d'une 'religion naturelle' antérieure et inférieure à la Révélation, bien connue de toute la théologie chrétienne classique. En fait, il organise un dépassement de ce schéma en singularisant ce cœur pur de la religion: 'Bien des gens se demandent si le théisme, considéré à part, et sans aucune cérémonie religieuse, est en effet une religion?' (p.18). La réponse ne fait pas de doute, malgré la prudente concession finale, simple clause de style: 'Mais celui qui pense que Dieu a daigné mettre un rapport entre lui et les hommes, qu'il les a fait libres, capables du bien et du mal, et qu'il leur a donné à tous ce bon sens, qui est l'instinct de l'homme, et sur lequel est fondée la loi naturelle, celui-là sans doute a une religion, et une religion beaucoup meilleure que toutes les sectes qui sont hors de notre Eglise' (p.19). Cette identité particulière fait du théisme non plus une religion de conquête, visant à éliminer ses concurrentes, mais une religion tolérante et accueillante, en tant que point de convergence des religions établies: 'Qu'est-ce qu'un vrai théiste? C'est celui qui dit à Dieu, *Je vous adore et je vous sers*: c'est celui qui dit au Turc, au Chinois, à l'Indien, et au Russe; *Je vous aime*' (p.20).

L'article 'Théiste' qui paraît dans l'édition Varberg du *Dictionnaire philosophique* en 1765 condense avec beaucoup d'économie les caractéristiques du croyant tel que l'idéalise Voltaire: attachement à l'existence d'un Dieu unique, refus de prendre les difficultés contre la Providence comme des preuves, rejet de toutes les sectes. La formule est ciselée en un *credo* laconique: 'Faire le bien, voilà son culte; être soumis à Dieu, voilà sa doctrine' (*OCV*, t.36, p.547).

Manifestement, dans cette défense du théiste, Voltaire ne s'encombre pas de considérations gênantes: en individualisant et privatisant le culte, réduit à la bonne action morale, il laisse en suspens la question de sa pratique collective au sein de la société existante. Ce qui ouvre sur deux interprétations contradictoires: être théiste, c'est soit se soustraire aux cultes pratiqués pour inventer une nouvelle forme collective d'adoration de Dieu; soit garder ses convictions profondes pour sa conscience intime et se conformer extérieurement aux cultes en place. La contradiction n'est certainement pas perçue en tant que telle par Voltaire, tout au moins n'est-elle pas tactiquement relevée à ce moment décisif de la bataille contre l'Infâme: il s'agit, dans son esprit, de deux régimes de fonctionnement du théisme dépendant de la permissivité relative de chaque culture, en fonction de son avancée dans la voie d'une foi épurée. D'une certaine manière, la possibilité de se dire théiste est un indice de civilisation religieuse.

La Profession de foi des théistes apporte un éclairage déterminant sur les difficultés récurrentes de Voltaire à préciser la place et les modalités d'incarnation des convictions théistes dans la société, soit qu'il n'ait pas voulu heurter de front la religion établie, soit, inversement, qu'il ait voulu masquer l'inconfort de la position du théiste pour mieux le défendre. *La Profession de foi* propose une vision stratégique du théiste: son identification même au sein de la société articule deux représentations concurrentes. La première impression qui se dégage du texte promeut l'image d'une assemblée élitiste d'hommes supérieurs, sûrs de la pureté et de l'universalité de leur dogme, un peu à la manière de la fiction de 'Cinquante personnes instruites, pieuses et raisonnables, [qui] s'assemblent depuis un an, tous les dimanches, dans une ville peuplée et commerçante' développée auparavant dans le *Sermon des cinquante* (*OCV*, t.49A, p.69). On y voyait le président de cette assemblée, sorte de franc-maçonnerie déiste, occupé 'à faire la prière, et à prononcer le sermon' (p.70). Cette vision communautaire, celle d'un théisme qui a déjà ses fidèles voire ses rites, discrets mais fixés, affleure dans les allusions à quelques gestes emblématiques. L'exclusion ou l'expulsion d'un membre, par exemple, semble relever d'une conscience de corps, d'un sentiment partagé d'appartenance à une communauté. Or le théiste de *La Profession de foi* n'hésite pas à y recourir, bien qu'il se démarque des rejets violents dont les religions constituées se rendent coupables envers les 'hérétiques': 'Si quelqu'un parmi nous s'écarte de notre loi divine [...] nous le déclarons indigne du saint nom de théiste: nous le rejetons de notre société; mais sans lui vouloir de mal, et toujours prêts à lui faire du bien [...]. Si quelqu'un de nos frères voulait apporter le moindre trouble dans le gouvernement, il ne serait plus notre frère' (lignes 479-86). L'autre image que véhicule notre texte est celle d'hommes se gardant au contraire de toute manifestation extérieure de dissidence. L'épure théiste confine au déisme, au moins dans la formulation: 'Nous condamnons l'athéisme, nous détestons la superstition barbare; nous aimons Dieu et le genre humain; voilà nos dogmes' (lignes 341-42). Mais comme le déisme n'a pas de rite, le théiste suit extérieurement la religion existante. C'est le gage de son innocuité sociale: 'Utiles à l'Etat, nous ne sommes point dangereux à l'Eglise; nous imitons Jésus, qui allait au temple' (lignes 498-99).

Ces deux perspectives a priori divergentes se rejoignent pourtant. Le théiste qui va au temple et celui qui s'en crée un ne sont peut-être pas si éloignés: la dissidence intérieure, qui conduit un individu à suivre un usage établi sans y adhérer intérieurement, n'est que le premier pas d'une prise de conscience plus collective, par laquelle les hommes raisonnables se réuniraient pour épurer leur pratique. Ainsi le théiste se distingue par une exigence intérieure plus grande qui l'isole de la superstition répandue dans les couches populaires. Mais progressivement, avec le concours d'autres, il peut espérer influencer de manière décisive la pratique commune. Voltaire se représente les théistes comme une espèce de haut clergé disséminé clandestinement au sein des religions établies, caste supérieure consciente des compromissions d'une foi dévoyée, et soucieuse de l'orienter discrètement vers une épuration rationnelle. C'est finalement un schéma de 'réforme' qu'adopte Voltaire, dans la droite ligne de la tendance engagée par les protestantismes, mais d'une 'réforme' qui oserait couper les ponts définitivement avec l'idée de révélation: une sorte de socinianisme s'émancipant enfin du christianisme, et faisant du théisme le point de convergence de toutes les religions: 'Par cette loi, le théisme a été consacré comme le centre où toutes les lignes vont aboutir, comme le seul principe nécessaire' (lignes 618-19). Pourtant le modèle avoué est plus politique et hiérarchique, c'est celui de la Chine: 'Nous pensons enfin qu'il faut imiter le sage gouvernement chinois, qui depuis plus de cinquante siècles offre à Dieu des hommages purs, et qui l'adorant en esprit et en vérité, laisse la vile populace se vautrer dans la fange des étables des bonzes; il tolère ces bonzes, et il les réprime, il les contient si bien qu'ils n'ont pu exciter le moindre trouble sous la domination chinoise ni sous la tartare' (lignes 451-57). On voit là combien Voltaire hésite à croire pleinement à une civilisation religieuse réussie, et se réfugie dans la représentation d'un théisme de repli, qui assure à une élite certaine de sa supériorité la possibilité de vivre discrètement sa foi.

La Profession de foi des théistes n'a pas levé toutes les ambiguïtés de Voltaire sur la place des théistes dans la société, mais elle permet de comprendre les tensions contradictoires auxquelles est soumise sa réflexion religieuse. Idéalement, tout le monde deviendra tôt ou tard théiste, d'un théisme qui aura trouvé ses rites, peu encombrants, liés à des dogmes, peu nombreux. Mais avant cette assomption annoncée, le théiste vit d'une vie religieuse trouble, ni tout à fait dans ni tout à fait hors de la religion établie: il doit composer avec des usages imposés qu'il tente de corriger de l'intérieur. Le théiste ne peut jamais être pleinement lui-même, sauf dans le secret des réunions confidentielles, il n'est que le pédagogue du théisme sous-jacent aux religions instituées. Indubitablement les flous sciemment entretenus dans *La Profession de foi* sont la trace de cette réalité durement expérimentée sur place en tant que Patriarche de Ferney: le promoteur du déisme assure par sa position sociale un rôle dans l'économie religieuse du pays, qui lui échappe en partie. Le théiste doit tenir son rang et composer avec les obligations qu'impose une société traditionnellement religieuse.

Après *La Profession de foi des théistes*, c'est la confrontation à l'athéisme militant du baron d'Holbach qui apportera, comme on sait, une inflexion décisive à la définition du théiste. Devant se préserver et se distinguer des incroyants radicaux, qui viennent d'ouvrir un nouveau front irréligieux, le théiste prend une posture plus agressive et polémique: coincé dans une position inconfortable, il ne veut pas être confondu avec ceux qui rompent totalement avec toute idée de religion, sans pour autant renier son refus catégorique des religions révélées. Pour Voltaire, il ne faut plus que le pli critique antichrétien du théiste favorise une interprétation trop généreuse de son incrédulité. Ce remembrement du champ antireligieux rend le théiste moins assuré de son statut de seul adversaire conséquent des religions établies. Cerné de toutes parts, de l'orthodoxie à l'athéisme, le théiste doit livrer bataille sur tous les fronts. L'image du théiste assiégé, on en voit un bon exemple dans le 'Discours d'un théiste' qui constitue le chapitre 24 d'*Il faut prendre un parti* (voir *OCV*, t.74B, p.60-63). Ce discours précède le discours final d'un 'citoyen' dans une série comprenant aussi les discours d'un 'athée', d'un 'manichéen', d'un 'païen', d'un 'Juif' et d'un 'Turc'. Venant presque en dernier, le théiste répond surtout à ses prédécesseurs en tançant les uns et ridiculisant les autres: la polémique a pris le pas sur l'élaboration doctrinale positive du théisme. Seul le dogme d'un être suprême unique ressort de ce règlement de comptes où le théiste ne semble vivre que d'un rapport de confrontation avec ses adversaires.

La mise au point qu'apporte *La Profession de foi des théistes* est donc provisoire: l'athéisme militant obligera Voltaire à changer sensiblement de cible. Mais on ne peut manquer cependant de remarquer la stabilité de son ancrage déiste depuis des décennies. C'est le fruit, il faut le dire, de nombreuses mises au point antichrétiennes, répétées à l'envi.

3. *Composition: l'art du recyclage*

La Profession de foi n'a pas demandé, en effet, d'efforts de composition excessifs pour un apologiste du déisme aussi rodé et pour un écrivain aussi prolifique en cette année 1768. La chronologie suggère une rédaction précipitée. Si l'on retient l'hypothèse d'une réaction à chaud à l'affaire de Pâques ou, tout au moins, d'un prétexte qu'elle lui donnerait, on ne peut placer le début de l'écriture avant le 3 avril. Comme la *Correspondance littéraire* de Grimm fait état de l'ouvrage dans sa livraison du 1er juin, en même temps que les *Conseils raisonnables* (mais la date est peu fiable car le périodique connaît des retards incessants tout au long de l'année), et que, pour nous adosser à une chronologie plus sûre, D'Alembert, dans une lettre à Frédéric II du 20 juin 1768, applique au roi lui-même la dédicace de *La Profession de foi*,[14] il faut imaginer une publication fin mai au plus tard. Ce qui laisse une fenêtre étroite, courant sur le mois d'avril et débordant peut-être en mai, la rédaction se faisant sans doute à la suite des *Conseils*, voire concurremment avec eux. Voltaire a manifestement opté pour la solution la plus commode, la citation.

[14] *Œuvres de Frédéric le Grand*, éd. J. D. E. Preuss, 33 vol. (Berlin, 1846-1857), t.24, p.439. Rappelons que Voltaire lui-même évoque l'ouvrage pour la première fois dans une lettre du 24 juin à Mme Denis (D15094).

Avant que les recyclages ne se multiplient et ne deviennent une manière de composer à part entière, comme en témoignent les *Questions sur l'Encyclopédie*, avant donc le 'copié-collé' généralisé que favorisent les dernières œuvres alphabétiques, [15] Voltaire donne dans *La Profession de foi* un exemple particulièrement saillant de propension à se citer lui-même. Les *Mémoires secrets* le déplorent, en évoquant sévèrement cet 'opuscule où non content de ressasser ce qu'il a répété cent fois, il cite ses propres écrits et en remet des pages entières sous les yeux du lecteur'. [16] L'auteur des *Mémoires secrets* pense sans doute avant tout aux deux grandes citations extraites de livres dont les titres sont donnés, avec un art consommé mais un peu affecté de la publicité. C'est tout d'abord, avec une concession facétieuse, 'un passage de l'auteur de *La Philosophie de l'histoire*, quoiqu'il ne soit pas de notre avis en tout' (lignes 257-59), et un peu plus loin, sans plus de réserve d'aucune sorte, 'ce morceau d'un petit livre excellent qui a paru depuis peu, intitulé *Conseils raisonnables*' (lignes 361-63). Deux extraits d'ouvrages récents, éminemment violents et polémiques, écrits sous des pseudonymes que les connaisseurs ont su percer, l'un remontant à 1765, [17] l'autre paru en même temps que *La Profession de foi*: Voltaire s'appuie sur ce que son antichristianisme lui a inspiré de plus incisif et agressif depuis le début de la bataille contre l'Infâme. La première citation compte 600 mots, la seconde 850, sur les 7500 environ de l'ensemble de l'ouvrage. Rien qu'en additionnant ces deux citations, c'est donc près de vingt pour cent du texte qui se présente sans détour comme un collage d'extraits.

En fait l'addition est plus lourde. On repère aisément des exemples obsédants, récurrents dans la production antichrétienne

---

[15] Cet aspect est développé dans *Copier-coller: écriture et réécriture chez Voltaire*, éd. Olivier Ferret, Gianluigi Goggi et Catherine Volpilhac-Auger (Pise, 2007).

[16] *Mémoires secrets pour servir à l'histoire de la république des lettres en France*, 36 vol. (Londres, 1777-1789), t.4, p.105 (notice du 15 septembre 1768).

[17] Il faut rappeler que *La Philosophie de l'histoire* a retrouvé une actualité par la défense qu'en fait Voltaire lui-même dans *La Défense de mon oncle* l'été 1767.

de Voltaire, avant aussi bien qu'après *La Profession de foi*. Ainsi quand on en vient à 'l'article des poux' (ligne 250), la citation selon laquelle '*les Juifs en savaient plus que les autres peuples en cette partie*', présentée comme telle mais donnée sans source, reprend quasiment mot à mot une opinion soutenue dans le *Sermon des cinquante* (voir *OCV*, t.49A, p.104) et reproduite en 1767 dans l'*Examen important de milord Bolingbroke* (*OCV*, t.62, p.179). Les exemples proviennent majoritairement de *La Philosophie de l'histoire*, qui apparaît, bien au-delà de la longue citation explicite, comme l'intertexte majeur de *La Profession de foi*, particulièrement dans les références aux dieux égyptiens, syriens, phéniciens ou indiens. Les citations bibliques, quant à elles, manifestent peut-être le plus clairement l'habitude de Voltaire de puiser à un stock de références reprises telles quelles d'une œuvre à l'autre. On en retrouve de très nombreuses soit dans le *Dictionnaire philosophique* soit dans *La Philosophie de l'histoire*, et d'autres reparaîtront notamment dans *Dieu et les hommes*. Au reste, si *La Profession de foi* reprend beaucoup d'obsessions antérieures, elle en introduit de nouvelles qui sont appelées à un bel avenir. La longue citation sur 'l'origine de la querelle entre Aaron et Coré' (ligne 169) sera réutilisée, par exemple, dans l'article 'Curé de campagne' des *Questions sur l'Encyclopédie* (voir *OCV*, t.40, p.335-37) et dans *La Bible enfin expliquée* (*OCV*, t.79A, p.247-48, n.*k*).

Au bout du compte, que ce soit des citations reconnues comme telles, ou des citations déguisées, des exemples déjà vus et souvent à revoir, la matière de *La Profession de foi* n'a rien d'original au sein de la production antichrétienne de Voltaire et justifie le jugement défavorable du rédacteur des *Mémoires secrets*. Si l'on voulait une image, on dirait que, par le jeu des emprunts et des échos, *La Profession de foi* est moins la tribune de *La Philosophie de l'histoire* et des *Conseils raisonnables* seuls cités explicitement, qu'un condensé du *Sermon des cinquante* (pour la manière) et de *Dieu et les hommes* (pour la matière), deux œuvres qui l'encadrent chronologiquement.

4. *Réception*

La Profession de foi des théistes n'a pas soulevé l'enthousiasme. Sa composition négligée, faite d'emprunts voyants, de redites familières au lecteur de Voltaire, n'a pas contribué à lui procurer de grands soutiens dans la critique. Voltaire, dans sa correspondance, semble en faire l'aveu. Les allusions sont rares: on en recense trois, dont une, à Mme Denis le 24 juin, dans laquelle l'œuvre se trouve noyée au milieu des minces brochures polémiques. Voltaire leur oppose tactiquement l'écriture historique, plus noble: 'J'ai lu par un grand hasard les *Conseils raisonnables*, *La Profession de foi des théistes*, *L'Epître aux Romains*, et quelques autres drogues. Je me flatte qu'on ne m'imputera pas ces bagatelles tandis que je me consume jour et nuit sur une histoire [*Histoire du parlement de Paris*, *OCV*, t.68] qui contient cent trente années' (D15094). Deux semaines plus tard, le 8 juillet 1768, dans une référence oblique à *La Profession de foi*, Voltaire s'excuse auprès de François-Louis Allamand du manque de nouveauté de cette production: 'Il ne peut y avoir rien de neuf pour vous, Monsieur, dans les petits écrits dont vous me parlez, pas même l'aventure d'Aaron, de la bonne femme et de sa brebis' (D15131). Mais la mention la plus intéressante est celle que Voltaire inscrit dans une lettre à Jacob Vernes le 19 août 1768: 'Je n'ai point la profession de foi dont vous parlez; je me souviens de l'avoir vue. Je crois que vous la trouverez chez Chirol où je l'ai faite acheter. [...] Vous avez bien raison d'appeler Jésus le premier des théistes, car il ne reconnaissait qu'un seul Dieu, et comme vous avez fort bien dit, si on lui impute des sottises ce n'est ni sa faute ni la vôtre' (D15180). La complicité dont Voltaire semble faire preuve envers ce ministre protestant ne laisse pas d'étonner. Certes leur brouille commune avec Rousseau depuis la querelle d'attribution du *Sentiment des citoyens* en 1764 autorise quelque familiarité. Mais cette décontraction, cette désinvolture apparente et cette légèreté sur une question si sensible, même sous le sceau de la confidentialité, invitent à s'interroger sur l'extension du terme 'théiste' dans l'esprit de Voltaire, comme dans celui de son correspondant. Dans *La Profession de foi*, Voltaire a en effet épargné la figure du Christ, sauvé en tant que modèle de sagesse mais non comme source de la révélation. C'est de cette interprétation qu'il tire parti pour souligner un rapprochement possible avec son interlocuteur sur le terme de 'théiste'. On voit par là à quel point Voltaire aime titiller chez les protestants libéraux qu'il affectionne, comme Jacob Vernes, les tendances sociniennes et antitrinitaires qui lui semblent consubstantielles au droit d'examen protestant. Avec Voltaire, la 'divinité' du Christ devient matière à figure, au sens rhétorique du terme, sans que l'on ait à heurter de front le caractère central de cette référence chez un ministre protestant. Du côté de Jacob Vernes, on voit quelle couleuvre théologique un ministre mondain et littéraire est prêt à avaler pour se procurer les bonnes grâces du Patriarche des lettres françaises: il est certain en tout cas que Voltaire soutient par *La Profession de foi* des thèses bien plus scandaleuses que celles qui ont conduit Vernes à répliquer durement à Rousseau. Si Vernes n'est certainement pas aussi 'théiste' que Voltaire le croit, il n'en reste pas moins que la 'profession de foi' théiste de Voltaire intéresse suffisamment un ministre libéral pour qu'il écoute sans broncher des positions où le christianisme, détaché de toute révélation, se dissout en religion naturelle. Voltaire éprouve avec sa *Profession de foi* la 'tolérance' des franges les plus avancées du protestantisme: il est vrai qu'il les a toujours conçues comme des noyaux d'éclosion possible du 'théisme'.

Du côté des périodiques, les *Mémoires secrets*, on l'a dit, se montrent sévères dans la notice du 15 septembre 1768. Ils interprètent ironiquement l'ouvrage comme un hommage involontaire à la Bible (t.4, p.105):

On prétend que M. de Voltaire ne marche jamais sans la Bible, sous prétexte que lorsqu'on a un procès, il faut toujours avoir sous les yeux le factum de ses adversaires. Quoi qu'il en soit, il est certain qu'il possède parfaitement ce livre; il s'en est pénétré, il en est plein; il le retourne sans cesse, il le dépèce pour enrichir ses ouvrages, mais à sa manière, et non sans doute comme le prédicateur, le théologien, ou le défenseur de la religion. On sait que l'écriture sainte veut être lue dans la simplicité du cœur et de l'esprit; qu'aux génies superbes elle offre souvent des ridicules, des absurdités, des barbaries, des impiétés même; et c'est ce que M. de Voltaire ne manque pas d'y trouver. On voit surtout son genre de travail dans sa *Profession de foi des théistes, par le comte d'A... du R. D.* traduit de l'allemand, opuscule où non content de ressasser ce qu'il a répété cent fois, il cite ses propres écrits et en remet des pages entières sous les yeux du lecteur.

Grimm fait état de l'œuvre dans la livraison du 1er juin 1768 de la *Correspondance littéraire*, à la suite de la recension des *Conseils raisonnables à M. Bergier* qui ont la préférence.[18] La notice, qui n'émet aucun doute sur le destinataire ('*La Profession de foi des théistes* est adressée au roi de Prusse', t.8, p.97), reste très descriptive et s'attarde sur les difficultés d'accès à l'œuvre. Cela permet à Grimm de regretter le coût exorbitant de ce genre de production (p.97):

deux ou trois exemplaires de cet écrit ont échappé à la vigilance de la police, et circulent dans Paris de mains en mains; mais on ne peut les avoir pour de l'argent, ou quand on les vend sous le manteau, on se fait payer le risque auquel on s'expose par cette espèce de contrebande qui est poursuivie avec la plus grande sévérité: de sorte que les amateurs payent un, deux et plusieurs louis, ce qui peut valoir vingt-quatre sous ou un écu.

Comme le rédacteur des *Mémoires secrets*, Grimm ne peut s'empêcher de relever l'impression de répétition que dégage cet ouvrage, tout en justifiant ce choix de propagande (p.97):

Il n'y a rien de nouveau dans *La Profession de foi des théistes*, rien qui n'ait été fabriqué et refabriqué bien souvent dans cette manufacture; mais c'est

---

[18] F. M. Grimm, *Correspondance littéraire, philosophique et critique, par Grimm, Diderot, Raynal, Meister, etc.*, éd. Maurice Tourneux, 16 vol. (Paris, 1877-1882), t.8, p.96-97.

une des maximes fondamentales établies par le chef de cette manufacture, que les hommes sont de dure conception, et que la vérité ne peut se nicher dans leur cerveau qu'à force de se présenter la même sous des formes et des tournures diverses.

Pour conclure, Grimm compare les deux productions voltairiennes du moment. Les *Conseils* l'emportent très aisément (p.97):

Il s'en faut bien que cette *Profession de foi* vaille les *Conseils raisonnables* adressés *à M. Bergier*. L'auteur de la *Profession* en a cité le plus beau morceau, et l'a inséré tout au long. Ce morceau, c'est le chapitre *Des martyrs* tiré des *Conseils raisonnables*; il est très supérieur au reste de la *Profession*: c'est un chef-d'œuvre de l'éloquence la plus pathétique; on ne peut le lire sans être touché aux larmes.

Ce jugement n'a pas été démenti par la postérité.

5. *Editions*

De plus amples informations sur les éditions collectives se trouvent ci-dessous, p.313-16.

68

LA / PROFESSION / *DE FOY* / DES/ THEISTES, / *Par le Comte Da... au R. D.* / TRADUIT / DE L'ALLEMAND. / [*vignette: feuilles rococo*] / [*filet gras-maigre*] [s.d.]

Faux-titre: LA / PROFESSION / *DE FOY* / DES / THEISTES. [*Titre en noir et rouge.*]

8°. sig. A-B⁸, C⁴ [$4 signé, chiffres romains (-A1, A2, C4)]; pag. 39; réclames par cahier, et aussi p.7, 11, 21, 26, 28, 31, 33, 35.

[1] faux-titre; [2] en blanc; [3] titre; [4] en blanc; [5]-7 La Profession de foi des théistes, par le Comte Da... au R. D.; 8-11 Que Dieu est le père de tous les hommes; 12-15 Des Superstitions; 16-21 Des Sacrifices de sang humain; 22-26 Des Persécutions chrétiennes; 27-28 Des Mœurs; 29-31 De la doctrine des théistes; 32-33 Que toutes les religions doivent respecter le théisme; 34-35 Bénédictions sur la tolérance; 36-37 Que toute religion rende témoignage au théisme; 37-39 Remontrance à toutes les religions.

Besterman, *SVEC* 111 (1973), no. 307. (La copie qui a une page de titre tout en noir que mentionne Besterman ici serait peut-être 68L.)

Bengesco 1762; BnC 4166.

Austin, Harry Ransom Center: BL 2773 V5865 1768. Genève, ImV: BE 77 (3), D Profession 3/1768/1, KC 40 (5), D Profession 3/1768/2. Oxford, Taylor: V8.C10.1769(1/1). Paris, BnF: Rp 10376, Ye 9748, Z Bengesco 321, Z Beuchot 706, Z Beuchot 707.

68L

LA / PROFESSION / *DE FOI* / DES / THEISTES, / *Par le Comte Da... au R. D.* / TRADUIT / DE L'ALLEMAND. / [*vignette: fleurs*] / A LONDRES, / [*filet agrémenté*] [s.d.]

Faux-titre: LA / PROFESSION / *DE FOI* / DES / THEISTES.

[DE FOI *en caractères agrémentés dans le titre et faux-titre*]

8°. sig. A-B⁸, C⁴ [$4 signé, chiffres romains (-A1, A2, C4)]; pag. 39; réclames par cahier, et aussi p.11, 21, 26, 28, 31, 33.

[1] faux-titre; [2] en blanc; [3] titre; [4] en blanc; [5]-7 La Profession de foi des théistes, par le Comte Da... au R. D.; 8-11 Que Dieu est le père de tous les hommes; 12-15 Des Superstitions; 16-21 Des Sacrifices de sang humain; 22-26 Des Persécutions chrétiennes; 27-28 Des Mœurs; 29-31 De la doctrine des théistes; 32-33 Que toutes les religions doivent respecter le théisme; 34-35 Bénédictions sur la tolérance; 36-37 Que toute religion rende témoignage au théisme; 37-39 Remontrance à toutes les religions.

[La p.29 est chiffrée 19.]

Cette édition, bien que semblable à 68, a été entièrement recomposée et d'une façon mal soignée. Il y a des différences dans la plupart des ornements, dans la position des signatures (aussi dans la forme: A iiij dans 68 et A jv dans 68L), dans les réclames (manquantes p.7 et 35; 'DE' au lieu de 'QUE' p.31), dans les symboles utilisés pour les appels de notes (croix/astérisque; p.9 l'appel c manque), dans la ponctuation, l'orthographe (p.11: encor/encore; p.29: nôtre/notre) et dans la division de quelques lignes et pages.

Harvard University Houghton Library: *FC7 V8893 768p2b.

EJ69

Tome 1, 2ᵉ partie: 48-77 La Profession de foy des théistes.

[Dans la table des matières du volume le titre est: 'Confession (La) de Foy des Théistes'.]

EJ72

Tome 1: 127-56 La Profession de foi des théistes.

[Cette édition reproduit l'erreur de EJ69 dans la table des matières.]

NM (1774)

Tome 11: 257-94 La Profession de foi des théistes. Traduit de l'allemand.

W75G

Tome 39: 168-94 La Profession de foi des théistes. Traduit de l'allemand. Texte de base.

W75X

Tome 39: 94-119 La Profession de foi des théistes. Traduit de l'allemand.

W71L (1776)

Tome 29: 247-73 La Profession de foi des théistes. Traduit de l'allemand.

W68 (1777)

Tome 29: 89-112 La Profession de foi des théistes. Traduit de l'allemand.

K84

Tome 32: 349-78 Profession de foi des théistes. Traduite de l'allemand.

L'édition comporte deux notes de renvoi internes ajoutées aux endroits suivants (nous ne les avons pas conservées dans notre édition): *Philosophie de l'histoire* (p.359): 'Ou l'introduction à l'*Essai sur les mœurs etc.' Conseils raisonnables etc.* (p.364): 'Voyez les *Conseils raison-nables à M. Bergier*, Philosophie etc., tome II'.

K85

Tome 32: 349-78 Profession de foi des théistes. Traduite de l'allemand.

K12

Tome 41: 3-40 Profession de foi des théistes, traduite de l'allemand.

6. *Principes de cette édition*

Nous suivons le texte de l'édition encadrée de 1775, le dernier auquel Voltaire a pu prêter la main et qui présente quasiment la même leçon que le texte de 1777. Au reste, les éditions depuis 1768 ne présentent que quelques variantes mineures.

Les variantes ont été relevées à partir de: 68, EJ69, EJ72, NM, W68, K84.

Traitement du texte de base

On a conservé les italiques du texte de base, mais on imprime en romain les noms propres de personnes, dont on a respecté l'orthographe. On a respecté aussi la ponctuation du texte de base. Ailleurs le texte de base a fait l'objet d'une modernisation portant sur la graphie, l'accentuation et la grammaire. Les particularités du texte de base dans ces trois domaines étaient les suivantes:

I. *Particularités de la graphie*

1. Consonnes

— absence de la consonne *p* dans le mot: tems, et son composé, longtems.
— absence de la consonne *t* dans les finales en *–ans* et en *–ens*: compatissans, descendans, empoisonnemens, enfans, événemens, gouvernemens, habitans, innocens, monumens, nageans, protestans, récens, sanglans, savans, sermens, serpens, siégeans, voyans.
— redoublement de consonnes contraire à l'usage actuel: appella,

appellait, appeller, appellés, appellons, applanissent, imbécilles, jetta(it/ient), mammelle, rappellée, rejettons.

— présence d'une seule consonne là où l'usage actuel prescrit son doublement: poura.

2. Voyelles

— emploi de *y* à la place de *i* dans: ayent, croyent, enyvrons.
— emploi de *y* à la place de *ï* dans: payens.
— emploi de la graphie *—oi* pour *—ai* dans: Narbonnoise.

3. Divers

— utilisation systématique de l'esperluette sauf en tête de phrase.
— élision archaïque: entr'eux, quoiqu'aucun.
— coquilles corrigées: 'soit' manquant devant 'Evangéliques' rajouté (ligne 423); 'nous les' manquant devant 'secourons' rajouté (ligne 477); procédait corrigé en procédât (ligne 553); puérile accordé en puéril (lignes 158 et 167), et nouveaux-nés en nouveau-nés (ligne 680); 'Euripide' (ligne 140) corrigé en 'Eurypile'.

4. Graphies particulières

— l'orthographe moderne a été rétablie dans les mots suivants: autentique, bracmanes, cu, dragmes, encor, faulx, jusques, mollas, quarrés.

5. Abréviations

— St. devient saint, Ste devient sainte; madame et mademoiselle deviennent Mme et Mlle.
— François I devient François Ier.

6. Le trait d'union

— il a été supprimé dans les mots suivants: aussi-tôt, en-haut, genre-humain, tour-à-tour.
— il a été rétabli dans les noms et expressions suivants: sur le champ, St. Barthelemi.

7. Majuscules rétablies

— nous mettons la majuscule, conformément à l'usage moderne, aux titres d'ouvrage (philosophie de l'histoire), et aux mots et expressions suivants: âne d'or d'Apulée, divinité, église, état(s), fronde, inquisition, samaritains, septante, vulgate.

8. Majuscules supprimées

— les majuscules ont été supprimées dans le texte: Albigeois, Athénien, Evangéliques, Israëlite, JESUS, JESUS-CHRIST, Mars [mois], Vaudois.
— nous mettons la minuscule aux adjectifs désignant des nations ou des peuples: Cananéen, Chinois(e), Grecs, Juif, Narbonnoise, Tartare.
— DIEU et DIEUX deviennent Dieu et Dieux; Dieu et Dieux deviennent dieu et dieux.

II. *Particularités d'accentuation*

L'accentuation a été rendue conforme aux usages modernes à partir des caractéristiques suivantes du texte de base:

1. L'accent aigu

— il est absent dans: deshonoré.
— il est employé au lieu de l'accent grave dans: entiérement, siécles.

2. L'accent circonflexe

— il est employé au lieu de l'aigu dans: chrêtien(ne)(s), mêlange.
— il est absent dans: bucher, fut [imparfait du subjonctif], infame(s).
— il est employé au lieu de l'accent grave dans: anathême.
— il est employé dans: aîle(s), toûjours.

3. Le tréma

— il est absent dans: dalai-lama.
— il est employé au lieu de l'aigu dans: Israëlite(s).

III. *Particularités grammaticales*

— emploi du pluriel en –x dans loix.
— emploi de la marque de pluriel dans le nom propre Catons.
— l'adjectif numéral cardinal 'cent' demeure invariable, même quand il est multiplié: 'cinq cent têtes', 'deux cent sectes', 'dix-neuf cent milliards', 'sept cent ans'.
— l'adjectif numéral 'vingt' demeure invariable dans: 'quatre-vingt ans'.

LA PROFESSION DE FOI
DES THÉISTES.
TRADUIT DE L'ALLEMAND

O vous qui avez su porter sur le trône la philosophie et la tolérance, qui avez foulé à vos pieds les préjugés, qui avez enseigné les arts de la paix comme ceux de la guerre![1] Joignez votre voix à la nôtre, et que la vérité puisse triompher comme vos armes.

Nous sommes plus d'un million d'hommes dans l'Europe qu'on 5 peut appeler théistes; nous osons en attester le Dieu unique que nous servons. Si l'on pouvait rassembler tous ceux qui sans examen se laissent entraîner aux divers dogmes des sectes où ils sont nés, s'ils sondaient leur propre cœur, s'ils écoutaient leur simple raison, la terre serait couverte de nos semblables. 10

Il n'y a qu'un fourbe ou un homme absolument étranger au monde qui ose nous démentir, quand nous dirons que nous avons

b-c   68: théistes. Par le Comte Da... au R. D. Traduit
c-1   EJ69, EJ72: L'ALLEMAND / Introduction / O vous,

[1] Cette ouverture semble s'adresser à Frédéric II. Le masque d'un 'comte' allemand, que prend l'auteur dans la première édition, ne trompant personne, on retrouve là les éléments qui, chez Voltaire, font du roi de Prusse un 'Salomon du nord' (voir *OCV*, t.45C, p.71, n.21), plus sage que son modèle biblique. Ce 'grand prince', comme il est appelé encore (ligne 354), sera crédité un peu plus loin, au début de la section 'Bénédictions sur la tolérance', d'une politique qui répond aux idéaux voltairiens de tolérance. Cet enthousiasme apparent pour le roi de Prusse se situe pourtant pendant une éclipse épistolaire de deux ans entre les deux hommes: c'est D'Alembert, bien souvent, qui doit servir d'intermédiaire. Dans une lettre à Frédéric II du 20 juin 1768, D'Alembert suggère ainsi au roi l'application de la dédicace de *La Profession de foi*, 'fruit des Pâques de Ferney' (*Œuvres de Frédéric le Grand*, éd. J. D. E. Preuss, 33 vol., Berlin, 1846-1857, t.24, p.439); application que Voltaire laisse par ailleurs sans confirmation dans ses lettres à D'Alembert (voir Ch. Mervaud, *Voltaire et Frédéric II: une dramaturgie des Lumières*, Oxford, 1985, p.385-87). On peut donc penser que Voltaire, dans *La Profession de foi des théistes*, idéalise une figure de prince tolérant, auprès de laquelle les représentants véritables au même moment, que ce soit Frédéric II ou Catherine II, se révèlent décevants.

des frères à la tête de toutes les armées, siégeant dans tous les
tribunaux, docteurs dans toutes les Eglises, répandus dans toutes
les professions, revêtus enfin de la puissance suprême.   15

Notre religion est sans doute divine, puisqu'elle a été gravée
dans nos cœurs par Dieu même, par ce maître de la raison
universelle qui a dit au Chinois, à l'Indien, au Tartare, et à nous;
adore-moi et sois juste.

Notre religion est aussi ancienne que le monde,[2] puisque les   20
premiers hommes n'en pouvaient avoir d'autre, soit que ces
premiers hommes se soient appelés Adimo et Procriti dans une
partie de l'Inde,[3] et Brama dans l'autre, ou Prométhée et Pandore
chez les Grecs, ou Oshireth et Isheth chez les Egyptiens,[4] ou qu'ils
aient eu en Phénicie des noms que les Grecs ont traduits par celui 25
d'Eon;[5] soit qu'enfin on veuille admettre les noms d'Adam et d'Eve

[2] Echo perceptible du titre du livre de Matthew Tindal, un des représentants des
'déistes anglais', *Christianity as old as the creation* (Londres, 1730, BV3302). En 1765
(édition Varberg), l'article 'Théiste' du *Dictionnaire philosophique* disait déjà du
théiste: 'Sa religion est la plus ancienne' (*OCV*, t.36, p.547).

[3] On reconnaît les figures que Voltaire a mises malicieusement en scène dans
l'article 'Maître' de 1767 du *Dictionnaire philosophique* (voir *OCV*, t.36, p.330-33) et
qu'il évoque dans l'article 'Adam' (voir *OCV*, t.35, p.302). Ils seront cités encore au
chapitre 13 de *La Défense de mon oncle* (*OCV*, t.64, p.221-22), après l'avoir été dans
l'*Essai sur les mœurs* (*OCV*, t.22, p.90). La source de documentation de Voltaire sur
l'Inde est en particulier *L'Ezour-Vedam*, un manuscrit hindou traduit en français que
lui remet en 1760 un officier français de retour des Indes (voir D9289, D9483) et qu'il
imagine de la plus haute antiquité: mais il s'agit d'une supercherie, le manuscrit est
apocryphe.

[4] Comme le rappelle Voltaire à propos des Egyptiens, 'leur Osshiret, et leur
Isshet, que nous nommons Osiris et Isis' (*De l'histoire*, *OCV*, t.57B, p.373). Et
Voltaire précise dans l'article 'Circoncision' du *Dictionnaire philosophique*: 'Isis et
Osiris, par qui tout s'engendrait sur la terre' (*OCV*, t.35, p.612).

[5] Conception tirée de Sanchoniaton, historien né en Palestine et auteur d'une
Histoire phénicienne perdue que Voltaire évoque dans *La Philosophie de l'histoire*
(*OCV*, t.59, p.132-36) et dans *La Défense de mon oncle* (*OCV*, t.64, p.248-54): il en
fait un contemporain de Moïse, voire, un peu plus tard, dans *Dieu et les hommes*, un
auteur antérieur à Moïse (voir *OCV*, t.69, p.314). Cet historien est connu par la
Préparation évangélique d'Eusèbe, que Voltaire possède en latin dans l'édition de 1628
(BV1251), mais Voltaire se sert aussi de Richard Cumberland, *Sanchoniato's
Phoenician history* (Londres, 1720, BV921), et de William Warburton, *The Divine*

donnés à ces premières créatures dans la suite des temps par le petit peuple juif. Toutes les nations s'accordent en ce point qu'elles ont anciennement reconnu un seul Dieu,[6] auquel elles ont rendu un culte simple et sans mélange qui ne put être infecté d'abord de dogmes superstitieux.

Notre religion, ô grand homme! est donc la seule qui soit universelle, comme elle est la plus antique et la seule divine. Nations égarées dans le labyrinthe de mille sectes différentes, le théisme est la base de vos édifices fantastiques;[7] c'est sur notre vérité que vous avez fondé vos absurdités. Enfants ingrats, nous sommes vos pères; et vous nous reconnaissez tous pour vos pères quand vous prononcez le nom de Dieu.

Nous adorons depuis le commencement des choses la Divinité unique, éternelle, rémunératrice de la vertu et vengeresse du crime; jusque-là tous les hommes sont d'accord, tous répètent après nous cette confession de foi.

Le centre où tous les hommes se réunissent dans tous les temps et dans tous les lieux est donc la vérité, et les écarts de ce centre sont donc le mensonge.

---

legation of Moses, 4ᵉ éd. (Londres, 1755, BV3826), qui résume la cosmogonie phénicienne. Voltaire suit ce dernier quand il rédige sa présentation condensée dans l'article 'Idole, idolâtre, idolâtrie, du *Dictionnaire philosophique*: 'le vent Colp et sa femme Baü engendrèrent Eon' (*OCV*, t.36, p.217).

[6] Thème essentiel du déisme voltairien. On le retrouve sous diverses formes, notamment dans le *Dictionnaire philosophique* à l'article 'Théiste' (1765) qui précise: 'l'adoration simple d'un dieu a précédé tous les systèmes du monde' (*OCV*, t.36, p.547), et dans la seconde question de l'article 'Religion' (1764) où Voltaire soutient: 'J'ose croire, au contraire, qu'on a commencé d'abord par reconnaître un seul Dieu, et qu'ensuite la faiblesse humaine en a adopté plusieurs' (*OCV*, t.36, p.472). Mais c'est dans *La Philosophie de l'histoire* que cette idée est la plus développée et la plus étayée historiquement: chaque nation primitive se forge un dieu protecteur, 'objet qui fixe leur crainte et leur adoration' (*OCV*, t.59, p.101), sans que la raison soit encore assez développée pour qu'elle se le représente comme 'un dieu créateur, rémunérateur et vengeur, [qui] est le fruit de la raison cultivée' (p.100).

[7] Selon le dictionnaire de Furetière, l'adjectif *fantastique* se dit de ce qui est 'imaginaire, qui n'a que l'apparence'.

QUE DIEU EST LE PÈRE DE TOUS LES HOMMES

Si Dieu a fait les hommes, tous lui sont également chers, comme tous sont égaux devant lui; il est donc absurde et impie de dire que le père commun a choisi un petit nombre de ses enfants pour exterminer les autres en son nom.

Or les auteurs des livres juifs ont poussé leur extravagante fureur jusqu'à oser dire que dans des temps très récents par rapport aux siècles antérieurs, le Dieu de l'univers choisit un petit peuple barbare esclave chez les Egyptiens, non pas pour le faire régner sur la fertile Egypte, non pas pour qu'il obtînt les terres de leurs injustes maîtres, mais pour qu'il allât à deux cent cinquante milles de Memphis égorger, exterminer de petites peuplades voisines de Tyr, dont il ne pouvait entendre le langage, qui n'avaient rien de commun avec lui, et sur lesquelles il n'avait pas plus de droit que sur l'Allemagne. Ils ont écrit cette horreur; donc ils ont écrit des livres absurdes et impies.

Dans ces livres, remplis à chaque page de fables contradictoires, dans ces livres écrits plus de sept cents ans après la date qu'on leur donne,[8] dans ces livres plus méprisables que les contes arabes et persans, il est rapporté que le Dieu de l'univers descendit dans un buisson pour dire à un pâtre âgé de quatre-vingts ans, *ôtez vos souliers... que chaque femme de votre horde demande à sa voisine, à son*

---

[8] Allusion à la datation de la rédaction de la Bible hébraïque, que Voltaire déplace au retour de l'exil de Babylone, ce qui explique les sept cents ans qu'il comptabilise. Voltaire ne cache pas ses doutes sur la rédaction par Moïse du Pentateuque (voir ligne 245, et n.57), et indique le candidat le plus probable sans ménagement dans *L'Examen important de milord Bolingbroke*: 'Je conjecture qu'Esdras forgea tous ces contes du tonneau au retour de la captivité' (*OCV*, t.62, p.186). En cela, il suit, systématise et radicalise les doutes qu'avaient rassemblés avant lui, depuis Abraham Ibn Ezra au douzième siècle, Spinoza, Jean Astruc, Richard Simon, Jean Le Clerc et Newton.

hôtesse, des vases d'or et d'argent, des robes, et vous volerez les Egyptiens (a). [9]

Et je vous prendrai pour mon peuple et je serai votre Dieu (b). [10]

Et j'endurcirai le cœur du pharaon, du roi *(c).* [11]

Si vous observez mon pacte, vous serez mon peuple particulier sur tous les autres peuples (d). [12]

Josué parle ainsi expressément à la horde hébraïque: *S'il vous paraît mal de servir Adonaï, l'option vous est donnée, choisissez aujourd'hui ce qu'il vous plaira; voyez qui vous devez servir, ou les dieux que vos pères ont adorés dans la Mésopotamie, ou bien les dieux des Amorrhéens, chez qui vous habitez (e).* [13]

Il est bien évident par ces passages et par tous ceux qui les précèdent, que les Hébreux reconnaissaient plusieurs dieux; [14] que

(*a*) Exode chap.III.
(*b*) Ibid. chap.VI.
(*c*) Ibid. chap.VII.
(*d*) Ibid. chap.XIX.
(*e*) Josué, chap.XXIV.

[9] Amalgame de deux versets du chapitre 3 de l'Exode: voir Exode 3:5 et 22: 'Et Dieu ajouta: N'approchez pas d'ici; ôtez les souliers de vos pieds, parce que le lieu où vous êtes est une terre sainte. [...] Mais chaque femme demandera à sa voisine et à son hôtesse des vases d'or et d'argent, et des vêtements précieux; vous en habillerez vos fils et vos filles, et vous dépouillerez l'Egypte' (trad. Lemaître de Sacy).

[10] Voir Exode 6:7.

[11] Voir Exode 7:3.

[12] Voir Exode 19:5: 'Si donc vous écoutez ma voix, et si vous gardez mon alliance, vous serez le seul de tous les peuples que je posséderai comme mon bien propre; car toute la terre est à moi' (trad. Lemaître de Sacy).

[13] Voir Josué 24:15. Citation déjà utilisée, dans une traduction légèrement différente, pour *La Défense de mon oncle* (voir *OCV*, t.64, p.260) et que Voltaire resservira dans *Dieu et les hommes* (voir *OCV*, t.69, p.343).

[14] Thème récurrent de la conception voltairienne du judaïsme primitif. Voltaire dit très clairement dans l'article 'Genèse' (1765, édition Varberg) du *Dictionnaire philosophique*: 'Il faut renoncer au sens commun pour ne pas convenir que les Juifs admirent d'abord plusieurs dieux' (*OCV*, t.36, p.164). Si, dans *La Philosophie de l'histoire* (t.59, p.102-103), l'idée est suggérée pour le peuple juif plutôt qu'elle ne lui

chaque peuplade avait le sien, que chaque dieu était un dieu local,   80
un dieu particulier.

Il est même dit dans Ezéchiel, [15] dans Amos, [16] dans le discours
de saint Etienne, [17] que les Hébreux n'adorèrent point le dieu
Adonaï dans le désert, mais Rempham et Kium. [18]

Le même Josué continue et leur dit; *Adonaï est fort et jaloux*. [19]   85

N'est-il donc pas prouvé par tous ces témoignages que les
Hébreux reconnurent dans leur Adonaï une espèce de roi invisible
au peuple, visible aux chefs du peuple, jaloux des rois voisins, et
tantôt vainqueur, tantôt vaincu?

Qu'on remarque surtout ce passage des Juges: *Adonaï marcha*   90
avec Juda et se rendit maître des montagnes, mais il ne put exterminer
les habitants des vallées, parce qu'ils abondaient en chariots armés de
faux (f). [20]

Nous n'insisterons pas ici sur le prodigieux ridicule de dire
qu'auprès de Jérusalem les peuples avaient comme à Babilone des   95

(*f*) Juges, chap.I.

87-88   K84: roi visible aux chefs du peuple, invisible au peuple, jaloux

---

est appliquée, elle s'exprime pleinement au chapitre 16 ('Quelle fut d'abord la
religion des Juifs?') de *Dieu et les hommes* (*OCV*, t.69, p.343-49).

[15] Voir Ezéchiel 20:16, 24, 30.

[16] Voir Amos 5:25-26. Voltaire produira la citation dans *Dieu et les hommes*
(*OCV*, t.69, p.346).

[17] Voir Actes 7:43. Voltaire donnera la citation dans *Dieu et les hommes*
(*OCV*, t.69, p.346-47).

[18] L'idée et les références figurent déjà dans *La Philosophie de l'histoire*: 'Jérémie,
Amos et saint Etienne, nous assurent que, dans le désert, pendant quarante années,
les Juifs ne reconnurent que Moloch, Remphan et Kium' (*OCV*, t.59, p.102; Voltaire
répète ces propos p.205). Ces références sont aussi celles qui forment le fond des
objections de la vingt-deuxième des *Questions de Zapata* (*OCV*, t.62, p.388).

[19] Voir Josué 24:19.

[20] Voir Juges 1:19: 'Le Seigneur fut avec Juda, et il se rendit maître des montagnes;
mais il ne put défaire ceux qui habitaient dans la vallée, parce qu'ils avaient une
grande quantité de chariots armés de faux' (trad. Lemaître de Sacy). Citation
également donnée dans *Dieu et les hommes* (*OCV*, t.69, p.345).

chars de guerre dans un malheureux pays où il n'y avait que des
ânes; nous nous bornons à démontrer que le Dieu des Juifs était un
dieu local qui pouvait quelque chose sur les montagnes, et rien sur
les vallées:[21] idée prise de l'ancienne mythologie, laquelle admit
des dieux pour les forêts, les monts, les vallées et les fleuves.   100

Et si on vous objecte que dans le premier chapitre de la Genèse,
Dieu a fait le ciel et la terre, nous répondons que ce chapitre n'est
qu'une imitation de l'ancienne cosmogonie des Phéniciens[22] très
antérieurs à l'établissement des Juifs en Syrie, que ce premier
chapitre même fut regardé par les Juifs comme un ouvrage   105
dangereux qu'il n'était permis de lire qu'à vingt-cinq ans.[23] Il
faut surtout bien remarquer que l'aventure d'Adam et d'Eve n'est
rappelée dans aucun des livres hébreux, et que le nom d'Eve ne se
trouve que dans Tobie qui est regardé comme apocryphe par
toutes les communions protestantes, et par les savants catho-   110
liques.[24]

[21] C'est l'expression qu'on retrouvera presque à l'identique dans *Dieu et les
hommes*: 'le dieu des Juifs n'était alors qu'un dieu local qui avait du crédit dans les
montagnes et point du tout dans les vallées' (voir *OCV*, t.69, p.345).
[22] Conception récurrente de la création biblique chez Voltaire. On la trouve à
l'article 'Genèse' du *Dictionnaire philosophique* ('ceux qui se mêlèrent d'écrire
copièrent quelque chose de l'ancienne théologie de leurs maîtres [les Phéniciens]',
OCV, t.36, p.143-44) puis dans *La Philosophie de l'histoire* (voir *OCV*, t.59, p.135-
36). Elle essaime ensuite dans toutes les œuvres antireligieuses tels *L'Examen
important de milord Bolingbroke* (*OCV*, t.62, p.193), *Dieu et les hommes* (*OCV*, t.69,
p.317), etc.
[23] Voltaire évoque cet interdit sur le livre de la Genèse avec une remarquable
constance dès 1763 dans le *Catéchisme de l'honnête homme* ('Le premier chapitre de la
Genèse est si au-dessus de nos conceptions, qu'il fut défendu chez les Juifs de le lire
avant vingt-cinq ans', *OCV*, t.57A, p.149), puis en 1767 dans la troisième des
Homélies prononcées à Londres ('il fut défendu de lire ce livre avant vingt-cinq ans',
OCV, t.62, p.463). Il y reviendra dans *Dieu et les hommes*: 'comment se pouvait-il
faire qu'il fût défendu chez les Juifs de lire la Genèse avant l'âge de vingt-cinq ans?'
(*OCV*, t.69, p.394). L'information provient de la 'Préface sur le Pentateuque, et en
particulier sur la Genèse' d'Augustin Calmet (*Dissertations qui peuvent servir de
prolégomènes de l'Ecriture sainte*, 3 vol., Paris, 1720, t.2, p.25) que Voltaire annote au
passage évoquant cette question (voir *CN*, t.2, p.339).
[24] Le livre de Tobie est cité par Voltaire dans l'article 'Apocryphe' des *Questions*

Si l'on voulait encore une plus forte preuve que le dieu juif n'était qu'un dieu local,[25] la voici. Un brigand nommé Jephté, qui est à la tête des Juifs, dit aux députés des Ammonites: *Ce que possède Chamos votre dieu ne vous appartient-il pas de droit? Laissez-nous donc posséder ce qu'Adonaï notre dieu a obtenu par ses victoires (g).*[26] 115

Voilà nettement deux dieux reconnus, deux dieux ennemis l'un de l'autre; c'est bien en vain que le trop simple Calmet[27] veut après des commentateurs de mauvaise foi éluder une vérité si claire. Il en résulte qu'alors le petit peuple juif, ainsi que tant de grandes 120 nations, avaient leurs dieux particuliers; c'est ainsi que Mars combattit pour les Troyens, et Minerve pour les Grecs; c'est

(g) Ibid. chap.II.

122   68, EJ69, EJ72, NM: combattait

---

sur *l'Encyclopédie* comme un des livres que 'Les catholiques et protestants s'accordent à traiter d'apocryphes en ce sens et à rejeter' (*OCV*, t.38, p.452). Le mot *Eve* auquel Voltaire renvoie se trouve en Tobie 8:8. Dans *La Bible enfin expliquée* (1776), il annote ce verset et commente: 'On peut remarquer que, depuis le troisième et le quatrième chapitre de la Genèse, où l'on parle d'Eve, son nom ne se retrouve dans aucun endroit de l'Ancien Testament. [...] Ce silence si long et si universel peut servir à favoriser l'opinion de ceux qui prétendent que les livres juifs furent tous écrits vers le temps de la captivité' (*OCV*, t.79A, p.457, n.*i*).

[25] Conception essentielle du judaïsme primitif selon Voltaire. L'idée et l'exemple de ce paragraphe sont développés dans *Dieu et les hommes*: 'Certes il est évident qu'alors les Juifs regardaient Chamos comme un véritable dieu; il est évident qu'ils croyaient que chaque petit peuple avait son dieu particulier [...]. Il suffit d'observer que le dieu des Juifs n'était alors qu'un dieu local [...] à l'exemple de tous les autres petits dieux du pays' (*OCV*, t.69, p.344-45).

[26] Erreur dans le renvoi depuis la première édition, sans doute par assimilation à la note précédente: il faut lire *chapitre 11*. Voir Juges 11:24.

[27] Calmet commente le passage des Juges cité par Voltaire comme une parade rhétorique: 'Jephté raisonne suivant les idées des Ammonites, ou plutôt des Moabites, en disant que *Chamos* leur Dieu leur avait donné ce pays; il ne croyait point en ce Dieu; mais par une figure de discours, qu'on appelle concession, il veut bien supposer ce que ses ennemis prétendaient' (*Commentaire littéral*, 25 vol., Paris, 1709-1724, BV613, t.2, p.241). La version latine du verset est marquée d'un signet par Voltaire qui inscrit dessus les premiers mots (voir *CN*, t.2, p.59).

ainsi que parmi nous saint Denis est le protecteur de la France, et
que saint George l'a été de l'Angleterre. C'est ainsi que partout on a
déshonoré la divinité. 125

DES SUPERSTITIONS

Que la terre entière s'élève contre nous, si elle l'ose; nous
l'appelons à témoin de la pureté de notre sainte religion. Avons-
nous jamais souillé notre culte par aucune des superstitions que les
nations se reprochent les unes aux autres? On voit les Perses, plus
excusables que leurs voisins, vénérer dans le soleil[28] l'image 130
imparfaite de la divinité qui anime la nature; les Sabéens adorent
les étoiles;[29] les Phéniciens sacrifient aux vents;[30] la Grèce et Rome
sont inondées de dieux et de fables; les Syriens adorent un
poisson.[31] Les Juifs dans le désert se prosternent devant un serpent

[28] Plus précisément le feu, selon Voltaire lui-même dans ses œuvres postérieures.
On se reportera en particulier au chapitre 8 ('Des anciens Persans et de Zoroastre')
de *Dieu et les hommes*: les Persans 'révéraient dans le feu l'emblème de la Divinité'
(*OCV*, t.69, p.309). Il y revient en 1773 dans les *Fragments sur l'Inde*: 'les premiers
Persans adorèrent un seul Dieu, dont le feu était l'emblème' (*OCV*, t.75B, p.197). Sur
les anciens Perses, la source de Voltaire est Thomas Hyde, *Historia religionis veterum
Persarum* (Oxford, 1700), qu'il possède dans une édition plus récente: *Veterum
Persarum et Parthorum et Medorum religionis historia* (Oxford, 1760, BV1705).
[29] Comme le rappelle le chapitre 143 de l'*Essai sur les mœurs*: 'Lorsque d'Ormus on
alla vers l'Arabie, on rencontra des disciples de saint Jean qui n'avaient jamais connu
l'Evangile: ce sont ceux qu'on nomme les *sabéens*' (*OCV*, t.26A, p.175). En 1773 les
Fragments sur l'Inde préciseront, en indiquant la source: 'les Sabéens reconnurent
aussi un dieu suprême, dont le soleil et les étoiles étaient les émanations, comme le
prouve le sage et méthodique Salles, le seul bon traducteur de l'Alcoran' (*OCV*,
t.75B, p.197). Voltaire s'appuie ici sur George Sale, *The Koran* (Londres, 1734,
BV1786), p.14-15.
[30] Dans *La Philosophie de l'histoire* Voltaire avait déjà précisé, en citant sa source
(voir ligne 26, n.5): 'Sanchoniathon, dis-je, nous apprend que les Phéniciens avaient
sacrifié de temps immémorial aux éléments et aux vents' (*OCV*, t.59, p.133). Il le
redira encore dans *Dieu et les hommes*: 'Ces mêmes Phéniciens sacrifiaient aux vents,
et cette superstition était très convenable à un peuple navigateur' (*OCV*, t.69, p.317).
[31] Sur les Syriens, on se reportera au chapitre douzième de *La Philosophie de
l'histoire* (*OCV*, t.59, p.130-32) qui leur est consacré, mais il n'y est pas question de

141

d'airain: ils adorèrent réellement un coffre que nous appelons   135
arche, imitant en cela plusieurs nations qui promenaient leurs petits
marmousets[32] sacrés dans des coffres, témoin les Egyptiens, les
Syriens; témoin le coffre dont il est parlé dans l'Ane d'or d'Apulée
(*h*);[33] témoin le coffre ou l'arche de Troye qui fut pris par les Grecs
et qui tomba en partage à Eurypile (*i*).[34]   140

Les Juifs prétendaient que la verge d'Aaron, et un boisseau de
manne[35] étaient conservés dans leur saint coffre, deux bœufs le
traînaient dans une charrette, le peuple tombait devant lui la face
contre terre, et n'osait le regarder. Adonaï fit un jour mourir de
mort subite cinquante mille soixante et dix Juifs,[36] pour avoir porté   145

(*h*) Apul. liv.IX et XI.
(*i*) Pausanias, liv.VII.

140   NM, ß, W68, K84: Euripide

---

poisson. Il n'est pas plus question de poisson dans les diverses œuvres où Voltaire
rapporte leur légende sur l'origine du mal: il n'évoque qu'un serpent (voir *Il faut
prendre un parti*, *OCV*, t.74B, p.45; *Les Adorateurs*, *OCV*, t.70B, p.290; *La Philosophie
de l'histoire*, *OCV*, t.59, p.105-106).

[32] Le terme *marmouset* désigne, selon le dictionnaire de Furetière, une 'Figure
d'homme mal peinte, mal faite'. Le terme sera repris dans ce même registre
dégradant, visant les divinités locales du temps des Juifs, dans *Dieu et les hommes*
(voir *OCV*, t.69, p.345).

[33] Voltaire utilise la traduction française de Compain de Saint-Martin: voir l'*Ane
d'or d'Apulée, philosophe platonicien, avec le démon de Socrate* (Paris, 1736, BV90; *CN*,
t.1, p.101).

[34] Voir Pausanias, *Description de la Grèce*, livre 7 ('L'Achaïe'), 19.6: 'Or, lors de la
prise de Troie et du partage du butin entre les Grecs, Eurypyle, fils d'Evaimon, reçoit
un coffret; il y avait une statue de Dionysos dans le coffret: c'était une œuvre, à ce
qu'on prétend, d'Héphaistos, et elle avait été offerte en cadeau par Zeus à Dardanos'
(trad. Y. Lafond, Paris, 2000, p.66).

[35] Voltaire se réfère à la description de saint Paul s'adressant aux Hébreux: voir
Hébreux 9:4: 'l'arche de l'alliance toute couverte d'or, dans laquelle étaient une urne
pleine de manne, la verge d'Aaron, qui avait fleuri, et les deux tables de l'alliance' (trad.
Lemaître de Sacy). La verge d'Aaron dans le tabernacle est évoquée en Nombres 17:10.

[36] Comptabilité macabre inspirée de 1 Rois [1 Samuel] 6:19: 'Or le Seigneur punit
de mort les habitants de Bethsamès, parce qu'ils avaient regardé dans l'arche du
Seigneur, et il fit mourir soixante-dix personnes des principaux de la ville, et

la vue sur son coffre, et se contenta de donner des hémorroïdes aux Philistins qui avaient pris son coffre, et d'envoyer des rats dans leurs champs (*j*)[37] jusqu'à ce que ces Philistins lui eussent présenté cinq figures de rats d'or, et cinq figures de trou du cul d'or,[38] en lui rendant son coffre. O terre! ô nations! ô vérité sainte! est-il possible   150
que l'esprit humain ait été assez abruti pour imaginer des superstitions si infâmes et des fables si ridicules!

Ces mêmes Juifs qui prétendent avoir eu les figures en horreur par l'ordre de leur Dieu même, conservaient pourtant dans leur sanctuaire, dans leur saint des saints, deux chérubins qui avaient   155
des faces d'hommes et des mufles de bœufs avec des ailes.[39]

A l'égard de leurs cérémonies, y a-t-il rien de plus dégoûtant, de plus révoltant, et en même temps de plus puéril? N'est-il pas bien agréable à l'Etre des êtres de brûler sur une pierre des boyaux et des pieds d'animaux? (*k*)[40] Qu'en peut-il résulter, qu'une puanteur   160
insupportable? Est-il bien divin de tordre le cou à un oiseau, de lui casser une aile, de tremper un doigt dans le sang et d'en arroser sept fois l'assemblée? (*l*)[41]

(*j*) Premier liv. des Rois ou de Samuel, chap.V et VI.
(*k*) Lévit., chap.I.
(*l*) Ibid. chap.IV.

n.*l* κ84: Ibid. chap.VI.

---

cinquante mille hommes du petit peuple' (trad. Lemaître de Sacy; 1 et 2 Rois dits aujourd'hui 1 et 2 Samuel).

[37] Voir 1 Rois [1 Samuel] 5:6. Dans la traduction de Lemaître de Sacy: 'Il sortit tout d'un coup des champs et des villages une multitude de rats'.

[38] Voir 1 Rois [1 Samuel] 6:5: 'Faites cinq anus d'or et cinq rats d'or, selon le nombre des provinces des Philistins' (trad. Lemaître de Sacy). L'exemple figure également dans le *Traité sur la tolérance* (*OCV*, t.56c, p.204).

[39] Voir Exode 25:18-20.

[40] Voir Lévitique 1:7-9.

[41] Voltaire fait référence à la hiérarchie des sacrifices ordonnés par Moïse pour l'expiation des fautes qui occupent les chapitres 4 et 5 du Lévitique. La référence au doigt trempé dans le sang qui asperge l'assemblée est donnée pour la première fois en Lévitique 4:6 et revient périodiquement tout au long du chapitre. Quant aux oiseaux,

Où est le mérite de mettre du sang sur l'orteil de son pied droit, et au bout de son oreille droite, et sur le pouce de la main droite? (m)[42]

Mais ce qui n'est pas si puéril, c'est ce qui est raconté dans une très ancienne vie de Moïse écrite en hébreu, et traduite en latin. C'est l'origine de la querelle entre Aaron et Coré.[43]

'Une pauvre veuve n'avait qu'une brebis, elle la tondit pour la première fois; aussitôt Aaron arrive, et emporte la toison en disant, les prémices de la laine appartiennent à Dieu.[44] La veuve en pleurs vient implorer la protection de Coré, qui ne pouvant obtenir d'Aaron la restitution de la laine, en paye le prix à la veuve. Quelque temps après, sa brebis fait un agneau. Aaron ne manque pas de s'en emparer. Il est écrit, dit-il, que tout premier né appartient à Dieu.[45] La bonne femme va se plaindre à Coré, et Coré ne peut obtenir justice pour elle. La veuve outrée tue sa brebis. Aaron revient sur-le-champ, prend le ventre, l'épaule et la tête, selon l'ordre de Dieu.[46] La veuve au désespoir dit anathème à sa brebis. Aaron dans l'instant revient l'emporter tout entière (n);[47] tout ce qui est anathème, dit-il, appartient au pontife.'[48] Voilà en

(m) Lévit., chap. VIII.
(n) Page 165.

---

qui vont par deux ('l'un pour le péché et l'autre pour l'holocauste', Lévitique 5:7, trad. Lemaître de Sacy), ils ne sont évoqués qu'après le veau, la chèvre et la brebis.

[42] Voir Lévitique 8:23: 'Moïse l'égorgea, et prenant de son sang, il en toucha l'extrémité de l'oreille droite d'Aaron, et le pouce de sa main droite et de son pied droit' (trad. Lemaître de Sacy).

[43] Sur la révolte de Coré et sa querelle avec Aaron, voir Nombres 16.

[44] Voir Deutéronome 18:4.

[45] Voir Exode 13:1-2, 11:16, 22:28-29; Lévitique 27:26.

[46] Voir Deutéronome 18:3; Lévitique 7:31-34, 10:14; et Nombres 6:20, 18:18-19.

[47] Voltaire traduit en français, en l'abrégeant sensiblement, la traduction latine par Gilbert Gaulmin d'un traité rabbinique sous le titre *De vita et morte Mosis libri tres* de 1629 réédité par Fabricius en 1714 à Hambourg (BV957). C'est la pagination de cette édition, au demeurant rare et difficile d'accès (voir D12636 et D14665), que Voltaire indique ici.

[48] Voir Lévitique 27:28; Nombres 18:14.

peu de mots l'histoire de beaucoup de prêtres. [49] Nous entendons les prêtres de l'antiquité; car pour ceux d'aujourd'hui, nous avouons qu'il en est de sages et de charitables, pour qui nous sommes pénétrés d'estime.

Ne nous appesantissons pas sur les superstitions odieuses de tant d'autres nations; toutes en ont été infectées, excepté les lettrés chinois, qui sont les plus anciens théistes de la terre. [50] Regardez ces malheureux Egyptiens, que leurs pyramides, leur labyrinthe, leurs palais et leurs temples, ont rendus si célèbres; c'est aux pieds de ces monuments presque éternels qu'ils adoraient des chats et des crocodiles. S'il est aujourd'hui une religion qui ait surpassé ces excès monstrueux, c'est ce que nous laissons à examiner à tout homme raisonnable.

Se mettre à la place de Dieu qui a créé l'homme, créer Dieu à son tour, faire ce Dieu avec de la farine [51] et quelques paroles, diviser ce Dieu en mille dieux, anéantir la farine avec laquelle on a fait ces mille dieux qui ne sont qu'un Dieu en chair et en os, créer son sang avec du vin, quoique le sang soit, à ce qu'on prétend, déjà dans le

185

190

195

200

[49] Voltaire réutilisera ce passage pour l'article 'Curé de campagne' des *Questions sur l'Encyclopédie* (voir *OCV*, t.40, p.335-37), dans une traduction plus longue et fidèle à l'original latin. Il le fera figurer à nouveau, dans une traduction similaire, dans une note de *La Bible enfin expliquée* (*OCV*, t.79A, p.247, n.*k*). On retrouve l'extrait une dernière fois, cette fois-ci dans une version abrégée plus proche de notre texte, dans *A Monsieur Du M****, *membre de plusieurs académies, sur plusieurs anecdotes* (*M*, t.30, p.347).

[50] Explicitation de ce que Voltaire n'a cessé de dire de la religion chinoise, de son antiquité et de sa pureté: on se reportera en particulier au chapitre 18 de *La Philosophie de l'histoire* ('les lettrés chinois adorateurs d'un seul Dieu, abandonnèrent le peuple aux superstitions des bonzes', *OCV*, t.59, p.157) ainsi qu'au chapitre 2 de l'*Essai sur les mœurs* (*OCV*, t.22, p.51-69). Mais de 1737 (les *Discours en vers sur l'homme*) à 1775 (les *Lettres chinoises*), ce ne sont pas moins de soixante textes qui évoquent cette question.

[51] Evocation provocante de l'hostie. C'est une des expressions mises à la mode par la publication en 1762 du *Testament de Jean Meslier* édité par Voltaire: le curé Meslier se moque ici des 'christicoles' qui 's'attribuent la puissance de faire des dieux de pâte et de farine, et même d'en faire tant qu'ils veulent. Car suivant leurs principes, ils n'ont qu'à dire seulement quatre paroles sur telle quantité de verres de vin, ou de ces petites images de pâtes, ils en feront autant de dieux, y en eût-il des millions' (*OCV*, t.56A, p.157).

corps du dieu; anéantir ce vin, manger ce dieu et boire son sang, voilà ce que nous voyons dans quelques pays, où cependant les arts sont mieux cultivés que chez les Egyptiens.

Si on nous racontait un pareil excès de bêtise et d'aliénation d'esprit de la horde la plus stupide des Hottentots et des Cafres, [52] nous dirions qu'on nous en impose; nous renverrions une telle relation au pays des fables; c'est cependant ce qui arrive journellement sous nos yeux dans les villes les plus policées de l'Europe, sous les yeux des princes qui le souffrent et des sages qui se taisent. Que faisons-nous à l'aspect de ces sacrilèges! Nous prions l'Etre éternel pour ceux qui les commettent; si pourtant nos prières peuvent quelque chose auprès de son immensité, et entrent dans le plan de sa providence.

205

210

DES SACRIFICES DE SANG HUMAIN [53]

Avons-nous jamais été coupables de la folle et horrible superstition

[52] Deux noms qui désignent des populations du sud de l'Afrique: Voltaire les prend comme superlatifs de l'état primitif. Rappelons que son polygénisme, affirmé dès le *Traité de métaphysique* de 1734 (*OCV*, t.14, p.422), maintient les Africains à la lisière de l'humanité, dans un primitivisme social et religieux consubstantiel à leur nature. Voltaire semble préférer le mot *Hottentot* à *Cafre*, tout en confondant les deux appellations: en fait 'cafre' désigne une aire de population plus vaste donnée par les colons aux habitants des côtes s'étendant du Mozambique au Cap, tandis que Hottentot désigne une ethnie particulière de l'actuelle Afrique du Sud. Dans l'*Essai sur les mœurs* Voltaire leur prête une coutume particulière: 'les vastes côtes de la Cafrerie, où les hommes sont de couleur d'olive, et où ils se coupent un testicule à l'honneur de la Divinité' (*OCV*, t.26A, p.171). Cette ablation d'un testicule, rappelée chaque fois qu'il est question d''Hottentots', a retenu son attention, notamment dans l'article 'Circoncision' du *Dictionnaire philosophique* (*OCV*, t.35, p.613), ou dans l'*Essai sur les mœurs* (*OCV*, t.26A, p.151-52). Dans ce dernier ouvrage, il précise: 'ils [les Hottentots] n'avaient point poussé l'usage de la raison jusqu'à reconnaître un Etre suprême' (p.151). La même année que *La Profession de foi des théistes*, il revient sur les Africains dans *Des singularités de la nature* (*M*, t.27, p.183-86) et *La Défense de mon oncle* (*OCV*, t.64, p.233-35).

[53] Question qui fait déjà l'objet de l'article 'Jephté' du *Dictionnaire philosophique*, sous-titré 'Ou des sacrifices de sang humain' (voir *OCV*, t.36, p.240-42), et du chapitre 36 ('Des victimes humaines') de *La Philosophie de l'histoire* (voir *OCV*, t.59,

de la magie qui a porté tant de peuples à présenter aux prétendus   215
dieux de l'air, et aux prétendus dieux infernaux les membres
sanglants de tant de jeunes gens et de tant de filles, comme des
offrandes précieuses à ces monstres imaginaires? Aujourd'hui
même encore, les habitants des rives du Gange, de l'Indus et des
côtes de Coromandel, mettent le comble de la sainteté à suivre en   220
pompe de jeunes femmes riches et belles qui vont se brûler sur le
bûcher de leurs maris,⁵⁴ dans l'espérance d'être réunies avec eux
dans une vie nouvelle. Il y a trois mille ans que dure cette
épouvantable superstition, auprès de laquelle le silence ridicule
de nos anachorètes, leur ennuyeuse psalmodie, leur mauvaise   225
chère, leurs cilices, leurs petites macérations ne peuvent pas
même être comptés pour des pénitences. Les brames ayant après
des siècles de théisme pur et sans tache substitué la superstition à
l'adoration simple de l'Etre suprême, corrompirent leurs voies et
encouragèrent enfin ces sacrifices. Tant d'horreur ne pénétra point   230
à la Chine,⁵⁵ dont le sage gouvernement est exempt depuis près de

228   EJ69: siècles d'un théisme

---

p.211-15). C'est logiquement de ce chapitre que viendra la citation donnée dans cette
section. Voltaire reviendra encore sur ce sujet, avec les mêmes exemples, au
chapitre 21 de *Dieu et les hommes* ('Que la loi juive est la seule dans l'univers qui
ait ordonné d'immoler des hommes', *OCV*, t.69, p.371-75).

⁵⁴ Thème cher à Voltaire, apparu dans *Zadig* déjà (*OCV*, t.30B, p.167), et devenu
une de ses scies à partir de 1760: il interpole un développement sur ce sujet dans l'*Essai
sur les mœurs* en 1761 (*OCV*, t.22, p.83), il y revient par deux fois dans *La Philosophie
de l'histoire* (voir *OCV*, t.59, p.148 et 213), l'évoque aussi dans *Le Dîner du comte de
Boulainvilliers* (voir *OCV*, t.63A, p.401) et dans le *Précis du siècle de Louis XV* (*OH*,
p.1468). Le sujet s'imposera à nouveau, après la parution de notre texte, en 1769, dans
Dieu et les hommes, comme une question toujours sans réponse: 'Et surtout pourquoi
depuis plus de trois mille ans les veuves indiennes se font-elles un point d'honneur et
de religion de se brûler sur le corps de leurs maris?' (*OCV*, t.69, p.298). Des mentions
encore dans *Les Lois de Minos* (*OCV*, t.73, p.160-70) et, évidemment, dans les
Fragments sur l'Inde (voir *OCV*, t.75B, p.95). L'étonnement horrifié se poursuit
jusqu'aux *Lettres chinoises, indiennes et tartares* de 1776 (*OCV*, t.77B, p.180-81).

⁵⁵ L'exception sera rappelée dans *Dieu et les hommes*: 'Mais toutes les fois que nous
parlons de nos superstitions sanguinaires et abominables, ne perdons point de vue

147

cinq mille ans de toutes les démences superstitieuses. Mais elle se
répandit dans le reste de notre hémisphère. Point de peuple qui
n'ait immolé des hommes à Dieu, et point de peuple qui n'ait été
séduit par l'illusion affreuse de la magie. Phéniciens, Syriens,   235
Scythes, Persans, Egyptiens, Africains, Grecs, Romains, Celtes,
Germains, tous ont voulu être magiciens, et tous ont été religieusement homicides.

Les Juifs furent toujours infatués de sortilèges; ils jetaient les
sorts, ils enchantaient les serpents, ils prédisaient l'avenir par les   240
songes, ils avaient des voyants qui faisaient retrouver les choses
perdues, ils chassèrent les diables et guérirent les possédés avec la
racine barath [56] en prononçant le mot *Jaho*, quand ils eurent connu
la doctrine des diables en Caldée. Les pythonisses évoquèrent des
ombres. Et même l'auteur de l'Exode, quel qu'il soit, [57] est si   245

---

qu'il faut toujours excepter les Chinois chez lesquels on ne voit aucune trace de ces
sacrifices' (*OCV*, t.69, p.372).

[56] Le *Sermon des cinquante* indique déjà: 'On les exorcisait avec la racine barath et
la clavicule de Salomon' (*OCV*, t.49A, p.126). Même mention dans *L'Examen
important de milord Bolingbroke*: 'Il y avait, comme on sait, des exorcistes à Jérusalem
qui guérissaient les possédés en leur mettant sous le nez un peu de la racine nommée
barath, et en marmottant quelques paroles tirées de la clavicule de Salomon' (*OCV*,
t.62, p.241). L'anecdote revient une dernière fois en 1777 dans l'*Histoire de
l'établissement du christianisme* en explicitant les références données auparavant:
'Ils [les Juifs] ne connaissaient point Hippocrate; mais ils avaient un livre intitulé *la
clavicule de Salomon*, qui contenait tous les secrets de chasser les diables par des
paroles, en mettant sous le nez des possédés une petite racine nommée barath' (*OCV*,
t.79B, p.405). La source est très certainement Flavius Josèphe, qui dans les *Antiquités
judaïques* (voir *Histoire des Juifs*, 5 vol., Paris, 1735-1736, BV1743), au livre 8, ch.2,
section 5 revient sur les connaissances médicales attribuées à Salomon et fait état d'un
exorcisme pratiqué devant Vespasien.

[57] C'est à Moïse que la tradition attribue la paternité du Pentateuque. Mais
Voltaire ne cesse de contester la validité de cette assertion: explicitement comme dans
le *Sermon des cinquante*, où il est question de 'ce livre si faussement imputé à Moyse'
(voir *OCV*, t.49A, p.96) ou moins frontalement, comme dans l'ouverture de l'article
'Moïse' du *Dictionnaire philosophique* ('En vain plusieurs savants ont cru que le
Pentateuque ne peut avoir été écrit par Moïse', *OCV*, t.36, p.386) et dans *L'Examen
important de milord Bolingbroke* ('On me donne à lire des livres de Moïse, je dois
m'informer d'abord si ces livres sont de lui', *OCV*, t.62, p.174).

persuadé de l'existence de la magie, qu'il représente les sorciers attitrés de Pharaon opérant les mêmes prodiges que Moïse. Ils changèrent leurs bâtons en serpents comme Moïse, ils changèrent les eaux en sang comme lui, ils couvrirent comme lui la terre de grenouilles, etc. etc. [58] Ce ne fut que sur l'article des poux [59] qu'ils furent vaincus; sur quoi on a très bien dit *que les Juifs en savaient plus que les autres peuples en cette partie.* [60]

Cette fureur de la magie commune à toutes les nations disposa les hommes à une cruauté religieuse et infernale avec laquelle ils ne sont certainement pas nés, puisque de mille enfants vous n'en trouvez pas un seul qui aime à verser le sang humain.

Nous ne pouvons pas mieux faire que de transcrire ici un passage de l'auteur de *La Philosophie de l'histoire* [61] (*o*), [62] quoiqu'il ne soit pas de notre avis en tout.

250

255

(*o*) *Phil. de l'hist.* page 143.

250   K84: grenouille, etc. Ce
n.*o*   68, EJ69, EJ72: *Phil. de l'hist.* page 171.
          NM: *Phil. de l'hist.* page 171.

[58] Sur les dix plaies d'Egypte voir Exode 7-12.

[59] Voir Exode 8:16. Les traductions varient sur le choix des insectes: Lemaître de Sacy a choisi les 'moucherons' tandis que, de nos jours, la traduction œcuménique de la Bible préfère les 'moustiques'. Le choix par Voltaire du terme de 'poux' provient de la lecture orientée de Calmet: 'La plupart des Anciens croient que ce terme signifie une sorte de mouches. Mais Bochart soutient, qu'il signifie des poux: il est suivi par plusieurs interprètes, et il a dans son parti tous les rabbins, le Chaldéen, Joseph, Pagnin, Arias Montanus, Vatable, etc.' (*Commentaire littéral*, t.2, p.68).

[60] Brève autocitation dans cette œuvre qui n'en manque pas: c'est Voltaire qui a soutenu dans le *Sermon des cinquante*, en suivant un ordre légèrement différent, que 'les Juifs en cette partie en savaient plus que les autres' (*OCV*, t.49A, p.104). Il le redira encore en 1767 dans *L'Examen important de milord Bolingbroke*: 'les Juifs en fait de poux en savaient plus que tous les magiciens du monde' (*OCV*, t.62, p.179).

[61] Rappelons que l'auteur de *La Philosophie de l'histoire* (*OCV*, t.59) de 1765 est censé être 'feu l'abbé Bazin', son 'neveu', qui dédie l'ouvrage à Catherine II, s'étant chargé d'éditer son ouvrage posthume. C'est cette supercherie qui explique le choix du titre de l'ouvrage de 1768, *La Défense de mon oncle* (*OCV*, t.64): ce livre se veut un supplément pour répliquer à l'attaque dont *La Philosophie de l'histoire* a été l'objet.

[62] La pagination donnée dès la première édition (p.171) indique que Voltaire a

'Si nous lisions l'histoire des Juifs écrite par un auteur d'une   260
autre nation, nous aurions peine à croire qu'il y ait eu en effet un
peuple fugitif d'Egypte, qui soit venu par ordre exprès de Dieu
immoler sept ou huit petites nations qu'il ne connaissait pas,
égorger sans miséricorde toutes les femmes, les vieillards et les
enfants à la mamelle, et ne réserver que les petites filles; [63] que ce   265
peuple saint ait été puni de son Dieu quand il avait été assez
criminel pour épargner un seul homme dévoué à l'anathème. Nous
ne croirions pas qu'un peuple si abominable eût pu exister sur la
terre: mais comme cette nation elle-même nous rapporte tous ces
faits dans ses livres saints, il faut la croire.   270

'Je ne traite point ici la question si ces livres ont été inspirés.
Notre sainte Eglise qui a les Juifs en horreur, nous apprend que les
livres juifs ont été dictés par le Dieu créateur et père de tous les
hommes; je ne puis en former aucun doute, ni me permettre même
le moindre raisonnement.   275

'Il est vrai que notre faible entendement ne peut concevoir dans
Dieu une autre sagesse, une autre justice, une autre bonté que celle
dont nous avons l'idée; mais enfin, il a fait ce qu'il a voulu; ce n'est
pas à nous de le juger; je m'en tiens toujours au simple historique.

'Les Juifs ont une loi par laquelle il leur est expressément   280
ordonné de n'épargner aucune chose, aucun homme dévoué au
Seigneur; *on ne pourra le racheter, il faut qu'il meure*, dit la loi du
Lévitique, chap.XXVII. [64] C'est en vertu de cette loi qu'on voit

---

utilisé l'édition d'Amsterdam chez Changuion de 1765, en 256 pages (c'est-à-dire
l'édition E dans *OCV*, t.59, p.79). Dans l'encadrée, ce renvoi est mis à jour (mais il
faut lire t.14, p.134 de cette même édition, et non p.143). Pour le texte, on se reportera
à *OCV*, t.59, p.213-15: il s'agit des derniers paragraphes du chapitre 36 ('Des victimes
humaines').

[63] Voir Nombres 31:17-18 et 32-36. La citation est donnée dans *Dieu et les hommes*
(*OCV*, t.69, p.373), elle figurait déjà dans le *Sermon des cinquante* (*OCV*, t.49A, p.83-
84).

[64] Voir Lévitique 27:29: 'Tout ce qui aura été offert par un homme, et consacré au
Seigneur, ne se rachètera point, mais il faudra nécessairement qu'il meure' (trad.
Lemaître de Sacy). La citation était également donnée dans l'article 'Jephté' du

Jephté immoler sa propre fille,[65] le prêtre Samuel couper en
morceaux le roi Agag.[66] Le Pentateuque nous dit que dans le   285
petit pays de Madian, qui est environ de neuf lieues carrées, les
Israélites ayant trouvé six cent soixante-quinze mille brebis,
soixante et douze mille bœufs, soixante et un mille ânes, et
trente-deux mille filles vierges, Moïse commanda qu'on massacrât
tous les hommes, toutes les femmes et tous les enfants, mais qu'on   290
gardât les filles, dont trente-deux seulement furent immolées.[67] Ce
qu'il y a de remarquable dans ce dévouement, c'est que ce même
Moïse était gendre du grand-prêtre des Madianites, Jéthro, qui lui
avait rendu les plus signalés services, et qui l'avait comblé de
bienfaits.   295

'Le même livre nous dit que Josué, fils de Nun, ayant passé avec
sa horde la rivière du Jourdain à pied sec, et ayant fait tomber au son
des trompettes les murs de Jérico,[68] dévoué à l'anathème, il fit périr
tous les habitants dans les flammes; qu'il conserva seulement Rahab

---

Dictionnaire philosophique (voir *OCV*, t.36, p.241), elle le sera à nouveau dans *Dieu et
les hommes* (voir *OCV*, t.69, p.373).

[65] Voir Juges 11:30-40. Le passage sera cité dans *Dieu et les hommes* (*OCV*, t.69,
p.373). Il avait fait l'objet d'un renvoi erroné au chapitre 12 des Juges dans l'article
'Jephté' du *Dictionnaire philosophique* (voir *OCV*, t.36, p.241).

[66] Voir 1 Rois [1 Samuel] 15:33. Une des scies voltairiennes: la formulation, sauf
l'incise sur Jephté, est identique dans l'article 'Jephté' du *Dictionnaire philosophique*
('C'est en vertu de cette loi que Samuël coupa en morceaux le roi Agag', *OCV*, t.36,
p.242) et la référence à ce meurtre se retrouve à plusieurs reprises dans l'ouvrage
(voir *OCV*, t.36, p.109, 225, 486). Le caractère très spectaculaire de cette scène de
boucherie humaine a contribué sans doute à sa mise en fiction: on la retrouve en
comparaison burlesque dans *La Pucelle* où Voltaire annote en 1762 le passage
évoquant l'épisode (voir *OCV*, t.7, p.510), et en scène grandguignolesque dans *Saül*
(acte 1, scène 3, voir *OCV*, t.56A, p.478). La référence au meurtre d'Agag est
constante depuis *Des Juifs* (*OCV*, t.45B, p.117) jusqu'à *La Bible enfin expliquée*
(*OCV*, t.79A, p.352-53, n.*ak*), en passant par *L'Examen important de milord
Bolingbroke* (*OCV*, t.62, p.200), le *Traité sur la tolérance* (*OCV*, t.56C, p.201), *Les
Questions de Zapata* (*OCV*, t.62, p.395), *Dieu et les hommes* (*OCV*, t.69, p.357), *Un
chrétien contre six Juifs* (*OCV*, t.79B, p.195-98).

[67] Sur l'extermination des Madianites, voir le chapitre 31 des Nombres; pour les
chiffres des victimes et du butin avancés par Voltaire, précisément Nombres 31:32-40.

[68] Voir Josué 6:20.

la paillarde [69] et sa famille qui avait caché les espions du saint peuple;   300
que le même Josué dévoua à la mort douze mille habitants de la ville
de Hai, [70] qu'il immola au Seigneur trente et un rois du pays, tous
soumis à l'anathème et qui furent pendus. Nous n'avons rien de
comparable à ces assassinats religieux dans nos derniers temps, si ce
n'est peut-être la Saint-Barthelemi et les massacres d'Irlande. [71]   305

'Ce qu'il y a de triste, c'est que plusieurs personnes doutent que
les Juifs aient trouvé six cent soixante et quinze mille brebis et
trente-deux mille filles pucelles dans le village d'un désert au milieu
des rochers, et que personne ne doute de la Saint-Barthelemi. Mais
ne cessons de répéter combien les lumières de notre raison sont   310
impuissantes pour nous éclairer sur les étranges événements de
l'antiquité, et sur les raisons que Dieu, maître de la vie et de la mort,
pouvait avoir de choisir le peuple juif pour exterminer le peuple
cananéen.'

Nos chrétiens, il le faut avouer, n'ont que trop imité ces   315
anathèmes barbares tant recommandés chez les Juifs; c'est de ce
fanatisme que sortirent les croisades qui dépeuplèrent l'Europe
pour aller immoler en Syrie des Arabes et des Turcs à Jésus-Christ.
C'est ce fanatisme qui enfanta les croisades contre nos frères
innocents appelés hérétiques; c'est ce fanatisme toujours teint de   320
sang qui produisit la journée infernale de la Saint-Barthelemi; et
remarquez que c'est dans ce temps affreux de la Saint-Barthelemi
que les hommes étaient le plus abandonnés à la magie. Un prêtre
nommé Séchelle, [72] brûlé pour avoir joint aux sortilèges les
empoisonnements et les meurtres, avoua dans son interrogatoire   325
que le nombre de ceux qui se croyaient magiciens passait dix-huit
mille, tant la démence de la magie est toujours compagne de la

[69] Voir Josué 6:17 et 23.
[70] Voir Josué 8:25.
[71] Rapprochement des deux massacres que Voltaire reprend dans les *Conseils raisonnables* (voir ligne 65, n.12).
[72] Le personnage est déjà cité dans une note de 1730 à *La Henriade*: 'Catherine de Médicis avait mis la magie si fort à la mode en France qu'un prêtre nommé Séchelles, qui fut brûlé en Grève sous Henri III pour sorcellerie, accusa douze cents personnes de ce prétendu crime' (*OCV*, t.2, p.488).

fureur religieuse, comme certaines maladies épidémiques en amènent d'autres, et comme la famine produit souvent la peste.

Maintenant qu'on ouvre toutes les annales du monde, qu'on interroge tous les hommes, on ne trouvera pas un seul théiste coupable de ces crimes. Non, il n'y en a pas un qui ait jamais prétendu savoir l'avenir au nom du diable, ni qui ait été meurtrier au nom de Dieu.

On nous dira que les athées sont dans les mêmes termes, qu'ils n'ont jamais été ni des sorciers ridicules, ni des fanatiques barbares. Hélas! que faudra-t-il en conclure? que les athées, tout audacieux, tout égarés qu'ils sont, tout plongés dans une erreur monstrueuse, sont encore meilleurs que les Juifs, les païens et les chrétiens fanatiques.

Nous condamnons l'athéisme, nous détestons la superstition barbare; nous aimons Dieu et le genre humain; voilà nos dogmes.

DES PERSÉCUTIONS CHRÉTIENNES

On a tant prouvé [73] que la secte des chrétiens est la seule qui ait jamais voulu forcer les hommes, le fer et la flamme dans les mains, à penser comme elle, que ce n'est plus la peine de le redire. On nous objecte en vain que les mahométans ont imité les chrétiens; cela n'est pas vrai. [74] Mahomet et ses Arabes ne violentèrent que les

[73] Ce pronom indéfini pourrait bien viser essentiellement les œuvres de Voltaire lui-même: l'intolérance du christianisme est l'objet de tout ou partie de la production antichrétienne de Voltaire, soit, pour ne retenir que les plus importants jusqu'à *La Profession de foi*: le *Sermon des cinquante*, *L'Examen important de milord Bolingbroke*, le *Catéchisme de l'honnête homme*, le *Dictionnaire philosophique*, le *Traité sur la tolérance*, *La Philosophie de l'histoire* et *La Défense de mon oncle*.

[74] La relative tolérance du monde musulman en matière religieuse est régulièrement rappelée par Voltaire dans ses œuvres: elle manifeste tactiquement, par contraste, la rigidité doctrinale du christianisme. Voltaire le rappelle fermement dans l'*Essai sur les mœurs* en brossant le tableau de la loi musulmane (*OCV*, t.22, p.158-59). Elle sera particulièrement soulignée en 1772 dans le dernier paragraphe du 'Discours d'un turc' d'*Il faut prendre un parti*: 'Ajoutez à tous ces caractères de vérité la tolérance. Songez que nous avons dans le seule ville de Stamboul plus de cent mille

Mecquois qui les avaient persécutés; ils n'imposèrent aux étrangers vaincus qu'un tribut annuel de douze drachmes par tête, tribut dont on pouvait se racheter en embrassant la religion musulmane. 350

Quand ces Arabes eurent conquis l'Espagne et la province narbonnaise, ils leur laissèrent leur religion et leurs lois. Ils laissent encore vivre en paix tous les chrétiens de leur vaste empire. Vous savez, grand prince, que le sultan des Turcs nomme lui-même le patriarche des chrétiens grecs et plusieurs évêques. Vous savez que 355 ces chrétiens portent leur Dieu en procession librement dans les rues de Constantinople, tandis que chez les chrétiens il est de vastes pays où l'on condamne à la potence ou à la roue tout pasteur calviniste qui prêche, et aux galères quiconque les écoute. O nations! comparez et jugez. 360

Nous prions seulement les lecteurs attentifs de relire ce morceau d'un petit livre excellent qui a paru depuis peu, intitulé *Conseils raisonnables, etc.* [75]

'Vous parlez toujours de martyrs. Eh! monsieur, ne sentez-vous pas combien cette misérable preuve s'élève contre nous? Insensés 365 et cruels que nous sommes, quels barbares ont jamais fait plus de martyrs que nos barbares ancêtres? Ah monsieur, vous n'avez donc pas voyagé? vous n'avez pas vu à Constance la place où Jérôme de Prague dit à un des bourreaux du concile qui voulait allumer son bûcher par derrière? *Allume par devant, si j'avais craint les flammes* 370 *je ne serais pas venu ici.* Vous n'avez pas été à Londres, où parmi tant de victimes que fit brûler l'infâme reine Marie fille du tyran Henri VIII, une femme accouchant au pied du bûcher, on y jeta l'enfant avec la mère par l'ordre d'un évêque. [76]

---

chrétiens de toutes sectes, qui étalent en paix toutes les cérémonies de leurs cultes différents, et qui vivent si heureux sous la protection de nos lois, qu'ils ne daignent jamais venir chez vous, tandis que vous accourez en foule à notre porte impériale' (*OCV*, t.74B, p.59).

[75] Pour l'annotation on se reportera à l'édition dans ce volume p.91-98, lignes 454-532.

[76] Cette dernière phrase est absente de toutes les éditions des *Conseils raisonnables*. Sur cette anomalie, voir p.52.

'Avez-vous jamais passé dans Paris par la Grève où le 375
conseiller-clerc Anne Dubourg, neveu du chancelier, chanta des
cantiques avant son supplice? Savez-vous qu'il fut exhorté à cette
héroïque constance par une jeune femme de qualité nommée
Mme de La Caille, qui fut brûlée quelques jours après lui? Elle
était chargée de fers dans un cachot voisin du sien, et ne recevait le 380
jour que par une petite grille pratiquée en haut dans le mur qui
séparait ces deux cachots. Cette femme entendait le conseiller qui
disputait sa vie contre ses juges par les formes des lois. *Laissez là*,
lui cria-t-elle, *ces indignes formes; craignez-vous de mourir pour votre
Dieu?* 385

'Voilà ce qu'un indigne historien tel que le jésuite Daniel n'a
garde de rapporter, et ce que d'Aubigné et les contemporains nous
certifient.

'Faut-il vous montrer ici la foule de ceux qui furent exécutés à
Lyon, dans la place des Terreaux, depuis 1546? Faut-il vous faire 390
voir Mlle de Cagnon suivant dans une charrette cinq autres
charrettes chargées d'infortunés condamnés aux flammes, parce
qu'ils avaient le malheur de ne pas croire qu'un homme pût changer
du pain en Dieu? Cette fille malheureusement persuadée que la
religion réformée est la véritable, avait toujours répandu des 395
largesses parmi les pauvres de Lyon. Ils entouraient en pleurant
la charrette où elle était traînée chargée de fers. *Hélas!* lui criaient-
ils, *nous ne recevrons plus d'aumône de vous. Eh bien*, dit-elle, *vous en
recevrez encore*, et elle leur jeta ses mules de velours que ses
bourreaux lui avaient laissées. 400

'Avez-vous vu la place de l'Estrapade à Paris, elle fut couverte,
sous François Ier de corps réduits en cendre. Savez-vous comme on
les faisait mourir? On les suspendait à de longues bascules qu'on
élevait et qu'on baissait tour à tour sur un vaste bûcher, afin de leur
faire sentir plus longtemps toutes les horreurs de la mort la plus 405
douloureuse. On ne jetait ces corps sur les charbons ardents que

395   K84:   réformée était la

155

lorsqu'ils étaient presque entièrement rôtis, et que leurs membres retirés, leur peau sanglante et consumée, leurs yeux brûlés, leur visage défiguré, ne leur laissaient plus l'apparence de la figure humaine.

'Le jésuite Daniel suppose sur la foi d'un infâme écrivain de ce temps-là, que François Ier dit publiquement qu'il traiterait ainsi le dauphin son fils s'il donnait dans les opinions des réformés. Personne ne croira qu'un roi qui ne passait pas pour un Néron ait jamais prononcé de si abominables paroles. Mais la vérité est que tandis qu'on faisait à Paris ces sacrifices de sauvages qui surpassent tout ce que l'Inquisition a jamais fait de plus horrible, François Ier plaisantait avec ses courtisans, et couchait avec sa maîtresse. Ce ne sont pas là, monsieur, des histoires de sainte Potamienne, de sainte Ursule et des onze mille vierges; c'est un récit fidèle de ce que l'histoire a de moins incertain.

'Le nombre des martyrs réformés soit vaudois, soit albigeois, soit évangéliques est innombrable. Un nommé Pierre Bergier fut brûlé à Lyon en 1552, avec René Poyet parent du chancelier Poyet. On jeta dans le même bûcher Jean Chambon, Louis Dimonet, Louis de Marsac, Etienne de Gravot, et cinq jeunes écoliers. Je vous ferais trembler si je vous faisais voir la liste des martyrs que les protestants ont conservée.

'Pierre Bergier chantait un psaume de Marot en allant au supplice. Dites-nous en bonne foi si vous chanteriez un psaume latin en pareil cas? Dites-nous si le supplice de la potence, de la roue ou du feu est une preuve de la religion? C'est une preuve sans doute de la barbarie humaine. C'est une preuve que d'un côté il y a des bourreaux, et de l'autre des persuadés.

'Non, si vous voulez rendre la religion chrétienne aimable, ne parlez jamais de martyrs. Nous en avons fait cent fois, mille fois plus que tous les païens. Nous ne voulons point répéter ici ce qu'on a tant dit des massacres des Albigeois, des habitants de Mérindol, de la Saint-Barthelemi, de soixante ou quatre-vingt mille Irlandais protestants égorgés, assommés, pendus, brûlés par les catholiques; de ces millions d'Indiens tués comme des lapins dans des garennes

410

415

420

425

430

435

440

aux ordres de quelques moines. Nous frémissons, nous gémissons; mais il faut le dire, parler de martyrs à des chrétiens, c'est parler de gibets et de roues à des bourreaux et à des records.'

Après tant de vérités, nous demandons au monde entier si jamais 445 un théiste a voulu forcer un homme d'une autre religion à embrasser le théisme, tout divin qu'il est. Ah! c'est parce qu'il est divin qu'il n'a jamais violenté personne. Un théiste a-t-il jamais tué? Que dis-je, a-t-il frappé un seul de ses insensés adversaires? Encore une fois, comparez et jugez. 450

Nous pensons enfin qu'il faut imiter le sage gouvernement chinois, qui depuis plus de cinquante siècles offre à Dieu des hommages purs, et qui l'adorant en esprit et en vérité, laisse la vile populace se vautrer dans la fange des étables des bonzes; il tolère ces bonzes, et il les réprime, il les contient si bien qu'ils n'ont pu 455 exciter le moindre trouble sous la domination chinoise ni sous la tartare. Nous allons acheter dans cette terre antique de la porcelaine, du laque, du thé, des paravents, des magots, des commodes, de la rhubarbe, de la poudre d'or: que n'allons-nous y acheter la sagesse? 460

DES MŒURS

Les mœurs des théistes sont nécessairement pures; puisqu'ils ont toujours le Dieu de la justice et de la pureté devant les yeux, le Dieu qui ne descend point sur la terre pour ordonner qu'on vole les Egyptiens, pour commander à Osée de prendre une concubine à prix d'argent et de coucher avec une femme adultère (*p*). [77] 465

Aussi ne nous voit-on pas vendre nos femmes comme Abra-

(*p*) Osée, chap. premier.

[77] Voir Osée 1:2 et 3:1.

ham,[78] nous ne nous enivrons point comme Noé.[79] Et nos fils n'insultent pas au membre respectable qui les a fait naître;[80] nos filles ne couchent point avec leurs pères comme les filles de Loth,[81] et comme la fille du pape Alexandre VI.[82] Nous ne violons point   470
nos sœurs comme Ammon viola sa sœur Thamar;[83] nous n'avons point parmi nous de prêtres qui nous aplanissent la voie du crime en osant nous absoudre de la part de Dieu de toutes les iniquités que sa loi éternelle condamne. Plus nous méprisons les superstitions qui nous environnent, plus nous nous imposons la douce nécessité   475
d'être justes et humains. Nous regardons tous les hommes avec des yeux fraternels; nous les secourons indistinctement; nous tendons des mains favorables aux superstitieux qui nous outragent.

Si quelqu'un parmi nous s'écarte de notre loi divine, s'il est injuste et perfide envers ses amis, ingrat envers ses bienfaiteurs; si son   480
orgueil inconstant et féroce contriste ses frères, nous le déclarons indigne du saint nom de théiste: nous le rejetons de notre société; mais sans lui vouloir de mal, et toujours prêts à lui faire du bien; persuadés qu'il faut pardonner, et qu'il est beau de faire des ingrats.

Si quelqu'un de nos frères voulait apporter le moindre trouble   485
dans le gouvernement, il ne serait plus notre frère. Ce ne furent certainement pas des théistes qui excitèrent autrefois les révoltes de

477   β: fraternels; secourons [*erreur*]

[78] Voltaire pense ici, comme dans l'article 'Abraham' du *Dictionnaire philosophique* (voir *OCV*, t.35, p.294), aux richesses obtenues par Abraham grâce aux faveurs que sa femme Sara a reçues du Pharaon (Genèse 12:16) et d'Abimélech (Genèse 20:14).

[79] Voir Genèse 9:21.

[80] Voir Genèse 9:22.

[81] Voir Genèse 19:33-36.

[82] Figure traditionnelle de la déliquescence morale de la curie romaine. Voltaire avait peint Alexandre VI en libertin libre penseur dans la première section de l'article 'Foi' du *Dictionnaire philosophique* où les mêmes accusations d'inceste étaient proférées (*OCV*, t.36, p.121-24). L'*Essai sur les mœurs*, ch.111 (*OCV*, t.25, p.103-19), est plus discret sur le sujet. Voltaire suit Francesco Guicciardini, *La Historia d'Italia* (Genève, 1621, BV1569), et surtout Alexander Gordon, *La Vie du pape Alexandre VI et de son fils César Borgia* (Amsterdam, 1732, BV1493).

[83] Voir 2 Rois [2 Samuel] 13:14.

Naples,[84] qui ont trempé récemment dans la conspiration de
Madrid,[85] qui allumèrent les guerres de la Fronde et des Guises
en France, celle de trente ans dans notre Allemagne etc. etc. etc.[86]   490
Nous sommes fidèles à nos princes, nous payons tous les impôts
sans murmures. Les rois doivent nous regarder comme les
meilleurs citoyens et les meilleurs sujets. Séparés du vil peuple
qui n'obéit qu'à la force et qui ne raisonne jamais, plus séparés
encore des théologiens qui raisonnent si mal, nous sommes les   495
soutiens des trônes que les disputes ecclésiastiques ont ébranlés
pendant tant de siècles.

Utiles à l'Etat, nous ne sommes point dangereux à l'Eglise; nous
imitons Jésus, qui allait au temple.[87]

DE LA DOCTRINE DES THÉISTES

Adorateurs d'un Dieu, amis des hommes, compatissants aux   500
superstitions même que nous réprouvons, nous respectons toute
société, nous n'insultons aucune secte; nous ne parlons jamais avec

---

[84] Voltaire fait référence à la révolte de Naples contre la domination du roi
d'Espagne en 1647 dans le *Siècle de Louis XIV*, ch.3 (voir *OCV*, t.13A, p.52).

[85] Voltaire fait sans doute allusion à la révolte contre le ministre Leopoldo de
Gregorio, marquis d'Esquilache (1701-1785), qui, du 23 au 26 mars 1766, en débutant
à Madrid, s'est répandue dans toute l'Espagne. Le roi finit par accepter les conditions
des mutins qui exigent la renvoi dans sa terre natale, l'Italie, de ce ministre éclairé,
inspiré par les physiocrates, qui a suscité l'hostilité grandissante de la noblesse de
cour et de l'Eglise. Notons que Voltaire a pu être informé de l'actualité politique
récente de l'Espagne grâce à la visite, fin avril ou début mai 1768, de deux Espagnols
de condition, le duc de Villahermosa et surtout le marquis de Mora, fils de
l'ambassadeur d'Espagne en France, le comte de Fuentès, et gendre du puissant
ministre, le comte d'Aranda, aux commandes de l'Etat depuis 1765 (voir les *Conseils
raisonnables*, lignes 542-44, n.91).

[86] Cette guerre, qui s'est déroulée de 1618 à 1648 principalement en Europe
centrale, est étudiée dans le chapitre 178 de l'*Essai sur les mœurs* qui en parle comme
d'un 'carnage de trente années' (*OCV*, t.26c, p.34).

[87] Sur Jésus au milieu des docteurs du temple, voir Luc 2:46-47; pour sa
fréquentation du temple lors de son retour final à Jérusalem, voir Marc 11:11;
Matthieu 21:12; Luc 19:45-47.

dérision, avec mépris, de Jésus[88] qu'on appelle le Christ; au contraire nous le regardons comme un homme distingué entre les hommes par son zèle, par sa vertu, par son amour de l'égalité fraternelle; nous le plaignons comme un réformateur peut-être un peu inconsidéré, qui fut la victime des fanatiques persécuteurs.

Nous révérons en lui un théiste israélite, ainsi que nous louons Socrate,[89] qui fut un théiste athénien. Socrate adorait un Dieu et

505

[88] L'assertion confine à la mauvaise foi, s'agissant au moins de Voltaire lui-même: outre les sous-entendus dénigrants de l'article 'Messie' du *Dictionnaire philosophique*, il faut prendre en compte les chapitres 11 et 12 de *L'Examen important de milord Bolingbroke* qui ne s'embarrassent pas de circonlocutions: 'Tout ce qu'on nous conte de ce Jésus est digne de l'Ancien Testament et de *Bedlam*. [...] Jésus est évidemment un paysan grossier de la Judée' (*OCV*, t.62, p.214 et 221). En fait, l'image que donne Voltaire de Jésus-Christ n'est pas uniforme et obéit à des considérations tactiques. La position que défend Voltaire dans *La Profession de foi des théistes* est proche de celle que l'adorateur adoptait dans le *Dialogue du douteur et de l'adorateur*: 'L'histoire véritable de Jésus n'était probablement que celle d'un homme juste qui avait repris les vices des pharisiens et que les pharisiens firent mourir. On en fit ensuite un prophète, et au bout de trois cents ans on en fit un Dieu; voilà la marche de l'esprit humain' (*OCV*, t.61A, p.319). Il loue son action quand elle peut se rapporter à l'idéal théiste qu'il promeut, et qu'elle met en évidence le poids des conservatismes sociaux et religieux: c'est l'image de l'homme persécuté qui l'attire alors. Mais l'individu, sa prédication et ses coups d'éclat sont foncièrement regardés avec dédain par Voltaire. Voir R. Pomeau, *La Religion de Voltaire* (Paris, 1994), p.377-82.

[89] C'est Voltaire lui-même, qui, dans le climat antiphilosophique de l'affaire des 'Cacouacs', représenta le premier sur la scène la figure de Socrate. Son *Socrate* en 1759 (voir *OCV*, t.49B, p.265-345), bien que n'y soit pas employé, pour éviter l'anachronisme, le terme de 'théiste', se fait le porte-parole de la croyance en un dieu unique détachée de toute forme de superstition: Socrate s'en explique devant ses juges au début de l'acte 3 (p.332-34). Sur la fortune plus générale de Socrate en tant que figure des Lumières, on se reportera à Raymond Trousson, *Socrate devant Voltaire, Diderot et Rousseau: la conscience en face du mythe* (Paris, 1967). Le parallèle entre Socrate et Jésus était une des audaces du *Traité sur la tolérance* de 1763 (voir *OCV*, t.56C, p.222-23). Voltaire récidive dans le court *Dialogue du douteur et de l'adorateur* (présumé de 1766): au douteur qui demande à son interlocuteur de préciser sa religion, l'adorateur répond: 'C'est non seulement celle de Socrate qui se moquait des fables des Grecs, mais celle de Jésus qui confondait les pharisiens' (*OCV*, t.61A, p.316). *La Profession de foi des théistes* radicalise le propos: ce n'est plus Jésus qui sert de modèle obligé comme dans le *Traité* ('si l'on ose comparer le sacré avec le profane', *OCV*, t.56C, p.222), c'est Socrate qui sert d'étalon au théisme de Jésus défiguré par ses sectateurs. Dans l'article 'Religion' des *Questions sur*

l'appelait du nom de *père*, comme le dit son évangéliste Platon. 510
Jésus appela toujours Dieu du nom de *père*, et la formule de prière
qu'il enseigna commence par ces mots si communs dans Platon,
Notre père. Ni Socrate ni Jésus n'écrivirent jamais rien; ni l'un ni
l'autre n'institua une religion nouvelle. Certes, si Jésus avait voulu
faire une religion, il l'aurait écrite. S'il est dit que Jésus envoya ses 515
disciples pour baptiser, il se conforma à l'usage. Le baptême était
d'une très haute antiquité chez les Juifs; c'était une cérémonie
sacrée, empruntée des Egyptiens et des Indiens, ainsi que presque
tous les rites judaïques. [90] On baptisait tous les prosélytes chez les
Hébreux. Les mâles recevaient le baptême après la circoncision. 520
Les femmes prosélytes étaient baptisées, cette cérémonie ne
pouvait se faire qu'en présence de trois anciens au moins; sans
quoi la régénération était nulle. Ceux qui parmi les Israélites
aspiraient à une plus haute perfection, se faisaient baptiser dans le
Jourdain. Jésus lui-même se fit baptiser par Jean, quoique aucun de 525
ses apôtres ne fût jamais baptisé.

Si Jésus envoya ses disciples pour chasser les diables, il y avait
déjà très longtemps que les Juifs croyaient guérir des possédés et
chasser des diables. Jésus même l'avoue dans le livre qui porte le
nom de Matthieu (*q*). [91] Il convient que les enfants même chassaient 530
les diables.

(*q*) Matthieu, chap.XII.

n.*q*   w68: Matthieu, chap.XXII.

---

l'Encyclopédie, Socrate et Jésus se succéderont en tant qu'interlocuteurs du narrateur
(*OCV*, t.43, p.139-43).

[90] Depuis les *Lettres philosophiques* où le quaker le refuse, Voltaire s'est souvent
penché sur la question du baptême. Il en traite historiquement dans l'article
'Baptême' du *Dictionnaire philosophique* (*OCV*, t.35, p.397-406), dont de larges
extraits composeront l'essentiel de l'article du même nom dans les *Questions sur
l'Encyclopédie* (*OCV*, t.39, p.305-13): l'antiquité de ce rite, venu d'Inde et repris
ensuite par les Juifs via les Egyptiens, y est, comme ici, affirmée. Elle le sera encore
dans les *Fragments sur l'Inde* en 1773 (voir *OCV*, t.75B, p.220-21).

[91] Voir Matthieu 12:27: 'Et si c'est par Béelzébuth que je chasse les démons, par qui

Jésus à la vérité observa toutes les institutions judaïques;[92] mais, par toutes ses invectives contre les prêtres de son temps, par les injures atroces qu'il disait aux pharisiens, et qui lui attirèrent son supplice, il paraît qu'il faisait aussi peu de cas des superstitions judaïques que Socrate des superstitions athéniennes. 535

Jésus n'institua rien qui eût le moindre rapport aux dogmes chrétiens; il ne prononça jamais le mot de chrétien: quelques-uns de ses disciples ne prirent ce surnom que plus de trente ans après sa mort. 540

L'idée d'oser faire d'un Juif le Créateur du ciel et de la terre, n'entra certainement jamais dans la tête de Jésus. Si on s'en rapporte aux Evangiles, il était plus éloigné de cette étrange prétention que la terre ne l'est du ciel. Il dit expressément avant d'être supplicié, *Je vais à mon père qui est votre père, à mon Dieu qui* 545 *est votre Dieu (r).*[93]

Jamais Paul, tout ardent enthousiaste qu'il était, n'a parlé de Jésus que comme d'un homme choisi par Dieu même pour ramener les hommes à la justice.[94]

(r) Jean, chap.XX.

542 K84: Si l'on

---

vos enfants les chassent-ils? C'est pourquoi ils seront eux-mêmes vos juges' (trad. Lemaître de Sacy). Citation que Voltaire donne intégralement à l'article 'Christianisme' du *Dictionnaire philosophique* (*OCV*, t.35, p.571).

[92] Voir *Traité sur la tolérance*: 'Jésus observa tous les points de la loi' (*OCV*, t.56c, p.223). Cette idée, plusieurs fois rappelée, se trouve aussi dans l'entretien fantasmé entre Jésus et le narrateur à l'article 'Religion' des *Questions sur l'Encyclopédie*: 'Quoi! ces misérables n'avaient pas même à vous reprocher de vous être écarté de leurs lois?' (*OCV*, t.43, p.141). C'est un moyen de rejudaïser Jésus que Voltaire oppose à la dénégation chrétienne de l'héritage juif.

[93] Voir Jean 20:17.

[94] L'article 'Divinité de Jésus' du *Dictionnaire philosophique* évoquait déjà saint Paul 'qui n'appelle jamais Jésus-Christ Dieu, et qui l'appelle homme très souvent' (*OCV*, t.36, p.31). L'article 'Paul' des *Questions sur l'Encyclopédie* développera cette idée en citant l'apôtre pour mieux souligner l'absence de

Et Jésus, ni aucun de ses apôtres n'a dit qu'il eût deux natures et 550
une personne avec deux volontés; que sa mère fût mère de Dieu,
que son esprit fût la troisième personne de Dieu, et que cet esprit
procédât du Père et du Fils. Si on trouve un seul de ces dogmes
dans les quatre Evangiles, qu'on nous le montre, qu'on ôte tout ce
qui lui est étranger, tout ce qu'on lui a attribué en divers temps au 555
milieu des disputes les plus scandaleuses et des conciles qui
s'anathématisèrent les uns les autres avec tant de fureur, que
reste-t-il en lui? un adorateur de Dieu qui a prêché la vertu, un
ennemi des pharisiens, un juste, un théiste; nous osons dire que
nous sommes les seuls qui soient de sa religion, laquelle embrasse 560
tout l'univers dans tous les temps, et qui par conséquent est la seule
véritable.

QUE TOUTES LES RELIGIONS DOIVENT RESPECTER LE THÉISME

Après avoir jugé par la raison entre la sainte et éternelle religion du
théisme, et les autres religions si nouvelles, si inconstantes, si
variables dans leurs dogmes contradictoires, si abandonnées aux 565
superstitions, qu'on les juge par l'histoire et par les faits; on verra
dans le seul christianisme plus de deux cents sectes différentes qui
crient toutes, *mortels, achetez chez moi, je suis la seule qui vend la
vérité, les autres n'étalent que l'imposture.*

Depuis Constantin, on le sait assez, c'est une guerre perpétuelle 570
entre les chrétiens, tantôt bornée aux sophismes, aux fourberies,
aux cabales, à la haine, et tantôt signalée par les carnages.

550   68, EJ69, EJ72: Ni Jésus,
553   K84: Si l'on

---

divinisation de la personne de Jésus-Christ: '*Pourquoi l'appeler toujours homme et
jamais Dieu? [...] Toujours homme, jamais Dieu, excepté un seul endroit contesté par
Erasme, par Grotius, par Le Clerc, etc.*' (*OCV*, t.42B, p.390-91).

Le christianisme tel qu'il est, et tel qu'il n'aurait pas dû être, se fonda sur les plus honteuses fraudes, sur cinquante évangiles apocryphes,[95] sur les constitutions apostoliques reconnues pour supposées, sur des fausses lettres de Jésus, de Pilate, de Tibère, de Sénèque, de Paul, sur les ridicules récognitions de Clément, sur l'imposteur qui a pris le nom d'Harmas, sur l'imposteur Abdias, l'imposteur Marcel, l'imposteur Egésippe, sur la supposition de misérables vers attribués aux sibylles.[96] Et après cette foule de mensonges vient une foule d'interminables disputes. 575 580

Le mahométisme plus raisonnable en apparence et moins impur, annoncé par un seul prophète prétendu, enseignant un seul Dieu, consigné dans un seul livre authentique, se divise pourtant en deux sectes qui se combattent avec le fer, et en plus de douze[97] qui s'injurient avec la plume. 585

[95] Même comptabilité que dans les *Conseils raisonnables*: voir la ligne 170, n.33. Voltaire décrit ces évangiles dans la 'Notice et fragments de cinquante évangiles' de la *Collection d'anciens évangiles* (*OCV*, t.69, p.75-104).

[96] On retrouve la même liste d'exemples que dans les *Conseils raisonnables*, donnés ici de manière plus ramassée. Voir p.78-80, 82 et notes.

[97] La division des musulmans entre sunnites et chiites, ces 'deux sectes qui se combattent avec le fer', est celle que Voltaire rappelle le plus fréquemment. Les 'douze' sectes qui se querellent théologiquement ne sont en revanche jamais évoquées précisément: en 1742, dans *Du fanatisme* Voltaire allait cependant jusqu'à distinguer 'les navariciens, les radaristes, les jabaristes' (*OCV*, t.28B, p.43). L'information de Voltaire sur la théologie musulmane se résume à une source essentielle, la traduction par George Sale du Coran parue en 1734. Elle est flanquée d'un copieux discours préliminaire qui sera traduit en français et publié à part en 1751 à Genève sous le titre *Observations historiques et critiques sur le mahométisme* (BV3076). C'est là, notamment dans la section 8 du discours de Sale, consacrée aux 'principales sectes des mahométans' (p.414), que Voltaire puise ses connaissances sur la théologie musulmane et les différents courants interprétatifs qui la traversent. Sale distingue quatre sectes principales parmi les 'orthodoxes [...] appelés du nom général de *Sonnites* ou *Traditionnaires*' (p.422), ainsi que quatre grandes sectes chez les 'hérétiques' (p.431). Mais dans chacune de ces sectes hérétiques, les courants se divisent en grand nombre: ainsi suivant Sale, les 'Motazalites' sont divisés 'en plusieurs autres sectes inférieures, dont le nombre, selon quelques-uns, monte jusqu'à vingt' (p.437). La comptabilité approximative donnée par Voltaire intègre donc, sans les distinguer précisément, les subdivisions des sectes formant les deux grandes branches de l'islam.

L'antique religion des brahmanes souffre depuis longtemps un grand schisme. Les uns tiennent pour le *Charthabhad*, les autres pour l'*Othorabhad*. [98] Les uns croient la chute des animaux célestes à la place desquels Dieu forma l'homme; fable qui passa ensuite en Syrie et même chez les Juifs du temps d'Hérode. Les autres enseignent une cosmogonie contraire.

Le judaïsme, le sabisme, la religion de Zoroastre rampent dans la poussière. Le culte de Tyr et de Carthage est tombé avec ces puissantes villes. La religion des Miltiades [99] et des Périclès, celle

590

595

---

[98] L'intérêt pour l'Inde est sensible chez Voltaire depuis *La Philosophie de l'histoire*. Les rééditions de l'*Essai sur les mœurs* en portent aussi la trace. Sa principale source d'information est, à l'époque de *La Profession de foi des théistes*, l'ouvrage de John Zephaniah Holwell, *Interesting historical events relative to the province of Bengal and the empire of Indostan*, 2ᵉ éd. (Londres, 1766, BV1666), auquel il faut adjoindre, après 1768, les trois volumes d'Alexander Dow, *The History of Hindostan* (Londres, 1768-1772): Voltaire en possède une version abrégée parue en 1771 sous le titre *Fragment de l'histoire de l'Indostan, de M. Alex. Dow* en tant que second volume de l'ouvrage de Jean Rodolphe Sinner, *Essai sur les dogmes de la métempsychose et du purgatoire enseignés par les Bramins de l'Indostan* (BV3182, 164 et 141p.). C'est dans l'ouvrage d'Holwell en particulier que Voltaire puise l'exposition du *Charthabhad* (ou *Shastabad* selon les orthographes) dont ses œuvres ne cessent de vanter l'antiquité et la simplicité de son monothéisme. La scission entre les partisans du *Charthabhad* et de l'*Othorabhad* est expliquée par Sinner, qui résume Holwell, dans les termes suivants: 'Le peuple de l'Indostan est divisé en deux sectes, qui suivent deux codes différents. De la première sont les peuples qui habitent les bords du Gange, les habitants des provinces du Bengale et d'Orixa, et les parties septentrionales de l'empire Mogol. Ces peuples suivent le code *Chartah Bhade Shastah*. [...] Cinq cents années après, le langage *sanscrit* ayant entièrement passé d'usage, les Bramins compilèrent un nouveau livre, qui fut appelé *Aughtorrah Bhade Shastah*, ou *les dix-huit livres de la parole divine*' (t.1, p.54-55). Ce sont particulièrement les *Fragments sur l'Inde* (*OCV*, t.75B) et les *Lettres chinoises, indiennes et tartares* (*OCV*, t.77B, p.115-207) qui résumeront de manière définitive les enseignements que Voltaire tire de cette théologie primitive admirée. Dans les *Fragments sur l'Inde* Voltaire revient sur les divergences mineures de ses deux sources principales, Holwell et Dow: 'ils ne sont pas d'accord sur des objets très futiles, comme sur la manière de prononcer shasta-bad ou shastra-beda, et si *beda* signifie science ou livre' (*OCV*, t.75B, p.219).

[99] Miltiade le jeune (540-489 av. J.-C.) est un stratège athénien qui s'est illustré lors de la fameuse bataille de Marathon (490 av. J.-C.). Mais après la victoire, il sera accusé de trahison par Xanthippe, le père de Périclès et chef de file des

des Paul Emile et des Caton[100] ne sont plus; celle d'Odin est anéantie, les mystères et les monstres d'Egypte ont disparu; la langue même d'Osiris devenue celle des Ptolomées, est ignorée de leurs descendants; le théisme seul est resté debout parmi tant de vicissitudes, et dans le fracas de tant de ruines, immuable comme le Dieu qui en est l'auteur et l'objet éternel.

600

BÉNÉDICTIONS SUR LA TOLÉRANCE

Soyez béni à jamais, sire. Vous avez établi chez vous la liberté de conscience.[101] Dieu et les hommes vous en ont récompensé. Vos peuples multiplient, vos richesses augmentent, vos Etats prospèrent, vos voisins vous imitent,[102] cette grande partie du monde devient plus heureuse.

605

---

démocrates. Son nom, qui atteste la culture classique de Voltaire, ne semble pas autrement cité dans son œuvre.

[100] Noms fameux de l'histoire romaine, qui engagent plusieurs générations: Voltaire peut penser aussi bien à Paul Emile dit le Macédonien (230-160 av. J.-C.) qu'à son père Paul Emile (mort en 216 av. J.-C.), à Caton l'Ancien (234-149 av. J.-C.) qu'à Caton le Jeune ou d'Utique (95-46 av. J.-C.), autant de grandes figures de l'hellénisme romain. Incarnations par leur vie, voire par leur mort, de la vertu austère et stoïque des Romains, elles sont rattachées pour trois d'entre elles aux guerres puniques.

[101] Cette flatterie semble davantage relever de l'idéalisation du prince mise en scène dans *La Profession de foi des théistes* que des principes ou de la réalité de la politique religieuse de Frédéric II. Il est vrai que le souverain de Prusse se flatte, dans les derniers temps de sa correspondance avec Voltaire, de mener une politique tolérante, jusqu'à imaginer des projets originaux et généreux dont on ne sache pas qu'ils reçurent jamais un début de réalisation: 'Pour moi en fidèle disciple du Patriarche de Ferney, je suis à présent en négociation avec mille familles mahométanes auxquelles je procure des établissements et des mosquées dans la Prusse occidentale' (lettre du 13 août 1775, D19604). L'incompréhension est cependant constante entre le philosophe et le roi sur l'article de la tolérance: pour le premier, la tolérance doit être la manifestation du caractère fondateur du théisme, tandis que pour le second elle est contrainte dans sa mise en œuvre par l'existence des préjugés avec lesquels il faut nécessairement composer pour maintenir l'ordre.

[102] Il faut imaginer ici une allusion à Catherine II, qui s'est affichée, avec l'affaire

Puissent tous les gouvernements, prendre pour modèle cette admirable loi de la Pensilvanie, [103] dictée par le pacifique Pen, et signée par le roi d'Angleterre Charles II, le 4 mars 1681. [104]

'La liberté de conscience étant un droit que tous les hommes ont 610 reçu de la nature, avec l'existence, il est fermement établi que personne ne sera jamais forcé d'assister à aucun exercice public de religion. Au contraire, il est donné plein pouvoir à chacun de faire librement exercice public ou privé de sa religion, sans qu'on le puisse troubler en rien, pourvu qu'il fasse profession de croire un 615 Dieu éternel, tout-puissant, formateur et conservateur de l'univers.' [105]

---

de Bélisaire, comme une championne de la tolérance. Le rapprochement, au demeurant, ne devait guère flatter Frédéric II, qui méprise la Russie. Le vide épistolaire entre Frédéric II et Voltaire en cette période a pu être renforcé par l'engouement de Voltaire pour son nouveau modèle de monarque éclairé.

[103] L'enthousiasme de Voltaire pour cette colonie remonte aux *Lettres philosophiques* dont la quatrième lettre est consacrée à William Penn (voir *Lettres philosophiques*, éd. G. Lanson, 2 vol., Paris, 1930, t.1, p.45-60). Cet enthousiasme est encore perceptible dans le chapitre 153 de l'*Essai sur les mœurs* (*OCV*, t.26A, p.293-94). Il se retrouve dans l'article 'Quaker' des *Questions sur l'Encyclopédie* (*OCV*, t.43, p.71-75). Voltaire fera même du nom de Penn le sésame qui ouvre à Freind, le père de Jenni, le cœur de l'Indien Parouba dans l'*Histoire de Jenni* de 1775: Freind se dit en effet 'le petit-fils de Penn' (*OCV*, t.76, p.87).

[104] Le 4 mars 1681 sont en effet signées par le roi Charles II les lettres patentes qui accordent à William Penn un territoire rebaptisé, selon son nouveau propriétaire, la Pennsylvanie.

[105] Voltaire adapte plus qu'il ne traduit le texte du premier article de cette constitution que Penn rédige pour le nouveau territoire qui porte son nom. Une section de l'article 'Eglise' des *Questions sur l'Encyclopédie*, intitulée 'Des primitifs appelés quakers', retranscrit ce paragraphe, moins la tournure finale sur Dieu, et y ajoute un paragraphe (*OCV*, t.41, p.32-33). La source de Voltaire n'a pas changé depuis les *Lettres philosophiques*: il s'appuie sur *A Collection of the works of William Penn*, 2 vol. (Londres, 1726). Dans le premier volume, qui retrace la vie de Penn, on évoque les *Fundamental Constitutions of Pennsylvania* en vingt-quatre articles. C'est de ce passage que Voltaire s'inspire pour rédiger son paragraphe: 'The first of which Articles, showing that his principle was to give, as well as take *liberty of conscience* in matters of religion, we shall transcribe. / "In reverence to God, the Father of light and spirits, the Author as well as Object of all divine knowledge, faith and worship, I

Par cette loi le théisme a été consacré comme le centre où toutes les lignes vont aboutir, comme le seul principe nécessaire. Aussi qu'est-il arrivé? la colonie pour laquelle cette loi fut faite n'était alors composée que de cinq cents têtes, elle est aujourd'hui de trois cent mille. [106] Nos Souabes, nos Salsbourgeois, nos Palatins, plusieurs autres colons de notre basse Allemagne, des Suédois, des Holstenois ont couru en foule à Philadelphie. Elle est devenue une des plus belles et des plus heureuses villes de la terre, et la métropole de dix villes considérables. Plus de vingt religions sont autorisées dans cette province florissante sous la protection du théisme leur père qui ne détourne point les yeux de ses enfants, tout opposés qu'ils sont entre eux, pourvu qu'ils se reconnaissent pour frères. Tout y est en paix; tout y vit dans une heureuse simplicité, pendant que l'avarice, l'ambition, l'hypocrisie oppriment encore les consciences dans tant de provinces de notre Europe. Tant il est vrai que le théisme est doux et que la superstition est barbare.

---

do for me and mine, declare and establish for the *First Fundamental* of the government of this country, that every person that doth or shall reside therein, shall have and enjoy the free possession of his or her faith and exercise of worship toward *God*, in such way and manner as every such person shall in *conscience* believe is most acceptable to God [...]." / In the next year 1682, he published *The Frame of government of Pennsylvania*, containing twenty-four Articles somewhat varying from the aforesaid *Constitutions*, together with certain other laws to the number of forty agreed on in *England*, by the governor and diverse freemen of the said province: of which laws one was, / "That all persons living in this province, who confess and acknowledge the *One Almighty and Eternal God*, to be the Creator, Upholder and Ruler of the world, and that hold themselves obliged in conscience to live peaceably and justly in civil society, shall in no wise be molested or prejudiced for their *religious persuasion*, or practice in matters of faith and worship; nor shall they be compelled at any time to frequent or maintain any religious worship, place or ministry whatsoever" ' (t.1, p.122-23).

[106] Voltaire a actualisé ses chiffres depuis l'*Essai sur les mœurs* où il indiquait: 'on a compté cent quatre-vingt mille hommes dans la Pensilvanie en 1740' (*OCV*, t.26A, p.294).

QUE TOUTE RELIGION REND TÉMOIGNAGE AU THÉISME

Toute religion rend malgré elle hommage au théisme, quand même elle le persécute. Ce sont des eaux corrompues partagées en canaux dans des terrains fangeux; mais la source est pure. Le mahométan dit, *Je ne suis ni Juif, ni chrétien, je remonte à Abraham; il n'était point idolâtre; il adorait un seul Dieu.* Interrogez Abraham, il vous dira qu'il était de la religion de Noé qui adorait un seul Dieu. Que Noé parle, il confessera qu'il était de la religion de Seth; et Seth ne pourra dire autre chose sinon qu'il était de la religion d'Adam qui adorait un seul Dieu.

Le Juif et le chrétien sont forcés, comme nous l'avons vu, de remonter à la même origine. Il faut qu'ils avouent que suivant leurs propres livres le théisme a régné sur la terre jusqu'au déluge pendant 1656 ans selon la Vulgate, pendant 2262 ans selon les Septante, pendant 2309 ans selon les Samaritains; [107] et qu'ainsi, à s'en tenir au plus faible nombre, le théisme a été la seule religion divine pendant 2513 années jusqu'au temps où les Juifs disent que Dieu leur donna une loi particulière dans un désert.

Enfin, si le calcul du père Pétau était vrai, si selon cet étrange philosophe qui a fait, comme on l'a dit, tant d'enfants à coups de plume, [108] il y avait six cent vingt-trois milliards six cent douze

635

640

645

650

---

[107] Voltaire s'est toujours amusé, selon l'expression de *La Philosophie de l'histoire*, des 'variations considérables de la chronologie de la *Vulgate*, des *Septante* et des *Samaritains*' (*OCV*, t.59, p.153). Sur les Samaritains, 'qui formaient une nation très différente de celle de Jérusalem' (*OCV*, t.79A, p.517), et ne reconnaissaient que le Pentateuque, on se reportera aux indications que donne Voltaire dans *La Bible enfin expliquée* (*OCV*, t.79A, p.518).

[108] Voltaire avait déjà utilisé la formule en effet dans l'article 'De la Chine' du *Dictionnaire philosophique* (voir *OCV*, t.35, p.537: 'Ceux qui font les enfants à coups de plume'), après l'avoir trouvée dans la *Méthode pour étudier l'histoire* de Lenglet Du Fresnoy, en 4 vol. (Paris, 1729, BV2038, t.1, p.79). On notera qu'elle lui a peut-être été rappelée, au moment de la préparation des *Conseils raisonnables*, par sa présence dans l'*Examen critique des apologistes de la religion chrétienne* (éd. A.

millions d'hommes sur la terre descendants d'un seul fils de Noé, si les deux autres frères en avaient produit chacun autant, si par conséquent la terre fut peuplée de plus de dix-neuf cents milliards de fidèles en l'an 285 après le déluge, et cela vers le temps de la naissance d'Abraham selon Pétau;[109] et si les hommes en ce temps-là n'avaient pas corrompu leurs voies; il s'ensuit évidemment qu'il y eut alors environ dix-neuf cents milliards de théistes de plus qu'il n'y a aujourd'hui d'hommes sur la terre.

655

660

REMONTRANCE À TOUTES
LES RELIGIONS

Pourquoi donc vous élevez-vous aujourd'hui avec tant d'acharnement contre le théisme, religions nées de son sein? vous qui n'avez de respectable que l'empreinte de ses traits défigurés par vos superstitions et par vos fables? vous filles parricides qui voulez détruire votre père: quelle est la cause de vos continuelles fureurs? Craignez-vous que les théistes ne vous traitent comme vous avez traité le paganisme, qu'ils ne vous enlèvent vos temples, vos revenus, vos honneurs? Rassurez-vous, vos craintes sont chimériques. Les théistes n'ont point de fanatisme; ils ne peuvent donc faire de mal; ils ne forment point un corps, ils n'ont point de vues ambitieuses: répandus sur la face de la terre, ils ne l'ont jamais troublée: l'antre le plus infect des moines les plus imbéciles, peut cent fois plus sur la populace que tous les théistes du monde; ils ne

665

670

Niderst, Paris, 2001, p.248: 'On croit être beaucoup avancé en faisant comme le père Pétau, des hommes à coups de plumes').

[109] Ces chiffres délirants étaient déjà l'objet de la moquerie de Voltaire dans la dix-neuvième des *Remarques pour servir de supplément à l'Essai sur les mœurs* de 1763, qui traite 'de la population': 'Il se trouve, selon le frère Petau, jésuite, que la famille de Noé avait produit un bi-milliard, deux cent quarante-sept-milliards, deux cent vingt-quatre millions, sept cent dix-sept mille habitants en trois cents ans. Le bon prêtre Petau ne savait pas ce que c'est que de faire des enfants et de les élever. Comme il y va!' (*OCV*, t.27, p.76).

s'assemblent point, ils ne prêchent point; ils ne font point de   675
cabales. Loin d'en vouloir aux revenus des temples, ils souhaitent
que les églises, les mosquées, les pagodes de tant de villages aient
tous[110] une subsistance honnête; que les curés, les mollahs, les
brames, les talapoins, les bonzes, les lamas de campagne soient plus
à leur aise pour avoir plus de soin des enfants nouveau-nés, pour   680
mieux secourir les malades, pour porter plus décemment les morts
à la terre ou au bûcher: ils gémissent que ceux qui travaillent le plus,
soient le moins récompensés.

Peut-être sont-ils surpris de voir des hommes voués par leurs
serments à l'humilité et à la pauvreté revêtus du titre de prince,   685
nageant dans l'opulence et entourés d'un faste qui indigne les
citoyens. Peut-être ont-ils été révoltés en secret, lorsqu'un prêtre
d'un certain pays a imposé des lois aux monarques et des tributs à
leurs peuples; ils désireraient pour le bon ordre, pour l'équité
naturelle, que chaque Etat fût absolument indépendant? mais ils se   690
bornent à des souhaits: et ils n'ont jamais prétendu ramener la
justice par la violence.

Tels sont les théistes; ils sont les frères aînés du genre humain, et
ils chérissent leurs frères. Ne les haïssez donc pas; supportez ceux
qui vous supportent; ne faites point de mal à ceux qui ne vous en   695
ont jamais fait: ne violez point l'antique précepte de toutes les
religions du monde, qui est celui d'aimer Dieu et les hommes.

Théologiens, qui vous combattez tous, ne combattez plus ceux

685   68, EJ69, EJ72: princes

[110] L'accord s'explique par le genre du terme *pagode*: alors que le dictionnaire de
Furetière en 1690 le fait uniquement masculin, l'édition de 1771 du dictionnaire de
Trévoux apporte ces précisions sur son genre: 'M. de La Loubère, qui fut envoyé
extraordinaire du feu roi Louis le Grand, auprès du roi de Siam, fait ce nom féminin
[...] Wicquefort, dans sa traduction des voyages de Mandeslo, le fait féminin.
L'Académie le fait aussi féminin dans les deux sens [i.e. temple et idole]. / Pagode
pour l'idole qu'on adore, le P. Bouhours en ce sens le fait masculin; mais on ne croit
pas qu'au moins aujourd'hui, ce soit le plus commun usage' (Paris, 1771, t.6, p.449).
En 1768 Voltaire maintient donc le genre masculin, désormais archaïsant, du terme
pagode.

dont vous tenez votre premier dogme. Muphti de Constantinople, shérif de la Mecque, grand brame de Bénarès, dalaï-lama de Tartarie qui êtes immortel, évêque de Rome qui êtes infaillible, et vous leurs suppôts qui tendez vos mains et vos manteaux à l'argent comme les Juifs à la manne, jouissez tous en paix de vos biens et de vos honneurs, sans haïr, sans insulter, sans persécuter les innocents, les pacifiques théistes, qui formés par Dieu même tant de siècles avant vous, dureront aussi plus que vous dans la multitude des siècles.

RÉSIGNATION [111], ET NON GLOIRE À DIEU; IL EST TROP AU-DESSUS DE LA GLOIRE.

700

705

[111] Le choix du mot n'est pas innocent: il apparaît dans les répliques à l'évêque Jean-Pierre Biord du 15 et du 29 avril 1768 pendant l'épisode des Pâques de Voltaire: 'la résignation à Dieu, l'amour de son prochain, la justice, la bienfaisance sont la seule chose qui nous reste devant le créateur des temps et de tous les êtres' (*OCV*, t.70B, p.37; D14950); 'La bienfaisance, la piété solide et non superstitieuse, l'amour du prochain, la résignation à Dieu, doivent être les principales occupations de tout homme qui pense sérieusement' (*OCV*, t.70B, p.45; D14987). Il est à prendre dans son acception théologique voire mystique. Le dictionnaire de Furetière précise: 'signifie aussi, Déférence entière, abandonnement qu'on fait de soi-même à la volonté, à la discrétion d'autrui. Un bon chrétien doit avoir une entière *résignation* à la volonté de Dieu, recevoir toutes les afflictions de sa main.' Voltaire verse alors dans une représentation 'fataliste' du rapport de l'homme à Dieu: cette conception est considérée par l'âge classique comme un des dangers de la théologie musulmane. Rappelons que dans un ajout de 1769 à l'*Essai sur les mœurs*, Voltaire explique: 'Cette religion s'appela l'*Islamim*, c'est-à-dire, résignation à la volonté de Dieu' (*OCV*, t.22, p.158). En 1769 à nouveau, le terme surgit naturellement dans la bouche du second des *Adorateurs, ou les louanges de Dieu*: 'Oui, frère, je me résigne, il le faut bien' (*OCV*, t.70B, p.295).

Remontrances du corps des pasteurs du Gévaudan, à Antoine Jean Rustan, pasteur suisse à Londres

Edition critique

par

Mark Waddicor

revue et mise à jour par

Graham Gargett

TABLE DES MATIÈRES

INTRODUCTION*

Lorsqu'il composa les *Remontrances du corps des pasteurs du Gévaudan*, Voltaire était déjà célèbre pour ses interventions en faveur des protestants français.[1] Ceux-ci, depuis la révocation de l'édit de Nantes en 1685, étaient censés ne plus exister en France. Selon les dispositions de l'édit de 1724, ces 'nouveaux convertis' (au catholicisme) s'exposaient à des sanctions draconiennes s'ils continuaient à pratiquer leur ancien culte en assistant à des assemblées religieuses illégales, en célébrant leurs mariages ou en faisant baptiser leurs enfants 'au Désert' par un pasteur protestant.[2] Or, parfaitement au courant de cette situation insupportable depuis son installation, début 1755, aux portes de Genève, Voltaire intervint régulièrement auprès des autorités et ses amis haut placés afin de promouvoir la tolérance religieuse et d'améliorer la situation des huguenots. Son succès le plus éclatant fut la réhabilitation posthume (en 1765) de Jean Calas, exécuté en 1762,[3] mais il faut y ajouter ses tentatives pour sauver la vie du

---

* Nous tenons à remercier Georges Pilard, Norma Perry et Martin Smith pour leurs conseils, suggestions et corrections.

[1] Pour une discussion générale de la situation des protestants français au dix-huitième siècle voir Geoffrey Adams, *The Huguenots and French opinion 1685-1787: the Enlightenment debate on toleration* (Waterloo, Ontario, 1991), et Joseph Dedieu, *Histoire politique des protestants français (1715-1794)* (Paris, 1925); sur les rapports entre Voltaire et ses contemporains protestants, voir Graham Gargett, *Voltaire and Protestantism*, *SVEC* 188 (1980); René Pomeau, René Vaillot, Christiane Mervaud et autres, *Voltaire en son temps*, 2ᵉ éd., 2 vol. (Oxford, 1995) (ci-après *VST*), t.2, ch.9, 'Le défenseur des Calas', p.110-33, et ch.16, 'Le cri du sang innocent', p.237-41.

[2] Voir G. Gargett, *Voltaire and Protestantism*, p.259-82, et pour l'édit de 1724, p.264-67. Les hommes pouvaient être condamnés aux galères, et les femmes être enfermées à vie à la Tour de Constance (Aigues-Mortes).

[3] Voir G. Gargett, *Voltaire and Protestantism*, p.285-301, 309, *VST*, t.2, p.110-33, et surtout l'introduction, par John Renwick, à son édition critique du *Traité sur la tolérance* (*OCV*, t.56c, p.1-98), qui contient une bibliographie importante sur 'l'affaire Calas'.

jeune pasteur Jean Rochette en 1761, sa longue campagne en faveur de Paul Sirven, et plusieurs interventions pour faire libérer des galériens protestants et aider d'autres 'nouveaux convertis' qui étaient tombés sous le coup de la législation discriminatoire toujours en vigueur.[4] La présente brochure contre les *Lettres sur l'état présent du christianisme* du pasteur genevois Antoine-Jacques Roustan[5] ne doit donc pas être interprétée comme une attaque contre le protestantisme en tant que tel, mais plutôt comme s'inscrivant dans le cadre de la campagne voltairienne contre l''Infâme', c'est-à-dire contre toute religion dogmatique et persécutrice, à un moment où Voltaire louvoie entre les deux écueils que sont à ses yeux le christianisme traditionnel et le nouveau danger de l'athéisme présenté par d'Holbach et consorts.

Nous verrons aussi que Voltaire prétend vouloir freiner ce qu'il considère comme d'imprudents écrits protestants, à un moment où le gouvernement semble sur le point d'adopter d'importantes réformes pour améliorer la situation des 'nouveaux convertis'. Pourtant, bon nombre des railleries dirigées contre Roustan paraissent déplacées ou franchement hypocrites, provoquées davantage par les critiques que le jeune pasteur avait adressées à Voltaire que par une quelconque logique, car – comme nous le verrons – à maintes reprises Roustan est d'accord avec ce que lui recommande Voltaire dans les *Remontrances*, et s'exprime parfois presque dans les mêmes termes que le philosophe.[6] Les *Instruc-*

---

[4] Sur Rochette, voir G. Gargett, *Voltaire and Protestantism*, p.283-84; sur les galériens protestants et d'autres victimes, p.302-308, 313, 358-60; sur Sirven, p.302, 341-42, 344-45, 353, 487-89, et surtout Elie Galland, *L'Affaire Sirven* (Mazamet, 1911).

[5] *Lettres sur l'état présent du christianisme, et la conduite des incrédules. Par A. J. Roustan, pasteur de l'Eglise helvétique à Londres* (Londres, 1768, BV 3049) (désormais *Lettres*). Voltaire a laissé un nombre considérable de notes marginales dans son exemplaire (*CN*, t.8, p.197-202): voir plus bas, section 4 de l'introduction, et nos notes au texte.

[6] On en trouve un excellent exemple dans la lettre 5, où Roustan est censé répondre à un interlocuteur fictif, 'Monsieur L', chez qui l'avatar du pasteur avait trouvé 'sur sa cheminée [...] *La Philosophie de l'histoire*, ouvrage dont le modeste V.

tions, qui suivent les *Remontrances*, sont caractérisées par le rabâchage; on y trouve des passages entiers qui n'ont pas le moindre rapport direct avec l'ouvrage de Roustan. Il en résulte que cette brochure, loin de figurer parmi les meilleures productions de Voltaire, est carrément médiocre. Comme le dit René Pomeau, les *Remontrances* et les *Instructions* 'répètent, dans des approches variées, parfois inattendues, les mêmes assertions historiques péremptoirement assenées, sur le bien-fondé desquelles le lecteur d'aujourd'hui s'interroge'. [7] Dans ce qui suit nous nous efforcerons de mettre en lumière les motifs qu'avait Voltaire pour composer ce pamphlet contre Roustan au milieu de 1768.

La première et unique allusion aux *Remontrances* dans la correspondance de Voltaire se trouve dans une lettre datée du 19 août 1768 (D15180) et adressée par le Patriarche au pasteur Jacob Vernes, ancien ami de Roustan:

Je vous renvoie, Monsieur le philosophe prêtre, les remontrances de Gévaudan que vous avez eu la bonté de me prêter; votre ami Roustan est un peu brutal, c'est dommage, car il ne manque pas d'esprit. Il est vrai qu'il ne sait ni ce qu'il dit ni ce qu'il veut. L'âge le mûrira peut-être; mais surtout il faut qu'il prenne des leçons de politesse soit de Jean-Jacques, soit de sa paroisse de Londres. [8]

---

fait honneur [...] à l'abbé Bazin' (*Lettres*, p.100): 'On a vu des milliers d'hommes et de femmes abandonner la société qu'ils devaient servir, pour s'enterrer dans des cloîtres, et avec eux leur postérité; on les a vus accumuler sans fin, en faisant vœu de pauvreté, et rentrer même dans le monde qu'ils avaient quitté, pour l'agiter de leurs querelles et de leurs fureurs. On a vu surtout par leur zèle les peuples courbés devant des images, et prosternés devant des ossements, écouter imbécilement un service qu'ils n'entendaient point, et se persuader, pour comble de folie, qu'ils mangeaient leur Dieu' (*Lettres*, p.110-11). Il est difficile de trouver, dans cette attaque contre le monachisme, une seule chose avec laquelle le philosophe n'aurait pas été d'accord.

[7] *VST*, ch.20, 'Seul à Ferney', t.2, p.306.

[8] Sur les rapports de Vernes avec Voltaire et les croyances apparemment déistes du pasteur, voir Edouard Dufour, *Jacob Vernes (1728-1791): essai sur sa vie et sa controverse apologétique avec J.-J. Rousseau* (Genève, 1898), et G. Gargett, *Voltaire and Protestantism*, p.141-42 et 177-78.

La première phrase, selon laquelle Vernes aurait prêté la brochure à Voltaire, illustre une tactique habituelle du philosophe: il s'agit en fait d'une mise en garde de Voltaire à son correspondant lui signifiant qu'il ne veut pas être identifié comme l'auteur d'un ouvrage potentiellement dangereux. En effet, les *Remontrances* venaient de paraître.[9] Nous commencerons par décrire le peu que l'on sait de la carrière de Roustan, avant de nous pencher sur ses *Lettres*, préalable essentiel pour mieux comprendre les prétendues *Remontrances du corps des pasteurs du Gévaudan*.

1. *Roustan, pasteur libéral, nationaliste et rousseauiste*

Antoine-Jacques Roustan naquit le 23 octobre 1734, fils de Jacques Roustan, cordonnier protestant, et de Marie Baile. Les trois premières éditions des *Remontrances* ont une erreur dans la présentation de son nom de famille et de son prénom. S'agit-il d'un simple oubli de la part de Voltaire, vu le manque d'importance du pasteur (à la différence par exemple, de Jacob Vernet) et la rapidité de la composition (voir p.177, 187-88)? Le fait que l'orthographe du nom de famille de Roustan est incorrecte aussi pourrait conforter cette hypothèse. Ou Voltaire vise-t-il tout simplement un effet comique? Le 7 juillet 1760 il demande à Thiriot (D9044) 'un peu de faits' sur 'ennemis et [...] leurs ridicules', ajoutant: 'Je voudrais jusqu'aux noms de baptême, si cela se pouvait; les noms de saints font toujours un très bon effet'.[10] Quoi qu'il en soit, les éditeurs de l'édition Kehl ont décidé de corriger cette erreur apparente.

On sait peu de choses sur sa famille et sa jeunesse. D'après

---

[9] Le Harry Ransom Center à l'Université du Texas, à Austin, en possède un exemplaire où Voltaire a noté, à la page de titre, sous la date, 'a paru le 13 aoust' (cote: PQ2080.G792 1768 cop. 3).

[10] Il allait également déformer le prénom du très connu Jacob Vernet dans sa *Lettre à Monsieur Jean Vernet* de 1769 (*OCV*, t.70B, p.173-86). Voir aussi 'Roustan, Antoine-Jacques', dans le *Dictionnaire historique de la Suisse* en ligne (article de Jean-Daniel Candaux).

Voltaire, Roustan naquit en France (lignes 39-40, 59-60, 86-87, 100-101, 155-56, 161-62), son père fut souvent traité à 'l'hôpital de Genève' pour ivrognerie (lignes 78-79), et Roustan lui-même reçut son éducation dans le même établissement (lignes 139-40). Dans une lettre du 23 avril 1764 à son ami bernois Abram Freudenreich, le conseiller Jean Du Pan confirme que Roustan était le 'fils d'un pauvre savetier français'. [11]

La carrière littéraire de Roustan semble débuter autour de 1755, quand il entreprend, avec son ami Jacob Vernes, une histoire de Genève, basée sur l'*Histoire de la république de Genève* (1680) de Jacob Spon (1647-1685). Dans sa lettre du 4 avril 1761, Roustan explique à Jean-Jacques Rousseau qu'à cause de l'indiscrétion de plusieurs collaborateurs, 'le magistrat a insisté auprès de Mr Vernes pour que cette histoire s'imprimât sous ses yeux [...] nous ne l'avons pas voulu, et nous n'avons osé la publier ailleurs'. [12] Le 5 mars 1757, encouragé par Vernes, Roustan avait adressé sa première lettre à Rousseau (Leigh 477), qui répondit favorablement, [13] et ceci marqua le début d'une correspondance qui devait continuer au moins jusqu'en 1767. [14] Dès le 27 mai 1757, dans une lettre à Rousseau, Roustan signait 'votre très humble et très zélé disciple' (Leigh 506). Pendant les années 1757 à 1764, Roustan tenait Rousseau au courant des questions politiques importantes qu'affrontait la petite république et des réactions envers Jean-

---

[11] Genève, Bibliothèque de Genève, MS Suppl.1540, f.56, cité dans Graham Gargett, *Jacob Vernet, Geneva and the philosophes* (*SVEC* 321, 1994, p.152, n.86). Le fait que Voltaire croyait vraiment ce qu'il disait (peu charitablement d'ailleurs) dans les *Remontrances* est confirmé par sa remarque marginale à la page 28 des *Lettres*: 'les chrétiens persécutent les chrétiens ils vous persécutent vous dont le père n'a évité les galères qu'en venant exercer son métier de cordonnier à genève' (*CN*, t.8, p.200).

[12] Voir *Correspondance complète de Jean-Jacques Rousseau*, éd. Ralph Leigh, 59 vol. (Genève, Oxford, 1963-1989) (désormais Leigh, suivi du numéro de la lettre citée), Leigh 1386, Roustan à Rousseau. Cette histoire est donc restée manuscrite car sa publication fut interdite, en partie à cause de ses critiques quant au rôle de Calvin dans la mort de Servet (voir aussi G. Gargett, *Voltaire and Protestantism*, p.142).

[13] Voir Leigh 498, 499, et 506.

[14] Leigh 5845, Roustan à Rousseau (5 mai 1767), semble être la dernière lettre échangée entre les deux hommes.

Jacques lui-même et ses ouvrages. Son enthousiasme pour la *Lettre à D'Alembert* fut immense, comme le montre sa lettre du 3 novembre 1758, où il prétend avoir 'reconnu l'œil perçant du philosophe, le pinceau de grand écrivain, le cœur du bon patriote'. [15] Pour Roustan, il était facile d'identifier les ennemis de Rousseau: il s'agissait de 'nos femmelettes du haut étage, nos demoiselles de goût, nos petits maîtres doucereux et galants [qui] ne trouveront point bon que vous leur prouviez qu'ils ont été sots d'aller au spectacle, et qu'ils seraient infâmes d'y retourner'. [16]

Cette opposition au théâtre et à la culture française en général, considérée comme efféminée et catholique, est typique de la bourgeoisie genevoise en ce milieu du dix-huitième siècle. La petite république se divisait en plusieurs classes: les citoyens et bourgeois (à peu près 1500 hommes sur une population totale de plus ou moins 25 000 personnes), les 'natifs', nés à Genève de parents n'appartenant pas aux deux groupes déjà mentionnés, les 'habitants' et les 'sujets'. Les natifs, habitants et sujets n'avaient aucun droit politique. Les citoyens et bourgeois avaient le droit de vote, au Conseil Général, lors de l'élection des membres du Petit Conseil (autrement dit, le gouvernement de Genève). Pourtant, ils ne pouvaient voter que pour les candidats qui leur étaient présentés, choisis par les 25 membres du Petit Conseil et confirmés par le Conseil des Deux-Cents, groupe de notables eux aussi non élus! En effet, même au sein des deux classes privilégiées, le vrai pouvoir avait été progressivement accaparé par un petit nombre de familles, d'où des mouvements de protestation dès le début du siècle et des interventions (ou 'médiations') par la France, Zurich et Berne. Jean-Jacques Rousseau devint l'idole, et en quelque sorte le chef de file, des 'représentants' bourgeois, à savoir de ceux qui réclamaient plus de droits. Si la majorité des pasteurs protestants soutenaient en général les autorités (les 'négatifs'), certains −

[15] Leigh 724 (3 novembre 1758).

[16] On trouve un passage similaire dans les *Lettres* de Roustan, relevé par Voltaire dans les *Remontrances*: voir plus bas, lignes 152-54.

comme Roustan – s'enthousiasmaient pour la cause de la réforme politique et la 'purification' des mœurs à Genève.[17]

En 1757, Roustan termina ses études de théologie à Genève, et la même année publia, dans *Le Choix littéraire* (périodique dirigé par Jacob Vernes), un 'Examen historique des quatre beaux siècles de M. de Voltaire', dans lequel non seulement Louis XIV est critiqué pour sa persécution des protestants français mais aussi Voltaire est également pris à parti pour avoir minimisé, dans le *Siècle de Louis XIV*, le caractère barbare de cette persécution.[18] De peur que la critique de Louis XIV ne soit amplifiée dans un examen détaillé de la quatrième 'époque' du *Siècle*, promis pour un numéro suivant du *Choix littéraire*, et sans doute poussé par Voltaire lui-même, le baron de Montpéroux, résident français à Genève, réussit (c'est du moins ce qu'il prétend) à obtenir la suppression de l'article.[19]

Les chemins de Roustan et de Voltaire se croisèrent, indirectement, peu après. Ayant terminé ses études de théologie, Roustan devint précepteur dans la maison de Jean-Louis Labat (qui avait aidé Voltaire à faire l'acquisition des Délices).[20] Dans une lettre du 1er janvier 1758 Voltaire demande à Labat de faire appel à son précepteur pour vérifier des informations historiques destinées à l'article 'Historiographe', composé pour l'*Encyclopédie*, qualifiant ledit 'précepteur' de 'jeune homme d'un très grand mérite'.[21] Roustan semble avoir rendu ce service à Voltaire, car plus tard il déclara, dans une lettre à Rousseau: 'Je [n'ai] jamais voulu le voir

[17] Nous essayons de ne pas trop simplifier une situation extrêmement complexe. Pour davantage de détails voir l'introduction, par John Renwick, à son édition critique de *La Guerre civile de Genève* (*OCV*, t.63A, p.3-35), et celle de Fabrice Brandli au *Discours présenté par les natifs*, à la *Requête présentée aux seigneurs médiateurs le 23 avril 1766*, et au *Mémoire* (*OCV*, t.61A, p.265-88). Pendant les années 1750 Voltaire était très proche du 'parti aristocratique', mais par la suite il prit le parti d'abord des représentants, puis des natifs: voir Jane Ceitac, *Voltaire et l'affaire des natifs: un aspect de la carrière humanitaire du Patriarche de Ferney* (Genève, 1956).

[18] Leigh 1386, Roustan à Rousseau (4 avril 1761).

[19] D7442, Montpéroux au comte de Bernis (2 novembre 1757).

[20] Voir D6125, Jean Robert Tronchin à Labat (31 janvier 1755).

[21] Cet article n'a pas été publié dans l'*Encyclopédie* (voir *OCV*, t.33, p.215-20). D7547 (1er janvier 1758; cf. D7575 et D7580).

[Voltaire], quoiqu'un petit service que je lui rendis m'en fournît l'occasion'. [22] Voici donc le jeune homme qui refusa d'entrer dans le camp voltairien, en dépit de ce 'petit service', qu'il pouvait, après tout, difficilement refuser à son employeur de l'époque. Il est évident que, comme Rousseau, il détestait Voltaire, qu'il traite de 'méchant' et de 'coquin' dans sa lettre du 4 avril 1761 (Leigh 1386).

En 1759, Roustan, ayant quitté le service de Labat, devint pasteur, [23] mais la même année il fut réduit, en raison de sa pauvreté (c'est du moins ce que prétend Rousseau), [24] à accepter un poste comme régent de la quatrième classe au Collège de Genève, ce qui explique peut-être le fait qu'il put se marier, en 1761, à Jeanne-Françoise, fille d'un perruquier. [25] En 1762, il fit enfin connaissance avec son mentor Jean-Jacques, à Môtiers Travers, rencontre qui semble avoir cimenté leur amitié. [26] A cette époque Rousseau donnait des conseils à Roustan sur la publication de son *Offrande aux autels*, et ce fut Marc-Michel Rey qu'ils choisirent comme éditeur. [27] La réaction de l''aristocratique' Jean Du Pan témoigne clairement de son mépris non seulement pour les opinions politiques de Roustan mais aussi pour la foi apparemment peu solide du pasteur:

Il paraît un livre d'un nommé Roustan, [...] il est ministre et a du talent pour écrire, par conséquent il est orgueilleux et brutal, comme sont ordinairement ceux qui n'ont ni naissance ni richesses. Il défend la religion contre ce qu'a dit Rousseau qu'on ne pouvait pas être chrétien et citoyen en même temps, mais il préfère Rousseau au christianisme car si son ouvrage avait déplu à Rousseau il aurait laissé le christianisme sans défense, il le dit ainsi. [28]

---

[22] Leigh 1386 (4 avril 1761).

[23] Leigh 845, Roustan à Rousseau (25 juillet 1759).

[24] Leigh 1603, Rousseau à Roustan (23 décembre 1761).

[25] Leigh 1603, notes explicatives, *b*.

[26] Voir Leigh 2229, Roustan à Rousseau (12 octobre 1762), et Leigh 2243, Roustan au pasteur Montmollin (19 octobre 1762).

[27] Voir, par exemple, Leigh 2442, Rousseau à Roustan (20 janvier 1763).

[28] Bibliothèque de Genève, MS Suppl.1540, f.56, lettre du 23 avril 1764; citée dans G. Gargett, *Jacob Vernet, Geneva and the philosophes*, p.152, n.86.

L'année suivante (1764) Roustan démissionna de son poste de régent (occupation qu'il décrivit comme 'aussi contraire à mon goût qu'à mes principes') suite à sa nomination comme pasteur auxiliaire à l'Eglise helvétique de Londres, fondée deux ans plus tôt.[29] En 1771, il devint principal (désormais unique) pasteur de cette église, rôle qu'il remplit jusqu'en 1791, apparemment très respecté par la communauté suisse de Londres.[30] En 1766, Roustan et Jean-Jacques se retrouvèrent, cette fois à Chiswick.[31]

Malheureusement, il n'existe aucune trace de la préparation ni de la publication des *Lettres sur l'état présent du christianisme* dans la correspondance de Rousseau et de Roustan. D'ailleurs, nous n'avons trouvé aucune preuve qui puisse étayer l'opinion de Besterman selon laquelle l'ouvrage sortit à Bâle, et non à Londres comme le prétend la page de titre.[32] Au cours des années suivantes,

---

[29] Leigh 3164, Roustan à Rousseau (2 mars 1764).

[30] Ce fut pendant son ministère qu'un édifice permanent fut construit pour cette communauté à Soho, et inauguré en 1775 (avant cette date le culte avait été célébré dans un bâtiment loué): voir A. Roehrich et C. Reverdin, *L'Eglise suisse de Londres* (Londres, 1952), p.12-21, et W. H. Manchée, 'The Swiss church of Moor Street', *Proceedings of the Huguenot Society* 17 (1942), p.53-63.

[31] Leigh 5388, Roustan à Rousseau (28 août 1766).

[32] D15180, commentaire, n.1, avis suivi par BV et *CN*. Pourtant il y a quelques indications d'une origine anglaise. Il y en a deux éditions, semblables mais non identiques, l'une qu'a possédée Voltaire (BV3049: LETTRES / SUR / L'ETAT PRESENT / DU / CHRISTIANISME, / ET / LA CONDUITE / DES INCREDULES. / Par A. J. Roustan, / Pasteur de l'Eglise Helvétique à Londres. / [*filet*] / *Egregiam verò laudem, & spolia ampla refertis.* / Virg. / [*filet double*] / A LONDRES, / Chez C. Heydinger, Imprimeur & Libraire, / dans *Grafton-Street, St. Ann's, Soho.* / Et se vend chez P. Elmsley, Successeur de / Mr. P. Vaillant, dans le *Strand.* / M DCC LXVIII) et une autre qui suit presque ligne par ligne la première mais qui est d'une composition bien différente; la page de titre diffère aussi (LETTRES / SUR / L'ÉTAT PRÉSENT / DU / CHRISTIANISME, / & / LA CONDUITE / DES / INCRÉDULES. / [*filet double*] / Par / A. J. ROUSTAN, / Pasteur de l'Eglise Helvétique à Londres. / [*ornement: couronne*] / [*filet double*] / *Egregiam verò laudem, & spolia ampla refertis.* / Virg. / [*filet décoré*] / À LONDRES, 1768). Les 'Fautes à corriger', p.222 de l'édition Heydinger, n'ont pas été corrigées dans l'autre édition. Les p.223-24

Roustan composa une nouvelle attaque contre Voltaire intitulée *L'Impie démasqué* (1773) ainsi que plusieurs autres ouvrages.[33] Il semble n'avoir jamais séjourné en France, même si Voltaire suggère ironiquement qu'il pourrait bien le faire (lignes 39-40), mais en 1790 il rentra dans sa ville natale pour diriger le Collège de Genève.[34]

2. Les *'Lettres sur l'état présent du christianisme'*

Comme l'explique J.-L. Seban,[35]

L'année 1768 est riche en libelles contre les croyances et les pratiques religieuses qui exaspèrent [Voltaire] en son refuge de Ferney. Paraissent successivement, en janvier [...] *Le Dîner du comte de Boulainvilliers*; en mars, *La Relation du bannissement des jésuites de la Chine*; en juin, *La Profession de foi des théistes* [...] et les *Conseils raisonnables à M. Bergier pour la défense du christianisme* contre l'apologiste qui avait osé le

---

annoncent une liste de 'Books sold by C. Heydinger, in Grafton-Street, Soho'. Bien que le titre de cette liste soit en anglais, tous, sauf un titre en anglais, sont des livres en français, latin, et allemand. L'absence de chiffres de presse dans les deux éditions ne prouve rien. L'utilisation dans toutes les deux de la lettre A pour les signatures des pages préliminaires et B pour le commencement du texte, ainsi que l'utilisation de la lettre U au lieu de V, indique une origine anglaise (voir R. A. Sayce, 'Compositorial practices and the localisation of printed books, 1530-1800', *The Library*, cinquième série, t.21, n° 1, mars 1966, p.17, 18). La *Réponse aux difficultés d'un théiste: ou supplément aux lettres sur l'état présent du christianisme. A quoi l'on a joint un sermon sur la révocation de l'édit de Nantes. Par A. J. Roustan* (Londres, 1771) et *L'Impie démasqué* (Londres, 1773) présentent aussi des marques d'une origine anglaise.

[33] *Réponse aux difficultés d'un théiste* (voir ci-dessus n.32); *Examen critique de la seconde partie de la Confession de foi du vicaire savoyard* (Londres, 1776); *Catéchisme raisonné* (Londres, 1783); *Abrégé de l'histoire moyenne* (Londres, 1784); *Abrégé de l'histoire moderne* (Londres, 1784); *Abrégé de l'histoire universelle* (Paris, 1790).

[34] Voir Leigh 477, notes explicatives, Leigh 1063, n.*b*, et Leigh 1386, n.*e*. Selon W. H. Manchée ('The Swiss church', p.59), Roustan démissionna en 1791 'on account of ill-health'; il vécut pourtant jusqu'en 1808.

[35] *Dictionnaire général de Voltaire*, éd. Raymond Trousson et Jeroom Vercruysse (Paris, 2003), article consacré aux *Remontrances*, p.1050-52 (ici, p.1050-51).

maltraiter; en juillet, le *Discours aux confédérés catholiques de Kaminiek en Pologne*; en août, l'*Epître aux Romains*, qui appelle les Romains à se soulever contre l'autorité pontificale, et *Les Remontrances du corps des pasteurs du Gévaudan à A.-J. Rustan*; en octobre, une *Homélie du pasteur Bourn*; et, en novembre, *L'A.B.C. ou dialogue entre A.B.C.*, qui traitent de politique, de morale et de religion.

On pourrait y ajouter *Les Guèbres*, tragédie rédigée, au dire de Voltaire, en douze jours début août 1768 (D15158), *Les Lettres d'Amabed*,[36] et *Dieu et les hommes*, ouvrage de première importance pour la pensée religieuse de Voltaire et qui était certainement en chantier à l'époque qui nous intéresse. Mme Denis ayant quitté les Délices au mois de février sans prendre congé de son oncle, Voltaire – resté tout seul avec son secrétaire, ses copistes et ses domestiques, mais se sentant isolé tout de même – entama une période de composition intense. Où donc se situent les *Remontrances* dans cette foule d'écrits antichrétiens, et ont-elles une quelconque spécificité? Pourquoi Voltaire a-t-il pris la peine de répondre à l'ouvrage d'un jeune pasteur peu connu pour ses prouesses littéraires?

La thèse qui domine les *Lettres sur l'état présent du christianisme* est simple. Pour Roustan, 'Les ennemis du christianisme n'ont la plupart à cœur ni le bien de l'humanité, ni l'établissement d'un véritable théisme'.[37] Ces soi-disant déistes – qui insistent sur les défauts des religions révélées et qui visent par-dessus tout le christianisme, cherchant à le saper et prônant la religion naturelle comme alternative plus simple, plus rationnelle, et supérieure à tous les égards – ne sont rien d'autre que des hypocrites. Au fond, ces 'déistes' veulent tout simplement le triomphe de l'athéisme, et leur attachement apparent au déisme ou au théisme est un leurre destiné à tromper la majorité de leurs lecteurs, trop peu intelligents ou trop peu instruits pour comprendre l'objectif secret des

---

[36] 'En 1768 divers indices apparaissent dans la correspondance, montrant que Voltaire travaille à son conte' (Voltaire, *Romans et contes*, éd. Frédéric Deloffre, Paris, 1979, p.1104).

[37] *Lettres*, 'Table des sujets traités dans chaque lettre', p.[i].

'philosophes'. La victoire de l'athéisme serait une tragédie, dont les conséquences dépasseraient de loin tous les problèmes, réels et imaginaires, que les critiques du christianisme identifient dans son histoire. De l'avis de Roustan, par exemple, un gouvernement athée serait beaucoup plus intolérant et persécuteur qu'un gouvernement de croyants, et, pour subsister, chercherait à extirper entièrement la religion: 'Afin [...] de s'assurer qu'un peuple athée serait tolérant, il ne suffirait point de le rendre athée, il faudrait empêcher encore qu'il ne s'y élevât des personnes qui crussent un Dieu, et qui l'annonçassent'. [38] Attaquant sans cesse les motifs et la bonne foi de théistes comme Voltaire (qui est souvent pris à partie directement), Roustan martèle son message: la disparition du christianisme, quels qu'aient été ses défauts par le passé et même à l'heure actuelle, serait un désastre pour la société. Le pasteur est formel: 'Il y a de la folie à espérer d'établir l'athéisme, et de la méchanceté à le vouloir. L'athéisme [est] un mauvais garant de la tolérance des opinions, et [est] destructif de celle des mœurs. L'ancien paganisme même lui était préférable.' [39] Les quatre dernières lettres de Roustan cherchent à démontrer que 'Les incrédules n'ont jamais renversé les grandes preuves de la vérité du christianisme' (lettre 3), et essaient de répondre aux 'principales objections des incrédules', insistant que 'La dépravation de l'Europe [est un] effet des progrès de l'incrédulité' (lettre 4). Dans sa cinquième lettre Roustan affirme tout d'abord que 'Les maux imputés au christianisme ne sont point son ouvrage', et il attaque ensuite 'Les erreurs du papisme, et surtout l'intolérance [qui est] condamnée par l'Evangile'. Sa conclusion? 'Le projet de substituer le vrai théisme au christianisme [est] impraticable', car 'ses principes [sont] aussi contestés que les preuves de la Révélation'. De plus, 'sa nature [est] aussi corruptible que le christianisme, et moins susceptible de réformation' (lettre 6). [40]

Roustan écrit avec conviction, mais son style est souvent

---

[38] *Lettres*, p.36. Cf. p.34: 'très probablement on finirait par persécuter [...]'.
[39] *Lettres*, 'Table', p.[i].
[40] *Lettres*, 'Table', p.[i-ii], descriptif des lettres.

ampoulé[41] et sa logique discutable. A la page 26 il déclare, à propos des incrédules, 'près de deux siècles se sont écoulés depuis qu'ils ne cessent de nous harceler; cependant tous leurs exploits se sont bornés à nous enlever quelques déserteurs, et ils ne sauraient nous montrer encore un seul hameau chrétien qu'ils aient fait athée', alors que dans la quatrième lettre, ripostant à ceux qui disent que 'les mœurs sont perdues en Europe, et l'Europe est chrétienne' et qui demandent: 'que lui sert donc sa religion?', il dit exactement le contraire:

L'Europe est chrétienne! Voilà en vérité un aveu bien modeste; est-il aussi sincère? Je doute fort au moins que messieurs les philosophes modernes voulussent le ratifier; croyez-moi, ne soyez pas plus humble qu'eux, et ne feignez pas d'ignorer vos avantages. Non, Monsieur, non, l'Europe n'est plus chrétienne; si les nations qui l'habitent en prennent encore le nom honorable, c'est plutôt parce qu'elles l'ont reçu de leurs pères que par le cas qu'elles en font; des millions de particuliers réclament contre ce titre, et des millions d'autres le portent sans savoir ce qu'il leur impose, et sans chercher à le savoir.[42]

La contradiction est flagrante.

De plus, Roustan simplifie souvent, et il lui arrive même d'esquiver totalement les questions qu'il prétend aborder, affirmant par exemple que 'tout ce que nos adversaires, écrivains célèbres, docteurs de la première volée, reprennent dans ces écrits [l'Evangile], se réduit à des vétilles'.[43] Pourtant, il ne donne pas la moindre indication de ce que sont ces 'vétilles'. Ailleurs, il se contente d'écrire: 'Quant aux autres objections de l'auteur [Voltaire], je renvoie le lecteur au *Traité* d'Abbadie de la vérité de la religion chrétienne, to[me].I. Sect.3, chp.vi,-xvii',[44] ne se donnant pas la peine d'indiquer, ne serait-ce qu'en quelques lignes, les arguments traités par Abbadie en dix-sept chapitres. Voltaire avait

---

[41] Voir plus bas, n.67.
[42] *Lettres*, p.117-18.
[43] *Lettres*, p.51.
[44] *Lettres*, p.58. Ce paragraphe est un des plus courts du livre.

donc largement de quoi critiquer le livre de Roustan sans avoir besoin de recourir à des attaques personnelles.

3. *Les 'Remontrances'*

On peut deviner à quel point Voltaire aura peu apprécié d'être classé dans la même catégorie que La Mettrie, d'Holbach et consorts, et accusé, par association, d'être secrètement intolérant. Son exaspération est manifeste dans ses notes marginales au texte de Roustan, qui visent surtout la première partie des *Lettres*, et en particulier la *Lettre* initiale. [45] Nous donnerons d'abord une brève description du contenu des *Remontrances* avant d'essayer de démontrer notre hypothèse sur leur composition, à savoir que Voltaire les écrivit très rapidement, mais vraisemblablement en trois temps, car la première partie du texte ('Remontrances') fait écho à plusieurs reprises à ses notes marginales, que Voltaire semble avoir suivies, du moins en partie, lorsqu'il se mit à l'œuvre. Pourtant, les 'Remontrances' contiennent aussi plusieurs références directes au texte, avec pagination correcte ou presque, références qui ne correspondent à aucune note marginale, [46] ce qui pourrait impliquer que Voltaire relut le texte de Roustan avant ou pendant la composition de sa réponse. Le troisième stade dut être la composition des 'Instructions' qui, elles, n'ont souvent qu'un

---

[45] Voir *CN*, t.8, p.197-202.

[46] Nous avons repéré trois exemples significatifs. D'abord, le passage où Voltaire attaque les remarques péjoratives de Roustan sur les 'préposés aux finances' (lignes 43-59). Or, le philosophe se réfère correctement à la page 148 des *Lettres*, alors qu'il n'y a aucune note marginale dans son exemplaire à cet endroit (voir *CN*, t.8, p.202). Deuxièmement, il s'agit du passage où Voltaire défend la noblesse (lignes 60-81) et où il se réfère correctement à la page 93 des *Lettres*; à nouveau, aucune note marginale ne se trouve dans son exemplaire. Troisièmement citons le passage où Voltaire critique Roustan pour avoir parlé des 'chrétiens vulgaires' (lignes 110-12). Encore une fois, Voltaire fournit une référence correcte (*Lettres*, p.23), mais dans son exemplaire il n'y a aucune marque marginale à côté de cette remarque. Il nous semble que ces trois exemples, dont les deux premiers concernent des passages importants des *Remontrances*, suffisent pour conforter notre thèse.

rapport assez lointain avec le texte de Roustan. On dirait que le philosophe, qui travaillait apparemment très vite, décida à un certain moment qu'il serait bon de répéter à la fin du pamphlet un certain nombre de ses critiques bibliques habituelles, même si celles-ci ne cadraient pas très bien (ou pas du tout) avec les *Lettres* de Roustan.

Les *Remontrances* se divisent donc en deux parties, 'Remontrances' (lignes 1-300) et 'Instructions' (lignes 301-517).[47] Les 'Remontrances' contiennent cinq sections. Dans la première, 'Que prêtre doit être modeste' (lignes 1-96), Voltaire commence par reprocher à Roustan les risques qu'il fait courir aux protestants restés en France en attaquant la politique du gouvernement français[48] (lignes 1-35). Or, Voltaire s'était souvent exprimé lui-même en termes quasi identiques et on se demande s'il s'agit ici de l'hypocrisie ou, plus probablement, si sa mauvaise foi apparente n'a pas un côté ludique, procédé caractéristique du philosophe. Il insiste sur le rôle des philosophes dans la lutte pour développer un esprit d'humanitarisme et de tolérance parmi les magistrats français

---

[47] Moland choisit de présenter ces deux parties séparément, comme deux textes différents (*M*, t.27, p.107-23). Il est pourtant clair d'après la présentation de l'édition princeps (notre texte de base, 68) que les 'Remontrances' et les 'Instructions' constituent un même ensemble: la pagination est continue, et les 'Instructions' ne débutent pas sur une nouvelle page.

[48] De semblables critiques de protestants 'téméraires' avaient souvent été faites par d'autres protestants plus 'modérés' depuis la révocation de l'édit de Nantes. Il s'agissait généralement de protestants du nord de la France, souvent bourgeois et relativement riches, qui condamnaient leurs coreligionnaires du midi, pour la plupart paysans, qui étaient beaucoup plus attachés à la pratique publique de leur foi. Pour E.-G. Léonard, la 'grande affaire' de la bourgeoisie protestante 'était d'arriver à quelque arrangement qui accordât aux protestants un état civil régulier sans leur demander d'acte de catholicité' ('Le problème du culte public et de l'Eglise dans le protestantisme au dix-huitième siècle', *Foi et vie*, 1937, p.431-57, ici p.448). Voir aussi, du même auteur, 'Economie et religion: les protestants français au dix-huitième siècle', *Annales d'histoire sociale* (1940), p.5-20; et Graham Gargett, 'Voltaire, Richelieu and the problem of Huguenot emancipation in the reign of Louis XV', *SVEC* 176 (1979), p.97-132. Même Jean-Jacques Rousseau, ami de Roustan, condamna les assemblées au Désert: 'cette même parole de Dieu est formelle sur le devoir d'obéir aux lois des princes' (Leigh 1521).

(lignes 5-12: référence à la réhabilitation de Calas et aux galériens protestants) et visant à aider les protestants persécutés pour leur foi (lignes 13-21: référence transparente à Versoix, où Choiseul cherchait à développer sur le lac Léman un port qui rivaliserait avec Genève et où Voltaire voulait voir instaurée la liberté de conscience, pour encourager des Genevois à s'y établir). Suit une attaque (lignes 43-81) sur les opinions égalitaristes de Roustan et sur l'Evangile, que le pasteur utilise pour justifier celles-ci. Dans la deuxième section, 'Que prêtre de l'Eglise suisse à Londres doit être chrétien' (lignes 97-122), Voltaire se moque de Roustan pour avoir apparemment approuvé les vues d'un 'incrédule' modéré, et dans la troisième, 'Que prêtre ne doit point engager les gens dans l'athéisme' (lignes 123-49), il s'efforce de démontrer que, pour Roustan, tout théiste est en réalité un athée. Dans la quatrième section, 'Que prêtre, soit réformé, soit réformable, ne doit ni déraisonner, ni mentir, ni calomnier' (lignes 150-205), Voltaire ironise sur les origines humbles de Roustan et prétend que, loin de décliner – comme l'avait soutenu le pasteur – le christianisme allait bientôt devenir plus 'pur' (ligne 173), c'est-à-dire plus proche du théisme et donc hostile au dogmatisme chrétien traditionnel. La cinquième section, 'Que prêtre doit se garder de dire des sottises le plus qu'il pourra' (lignes 206-300), constitue une défense de cette forme de théisme, étayée par des citations du *Dictionnaire philosophique*, de *L'Examen important de milord Bolingbroke*, et du *Militaire philosophe*.

Les 'Instructions' ne sont pas divisées en sections (ce qui est peut-être une indication supplémentaire qu'elles furent composées après les 'Remontrances' proprement dites); de plus elles n'ont que très peu de rapports avec les *Lettres* de Roustan, sauf en ce sens qu'elles critiquent plusieurs passages de la Bible que le pasteur aurait probablement défendus. Tout d'abord Voltaire reproche à Roustan ses 'injures' (réelles et imaginaires)[49] contre toute une série de libres penseurs, allant de Herbert de Cherbury à Jean-

---

[49] Voir, plus bas, nos notes au texte.

Jacques Rousseau [50] et à d'autres écrivains contemporains. Pour le
philosophe, 'Tous ces auteurs prétendent que le système qu'ils
combattent [le christianisme dogmatique], s'est établi naturellement et sans aucun prodige' (lignes 322-23), et pour le démontrer il
se permet un luxe de citations. Ensuite il passe à quelques-unes de
ses cibles bibliques habituelles, notamment les bizarreries du livre
d'Ezéchiel et les contradictions qui se trouvent dans les différents
Evangiles. Il finit par une exhortation à Roustan de retrancher 'de
la morale de Jésus les fadaises théologiques', ce qui est exactement
ce que demande le jeune pasteur lui-même dans ses *Lettres*! [51] Les
Remontrances sont donc au total un mélange assez bizarre
d'attaques *ad hominem*, de redites habituelles, et de recommandations peu nécessaires ou contradictoires. Pour emprunter le
langage de Voltaire lui-même, le seul 'diamant' qu'on trouve
dans les *Remontrances* (mais qui est souvent 'couvert de fange et
d'ordure'), [52] est la critique de l'assertion du pasteur selon laquelle
'déistes/théistes' et 'athées' sont au fond une seule et même
engeance. Les notes marginales que Voltaire griffonna sur son
exemplaire de l'ouvrage de Roustan sont presque plus intéressantes
que les *Remontrances* elles-mêmes, et c'est pourquoi nous allons
maintenant nous intéresser aux rapports entre les deux.

---

[50] Dans le cas de celui-ci, il s'agit évidemment de *La Profession de foi du vicaire
savoyard* (lignes 320-21).

[51] Un excellent exemple se trouve à la page 140: 'J'ai à peine le courage de [...]
parler de la Transsubstantiation; si vous pouviez soupçonner que l'Ecriture enseigne
ce dogme, le chef-d'œuvre à mon gré de l'extravagance humaine, je vous renverrais
à saint Pierre, qui déclare positivement, Act.iii.21, que le Ciel doit contenir J.-C.
jusqu'au temps du rétablissement de toutes choses, et je vous prierais de
m'apprendre comment un même corps peut se trouver au Ciel, et dans tous les
ciboires de l'Europe, de l'Inde, et de l'Amérique? Comment il y peut être entassé sur
lui-même, comme il doit pourtant arriver selon l'hypothèse, toutes les fois qu'il y a
deux hosties consacrées ensemble.' Evidemment, cette attaque anti-catholique est un
lieu commun de la position protestante, mais Roustan donne partout dans ses *Lettres*
l'impression qu'il ne goute guère la théologie, quelle que soit son origine, préférant
citer les Ecritures et n'y ajoutant rien de plus.

[52] Lignes 515-16.

4. Les 'Remontrances' et les notes marginales de Voltaire

La première *Lettre* de Roustan commence de façon quelque peu étrange, car, s'adressant à un correspondant fictif, il se déclare 'Témoin triste et muet de la décadence de la religion' (p.1). Pourtant, le pasteur ne reste pas muet très longtemps. D'après lui, la plupart des 'gens de cour', des 'gens d'affaires', bref les membres de la haute société, ne s'intéressent plus à la religion, occupés qu'ils sont à leurs plaisirs et séduits par 'tant d'heureuses plaisanteries' fournies par 'l'incrédulité' (p.2). Sa conclusion (p.3): 'La foi ne saurait germer dans des âmes où ne règnent ni la vertu, ni la bonne foi', ce qui provoque la réponse de Voltaire: 'tu commence[s] par injurie[r]'.[53] En effet, le thème de la première *Lettre* est que 'Les ennemis du christianisme n'ont la plupart à cœur ni le bien de l'humanité, ni l'établissement d'un véritable théisme';[54] la colère de Voltaire fut sans doute provoquée en grande partie par le fait qu'une longue note (p.3-5) rejette comme 'calomnie' sa propre assertion – qui se trouve dans l'article 'Anthropophages' du *Dictionnaire philosophique* et 'dans les additions à l'histoire générale' – selon laquelle 'les Juifs devaient être dans l'usage de manger de la chair humaine'[55] ainsi que l'idée répétée si souvent par Voltaire que Dieu commanda à Ezéchiel de 'se nourrir' 'de bouse de vache'.[56]

[53] *CN*, t.8, p.197.

[54] 'Table', p.[i].

[55] Voir *OCV*, t.35, p.348, et Ezéchiel 39:20. Voltaire avait abordé ce thème dès 1761 dans la *Lettre de M. Clocpitre à M. Eratou sur la question, si les Juifs ont mangé de la chair humaine, et comment ils l'apprêtaient?* (*OCV*, t.57B, p.425-45). Il allait l'évoquer de nombreuses fois et le sujet devint un des thèmes de la controverse entre lui et l'abbé Guénée, auteur des *Lettres de quelques Juifs portugais*. Voir *Un chrétien contre six Juifs* de 1776 (*OCV*, t.79B, p.187-92).

[56] Ezéchiel 4:12-15. Le 'déjeuner d'Ezéchiel' devint un des thèmes récurrents de Voltaire dans sa campagne pour discréditer l'Ancien Testament. Il paraît dès le *Sermon des cinquante* (*OCV*, t.49A, p.115) et le *Testament de Jean Meslier* (*OCV*,

Le philosophe – que Roustan appelle ostensiblement 'l'inépuisable, le charmant Voltaire' – est à nouveau pris à partie presque immédiatement, car il est accusé, avec La Mettrie et Helvétius, d'avoir empoisonné 'tant de milliers d'apostats du christianisme' en Europe. Lorsque Roustan commente: 'L'ami de la religion est toujours décent et modeste', Voltaire souligne les quatre derniers mots et s'écrie: 'eh mon ami tu n'es ni l'un ni l'autre. [57] Il ne fallait pas insulter les auteurs de la tolérance, qui ont protégé les opprimés[,] prenez garde, l'orgueil fait tout. Il a dicté votre livre, comme les mandements de tant d'évêques[,] vous voulez dominer, et vous ne dominerez point.' [58] L'étroite ressemblance entre cette note et une partie de la première page des *Remontrances* pourrait indiquer, comme nous l'avons suggéré, que Voltaire composa son texte rapidement, vraisemblablement très peu de temps après avoir lu l'ouvrage de Roustan, en utilisant les notes qu'il avait griffonnées dessus au fur et à mesure de sa lecture et d'autres passages dont il avait signalé l'intérêt par des marques marginales. Le fait que les *Remontrances* font l'éloge de *La Profession de foi des théistes*, qui parut fin mai 1768, conforte la thèse d'une composition rapide (nous avons déjà vu, plus haut, p.177 et 178, n.9, que les *Remontrances* avaient paru le 13 août et avaient été lues par Vernes avant le 18 août).

La passion de Voltaire se voit clairement dans ses autres notes à la première *Lettre* de Roustan, notes qui révèlent de façon transparente la ligne de démarcation entre les deux hommes et leur conception de la religion chrétienne, du théisme et de

---

t.56A, p.139 et 218) et par la suite dans des endroits par trop nombreux pour être cités ici. Voltaire répondra aux remarques de Roustan sur Ezéchiel dans les 'Instructions' (lignes 384-407).

[57] D'où le titre de la première section des *Remontrances*.

[58] *CN*, t.8, p.198. La référence aux 'mandements [...] d'évêques' pourrait bien évoquer la lettre de J.-J. Rousseau à Christophe de Beaumont, où l'ami de Roustan avait récemment terrassé l'archevêque. Ce serait mettre pasteur et haut prélat catholique dans le même panier. Pourtant, un tel rapprochement n'est pas exploité dans les *Remontrances*.

l'athéisme. Vu les rapports assez amicaux qu'entretenait Voltaire avec des pasteurs 'libéraux' comme Jacob Vernes (ami de Roustan), Elie Bertrand, François-Louis Allamand et Paul Moultou, [59] on aurait pu s'attendre à ce que les deux hommes aient eu au moins un certain nombre de choses en commun, et on verra plus tard que ce fut en effet le cas. Mais ici Roustan se dresse implacablement contre les 'philosophes' (à l'exception de Jean-Jacques Rousseau, à supposer que celui-ci puisse être, en cette fin des années 1760, considéré comme tel), lançant une déclaration de guerre et sous-entendant que tous ceux qui attaquent le christianisme visent le même but qui est de faire la promotion de l'athéisme, les soi-disant 'déistes' étant au fond des hypocrites: 'Pourquoi donc vantent-ils une religion qui selon moi les intéresse peu? Par politique, Monsieur, pour arriver plus aisément à leurs fins' (p.11). Cette assertion provoque chez Voltaire un véritable cri du cœur, une des déclarations les plus fortes que nous connaissons de sa foi religieuse, dont maints commentateurs ont douté et qui mérite d'être méditée par tout voltairiste: 'qui te l'a dit? [...] Je mou[r]rais pour cette religion éternelle la mère de toutes les autres qui déchirent les entrailles dont elles sont sorties'. [60]

Or, quelques passages des *Remontrances* illustrent que – dans certaines circonstances, et en dépit de leurs différences – pasteur et philosophe auraient pu partager la conviction que Dieu existe et anime la nature. [61] Pourtant, on dirait que l'idée d'un tel accord

---

[59] Voir G. Gargett, *Voltaire and Protestantism*, p.177-83, 184-89, 189-98, 198-205. Moultou quitta le pastorat en 1765 ou 1766 (G. Gargett, *Voltaire and Protestantism*, p.202, n.231; René Pomeau, *La Religion de Voltaire*, p.340, n.134; D18418, commentaire) et en 1773, à sa demande, son nom fut rayé des registres de la Compagnie des pasteurs (G. Gargett, *Voltaire and Protestantism*, p.202, n.232; D18418, commentaire).

[60] *CN*, t.8, p.199.

[61] Par exemple, la création inspire à Roustan un paragraphe, auquel Voltaire aurait pu souscrire en grande partie, sur les merveilles de la nature: 'Il est trop tard pour nous faire croire que la matière soit éternelle, qu'elle ait un mouvement nécessaire, ou qu'elle ait enfanté la merveille de la pensée. Que s'ils [les matérialistes] veulent savoir quelle autorité nous opposons à leurs chances et à

répugnait absolument aux deux hommes. Par exemple, Roustan déclare, insistant à nouveau sur la prétendue hypocrisie des philosophes déistes:

Après avoir étonné et presque subjugué les esprits par l'audace intrépide avec laquelle ils osent fouler aux pieds ce que les hommes respectent le plus, ils feignent de s'arrêter, comme s'ils craignaient de passer les bornes, et n'avaient d'autre but que d'affranchir les hommes du joug avilissant de la superstition, pour les amener au naturalisme, à la religion de Noé, d'Abraham, de Socrate et de Marc-Aurèle. Ce procédé leur donne un air de modération et de philosophie, qui leur attire la confiance et le respect de leurs lecteurs. [62]

Voltaire rétorque, impatiemment: 'théiste avec jesu ou avec socrate ou confuicius [*sic*] qu'importe voyez bollingbroke crois en dieu par toi-même'. [63] Même chose quand Roustan enchaîne, en utilisant le même argument que beaucoup d'autres critiques des philosophes, avant et après lui: 'comme ce grand mot de religion naturelle n'est chez eux qu'un leurre dont ils se servent pour vous détacher plus aisément du christianisme, après vous avoir dit ce que vous devez rejeter, ils se gardent bien de vous apprendre de même ce que vous devez admettre'. [64] Voltaire, excédé, griffonne en marge, son irritation expliquant peut-être la syntaxe bizarre, et la référence à *La Profession de foi des théistes* nous aidant à dater les *Remontrances*: 'faux voyez l'admirable ouvrage de milord bolinbroke et ce impute [imputé?] à lui – *dieu* rémunérateur et vengeur. Voyez la profession de foi du théisme du comte de [*sic*] au Roy de

---

leurs atomes, qu'ils lèvent les yeux vers le Ciel, qu'ils lisent nos preuves dans le firmament, elles y sont écrites en caractères de feu. Ces milliers d'astres éclatants qui en lambrissent la voute, et dont la bienfaisante lumière rassure le nocher timide, et lui trace sa route dans le silence des nuits; ce Soleil, qui depuis près de soixante siècles darde à la fois sur sept mondes ses inépuisables feux' (*Lettres*, p.30). On pense à un passage célèbre de *Zadig* (*OCV*, t.30B, p.157).

[62] *Lettres*, p.12.
[63] *CN*, t.8, p.199.
[64] *Lettres*, p.13.

prusse.'[65] Peu après, au bas de la page 12 des *Lettres*, le philosophe fait une référence apparente au curé Meslier: 'le ministre ... disait en mourant hélas j'ai longtemps combattu pour les erreurs et p[ou]r la fable moins de dogme et plus de vertu voilà le culte véritable'.[66]

Les notes marginales de Voltaire aux *Lettres* révèlent donc clairement son agacement. Il critique, souvent à juste titre, le style déclamatoire de Roustan,[67] s'écrie 'calomnie abominable'[68] lorsque le pasteur remarque au début de sa deuxième *Lettre*: 'je dis qu'avant de s'efforcer de renverser le christianisme, pour lui substituer l'athéisme, la prudence voudrait que les incrédules examinassent si cette substitution est possible'.[69] Lorsque Roustan dresse une liste de philosophes de l'antiquité persécutés pour leur manque de foi, passage qui vise sans doute une idée chère à Voltaire – 'l'on ose quelquefois nous dire que l'intolérance ne commença qu'avec le christianisme'[70] – le philosophe rétorque: 'ils étaient athées mais les chrétiens persécutent les chrétiens'.[71]

Quand Roustan déclare:

Si l'impiété est aussi chère aux impies que la superstition l'est aux superstitieux, ils ne seront pas moins intolérants, et je vous garantis que bien des incrédules de nos jours sont dans le cas: vous les verriez réduire

[65] *CN*, t.8, p.199.

[66] *CN*, t.8, p.200.

[67] Citons un seul exemple, choisi dans la lettre 4: 'L'impureté, le luxe, l'adultère, la vénalité la plus grande, les débauches les plus infâmes, tels sont les traits flétrissants qui distinguent les lieux où fleurit la philosophie moderne; tels sont les fruits abominables qu'elle a produits dans ses grands sièges, et qu'elle produit dans tous les lieux où elle pénètre, en proportion des progrès qu'elle y fait. Cessez donc de nous objecter une dépravation qui est votre ouvrage, et après avoir renversé la digue, ne nous reprochez pas l'inondation du pays' (*Lettres*, p.119). On note l'absence d'un seul exemple précis. Ces généralisations pour le moins abusives continuent pendant plusieurs paragraphes.

[68] *CN*, t.8, p.200.

[69] *Lettres*, p.24.

[70] *Lettres*, p.29n.

[71] *CN*, t.8, p.200. Le reste de la remarque de Voltaire, à propos de la persécution des protestants et du père de Roustan, est cité plus haut, n.11.

en cendres, s'ils pouvaient, ceux qui ont la témérité d'avouer qu'ils croient un Dieu. [72]

Voltaire s'exclame tout simplement: 'quel excès de folie'! [73] Finalement, à propos de la remarque:

Qu'ils [les incrédules] nous expliquent donc, s'ils le peuvent [...] comment le peuple juif, le plus ignorant, le plus grossier des peuples, est le seul de l'antiquité qui ait connu et adoré le vrai Dieu, tandis que l'Egyptien, père des sciences, adorait les serpents et les crocodiles, tandis que Rome et la Grèce, patries de la philosophie et des arts, fourmillaient de divinités. [74]

Voltaire ne résiste pas à la tentation de corriger: 'il faut dire Dieu. [75] chinois, caldéens, phéniciens, persans, égyptiens adoraient dieu'. [76]

Il nous semble que c'est surtout cette profonde irritation, manifeste dans les notes marginales, qui poussa Voltaire à répondre à ce pasteur insolent. Il était certes légitime de réagir contre l'assertion – évidemment fausse – de Roustan, qui aurait voulu que tous les philosophes fussent en réalité des athées, mais trop souvent Voltaire se contente de coups de griffe, de railleries et d'insultes au lieu de présenter des arguments. Quelle incidence pouvaient bien avoir le caractère et les origines du père de Roustan sur la pertinence des idées de l'auteur ou sur ses opinions à l'égard de la noblesse (noblesse que Voltaire ridiculisa d'ailleurs dans ses *Lettres philosophiques*)? [77] Et qu'en est-il de l'idée, proposée par Voltaire lui-même au début des *Remontrances*, selon laquelle il chercherait à protéger les protestants en les empêchant, par cet avertissement adressé à Roustan, [78] de déplaire au gouvernement par des actions ou des publications inconsidérées?

---

[72] *Lettres*, p.37-38n.
[73] *CN*, t.8, p.201.
[74] *Lettres*, p.55.
[75] Et non pas 'le *vrai* dieu', sous-entend Voltaire, comme s'il y en avait plusieurs...
[76] *CN*, t.8, p.202.
[77] Voir plus bas, n.24 au texte.
[78] Avertissement, rappelons-le, fait au nom d'un groupe de pasteurs fictif.

5. *Voltaire, les 'Remontrances', et les protestants*

Quelques années plus tôt, au moment de l'affaire Calas, Voltaire avait effectivement essayé de modérer la réaction tout à fait compréhensible des protestants, notamment en faisant pression sur Court de Gébelin – qui allait devenir le 'correspondant' des églises du Désert à Paris – pour l'empêcher de publier ses *Toulousaines*, [79] ce qui aurait pu durcir encore davantage la position du parlement de Toulouse. [80] A l'époque, Voltaire avait lui aussi tenté de ménager les autorités, tout en plaidant la cause de la tolérance autant que possible, mais avec discrétion et retenue. [81] Il est vrai aussi qu'on a suggéré qu'en 1767 Voltaire avait été informé par ses correspondants haut placés que le gouvernement voulait améliorer la situation des protestants et envisageait sérieusement la mise en œuvre des recommandations de Gilbert de Voisins, qui, dans un rapport secret, proposait entre autres choses la création d'une forme de mariage civil en faveur des 'nouveaux convertis'. [82] Selon cette thèse, certains membres du gouvernement auraient fait appel au philosophe pour qu'il intervienne auprès des pasteurs protestants pour les encourager à calmer leurs ouailles en évitant surtout de tenir des assemblées 'provocatrices' 'au Désert'.

---

[79] *Les Toulousaines, ou lettres historiques et apologétiques en faveur de la religion réformée, et de divers protestants condamnés dans ces derniers temps par le parlement de Toulouse, ou dans le Haut-Languedoc* (Edimbourg [Lausanne], 1763). Antoine Court de Gébelin fut le fils d'Antoine Court, restaurateur depuis 1715 des églises protestantes françaises, les 'églises du Désert'. Voir Paul Schmidt, *Court de Gébelin à Paris (1763-1784): étude sur le protestantisme français pendant la seconde moitié du dix-huitième siècle* (Sainte-Blaise et Roubaix, 1908).

[80] G. Gargett, *Voltaire and Protestantism*, p.298. Beaucoup de protestants partageaient l'opinion de Voltaire: un des 'anciens' de l'église de Montauban demanda à Paul Rabaut, chef *de facto* des églises protestantes, la suppression des *Toulousaines* (voir Charles Coquerel, *Histoire des églises du Désert*, 2 vol., Paris, 1841, t.2, p.494) et l'ouvrage fut en effet interdit à Genève.

[81] Voir *Traité sur la tolérance*, *OCV*, t.56C, p.63-81.

[82] Voir Samuel S. S. B. Taylor, 'Voltaire's *L'Ingénu*, the Huguenots and Choiseul', dans *The Age of Enlightenment: studies presented to Theodore Besterman*, éd. W. H. Barber, J. H. Brumfitt et autres (St Andrews, 1967), p.107-36.

Pourtant, une analyse détaillée de cette hypothèse a montré que Voltaire était peu au courant de ce qui se faisait à Versailles, [83] même si des rumeurs circulaient à propos des mesures envisagées. [84] Néanmoins, des références plus ou moins explicites au protestantisme apparaissent dans de nombreux écrits publiés (ou en cours de composition) par Voltaire en 1768. [85] Le philosophe aurait-il décidé, de son propre mouvement, de rédiger les *Remontrances* précisément pour favoriser les intentions du gouvernement et pour essayer de réfréner les esprits forts du côté protestant? Notre réponse à cette question est un 'non' catégorique, et on verra pourquoi plus loin. Mais tout d'abord, qu'en est-il de ce corps auquel Voltaire attribue ses *Remontrances*?

Le terme de 'corps des pasteurs du Gévaudan' ne correspond historiquement à rien de précis. On peut penser que dans l'imagination voltairienne ceci aurait pu être soit un synode protestant soit une 'église du Désert'. [86] En fait, dans les deux cas, ce 'corps' aurait été illégal, étant donné la législation antiprotestante de l'ancien régime en vigueur depuis 1685. Le

[83] Voir Graham Gargett, 'Voltaire, Gilbert de Voisins's *Mémoires* and the problem of Huguenot civil rights (1767-1768)', *SVEC* 174 (1978), p.7-57; et *Voltaire and Protestantism*, p.333-52.

[84] En fait, c'est un pasteur protestant, Paul Rabaut, qui en informe Voltaire, et non l'inverse: voir D14784 (29 février 1768).

[85] Pour ne nommer que les plus évidents: *Le Dîner du comte de Boulainvilliers*, *La Profession de foi des théistes*, la *Lettre à M. Jean Vernet*, *Les Guèbres*, les *Lettres d'Amabed* (qui sont censées avoir été écrites juste avant la Réforme protestante et en font voir clairement les raisons), l'*Homélie du pasteur Bourn*, et l'*A, B, C* (qui prône l'idée que l'Eglise doit être soumise à l'Etat et qui est très favorable à l'Eglise anglicane). L'année suivante, après sa communion très controversée à Pâques, Voltaire écrit: 'J'ai déclaré expressément que je mourais [*sic*] dans la religion du roi très chrétien mon maître et de la France ma patrie, *as it is establish'd by act of parlement*. Cela est fier et honnête' (D15570). Pour Voltaire et l'Eglise anglicane voir G. Gargett, *Voltaire and Protestantism*, p.436-52.

[86] A l'époque où écrivait Voltaire, il n'y avait aucune entité portant le nom de 'Corps des pasteurs du Gévaudan': avant la révocation de l'édit de Nantes, la 'province synodale des Cévennes' s'était composée de trois 'colloques' ou groupes de paroisses – Anduze, Sauve, et Saint-Germain-de-Calberte. Celle-ci correspondait en partie au Gévaudan, et comprenait des villes comme Marvejols, où 275 sur

Languedoc, où se situe le Gévaudan, au nord-ouest des Cévennes, correspond plus ou moins au département actuel de la Lozère. Or, cette province était de loin la région de France où les 'églises du Désert' étaient les plus actives au dix-huitième siècle, [87] ce que savait parfaitement Voltaire. Dans l'édition de 1761 du *Siècle de Louis XIV*, par exemple, il décrit les Cévennes, ainsi que les régions avoisinantes du Dauphiné et du Vivarais, comme des 'pays tout propres aux prédictions, peuplés d'ignorants et de cervelles chaudes, échauffées par la chaleur et plus encore par leurs prédicants' (c'est-à-dire par leurs pasteurs protestants). [88] On peut rapprocher ce passage d'un autre qu'on trouve dans le conte *Pot-pourri*, [89] et d'où il ressort que, si les protestants veulent être tolérés, ils doivent se comporter comme des citoyens qui respectent les lois de leur pays: '[J]e doute fort qu'on rétablisse vos temples', déclare l'interlocuteur du huguenot M. de Boucacous, 'malgré toute la politesse dont nous nous piquons; la raison en est que vous êtes un peu nos ennemis'. A quoi M. de Boucacous répond:

Voilà une plaisante liberté! [...] nous ne pouvons nous assembler en pleine campagne quatre ou cinq mille seulement, avec des psaumes à quatre parties, que sur-le-champ il ne vienne un régiment de dragons, qui nous fait rentrer chacun chez nous. Est-ce là vivre? est-ce là être libre? [90]

On sait donc que l'attitude de Voltaire à l'égard des protestants

---

675 familles étaient protestantes. Avec le renouveau de l'organisation du protestantisme français qui se fit à partir de 1715 sous Antoine Court, les Hautes Cévennes furent divisées en trois colloques, dont un devint à nouveau celui de Saint-Germain-de-Calberte.

[87] Voir G. Gargett, *Voltaire and Protestantism*, p.259-60. Voir aussi Samuel Mours, *Le Protestantisme en France au dix-septième siècle* (Paris, 1967), p.77-79, et *Les Eglises réformées en France* (Paris et Strasbourg, 1958), p.138-39.

[88] *OH*, p.1057; voir aussi G. Gargett, *Voltaire and Protestantism*, p.493-94.

[89] Texte également rédigé dans les années 1761-1762, bien que publié pour la première fois début 1766; voir l'édition critique de Jacqueline Hellegouarc'h (*OCV*, t.52, p.539).

[90] *OCV*, t.52, p.548-49.

français, et du protestantisme en général, était ambiguë. Mais ceci explique-t-il son choix de porte-parole dans les *Remontrances*, un corps de pasteurs dans une région où la répression était toujours présente ou tout au moins à craindre, et où il convenait de se montrer très prudent à l'égard des autorités? Les *Remontrances* plaident-elles la cause de protestants 'modérés' qui ne voulaient pas effaroucher le gouvernement mais qui cherchaient à obtenir, en contrepartie, plus de tolérance, ne fût-ce qu'une tolérance officieuse?

Il nous semble qu'il n'en est rien. Une simple lecture des *Remontrances* suffit pour se convaincre que le but de cette brochure n'était pas de favoriser la cause protestante en tant que telle, ni de freiner l'enthousiasme de quelques 'enragés'. Pour Voltaire, la publication des *Remontrances* obéit à un double objectif: premièrement se venger de Roustan, ministre genevois plutôt que pasteur 'du Désert', et dont le tort principal est d'avoir osé le critiquer; et deuxièmement, et plus légitimement peut-être, s'inscrire en faux contre la notion qui veut que théistes et athées se confondent, tout en prêchant la tolérance (ce qui, bien sûr, pouvait aider les protestants français mais qui répondait à un souci d'ordre beaucoup plus général).

En dernière analyse, et bien que Voltaire – pour servir ses propres objectifs – adopte l'identité d'un groupe de pasteurs, les *Remontrances* ne furent pas écrites pour améliorer le sort des protestants: au contraire, Voltaire utilise quelque peu cyniquement sa réputation de défenseur des huguenots pour mieux attaquer la version 'libérale' (mais non philosophique) du christianisme d'un pasteur protestant très proche de Rousseau. Roustan est prêt à se passer de la plus grande partie de la théologie classique, catholique et protestante. Il est certes proche du déisme ou théisme, mais il s'agit d'un théisme chrétien, et non pas du théisme tel que le conçoit Voltaire, dans lequel on accepte de conserver le nom de Jésus comme une sorte de relique inévitable du passé européen.[91] Le

[91] Il allait écrire dans *Dieu et les hommes*, probablement déjà en chantier:

théisme chrétien de Roustan aime et se nourrit des Ecritures et voit en Jésus-Christ, quel que soit son statut théologique exact, le Sauveur, le modèle, et l'inspiration de l'humanité. Les deux hommes sont proches, en un sens, mais néanmoins séparés par un gouffre infranchissable. Ils sont arrivés au théisme par des voies totalement différentes, d'où le manque presque complet de compréhension entre eux.

On sera peut-être frappé par la virulence dont fait preuve Voltaire lorsqu'il attaque l'égalitarisme de Roustan (lignes 43-81). Certes, le philosophe juge très durement les opinions du pasteur, partisan enthousiaste de Rousseau, et ce passage des *Remontrances* peut rappeler un passage du *Sentiment des citoyens* (publié anonymement en 1764) où Voltaire déclare qu'il 'faut lui apprendre [à Rousseau] que si on châtie légèrement un romancier impie, on punit capitalement un vil séditieux'. [92] Et pourtant on ne peut manquer d'être frappé par l'absence presque totale de références à Rousseau dans les *Remontrances*, références qui auraient pu être nombreuses si Voltaire avait vraiment voulu attirer l'attention du lecteur sur les innombrables sujets de conflit qui l'opposaient au ci-devant citoyen de Genève. [93] Dans les

---

'Adorons l'Etre suprême par Jésu, puisque la chose est établie ainsi parmi nous. Les quatre lettres qui composent son nom ne sont certainement pas un crime. Qu'importe que nous rendions nos hommages à l'Etre suprême, par Confucius, par Marc-Aurèle, par Jésu ou par un autre, pourvu que nous soyons justes? La religion consiste assurément dans la vertu et non dans le fatras impertinent de la théologie. La morale vient de Dieu, elle est uniforme partout' (*OCV*, t.69, p.488).

[92] *OCV*, t.58, p.338.

[93] Au fond, il y a beaucoup de similarités entre les opinions des deux hommes à propos de l'égalité et de l'inégalité dans les sociétés humaines existantes, mais leurs réponses à cette situation divergent de façon fondamentale. Citons José-Michel Moureaux: 'En dépit de la convergence de certaines de leurs analyses, Voltaire, comme l'a bien montré H. Gouhier [...], "ne cesse d'être violemment opposé aux vues de Rousseau sur la condition humaine, et tout particulièrement dans la question de l'égalité"' (article 'Egalité' du *Dictionnaire philosophique*, *OCV*, t.36, p.47, n.14). Pour Voltaire, si l'inégalité des conditions est inévitable dans la société humaine, et s'il n'en reste pas moins vrai que 'Chaque homme dans le fond de son cœur a droit de

Remontrances, Voltaire ironise sur l'égalitarisme de Roustan,
d'autant plus que le point de vue du pasteur se base sur le Nouveau
Testament, source que le philosophe estime être complètement
dénuée de logique et de légitimité. Voltaire se plaît sans doute, dans
les *Remontrances*, à se moquer de Roustan et à jouer avec lui comme
le fait le chat avec la souris, [94] prenant un malin plaisir à critiquer le
pasteur pour avoir exprimé des opinions qui, au fond, sont souvent
très semblables aux siennes. Pourtant, on a du mal à croire que
Voltaire, ce pragmatiste politique qui soutient le despotisme éclairé
en Russie et en Prusse, la monarchie constitutionnelle en Angleterre, et qui veut obtenir pour la classe politique la plus basse à
Genève (les 'négatifs') une représentation politique, puisse vraiment s'offusquer devant une critique – surtout une critique aussi
anodine – contre la noblesse. S'il souscrivait vraiment à ce qu'il dit
dans les *Remontrances*, comment concilier ces remarques avec
l'image du seigneur fainéant et inutile décrit dans un passage
célèbre de la dixième *Lettre philosophique*, passage reproduit sans
cesse dans les éditions successives des œuvres de Voltaire (l'une
d'entre elles datant précisément de 1768)? [95] La défense par
Voltaire de la noblesse française dans les *Remontrances* semble
motivée moins par une véritable indignation face aux remarques de
Roustan que par le désir de nuire à son adversaire et surtout
d'amadouer les hauts rangs de la société française, dont certains
membres s'étaient déjà montrés prêts à œuvrer, jusqu'à un certain
point, en faveur de la tolérance prônée par Voltaire. On peut donc
considérer que l'hypocrisie et l'apparente mauvaise foi que nous
avons identifiées dans notre analyse s'inscrivent dans la stratégie
adoptée par Voltaire. Comme l'a déclaré Théodore Rilliet: 'Il est

se croire entièrement égal aux autres hommes', 'Le genre humain tel qu'il est, ne peut
subsister à moins qu'il n'y ait une infinité d'hommes utiles qui ne possèdent rien du
tout' (*OCV*, t.36, p.48 et 46: voir aussi, plus bas, n.24-30 au texte).

[94] Il arrive même à Voltaire d'utiliser cette métaphore, à propos d'un autre
apologiste du christianisme, l'abbé Guénée: voir D20407 et *Un chrétien contre six
Juifs*, *OCV*, t.79B, p.35-45.

[95] Nous reproduisons ce texte plus bas, dans n.24 au texte.

fort aisé d'avoir raison dans une dispute lorqu'on fait dire à son adversaire ce qu'il ne songea jamais à dire'. [96]

6. *Réception*

Les *Remontrances du corps des pasteurs du Gévaudan* étaient parvenues à Paris dès la fin de septembre 1768, puisqu'on en trouve un compte rendu dans les *Mémoires secrets* à la date du 1er octobre:

Antoine Jean Rustan, pasteur suisse à Londres, s'est avisé de publier un ouvrage qui a pour titre: *L'Etat présent du christianisme*. Il n'a pu résister à la rage de mordre M. de Voltaire. Tout théologien croit lui devoir au moins un coup de dent en passant. Celui-ci d'ailleurs était personnellement en reste avec lui. Le philosophe de Ferney n'a pas tardé à prendre sa revanche. Il vient de publier une petite brochure de près de 30 pages, sous le nom de *Remontrances du corps des pasteurs du Gévaudan à Antoine-Jean Rustan*. Il ne paraît point en champ clos comme le premier, armé de toute l'armure scolastique, et cherchant à écraser son adversaire sous le poids de son érudition; mais il voltige autour de lui, il le harcèle légèrement, il le couvre de ses sarcasmes, et le laisse en cet état exposé à la risée publique. [97]

Ce compte rendu laisse supposer que son auteur n'avait pas lu les *Lettres* de Roustan, car on peut difficilement prétendre, après en avoir pris connaissance, qu'elles témoignent de l'armure scolastique' et de 'l'érudition' de Roustan. L'approche de ce dernier consiste en fait en une acceptation de la notion de relativisme et elle

[96] *Lettre à Monsieur Covelle le fils, citoyen. Par l'auteur de la Lettre bleue* (Imprimé à Bienne; et se débite à Karouge [1764]), p.5. Sur la première page de l'exemplaire que possède Taylor (V.9.EC.4(1)) une main contemporaine a écrit: 'Cette lettre a paru à Genève dès le 28e may 1764'. Nous remercions Martin Smith pour cette citation.

[97] *Mémoires secrets pour servir à l'histoire de la république des lettres en France*, 36 vol. (Londres, 1777-1789), t.4, p.112-13. La phrase 'celui-ci d'ailleurs était personnellement en reste avec lui' semblerait signifier que Voltaire n'avait pas encore répondu à l''Examen historique des quatre beaux siècles de M. de Voltaire' (voir plus haut, p.181, et plus bas, n.54 au texte).

démontre sa foi en la tolérance (qui inclut jusqu'aux incroyants qui se conduisent 'sagement', c'est-à-dire qui ne choquent pas les normes de la morale chrétienne traditionnelle), [98] et elle incorpore une version très édulcorée de la théologie calviniste. En revanche, loin de 'voltiger' autour du pasteur, c'est Voltaire qui étale ses connaissances théologiques, réelles ou de seconde main. Roustan écrit en fait avec une certaine sympathie générale pour ce qu'on pourrait appeler la position théiste ou 'protestante libérale', autrement dit celle d'un homme qui accepte la religion naturelle comme la base du christianisme, mais qui se refuse à s'aventurer trop loin dans le domaine de la théologie. [99]

En plus, il semble également douteux que l'auteur du compte rendu ait lu les *Remontrances* – on se demande s'il les avait tout simplement parcourues de façon très superficielle – puisque, comme on vient de le voir, ce qu'il en dit ne correspond en rien à leur contenu. Paradoxalement, ses louanges sans réserves pourraient renforcer cette hypothèse, car – normalement – les *Mémoires secrets* insistent sur les répétitions et redites de Voltaire et, même quand le texte en question reçoit l'approbation du journaliste, celui-ci affecte sournoisement de critiquer son contenu. A part ce compte rendu, nous n'avons trouvé aucune autre réaction contemporaine aux *Remontrances*.

---

[98] Pour le relativisme voir *Lettres*, p.23, cité dans n.43 au texte; pour la tolérance voir, par exemple, *Lettres*, p.43, et p.141-42n, citée dans n.71 au texte.

[99] Voir n.39, 66 et 71 au texte. Pour apprécier à quel point certains pasteurs de Genève souscrivaient aux idées 'libérales' à l'égard de la Trinité, voir G. Gargett, *Voltaire and Protestantism*, p.140-55. Pour le représentant 'classique' du libéralisme protestant, Jean-Alphonse Turretini, voir Maria-Cristina Pitassi, *De l'orthodoxie aux Lumières: Genève 1670-1737* (Genève, 1992), surtout p.41-50: 'Si son Christ n'est pas aussi parfaitement orthodoxe que celui de son père, si son enseignement ne donne pas une grande place à la Trinité, si sa morale se préoccupe principalement de se rapprocher des données de la théologie naturelle, il n'en demeure pas moins qu'il ne cède jamais au réductionnisme déiste et que sa réflexion reste ancrée dans la tradition calviniste' (p.49-50).

7. Editions

De plus amples informations sur les éditions collectives se trouvent ci-dessous, p.313-16.

68

REMONTRANCES / DU CORPS / *DES PASTEURS* / DU GÉVAUDAN, / A / *ANTOINE JEAN RUSTAN*, / Pasteur *Suisse à Londres*. / A AMSTERDAM, / [*filet double*] / 1768.

8°. sig. A-B⁸ [B8 bl.] [$4, chiffres romains (-A1, A2)]; pag. 29, [1 en blanc]; réclames p.9, 12, 15, 16.

[1] faux titre; [2] en blanc; [3] titre; [4] en blanc; 5-29 Remontrances du corps des pasteurs du Gévaudan.

Les 'Instructions' commencent p.20.

Imprimé par Cramer à Genève, selon BnC.

Bengesco 1765; BnC 4174; BV3761 ex.1, 3, 4.

Austin, Harry Ransom Center: BL 2773 V5875 1768; PQ2080.G792 1768 cop. 3 (inscription de Voltaire: 'a paru le 13 aoust'). Genève, ImV: KC 41 (1), D Remontrances 1/1768/1, BE61 (16). Paris, BnF: Rés. Z Bengesco 324; Rés. Z Beuchot 768, 769, 770; D² 10615; Rés. D² 5324 (5).

EJ69

Tome 1: 78-98 (deuxième série de chiffres) Remontrances du corps des pasteurs du Gévaudan à Antoine Jean Rustan, Pasteur Suisse à Londres; les 'Instructions' commencent p.91.

EJ72

Tome 1: 156-76 Remontrances du corps des pasteurs du Gévaudan à Antoine Jean Rustan, Pasteur Suisse à Londres; les 'Instructions' commencent p.169.

K84

Tome 33: 352-73 Remontrances du corps des pasteurs du Gevaudan à

Antoine-Jacques Rustan, pasteur suisse à Londres; les 'Instructions'
commencent p.365.

K85

Tome 33: 352-73 Remontrances du corps des pasteurs du Gévaudan à
Antoine-Jacques Rustan, pasteur suisse à Londres; les 'Instructions'
commencent p.365.

K12

Tome 42: 248-74 Remontrances du corps des pasteurs du Gévaudan à
Antoine-Jacques Rustan, pasteur suisse à Londres; les 'Instructions'
commencent p.264.

Les éditions de Kehl présentent quelques changements, que nous
discutons plus loin ('Principes de cette édition'). Bien que les éditions
de Kehl n'aient pas de différences importantes, on y trouve plusieurs
différences d'orthographe, de ponctuation, et même dans la position des
références. Le sigle K12 n'est utilisé que dans le cas où cette édition offre
des variantes qui ne se trouvent pas dans K84.

8. *Principes de cette édition*

Les deux premières éditions ont une erreur de grammaire (lignes 108-
109) et toutes les éditions sauf Kehl ont et une erreur dans la présentation
du prénom de A. J. Roustan (ligne c). (Pour le prénom de Roustan, voir
plus haut, p.178.) Toutes les éditions épellent son nom de famille
'Rustan'. Ces éditions diffèrent les unes des autres en ce qui concerne
l'orthographe et la ponctuation; elles contiennent aussi plusieurs erreurs,
qui diffèrent souvent selon l'édition. Il n'y a qu'une différence textuelle,
mineure, entre 68 et EJ69 / EJ72 (ligne 258).

L'édition de Kehl corrige les autres éditions (par exemple, aux
lignes 266, 300a, 325), mais introduit plusieurs nouvelles lectures qui
semblent être des erreurs (lignes 44, 228, 237, 238, 334: nous donnons
ces lectures dans les variantes, puisqu'elles changent le sens du texte); on
y trouve aussi quelques changements textuels, pour la plupart de nature
stylistique (par exemple, lignes 48, 75-76, 143, 223). Nous rejetons donc

le texte de Kehl comme non fiable, et choisissons celui de l'édition
première (68); nous corrigeons toutes ses erreurs, celles des lignes 108-
109 et 443 incluses (les seules erreurs des éditions avant Kehl que nous
donnons dans les variantes).

Traitement du texte de base

Nous avons conservé l'orthographe des noms propres. Nous n'avons pas
retenu les italiques pour les citations en langue moderne et le discours
direct. Nous avons respecté la ponctuation du texte de base, sauf dans
certains cas que nous indiquons; nous ne retenons pas le point qui suit les
chiffres romains et arabes. Ailleurs le texte de base a fait l'objet d'une
modernisation portant sur la graphie, l'accentuation et la grammaire. Les
particularités du texte de base dans ces trois domaines étaient les
suivantes:

I. *Particularités de la graphie*

1. Consonnes

— absence de la consonne *p* dans les mots: anabatistes, longtems [parfois
longtemps], rebatiser, tems.
— absence de la consonne *t* dans les finales en *–ans* et en *–ens*: enfans,
Innocens.
— emploi de la consonne *ʒ* à la place de *s* dans: baze, bouze, mazure.
— redoublement de consonnes contraire à l'usage actuel dans: appellez,
rejetté.
— présence d'une seule consonne là où l'usage actuel prescrit son
doublement dans: apesanti, aprendre, aprenez, apris, aproche, apro-
fondie, aprouvons, boureau, indiférence, passionément, pourez,
pouriez, Rabins, raporte, raporté, raportez, raprocher, supose,
suposé, suposer, suprimer, tranquilement.

2. Voyelles

— emploi de *i* à la place de *y* dans: labirinthe, martirisé, Sindic, sistême,
stile, tiran.
— emploi de *y* à la place de *i* dans: asyle, croyent, fy!, Mylord, proye,
vraye, yvrognerie.
— emploi de *y* à la place de *ï* dans: payen.
— emploi de la graphie *oi* pour *ai* dans: connoissances.

208

3. Divers

– utilisation systématique de l'esperluette.

4. Graphies particulières.

– l'orthographe moderne a été rétablie dans les mots suivants: bien-faicteurs, bled, cahos, cervaux, d'avantage, encor, fiante, géolier, Hernoutre, septier, thrône, vuidangeur.

5. Abréviations

– Mr. devient M.; St. devient saint.

6. Le trait d'union

– il a été supprimé dans les mots suivants: Anti-Cartésiens, sur-tout, très-connu, très-difficile, très-long.

– il a été rétabli dans les mots suivants: adressons nous, au dessus, corrigerez vous, dites leur, faites lui, faites vous, jusques là, lavons nous, souvenez vous, vous même, voyez y.

7. Majuscules rétablies

– nous mettons la majuscule au premier mot du titre des ouvrages cités qui n'apparaissent pas en italiques et conformément à l'usage moderne à: actes de Thècle, nouveau Testament.

– nous mettons la majuscule au commencement du discours direct là où il n'y a ni italiques ni guillemets pour le signaler.

8. Majuscules supprimées

– les majuscules ont été supprimées dans: Anabatistes, Anti-Cartésiens, Apôtres, Athées, Athéisme, Aumonier, Auteurs, Brame, Cabinet, Calvinisme, Calvinistes, Canons (des Apôtres), Capitaine, Catéchiste, Chambres des Finances, Chancelier, Charpentier, Chrétienne, Chré-tiens, Christianisme, Cité, Citoyen, Comte, Concile, Confrère, Confutséiste, Constitutions (des Apôtres), Consul, Contrôleur Géné-ral, Cour (de Rome), Curé, Dames, Déesse, Diables, Dialecticien, Dieux, Directeurs, Docteur, Duchesse, Ducs, Ecuries, Empereurs, Empire Romain, Epicuriens, (cinquante) Evangiles, Evêques, Fables, Facétie, Finances, Gardes, Gouvernement, Gouverneur, Grands (d'Espagne), Guèbre, Hernoutre, Historien, Intendants, Janséniste, Juge, Justice distributive, Laïques, Lettre, Libelle, Lunatiques, Magistrats, Mère, Méthodiste, Ministère, Musulmans, Mylord

(milord), Oint, Onctueux, Pairs, Papes, Parlements, Pasteurs, Patrie, Payen, Philosophes, Piétiste, Plaideur, Platoniciens, Platonisme, Prêtre, Prince, Prophête, Provinces, Publicain, Quakers, Rabins, Reines, Religieux, Religion, Rois, Royaume, Sabéen, Saintes (Ecritures), Sauveurs, Savant, Scolarques, Sibylles, Sindic, Société, Soldat, Souverain, Spinosiste, Sujet, Symbole (des Apôtres), Théisme, Théistes, Tiran, Tolérance, Univers, Ville, Voyage (de Simon Pierre).
— nous mettons la minuscule aux adjectifs désignant des nations ou des peuples.

9. Petites capitales supprimées
— les petites capitales ont été supprimées dans: Athée.

II. *Particularités d'accentuation*

L'accentuation a été rendue conforme aux usages modernes à partir des caractéristiques suivantes du texte de base:

1. L'accent aigu
— contrairement à l'usage actuel, il est présent dans: enrégistrer.
— il est absent dans: alienez, confutseiste, impietés, tetons.
— il est employé au lieu de l'accent grave dans: infidélement, lumiére, priéres, répétent.

2. L'accent grave
— il est absent dans: grossiere.

3. L'accent circonflexe
— il est absent dans: ame, ane, Aumonier, brulé, commençates, entraine, entrainent, fumes, qu'il fut fait.
— il est employé au lieu de l'accent grave dans: Prophête, sistême.
— il est employé dans: chûte, lû, nâquit, pû, vômir.

4. Le tréma
— contrairement à l'usage actuel, il est présent dans: jouïs.

III. *Particularités grammaticales*
— emploi de l'*s* adverbial dans: jusques là.
— emploi du pluriel en —*x* dans: loix.
— emploi du pluriel en —z à la place de —*s* dans: ont donnez.

— l'adjectif numéral cardinal 'cent' demeure invariable, même quand il est multiplié: sept cent ans.

IV. *Erreurs*

— vôtre style (pour 'votre style'); ce bon ami c'est a Rustan (pour 'ce bon ami c'est A. Rustan'); nôtre frère (pour 'notre frère'); vôtre conduite (pour 'votre conduite'); nôtre correction (pour 'notre correction'); vôtre logique (pour 'votre logique'); nôtre pauvre (pour 'notre pauvre'); 'vôtre troisième' (pour 'votre troisième'); nôtre vie (pour 'notre vie'); un enfant n'est ni athée ni déistes (pour 'déiste'); quoi que leur vie soit innocente (pour 'quoique'); vôtre libelle (pour 'votre libelle'); sur vôtre paroles (pour 'sur votre parole'); vôtre poil (pour 'votre poil'); d'un extrême difficulté (pour 'd'une extrême difficulté'); On y rencontre quelques traits de lumière, mais elles disparaissent (pour 'On y rencontre quelques traits de lumière, mais ils disparaissent').

— nous remplaçons la virgule par une parenthèse dans 'tous les préposés aux finances, sans faire la moindre exception)'.

Changements apportés dans la ponctuation

— nous remplaçons le point par un point d'interrogation dans 'Ne voyez-vous pas que vous justifiez en quelque sorte nos cruels persécuteurs.'

— nous remplaçons le point par un point d'interrogation placé après le guillemet dans 'De quoi vous avisez-vous (page 148) de dire que "tous les préposés aux finances (sans faire la moindre exception) sont des sangsues du peuple, des fripons qui semblent n'avoir en dépôt la puissance du souverain que pour la rendre détestable."'

REMONTRANCES DU CORPS DES PASTEURS DU GÉVAUDAN,[1] À ANTOINE JEAN RUSTAN, PASTEUR SUISSE À LONDRES[2]

I. *Que prêtre doit être modeste*

Notre cher et vénérable confrère,[3] nous avons lu avec douleur votre facétie intitulée, *L'Etat présent du christianisme*.[4] Vous avouez, il est vrai, (page 7) que 'l'ami de la vérité doit être toujours décent et modeste'.[5] Ah! notre frère, montrez-nous votre foi par

c   K84: Antoine-Jacques Rustan
2-3 K84: Vous avez avoué, il

---

[1] Sur la signification de cette appellation, voir ci-dessus, l'introduction, p.199-200. Le Gévaudan, dans le Languedoc, correspond plus ou moins au département actuel de la Lozère, dont la principale ville est Mende.

[2] La désignation correcte de Roustan était 'pasteur de l'Eglise helvétique de Londres', comme on le voit dans le titre de son ouvrage reproduit plus bas (n.4), et dans l'inscription dédicatoire de la nouvelle Eglise suisse de Moore Street à Londres (1775), qui utilise le titre 'Eglise helvétique' et non 'Eglise suisse' (W. H. Manchée, 'The Swiss church of Moor Street', *Proceedings of the Huguenot Society* 17, 1942, p.53-63, ici p.58). Pour le prénom de Roustan, voir plus haut, p.178.

[3] Le terme 'vénérable' est bien entendu ironique, vu l'âge relativement modeste de Roustan à l'époque. Derrière Roustan, l'ironie de Voltaire vise sans doute aussi 'Tartuffe Vernet' et l'ensemble des pasteurs de Genève. Jacob Vernet fut satirisé de nombreuses fois par Voltaire, y compris peu de temps auparavant, en 1766, dans la *Lettre curieuse de Monsieur Robert Covelle* (*OCV*, t.60c, p.191-213). Voir aussi plus bas, ligne 97 et n.51.

[4] *Lettres sur l'état présent du christianisme, et la conduite des incrédules. Par A. J. Roustan, pasteur de l'Eglise helvétique à Londres* (Londres, 1768, BV3049).

[5] 'L'ami de la vérité est toujours décent et modeste, et il le serait encore plus, quand il attaquerait une religion respectée de cinquante peuples, et subsistant depuis dix-sept siècles. Il traite avec gravité un sujet si grave; il combat par des raisons, et non par des moqueries; il est bien vrai qu'alors il ne plairait qu'aux gens sensés, et ne ferait pas fortune auprès des petits-maîtres, ni des femmelettes' (*Lettres*, p.7).

vos œuvres. [6] Vous insultez dans votre licencieux écrit les hommes   5
les plus respectables, Français et Anglais, et même jusqu'à ceux qui
nous ont rendu les plus grands services, qui ont souvent arrêté le
bras du ministère appesanti sur nous en France, qui ont inspiré la
tolérance à tant de magistrats, qui ont été les principaux moteurs de
la réhabilitation des Calas, [7] et de la justice rendue après trois ans de   10
soins, aux cendres de notre frère innocent roué et brûlé dans
Toulouse. [8] Ignorez-vous qu'ils ont tiré des galères plusieurs de
nos martyrs? Ignorez-vous qu'aujourd'hui même ils travaillent à
nous procurer un asile où nous puissions jouir de la liberté qui est le

[6] Cf. Epître de saint Jacques 2:24: 'Vous voyez donc que l'homme est justifié par
les œuvres, et non pas seulement par la foi' (*La Sainte Bible contenant l'Ancien et le
Nouveau Testament. Trad. en franç. sur la Vulgate, par monsieur Le Maistre de Saci*,
Paris, 1730, BV397; désormais, nos citations de la Bible en français renvoient à la
traduction de Sacy, sauf indication contraire). Il y a peut-être ici une référence
ironique à une des doctrines fondamentales de Calvin et du calvinisme traditionnel –
plus ou moins abandonnée depuis plusieurs décennies à Genève – à savoir la
justification par la foi et non par les œuvres, qui est ici renversée dans une brochure
où Voltaire se défend contre un pasteur calviniste éclairé qui, comme la plupart de ses
collègues, a renoncé à plusieurs doctrines classiques de Calvin.

[7] Il n'y a aucune référence à l'affaire Calas dans les *Lettres* de Roustan. On
comprend aisément que Voltaire mette en avant le rôle qu'il joua dans cette affaire car
un nombre non négligeable de protestants français voyaient en lui non seulement un
défenseur mais presque un sauveur; voir les lettres échangées entre le philosophe et le
pasteur de la ville de Ganges, Jean Gal-Pomaret, répertoriées dans Graham Gargett,
Voltaire and Protestantism, *SVEC* 188 (1980), p.384, n.233, et analysées p.384-94.

[8] On peut facilement imaginer que les efforts de Voltaire en faveur de la tolérance
envers les protestants auraient effectivement été salués par ce corps de pasteurs du
Gévaudan, s'il avait existé. Par exemple, Pomaret écrivit à Pierre Soulier, ministre
protestant à Sauve: 'Si M. de Voltaire n'eût donné que de gros volumes, il n'aurait pas
fait le quart du bien qu'il a produit. Je dis du bien, parce que je crois que c'est
principalement aux écrits de ce philosophe que nous devons la tolérance dont nous
jouissons', lettre citée par Daniel Benoît, 'Les pasteurs et l'échafaud révolutionnaire:
Pierre Soulier de Sauve (1743-1794)' (*Bulletin de l'histoire du protestantisme français*
48, 1894, p.571). Plus surprenant c'est voir un critique catholique de taille, l'abbé
Guénée, auteur des *Lettres de quelques Juifs portugais, allemands et polonais* (1776),
louer Voltaire pour la même raison: voir *OCV*, t.79B, p.104, n.312. Pour l'action de
Voltaire dans l''affaire Calas' on consultera surtout l'édition critique, par John
Renwick, du *Traité sur la tolérance* (*OCV*, t.56C), qui contient une ample
bibliographie sur le sujet.

droit de tous les hommes? [9] C'est à eux qu'on doit le mépris où est   15
tombée la tyrannie de la cour de Rome et tout ce qu'on ose contre
elle; [10] et vous prenez ce temps-là pour faire contre eux un libelle!
Hélas! notre vénérable camarade, vous ne connaissez pas l'esprit du
gouvernement de France, il regarde la cour de Rome comme une
usurpatrice; et nous, comme des factieux. [11] Louis XIV d'une main   20
saisissait Avignon, et nous faisait rouer de l'autre. [12]

Voilà pourquoi des chrétiens catholiques ont fait mourir tant de
pasteurs protestants; c'est le cas, notre ami, de vous dire: 'Ce n'est
pas le tout d'être roué, il faut encore être poli'. [13]

[9] Sur les efforts de Voltaire et d'autres pour libérer les galériens protestants, sur le
projet d'établissement d'une colonie protestante en Guyane, et celui de construire la
ville de Versoix, qui devait être un havre pour la tolérance religieuse, voir G. Gargett,
Voltaire and Protestantism, p.222, 303-306, 310-11, et 355. Sur le rôle plus général de
Voltaire et d'autres (Ripert de Montclar, Paul Rabaut, Court de Gébelin, par
exemple) dans la campagne pour obtenir des droits civiques pour les protestants, voir
G. Gargett, *Voltaire and Protestantism*, p.250-375, et son article, 'Voltaire, Gilbert de
Voisins's *Mémoires* and the problem of Huguenot civil rights (1767-1768)', *SVEC*
174 (1978), p.7-57.

[10] Référence probable à l'action de plusieurs monarques catholiques, surtout dans
la suppression des jésuites.

[11] Voir E.-G. Léonard, *Histoire générale du protestantisme*, 3 vol. (Paris, 1961-
1964), t.3, p.27, sur la recrudescence de la persécution des protestants en France en
1762, et G. Gargett, *Voltaire and Protestantism*, p.298, sur l'attitude du gouvernement français à l'égard de l'agitation protestante.

[12] Jusqu'en 1789 Avignon fut, d'une manière générale, gouvernée par un légat
papal, mais entre 1663 et 1667, et à nouveau en 1689 et 1690, Louis XIV y imposa une
administration française. Cette allusion devait avoir une certaine résonance pour les
contemporains de Voltaire, puisque Louis XV imita son bisaïeul en 1768 en occupant
à son tour la ville. Sur la persécution des protestants sous Louis XIV, on consultera
E.-G. Léonard, *Histoire générale du protestantisme* (t.2, p.356-88), qu'on comparera
avec profit au ch.36 du *Siècle de Louis XIV*, 'Du calvinisme, au temps de Louis XIV'
(*OCV*, t.13D, p.65-94). Léonard, comme Voltaire, voit un rapport étroit entre
l'attitude de Louis XIV envers la papauté et envers les protestants. Voir aussi Jean
Orcibal, *Louis XIV et les protestants* (Paris, 1951), surtout p.96-97.

[13] D'après l'*Encyclopédiana, recueil d'anecdotes anciennes, modernes et contemporaines* (Paris, 1843, p.435), Lamy, un Juif ami de Cartouche, fut roué à Paris. Après
dix heures de souffrances, toujours vivant, il se lamentait et proférait des 'jurements
épouvantables'. Un soldat, passant près de lui à minuit, crut être la cible de ces
insultes. Détrompé par le mourant, il lui fit la réponse citée ici par Voltaire. 'Paris

Nous demandons pardon au Seigneur de répéter ce mauvais   25
quolibet; mais en vérité il ne convient que trop à notre triste
situation et à votre libelle diffamatoire. Ne voyez-vous pas que
vous justifiez en quelque sorte nos cruels persécuteurs? [14] Ils diront:
Nous ne pendons, nous ne rouons que des brouillons insolents qui
troublent la société. [15] Vous attaquez vos sauveurs, ceux qui ont   30
prêché la tolérance; ne voyez-vous pas qu'ils n'ont pu obtenir cette
tolérance pour les calvinistes paisibles sans inspirer l'indifférence
pour les dogmes, et qu'on nous pendrait encore si cette indifférence
n'était pas établie? [16] Remercions nos bienfaiteurs. Ne les outra-
geons pas.   35
      Vous avez de l'esprit, vous ne manquez pas d'éloquence; mais
malheureusement vous joignez à d'insipides railleries un style
violent et emporté [17] qui ne convient nullement à un prêtre à qui

---

s'amouracha de ce mot plus fou que sage. Il fit fortune dans les cercles', et Masson de
Morvilliers 'en fit une épigramme en vers', précise l'*Encyclopédiana*.

[14] Logique quelque peu bizarre, sinon franchement perverse. Le gouvernement
persécuterait les protestants parce que ceux-ci auraient attaqué les philosophes? Non,
les protestants étaient persécutés: 1) pour des raisons religieuses; 2) parce que le
gouvernement croyait leurs assemblées religieuses politiquement dangereuses (ce
qui était aussi le point de vue de Voltaire, comme on le voit dans la note suivante).

[15] Dans le conte *Pot-pourri*, publié pour la première fois début 1766, Voltaire
montre qu'il se souvient de la rébellion camisarde et du danger potentiel
apparemment présenté par les assemblées protestantes 'au Désert' (*OCV*, t.52,
p.535-64). Voir plus haut, l'introduction, p.200.

[16] 'Je pense qu'il n'y a d'autre moyen d'obtenir la tolérance, que d'inspirer
beaucoup d'indifférence pour les préjugés' (D10865, Voltaire à Paul Moultou,
5 janvier 1763).

[17] Cf. D15180, du 19 août 1768 (Voltaire à Vernes), citée dans l'introduction,
p.177. L'exemple suivant confirme en partie le jugement de Voltaire sur le style
emporté du pasteur: 'dites-moi de grâce, monsieur, sur quels lecteurs incrédules un
défenseur de la religion pourrait aujourd'hui compter? [...] Serait-ce sur les gens
d'affaires, qui, pour en faire de meilleures, sont si aises d'être délivrés de tous ces
vieux scrupules qui embarrassaient leurs bons trisaïeux? [...] Ou prétendez-vous [...]
que je ramène la tourbe philosophesque de ces beaux esprits, qui du haut du trône
superbe, où les a placés leur orgueil, jettent un œil de pitié dédaigneuse sur le crédule
vulgaire [...]?' (*Lettres*, p.2-3).

216

nous avons imposé les mains;[18] et nous craignons pour vous que si jamais vous revenez en France, vous ne trouviez dans la foule de 40 ceux que vous outragez si indignement des gens qui auront les mains plus lourdes que nous.

De quoi vous avisez-vous (page 148) de dire que 'tous les préposés aux finances' (sans faire la moindre exception) 'sont des sangsues du peuple, des fripons qui semblent n'avoir en dépôt la 45 puissance du souverain que pour la rendre détestable'?[19] Quoi! notre malheureux frère! le chancelier de l'Echiquier,[20] les gardes des Rôles sont des coquins selon vous? Les chambres des finances de tous les Etats, le contrôleur général et les intendants de France méritent la corde? Vous osez ajouter qu''il serait difficile d'ajouter 50

44   K84: finances (sans faire la moindre exception) sont [*la phrase en parenthèses est donnée comme partie de la citation*]
     K12: β
48   K84: coquins suivant vous?

[18] Roustan avait été consacré ministre le 26 juin 1759: voir plus haut, l'introduction, p.182; voir aussi H. Heyer, *L'Eglise de Genève* (Genève, 1909), p.402. La cérémonie eut lieu bien entendu à Genève et non dans le Gévaudan. L'imposition des mains était prescrite comme partie de la cérémonie de consécration, mais elle n'était pas toujours pratiquée (*L'Eglise de Genève*, p.9-10).

[19] Roustan s'était exprimé en ces termes pour réfuter l'attaque de Voltaire qui, dans *L'Examen important* (ch.14), cite Matthieu 18:17, où Jésus dit que 'qui ne veut pas écouter l'Eglise, doit être regardé comme un païen et un péager' (*Lettres*, p.148; voir *OCV*, t.62, p.232). La citation ici est quelque peu tendancieuse, car Roustan se réfère dans son texte à 'ces messieurs' (*Lettres*, p.149n) plutôt qu''à 'tous les préposés aux finances' (le reste de la citation faite par Voltaire est correcte, sauf que Voltaire ajoute 'des fripons' avant 'qui semblent'). Pour Roustan, si ceux employés par le gouvernement pour lever des impôts ont 'sans doute une raison légitime' de le faire, il ne faut pour autant 'nullement [...] les estimer, quand ils font payer davantage' pour s'enrichir (p.149n).

[20] Pourquoi Voltaire utilise-t-il une appellation britannique ici? Serait-ce une référence feutrée à l'Angleterre, pays si admiré par le philosophe, surtout pour la tolérance religieuse qu'il y avait trouvée, une façon indirecte de retourner l'argument libertaire de Roustan contre lui? (Si, en Angleterre, ceux qui collectent et utilisent les impôts payés par le peuple sont respectés, pourquoi leurs homologues français seraient-ils méprisés?)

à la haine et au mépris que les parlements et les peuples ont pour eux'.[21]

C'est donc ainsi que vous voulez justifier ces paroles: 'Que celui qui n'écoute pas l'assemblée soit regardé comme un païen et un publicain'. Vous ne défendez la religion chrétienne que par des discours qui vous attireraient le pilori. A-t-on jamais vu une insolence si brutale et si punissable?[22] Et quel est l'homme qui s'élève ainsi contre un ministère nécessaire à tous les Etats? Y pensez-vous bien notre frère? Avez-vous oublié qui vous êtes?[23] 55

Nous ne sommes pas étonnés que vous vous déchaîniez contre la noblesse. Vous dites qu''il est permis aux sots d'en faire le bouclier de leur sottise' (pag. 93)[24] et que 'les gens sensés ne connaissent de 60

[21] La citation de Voltaire est correcte, sauf que la fin de la phrase de Roustan est 'pour ces messieurs' et non 'pour eux' (*Lettres*, p.149n). D'ailleurs, Roustan dit juste avant: 'On peut au reste en faire très peu de cas, sans les regarder précisément comme des gens abominables, et J.-C. n'ordonne rien de pareil' (p.149).

[22] Voltaire détourne l'argument et, ce faisant, montre un degré non négligeable de mauvaise foi. A propos de l'admonition de Jésus, citée plus haut (n.19), Roustan remarque: 'à quelle occasion le dit-il? Est-ce au sujet de dogmes ou d'hérésies? Il n'en est pas seulement question. [...] Il faut s'aveugler volontairement pour ne pas voir, qu'il s'agit là ni d'opinions, ni d'hétérodoxes, mais seulement d'une offense commise par un particulier contre un autre' (*Lettres*, p.148-50). Le pasteur cherche à démontrer que l'esprit du christianisme ne favorise pas l'intolérance, alors que, dans son emploi du passage de saint Matthieu, Voltaire attaque non seulement Roustan et la critique que celui-ci fait des fermiers généraux, mais aussi la même 'intolérance' qu'il croit trouver dans le Nouveau Testament.

[23] Pour les références peu charitables, voire assez mesquines, de Voltaire, aux origines et au père de Roustan, voir plus haut, l'introduction, p.178-79. Il va presque sans dire que de telles 'insipides railleries' (pour emprunter une expression du philosophe: voir plus haut, ligne 37) n'affectent en rien la valeur – ou la faiblesse – des arguments de Roustan, voire ne servent qu'à dégoûter tout lecteur impartial.

[24] La citation et la référence de Voltaire, bien qu'il n'y ait aucune note marginale dans son exemplaire, sont correctes. Tout de même, il est pour le moins frappant de le voir faire une telle critique, vu non seulement ses déboires avec un certain chevalier de Rohan-Chabot, mais surtout le passage célèbre de la dixième *Lettre philosophique* ('Sur le commerce'): 'je ne sais [...] lequel est le plus utile à un état, ou un seigneur bien poudré qui sait précisément à quelle heure le roi se lève, à quelle heure il se couche, et qui se donne des airs de grandeur en jouant le rôle d'esclave dans

noble que l'homme de bien';[25] c'est un *scandalum magnatum*;[26] c'est le discours d'un vil séditieux et non pas d'un ministre de l'Evangile. Tout juré vidangeur, tout gadouard, tout savetier, tout geôlier, tout bourreau même,[27] peut sans doute être homme de bien; mais il n'est pas noble pour cela. Cessez d'outrer la malheureuse manie de votre ami Jean-Jaques Rousseau, qui crie

65

---

l'antichambre d'un ministre, ou un négociant qui enrichit son pays, donne de son cabinet des ordres à Surate et au Caire, et contribue au bonheur du monde' (*Lettres philosophiques*, éd. Gustave Lanson, rév. André M. Rousseau, 2 vol., Paris, 1964, t.1, p.122).

[25] *Lettres*, p.93, dans une note aux pages 90-94 où Roustan prétend que la plupart des écrivains qui attaquent la religion chrétienne ne réussissent pas à fournir une explication adéquate des origines de celle-ci. Pour étayer son argument le pasteur cite (p.91), sans identifier l'auteur, ces paroles de *L'Examen important* (*OCV*, t.62, ch.15, p.238): 'une canaille abjecte s'adressait à une populace non moins méprisable' (p.91). Roustan poursuit: 'Ne dirait-on pas à ce ton qu'il [l'auteur] avait entre les mains un rôle exact de tous les chrétiens qui vécurent sous ces empereurs [Tibère, Claude]? Je ne m'arrêterai point à réfuter son assertion absurde, moi qui suis convaincu qu'il n'y a pas eu au monde une secte un peu répandue qui ne contînt dans son sein des gens de mérite; quant à la naissance, il est permis aux sots d'en faire le bouclier de leur sottise, les gens sensés ne connaissent de noble que l'homme de bien' (p.93). L'exemplaire de Voltaire ne contient aucune note marginale à cet endroit.

[26] 'Scandale des grands, *scandalum magnatum*, est un terme de droit, par lequel on entend une injure ou offense faite à un personnage considérable, comme un prince, un prélat, un magistrat, ou d'autres grands officiers, en semant contre eux des médisances ou calomnies, d'où naissent la discorde et les débats entre eux et ceux qui leur sont subordonnés, au mépris, et souvent au détriment de leur autorité' (*Encyclopédie*, art. 'Scandale, (*Gram. et Théol.*)', t.14, p.741).

[27] On ne peut pas s'empêcher de penser au passage d'*Emile*, souvent ridiculisé par Voltaire: 'Je ne dis pas que les rapports conventionnels soient indifférents dans le mariage, mais je dis que l'influence des rapports naturels l'emporte tellement sur la leur, que c'est elle seule qui décide du sort de la vie, et qu'il y a telle convenance de goûts, d'humeurs, de sentiments, de caractères qui devrait engager un père sage, fût-il prince, fût-il monarque, à donner sans balancer à son fils la fille avec laquelle il aurait toutes ces convenances, fût-elle née dans une famille déshonnête, fût-elle fille du bourreau' (Jean-Jacques Rousseau, *Emile, ou De l'éducation*, 4 vol., Amsterdam, 1762, BV3035, t.4, p.177, *CN*, t.8, p.163, et p.487, n.295; dans *Œuvres complètes*, 5 vol., Paris, 1959-1995, t.4, p.764-65).

que tous les hommes sont égaux. [28] Ces maximes sont le fruit d'un
orgueil ridicule qui détruirait toute société. Songez que Dieu a dit   70
par la bouche de Jésus fils de Sirach: 'Je hais, je ne puis supporter le
gueux superbe'. [29]

Oui, notre frère, tous les hommes sont égaux, en ce qu'ils ont les
mêmes membres et les mêmes besoins, les mêmes droits à la justice
distributive; mais ils ne peuvent pas tous être à la même place. Il est   75
de la différence entre le soldat et le capitaine, entre le sujet et le
prince, entre le plaideur et le juge. [30] Le grand Dieu nous préserve
de vouloir vous humilier; mais quand votre père était à l'hôpital de
Genève, où son ivrognerie le conduisit assez souvent, était-il l'égal
des directeurs de l'hôpital et du premier syndic? [31] Prenez garde   80
qu'on ne vous dise: *Ne, sutor, ultra crepidam*. [32]

75-76   K84: Il y a de

[28] Roustan admirait énormément Rousseau, qui accepta son amitié et correspondit
avec lui (voir plus haut, l'introduction, p179-83). Or, Rousseau distinguait entre
l'inégalité physique et mentale, d'une part, et l'inégalité morale et politique de l'autre,
prétendant que, en réalité, les deux sont rarement liées (*Discours sur l'inégalité*,
éd. Jean Starobinski, dans *Œuvres complètes*, t.3, p.131-32 et 193-94). Il admettait la
nécessité de retenir l'inégalité sociale et politique dans des sociétés existantes (p.207),
tout en maintenant qu'une société bien constituée substituerait 'une égalité morale et
légitime à ce que la nature avait pu mettre d'inégalité physique entre les hommes' (*Du
contrat social*, éd. Robert Derathé, dans *Œuvres complètes*, t.3, p.367).

[29] Ecclésiastique 25:3-4. Le titre complet de ce livre de la Bible, dans la traduction
de Lemaître de Sacy, est l'*Ecclésiastique de Jésus fils de Sirach*, et le passage auquel se
réfère Voltaire est comme suit: '3. Il y a trois sortes de personnes que mon âme hait, et
dont la vie m'est insupportable: 4. Un pauvre superbe, un riche menteur et un
vieillard fou et insensé.'

[30] Voir *Dictionnaire philosophique*, art. 'Egalité' (*OCV*, t.36, p.42-49). Pour
Voltaire, l'inégalité est inévitable: 'Chaque homme dans le fond de son cœur a
droit de se croire entièrement égal aux autres hommes: il ne s'ensuit pas de là que le
cuisinier d'un cardinal doive ordonner à son maître de lui faire à dîner; mais le
cuisinier peut dire: Je suis homme comme mon maître [... mais] le cuisinier doit faire
son devoir, ou toute société humaine est pervertie' (p.48).

[31] Nous n'avons pas réussi à établir si cette insulte est purement gratuite.

[32] L'origine de ce proverbe célèbre (la version correcte est 'ne supra crepidam
sutor iudicaret' ('Que le cordonnier ne juge pas au-delà de la chaussure') se trouve
dans la *Naturalis historia* de Pline (XXXV, 85).

Nous savons que M. Rilliet a dit aux Genevois, chez qui nous accourons en foule de nos provinces, qu'ils sont au-dessus des ducs et pairs de France, et des grands d'Espagne. [33] Si cela est, il n'y a point là d'égalité, puisque les Genevois sont supérieurs; mais remarquez bien que M. Rilliet n'a parlé qu'aux citoyens et que vous n'êtes pas citoyen. [34]

Vous répondrez que vous êtes prêtre, et que selon le révérend docteur Hics, 'le prêtre est au-dessus du prince, que les rois et les reines doivent fléchir le genou devant un prêtre. Que vouloir juger un prêtre c'est vouloir juger Dieu lui-même', etc. [35] Nous convenons de toutes ces vérités. Cependant il est toujours bon d'être modeste: car Euripide a dit:

Sterkei de me Sôphrosuna
Dorema Calliston theon; [36]

et Plutarque dit aussi de merveilleuses choses sur la modestie. [37]

[33] Nous n'avons pas réussi à trouver la source de cette remarque. Voltaire était en relation avec Théodore Rilliet (1727-1783), Genevois quelque peu excentrique qui participait à son 'théâtre de Polichinelle' (voir D10388, mars 1762, et D12862, août-septembre 1765), et qui était membre du Conseil des Deux-Cents. D'après Jean Senebier, 'Rillet [sic] eut de beaux talents dont il se servit mal. Sa santé fort mauvaise influa beaucoup sur ses tristes opinions' (Histoire littéraire de Genève, 3 vol., Genève, 1786, t.3, p.250).

[34] D'origine française récente, Roustan, bien qu'éduqué à Genève, n'était pas un 'citoyen' mais un simple 'habitant'. Il allait pourtant devenir 'bourgeois' en 1790 ('Roustan, Antoine-Jacques', dans Dictionnaire historique de la Suisse en ligne, article de Jean-Daniel Candaux). Pour les différentes catégories de Genevois au dix-huitième siècle et l'importance de ces divisions, voir plus haut, l'introduction, p.180-81.

[35] Si Voltaire se réfère ici à G. Hickes, doyen de Worcester, soit il se trompe complètement, soit – ce qui semble bien plus vraisemblable – il ironise, car Hickes était un défenseur convaincu des droits des monarques anglais contre toute prétention de la part de leurs sujets, quel que fût le rang de ceux-ci. Voir, par exemple, The Harmony of divinity and law in a discourse about not resisting of sovereign princes (Londres, 1684, p.52; absent de BV).

[36] Paroles du chœur dans la tragédie Médée d'Euripide (vers 636-37): 'Que je sois protégé par la tempérance, le don le plus beau des dieux éternels'. Voltaire possédait les tragédies d'Euripide (BV1247), mais dans une traduction italienne. On ne trouve aucune note marginale ou signet à côté des vers cités ici (CN, t.3, p.437).

[37] Voltaire pense peut-être à l'essai, dans les Moralia de Plutarque, intitulé 'Sur la

II. *Que prêtre de l'Eglise suisse à Londres doit être chrétien*

Notre vénérable frère, [38] vous dites (page 18 de votre libelle) que vous n'êtes pas chrétien; mais que vous seriez bien fâché de voir la chute du christianisme, surtout dans votre patrie. [39] Nous ignorons si vous entendez par votre patrie, l'Angleterre où vous prêchez, ou bien la France dont vous êtes originaire, ou bien Genève qui vous a nourri. [40] Mais nous sommes très fâchés que vous ne soyez pas chrétien. Vous vous excuserez peut-être en disant que ce n'est pas vous qui parlez, que c'est un de vos amis, dont vous rapportez un très long discours. Mais comment pouvez-vous être l'ami intime d'un homme qui n'est pas chrétien et qui est si bavard? On voit trop

100

105

---

pratique de se louer sans offenser qui que ce soit'. Il possédait *Les Œuvres morales et mêlées de Plutarque, translatées de grec en français*, traduites par Jacques Amyot (2 vol., Paris, 1575, BV2771). Pourtant, bien qu'il ait copieusement annoté son exemplaire (*CN*, t.7, p.103-19), on ne trouve aucun signe de lecture à l'égard de cet essai. Il a tout de même souligné un passage dans l'essai intitulé 'Quelles passions et maladies sont les pires, celles de l'âme ou celles du corps', où Plutarque prétend que ceux qui souffrent des maladies du corps acceptent de se faire traiter, alors que ceux qui 'sont surpris des passions de l'âme [dont peut-être la suffisance]' font le contraire, car 'les élans et émotions sont les causes mouvantes et principes des actions' (*CN*, t.7, p.105).

[38] Voir plus haut, n.3.

[39] Se référant aux écrivains anti-chrétiens qui se moquent de l'idée d'un Sauveur, Roustan déclare: 'Cette conduite est si peu sensée, que j'ai vu des incrédules même en être scandalisés [...] "Je ne suis point chrétien", me disait l'un d'eux, "mais je serais bien fâché de voir la chute du christianisme, surtout dans ma patrie; les femmes et la foule des hommes n'ont pas la tête assez forte, ni le cœur assez bien gardé, pour que la vertu se soutienne sans les principes de la religion [...]. Je ne suis point chrétien, [...] mais si je n'en ai pas le langage, je ne tiens pas un langage contraire, et je m'efforce d'en avoir les mœurs"' (*Lettres*, p.17-18). Quoi qu'en dise Voltaire (lignes 123-49), il est évident que Roustan n'est pas un incrédule. Comme l'abbé Guénée après lui, il ne fait qu'utiliser un procédé habituel de Voltaire, à savoir créer des personnages fictifs pour exprimer des pensées qui – souvent – sont aux antipodes des siennes...

[40] Voir plus haut, l'introduction, [p.178-84], pour des renseignements sur la vie de Roustan.

que ce bon ami c'est vous-même. Vous lui prêtez vos phrases, votre style déclamatoire; on ne peut s'y méprendre; [41] ce bon ami c'est A. Rustan. *Tu es ille vir.* [42]

Je mets cet ami, dites-vous (page 23) 'au-dessus des chrétiens 110 vulgaires'. [43] Toujours de l'orgueil notre frère! toujours de la superbe! ne vous corrigerez-vous jamais? Christ signifie oint, chrétien signifie onctueux. [44] Mettez donc de l'onction dans vos paroles, et de la charité dans votre conduite. Ne faites plus de libelle, parlez surtout avec décence de Jésus-Christ. Vous l'appelez 115 (page 61) 'fils putatif d'un charpentier'. [45] Ah? frère, que cela est

108-109 β, EJ69: c'est a Rustan [*sic*]
      EJ72: c'est Rustan
      K84: est Antoine Rustan
110-11 K84: dites vous *au-dessus des chrétiens vulgaires*, page 23.
115-16 K84: Jésus-Christ. Page 61 vous l'appelez 'fils
      K12: Jésus-Christ. Vous l'appellez 'fils putatif d'un charpentier (page
61)'.

[41] Certes, Roustan exprime une certaine approbation de 'l'incrédule' (pour quelques opinions de celui-ci voir plus haut, n.39) et, bien qu'il n'appelle pas 'l'incrédule' son ami, il le caractérise comme 'cet homme simple et sensé' (*Lettres*, p.23; voir plus bas, n.43). Voltaire souligne ce qui pourrait être vu comme l'ambiguïté de l'attitude de Roustan, en ce sens que celui-ci tolérait l'incroyance à condition qu'elle n'aboutisse pas à la corruption morale, et, par-dessus tout, s'accompagne de respect pour le christianisme.

[42] 'Tu es cet homme': paroles du prophète Nathan à David (2 Samuel [2 Rois], 12:7), après qu'il lui rappelle, au moyen d'une parabole, le crime dont il s'est rendu coupable en faisant tuer Urie pour épouser sa femme Bethsabée. Voltaire s'amuse évidemment en utilisant une phrase de l'Ancien Testament (de plus, de la Vulgate catholique adressée à un protestant) pour mettre dans son tort le jeune pasteur.

[43] La critique de Voltaire est on ne peut plus injuste, car il supprime la plus grande partie de ce que dit Roustan: 'Ainsi raisonnait cet homme simple et sensé; et vous comprenez bien, Monsieur, que loin de lui savoir mauvais gré de son incrédulité, je le mettais en moi-même fort au-dessus de ces chrétiens vulgaires, dont la foi n'est que l'ouvrage du sol où ils ont eu le bonheur de naître, qui n'ont ni examiné, ni douté' (*Lettres*, p.23).

[44] Voir *Dictionnaire de l'Académie française* (2e éd., 1695): 'CHRIST [...] suivant son étymologie signifie généralement celui qui a reçu l'onction, comme les rois et les prêtres'.

[45] S'efforçant de prouver que les premiers chrétiens n'étaient pas motivés par

indécent dans un pasteur! fils putatif entraîne de si vilaines idées! fi! ne vous servez jamais de ces expressions grossières; mais hélas! à qui adressons-nous notre correction fraternelle! à un homme qui n'est pas chrétien. Revenez au giron, cher frère, faites-vous 120 rebaptiser, mais que ce soit par immersion. Le bain est excellent pour les cerveaux trop allumés.

III. *Que prêtre ne doit point engager les gens dans l'athéisme*

Vous employez votre seconde lettre à prouver que tous les théistes sont athées. [46] Mais c'est comme si vous disiez que tous les musulmans, les Chinois, les Parsis, les Tartares qui ne croient 125 qu'en un seul Dieu, sont athées. [47] Où est votre logique, frère? adorer un seul Dieu est-ce n'en point reconnaître? non content de cette extravagance, vous poussez la déraison jusqu'à prétendre que les athées seraient intolérants s'ils étaient les maîtres. [48] Mais qui

---

l'intérêt personnel, Roustan demande: 'Qui choisissent-ils d'abord pour héros? Un philosophe célèbre? Un guerrier fameux? Quelqu'un de ces hommes enfin qui par leur rang, leurs talents, leur fortune s'attirent la considération du public, et en imposent au vulgaire? Non, ils choisissent le fils putatif d'un charpentier, qui après avoir vécu dans la misère, avait péri sur une croix' (*Lettres*, p.61). Le contexte démontre de façon transparente que Roustan ne cherchait en aucune manière à insulter le Christ.

[46] 'Il y a de la folie à espérer d'établir l'athéisme, et de la méchanceté à le vouloir. L'athéisme mauvais garant de la tolérance des opinions, et destructif de celle des mœurs. L'ancien paganisme même lui était préférable' (*Lettres*, 'Table des sujets traités dans chaque lettre', [p.i]). Pourtant, la lettre distingue clairement entre les athées et ceux qui acceptent la doctrine de récompenses et peines dans une vie après la mort, car ces derniers ne menacent ni la tolérance ni la société.

[47] Les pages 24 et 25 de la deuxième *Lettre* sont marquées par un signet dans l'exemplaire de Voltaire (*CN*, t.8, p.197). A la page 25 Roustan déclare, à l'égard des 'incrédules': 'S'ils espèrent faire régner l'athéisme, il faut que cet espoir soit fondé, ou sur la disposition présente des esprits, ou sur une chaîne si forte de démonstrations qu'on n'ait rien même de spécieux à leur opposer'.

[48] 'Afin [...] de s'assurer qu'un peuple athée serait tolérant [...], il faudrait empêcher [...] qu'il ne s'y élevât des personnes qui crussent un Dieu, et qui

vous l'a dit? où avez-vous pris cette chimère? souvenez-vous de ce   130
proverbe des anciens Arabes rapporté par Bensira: 'Qu'y a-t-il de
meilleur sur la terre? la tolérance.'[49]

On vous accuse vous d'être intolérant comme le sont tous les
parvenus orgueilleux.[50] Vous nous apprenez que vous n'êtes point
chrétien: nous savons que vous ne pensez pas que Jésus soit   135
consubstantiel à Dieu.[51] Vous êtes donc théiste.[52] Vous assurez
que les théistes sont athées; voyez quelle conclusion on doit tirer de
vos beaux arguments? ah! notre pauvre frère, vous n'avez pas le
sens commun. Les directeurs de l'hôpital de Genève se repentent
bien de vous avoir fait apprendre à lire et à écrire.[53] Si jamais vous   140

l'annonçassent', tâche difficile, d'après Roustan, qui affirme qu'il est impossible
d'extirper 'le penchant que nous avons tous à admettre un Dieu créateur' (*Lettres*,
p.36).

[49] 'Ben Sirach' est Jésus, fils de Sirach, l'auteur supposé de l'Ecclésiastique (voir
plus haut, n.29). Evidemment, le terme 'tolérance' ne paraît pas dans les traductions
de l'Ancien Testament disponibles à l'époque de Voltaire, mais certaines des maximes
qu'on trouve dans l'Ecclésiastique pourraient être interprétées comme la recom-
mandant, du moins en ce qui concerne le comportement des individus. Voir 10:6:
'Perdez le souvenir de toutes les injures que vous avez reçues de votre prochain, et ne
faites rien par la voie de la violence'. D'ailleurs, Roustan montre dans de nombreux
endroits de ses *Lettres* qu'il est complètement d'accord avec ce prétendu proverbe.

[50] Roustan aurait très bien pu rétorquer que ce terme s'appliquait parfaitement à
Voltaire lui-même...

[51] Aucun passage dans les *Lettres* ne justifie une telle assertion, mais on ne peut pas
s'empêcher de penser (voir plus haut, n.3) non seulement à Roustan lui-même mais
aussi, et surtout, à Jacob Vernet, et à d'autres pasteurs 'libéraux' comme Jacob
Vernes. Certains de ceux-ci ne croyaient certainement pas à la Trinité. D'Alembert
avait prétendu dans l'article 'Genève' de l'*Encyclopédie* qu'ils étaient en effet des
'déistes chrétiens', qui rejetaient les doctrines classiques du calvinisme et gardaient
tout simplement du respect pour Jésus-Christ et les Ecritures. Justement, dans sa
seconde *Lettre* Roustan fait voir qu'il croit à l'existence d'un créateur, aux
récompenses et peines après la mort, et à Jésus-Christ comme sauveur, mais sans
rien y ajouter.

[52] Roustan pourrait être qualifié de 'théiste' en ce sens qu'il accepte la religion
naturelle comme base de la théologie chrétienne. La brochure de Voltaire s'inscrit
peut-être dans sa campagne contre les pasteurs 'éclairés' de Genève qui, à son avis,
refusaient d'admettre leurs vraies croyances.

[53] Nous n'avons réussi à trouver aucune information sur l'éducation de Roustan.

y revenez, vous y pourrez causer de grands maux et surtout à vous-même. Vous avez dans l'esprit une inquiétude et une violence, et dans le style une virulence qui vous attirera de méchantes affaires. Vous commençâtes avant d'être prêtre, et avant même que vous fussiez précepteur chez M. Labat, par faire un libelle scandaleux contre Louis XIV: et contre le ministère de Louis XV.[54] M. de Montpérou le fit supprimer par les scolarques.[55] Songez que les rois ont les bras longs; et que vous nous exposez à porter la peine de vos sottises. 145

IV. *Que prêtre, soit réformé, soit réformable, ne doit ni déraisonner, ni mentir, ni calomnier*

Vous accusez la Suisse et Genève (dans votre troisième lettre à je ne sais qui, page 47) 'de produire de petits docteurs incrédules'. Vous avez entendu, dites-vous, 'des femmes beaux esprits argumenter dans Genève contre Jésus-Christ, et faire les agréables sur l'histoire des Evangiles'.[56] 150

---

143   K84: de mauvaises affaires

[54] Il s'agit de l''Examen historique des quatre beaux siècles de M. de Voltaire', imprimé dans le tome 11 du périodique *Le Choix littéraire* (Genève, 1757, p.107-31), et réimprimé dans l'*Offrande aux autels et à la patrie* (Amsterdam, 1764), p.96-168. Voir plus haut, l'introduction, p.181, pour les circonstances autour de sa première publication.

[55] Depuis 1581, les scolarques, 'au nombre de trois, étaient toujours choisis parmi les membres du PC [Petit Conseil], et étaient souvent d'anciens syndics' (*Correspondance complète de Jean-Jacques Rousseau*, éd. Ralph Leigh, 59 vol., Genève, Oxford, 1963-1989, désormais Leigh, suivi du numéro de la lettre citée, Leigh 1574, n.*d*). Ils étaient chargés de la censure des livres.

[56] La citation est exacte mais incomplète, car Voltaire fait une omission apparemment modeste. Roustan avait écrit: 'J'ai vu moi-même à Genève des gens qui entendaient à peine leur art, et des femmes beaux esprits, argumenter *un Voltaire à la main* contre J.-C. et faire les agréables sur l'histoire de l'Evangile' (*Lettres*, p.47-48: notre emphase).

Nous jugeons qu'il est infâme de calomnier ainsi et la ville qui   155
vous a nourri par charité et tout le pays helvétique. [57] Si vous ne
voulez pas être chrétien à la bonne heure: nous sommes tolérants,
soyez Juif, ou mahométan, ou guèbre[58] ou brame, ou sabéen,[59] ou
confutzéiste, ou spinosiste, ou anabaptiste, ou hernhoutre,[60] ou
piétiste,[61] ou méthodiste, ou janséniste, pourvu que vous soyez   160
honnête. Mais n'accusez pas les Suisses et les Genevois vos
bienfaiteurs d'être sans religion. Portez surtout un grand respect
aux dames; c'est par elles qu'on parvient; c'est Hélène l'intendante
des écuries de Constance Clore, qui mit la religion chrétienne sur le

[57] Dans son exemplaire Voltaire avait commenté: 'pourquoi calomnier genève et
suisse. leur créance' (*CN*, t.8, p.201-202). Pourtant, il passe sous silence une longue
note où Roustan à la fois attaque le philosophe et défend les Genevois. Elle
commence ainsi: 'Il est pourtant vraisemblable que cet auteur n'y a pas fait au
christianisme tout le mal qu'il eût bien voulu; car si son système d'incrédulité eût
trouvé chez les Genevois un certain degré de faveur, en considération de ses
partisans, il eût probablement épargné aux autres les sarcasmes qu'il leur prodigue
dans son nouveau poème [la *Guerre civile de Genève*]' (*Lettres*, p.48n). C'est donc
Voltaire que Roustan 'calomnie', et non les Genevois.

[58] Un adepte de Zoroastre: 'GUEBRES [...] peuple errant et répandu dans
plusieurs contrées de la Perse et des Indes. C'est le triste reste de l'ancienne
monarchie persane que les caliphes arabes armés par la religion ont détruite dans le
septième siècle pour faire régner le Dieu de Mahomet à la place du Dieu de Zoroastre'
(*Encyclopédie*, t.7, p.979, article de Boulanger). Voltaire composait sa tragédie *Les
Guèbres* en août 1768 (voir D15168, du 14 août 1768).

[59] Selon Jaucourt, les caractéristiques des sabéens étaient: '1° la connaissance des
astres; 2° l'art de juger par le cours des astres tous les événements; 3° la science des
talismans, l'apparition des génies, les enchantements et les sorts', et 'une croyance
dans la métempsychose' (*Encyclopédie*, art. 'Sabiisme', t.14, p.459).

[60] Il s'agit de la Herrnhuter Brüdergemeine: 'MORAVES ou FRÈRES UNIS, [...]
secte particulière et reste des hussites, [...] on les appelle encore hernheutes du nom
de leur principale résidence en Lusace, contrée d'Allemagne. [...] Les moraves font
profession du christianisme, ils ont même beaucoup de conformité avec les premiers
chrétiens. [...] Cependant ils n'admettent guère que les principes de la théologie
naturelle. [...] Du reste, ils sont plus que personne dans le principe de la tolérance'
(*Encyclopédie*, t.10, p.704).

[61] Jaucourt décrit les piétistes comme une 'secte qui s'est élevée en Allemagne,
dans le sein du luthéranisme, [...] et qui semble tenir le milieu entre les quakers [...] et
les quiétistes'. Il ajoute que Vigler, leur fondateur, 'enseignait que l'unique voie pour
obtenir le salut consistait dans la foi' (*Encyclopédie*, art. 'Piétistes', t.12, p.603-604).

trône de Constantin son bâtard. [62] Ce sont des reines qui ont rendu   165
l'Angleterre, la Hongrie, la Russie chrétiennes. [63] Nous fûmes
protégés par la duchesse de Ferrare, par la mère et la sœur du grand
Henri IV. [64] Nous avons toujours besoin de dévotes; ne les aliénez
pas de nous. Si les femmes nous abandonnent, nous sommes
perdus.   170
    Loin que la Suisse, Genève, la basse Allemagne, l'Angleterre,
renoncent comme vous le prétendez au christianisme, [65] tous ces
pays devenus plus éclairés demandent un christianisme plus pur. [66]

[62] Voir *Essai sur les mœurs*, ch.8 (*OCV*, t.22, p.183), et *Examen important*, ch.29
(*OCV*, t.62, p.305, note suivante de Voltaire): 'Cette Hélène dont on a fait une sainte,
était *stabuloria*, préposée à l'écurie chez Constance Chlore, comme l'avouent Eusèbe,
Ambroise, Nicéphore, Jérôme. La chronique d'Alexandrie appelle Constantin
bâtard, Zozime le certifie; et certainement on n'aurait point parlé ainsi, on n'aurait
point fait cet affront à la famille d'un empereur si puissant, s'il y avait eu le moindre
doute sur sa naissance.'

[63] En ce qui concerne l'Angleterre, il s'agit sans doute de Bertha, reine de Kent
(*c*.539-612) et épouse du roi Ethelbert. Née à Paris, fille de Charibert Ier, roi des
Francs, elle aida Augustin à rétablir le christianisme en Angleterre (voir John P.
Blair, *The Church in Anglo-Saxon society*, Oxford, 2005). En ce qui concerne la
Hongrie, Voltaire pense vraisemblablement à l'épouse du premier roi (à partir de
1000), Etienne, Gisèle de Bavière, princesse très dévote qui favorisa la christianisa-
tion de son pays d'adoption. Dans le cas de la Russie, le premier czar chrétien fut
Vladimir, qui avait voulu une religion pour unir ses peuples et qui, en 988, avait opté
pour le christianisme orthodoxe. Par la suite, il épousa Anna, sœur de l'empereur
byzantin Basile II. La grand-mère de Vladimir, Olga, avait déjà essayé de faire
adopter le christianisme en Russie.

[64] Catherine de Bourbon, sœur de Henri, protégea un groupe de protestants à
Paris jusqu'à son mariage en 1598 (E.-G. Léonard, *Histoire générale du protestantisme*,
t.1, p.313-14).

[65] Roustan dit presque le contraire, remarquant (p.118) qu'il 'faudrait prouver [...]
que les mêmes horreurs qui se commettent à Paris, à Londres, à Berlin, se pratiquent
dans la proportion à Genève, Zurich, ou Basle [...]'.

[66] Roustan, qui veut que l'on s'en tienne aux préceptes de Jésus et de l'Evangile,
n'est pas très loin de croire ce que réclame Voltaire. Au fond, il est ridicule de le
stigmatiser comme un théologien attaché aux dogmes, comme le démontre la
conclusion des *Lettres*, où il cite Helvétius, *De l'esprit* (Discours 2, ch.3, p.58, n.*e*):
'L'Evangile n'a nulle part ordonné qu'on employât les tortures et les prisons à la
conversion des hommes; la vraie religion n'a jamais dressé d'échafauds; ce sont
quelquefois ses ministres qui pour venger leur orgueil blessé par des opinions

Les laïques sont instruits, et trop instruits aujourd'hui pour les prêtres. Les laïques savent que la décision du premier concile de Nicée fut faite contre le vœu unanime de dix-sept évêques et de deux mille prêtres. [67] Ils croient qu'il est impossible que deux personnes soient la même chose, ils croient qu'un homme ne peut pas avoir deux natures. [68] Ils croient que le péché originel fut inventé par Augustin. [69]

Ils se trompent sans doute, mais ayons pour eux de l'indulgence.

Ils révèrent Jésus: mais Jésus sage, modeste et juste, qui jamais, disent-ils, n'a fait sa proie de s'égaler à Dieu, Jésus qui jamais n'a dit avoir deux natures et deux volontés; le Jésus véritable en un mot et non pas le Jésus qu'ils prétendent défiguré dès les premiers temps, et encore plus dans les derniers. [70]

On a fait une petite réforme au seizième siècle, on en demande

175

180

185

---

différentes des leurs, ont armé en leur faveur la stupide crédulité des peuples et des princes' (*Lettres*, p.220-21). La citation et la référence données par Roustan sont correctes: nous nous référons à l'édition de Paris de 1758.

[67] Voir *L'Examen important de milord Bolingbroke*, ch.33: 'Notre savant et sage Midleton a découvert une chronique d'Alexandrie, écrite par deux patriarches d'Egypte, dans laquelle il est dit que non seulement dix-sept évêques, mais encore deux mille prêtres, protestèrent contre la décision du concile' (*OCV*, t.62, p.318; voir aussi n.305). Voltaire possédait les *Miscellaneous works of the late reverend and learned Conyers Middleton*, 5 vol. (Londres, 1755, BV2447).

[68] Voltaire se moque souvent de l'idée développée progressivement dans les premiers siècles du christianisme, selon laquelle Jésus avait une nature humaine et une nature divine, mais une seule personne. Voir l'art. 'Conciles' du *Dictionnaire philosophique*: 'On assemble un concile nombreux à Ephèse, en 449 [...] Jésus fut alors réduit à une seule nature; mais au concile de Calcédoine en 451 deux natures lui furent assignées. Il est vrai qu'il n'obtint pourtant qu'une seule personne' (*OCV*, t.35, p.622-23). Voir aussi l'art. 'Histoire du christianisme' du *DP* (*OCV*, t.35, p.585).

[69] Voir *Les Questions de Zapata*, n° 57 (*OCV*, t.62, p.402-403); *Collection d'anciens évangiles* (*OCV*, t.69, p.100); et surtout l'article 'Péché originel' du *Dictionnaire philosophique* (*OCV*, t.36, p.426).

[70] Voir Marie-Hélène Cotoni, *L'Exégèse du Nouveau Testament dans la philosophie française du dix-huitième siècle*, *SVEC* 220 (1984), p.352: 'A coup sûr, une idée positive de Jésus apparaît [...] après 1767': la section en question (p.353-57) s'intitule en effet 'La transformation de Jésus [pour Voltaire]'.

partout une nouvelle à grands cris. Le zèle est peut-être trop fort, mais on veut adorer Dieu et non les chimères des hommes. [71]

Nous nous souviendrons toute notre vie d'un de nos confrères   190
du Gévaudan (ce n'est pas de la bête dont nous voulons parler.) [72]
C'est d'un pasteur qui faisait assez joliment des vers pour un homme qui n'avait jamais été à Paris; il nous dit quelques heures avant de rendre son âme à Dieu.

> Amis j'ai longtemps combattu   195
> Pour le fanatisme et la fable;
> Moins de dogme et plus de vertu.
> Voilà le culte véritable. [73]

Ces paroles se gravèrent dans tous nos cœurs. Hélas ce sont les disputes sur le dogme qui ont tout perdu. Ces seuls mots 'tu es   200
pierre, et sur cette pierre je fonderai mon assemblée', [74] ont produit

---

[71] Ce passage rappelle (ou anticipe) la fin de *Dieu et les hommes*, que Voltaire devait être en train de composer, ou du moins de préparer: 'Oui nous voulons une religion; mais simple, sage, auguste, moins indigne de Dieu et plus faite pour nous; en un mot, nous voulons servir *Dieu et les hommes*' (*OCV*, t.69, p.498). Au fond, Roustan veut la même chose. Un thème constant dans les *Lettres* c'est une condamnation de l'intolérance et du dogmatisme, un désir de s'en tenir aux Ecritures et surtout à l'exemple du Christ: 'je vous en conjure, dans quel endroit de l'Evangile trouvez-vous ce dogme abominable [l'intolérance] enseigné? La charité n'y est-elle pas partout au contraire tellement prêchée, inculquée, qu'on peut dire qu'elle en est l'âme, et que c'est elle qui l'a dicté? Qu'est-ce en effet que le Sauveur désire que ses auditeurs apprennent de lui? A *être débonnaires et humbles de cœur* [...] A qui promet-il le bonheur suprême? Est-ce à ceux qui auront eu le symbole le plus exact, et qui auront le plus tourmenté les hétérodoxes? Non, *c'est à ceux qui auront nourri l'affamé, soulagé le pauvre, consolé les prisonniers*' (*Lettres*, p.141-42).

[72] Voltaire avait déjà évoqué le 'loup qui ravage mon cher pays du Gévaudan' dans les *Questions sur les miracles* (1765), *M*, t.25, p.378. La légende de la 'bête du Gévaudan' acquit une notoriété considérable en 1765, quand une bête qui ressemblait à un loup ravageait la région, mais le fait que cette bête était censée avoir été tuée en 1768 ne mit pas fin à la légende, puisque des rapports dans la presse des activités maléfiques d'une 'bête du Gévaudan' parurent aussi tard qu'au vingtième siècle.

[73] Le nom de ce 'pasteur' est inconnu, mais il est fortement probable que le clerc non identifié ait été le pasteur François-Marie Arouet, qui fit quelquefois le prêche à Ferney...

[74] Matthieu 16:18.

sept cents ans de guerre entre les empereurs et les papes. [75] Les interprétations de deux ou trois autres paroles ont inondé la terre de sang; [76] le dogme est souvent diabolique comme vous savez, et la morale est divine.

205

V. *Que prêtre doit se garder de dire des sottises le plus qu'il pourra*

Ce n'est qu'une bagatelle de dire que c'est M. de La Chalotais qui vous a appris que les sauvages n'admettent ni ne nient la Divinité; [77] cela se trouve à l'article 'Athée', dans toutes les éditions du *Dictionnaire philosophique*, recueil tiré des meilleurs auteurs anglais et français, recueil imprimé longtemps avant le livre de M. de La Chalotais, [78] recueil enfin où l'on trouve plusieurs articles d'un de

[75] Le conflit entre les empereurs et les papes est un des thèmes principaux de l'*Essai sur les mœurs*: voir, par exemple, ch.127, *OCV*, t.25, p.392-93. Roustan aurait été tout à fait d'accord avec Voltaire, comme le démontre un passage de sa lettre 5: 'Combattez-le [le papisme] de toutes vos forces; ne faites ni paix, ni trêve avec lui qu'il ne soit détruit; appuyez fortement sur l'absurdité de son culte, sur le danger du despotisme qu'il s'arroge, sur l'abus des vœux monastiques; frondez, en un mot, sans réserve tout ce qu'il professe de contraire à la sûreté des Etats, et au bonheur des particuliers; vous trouverez ample matière à exercer vos talents, votre victoire sera aussi glorieuse que sure, et la religion même y applaudira' (p.174-75).

[76] Voir *Essai sur les mœurs*, ch.14 (*OCV*, t.22, p.246): 'chaque mystère fit naître des opinions, et chaque opinion coûta du sang'; et *Le Dîner du comte de Boulainvilliers*: 'depuis le concile de Nicée jusqu'à la sédition des Cévennes, il ne s'est pas écoulé une seule année où le christianisme n'ait versé le sang' (*OCV*, t.63A, p.381).

[77] *Lettres*, p.36-37, n.*a*: 'On ne peut [...] traiter d'athée un peuple que lorsqu'instruit des preuves de l'existence de Dieu [...], il ne laisse pas de les rejeter – or ce n'est là le cas d'aucun de ces peuples grossiers et sauvages dont Mrs Bayle et Helvétius nous font le triste catalogue; ils n'admettent, ni ne nient un dieu, ils n'y pensent pas. C'est Mr de La Chalotais qui m'a fourni cette réflexion, qui me paraît du plus grand sens.' En dépit de cette remarque, Roustan ne cite pas La Chalotais, mais le passage en question est peut-être celui transcrit assez librement à la page 207, n.*a* des *Lettres* (*Essai d'éducation nationale*, s.l., 1763, BV636, p.136).

[78] En réalité, comme le montre notre note précédente, l'*Essai* de La Chalotais fut publié avant le *Dictionnaire philosophique* (voir plus bas, n.80) et non vice versa.

nos plus illustres confrères, plusieurs de M. Abauzit,[79] plusieurs tirés de Midleton,[80] etc. Voici le passage en question.[81]

'Il y a des peuples athées, dit Bayle, dans ses *Pensées sur les comètes*.[82] Les Caffres, les Hottentots, les Topinamboux, et beaucoup d'autres petites nations, n'ont point de Dieu;[83] ils ne le nient ni ne l'affirment, ils n'en ont jamais entendu parler; dites-leur qu'il y en a un, ils le croient aisément; dites-leur que tout se fait par

215

---

213   K84: etc. ¶Voici

---

[79] Firmin Abauzit, fils de parents protestants et né à Uzès en 1679, devint citoyen de Genève en 1727, et bibliothécaire honoraire de la ville jusqu'à sa mort en 1767. Admiré par Rousseau et par Voltaire, il jouissait d'une grande réputation comme érudit, en dépit de ses opinions pour le moins hétérodoxes. L'édition critique de l'article 'Apocalypse' du *Dictionnaire philosophique*, par Christiane Mervaud, établit sans conteste que Voltaire s'inspira très largement d'un manuscrit d'Abauzit. Par exemple, 'tout [le] premier paragraphe est pratiquement recopié d'Abauzit' (*OCV*, t.35, p.363, n.3).

[80] La première édition du *Dictionnaire philosophique* fut publiée dès juillet 1764 (D11978; *OCV*, t.35, p.231-35). Ce passage fait écho à sa préface: 'Nous les avons tous tirés [les articles] des meilleurs auteurs de l'Europe [...]; dans l'article *Miracles*, nous avons ajouté une page entière du célèbre docteur Midleton bibliothécaire de Cambridge' (*OCV*, t.35, p.282).

[81] Ici commence le premier exemple dans les *Remontrances* de l'autocitation si chère à Voltaire et peut-être aussi un indice qu'il composa les *Remontrances* très rapidement. Les deux textes sont identiques, à quelques infimes différences près que nous ne signalons que lorsqu'elles semblent importantes. Voir l'édition critique, par Christiane Mervaud, de l'art. 'Athée', du *Dictionnaire philosophique*, pour une notation plus complète.

[82] 'Voltaire écrit de mémoire, d'où l'erreur sur le titre de Bayle qui est *Pensées sur la comète*. Bayle y fait allusion à des peuples sans religion, mais c'est dans la *Réponse aux questions d'un provincial* qu'il est le plus explicite (1706, ch.98, II.304s., et 1707, ch.12, IV.161s.). Il est question de peuples vivant dans les Moluques et les Philippines' (*OCV*, t.35, p.390, n.54).

[83] 'Ces exemples semblent venir des *Entretiens* de Veyssière de La Croze, qui énumère parmi les peuples athées les sauvages du Canada, des Antilles, du Brésil, les Hottentots (p.254), les Topinambous, et les Caraïbes (p.282)' (*OCV*, t.35, p.390, n.55). Mathurin Veyssière de La Croze publia ses *Entretiens sur divers sujets d'histoire, et de religion et de critique* à Amsterdam, en 1733, BV3435). Bayle aussi avait mentionné les 'Caffres', au ch.118 de la *Continuation des pensées diverses*.

la nature des choses, ils vous croiront de même. Prétendre qu'ils sont athées, c'est la même imputation que si on disait qu'ils sont anticartésiens; ils ne sont ni pour, ni contre Descartes. Ce sont de vrais enfants; un enfant n'est ni athée ni déiste; il n'est rien.[84]

'Quelle conclusion tirerons-nous de tout ceci? Que l'athéisme est un système très pernicieux dans ceux qui gouvernent, et qu'il l'est aussi dans les gens de cabinet, quoique leur vie soit innocente; parce que de leur cabinet il peut percer jusqu'à ceux qui sont en place; que s'il n'est pas si funeste que le fanatisme, il est presque toujours fatal à la vertu. Ajoutons surtout qu'il y a moins d'athées aujourd'hui que jamais, depuis que les philosophes ont reconnu qu'il n'y a aucun être végétant sans germe, aucun germe sans dessein, etc. et que le blé ne vient point de pourriture.[85]

'Des géomètres non philosophes ont rejeté les causes finales: mais les vrais philosophes les admettent; et comme l'a dit un auteur très connu, *un catéchiste annonce Dieu aux enfants, et Neuton le démontre aux sages.*'[86]

Mais voici des choses plus sérieuses. On[87] dit que vous êtes un

220

225

230

235

223   K84: Quelles conclusions tirerons-nous
228   K84: la vérité. Ajoutons
231   K84: dessein, et que

[84] Voir *OCV*, t.35, p.391, n.56.

[85] Voltaire s'opposait vigoureusement à l'idée de la génération spontanée, apparemment confortée par les expériences du prêtre anglais John Needham. Pour Voltaire c'était ouvrir la porte au matérialisme prôné par les athées. Voir Renato G. Mazzolini et Shirley A. Roe, *Science against the unbelievers: the correspondence of Bonnet and Needham, 1760-1780* (*SVEC* 243, 1986), section 5, 'Needham's controversy with Voltaire', p.77-95, surtout p.80-82. Voir aussi *DP*, 'Athée, athéisme' (*OCV*, t.35, p.391, n.57).

[86] L'opuscule *Du déisme*, qui paraît dans le volume 5 des *Œuvres mêlées de M. de Voltaire*, 5 vol. (Genève, 1742), contient la phrase: 'Les physiciens sont devenus les hérauts de la providence: un catéchiste annonce Dieu à des enfants, et un Newton le démontre aux sages' (*OCV*, t.28B, p.18). Le titre de l'opuscule va évoluer, devenant finalement *Sur le théisme* en 1752 (voir *OCV*, t.28B, p.6).

[87] Il va presque sans dire que l'emploi de 'on' ici et plus bas correspond à Voltaire lui-même.

théiste inconsidéré, un théiste vacillant, un théiste inconstant, un chrétien déserteur, un mauvais chrétien, un mauvais théiste, un calomniateur de tous les partis. On vous reproche de falsifier tout ce que vous rapportez; de mentir continuellement en attaquant sans pudeur et le théisme et le christianisme. On se plaint que vous imputiez dans vingt endroits aux théistes, de n'admettre, ni peines, ni récompenses après la mort, [88] que vous les accusiez de ressembler à la fois aux épicuriens qui n'admettent que des dieux inutiles, [89] et aux Juifs, qui jusqu'au temps d'Hérode ne connurent ni l'immortalité de l'âme, dont le Pentateuque n'a jamais parlé, ni la justice de Dieu dans une autre vie de laquelle le Pentateuque n'a pas parlé davantage. [90] Vous osez charger de ces impiétés les plus sages, les plus pieux théistes, c'est-à-dire ceux qui ouvrent le sanctuaire de la religion par les mains de Dieu même avant d'y entrer avec Jésu; lisez leurs livres, et voyez-y votre condamnation.

240

245

250

237 K84: inconsidéré, un théiste vaillant, un théiste inconstant
238 K84: déserteur, un mauvais théiste
246 K84: n'a point parlé

[88] Il est passablement absurde de prétendre que Roustan accuse les théistes de ne pas croire à la vie après la mort. Voltaire se venge sans doute, car tout au long de ses *Lettres* Roustan insinue que les philosophes (y compris Voltaire) étaient des athées.

[89] Epicure (341-270 av. J.-C.) enseignait que le plaisir et la douleur sont la mesure du bon ou du mauvais; que la mort est la fin du corps comme de l'âme; que les dieux ne punissent ni ne récompensent les hommes; que l'univers est infini et éternel; et que les événements dans ce monde ici-bas sont provoqués – en dernière analyse – par la motion et les interactions des atomes qui se meuvent dans un espace vide. Voir A. Gigaudet et P.-M. Morel, *Lire Epicure et les épicuriens* (Paris, 2007), et James Warren, *The Cambridge companion to Epicureanism* (New York, 2009).

[90] Voltaire devait beaucoup à l'érudition de William Warburton: il possédait trois éditions de la *Divine legation of Moses* (BV3825-3827), où l'évêque anglican essaie de prouver que la Nouvelle Alliance du christianisme est supérieure à l'Ancienne Alliance des Juifs. D'après Warburton, ceux-ci ne croyaient ni à l'immortalité de l'âme ni aux peines et récompenses après la mort. Voltaire citait souvent l'évêque pour démolir le fondement du christianisme qu'était l'Ancien Testament (voir *La Philosophie de l'histoire*, *OCV*, t.59, p.177-78, et 218). Warburton ayant riposté, Voltaire l'attaqua de nombreuses fois, notamment dans l'opuscule *A Warburton* (*OCV*, t.64, p.463-65). Voir aussi *La Défense de mon oncle* (*OCV*, t.64, p.225-29).

La Profession de foi des théistes est un ouvrage presque divin
adressé à un grand roi.[91] On y lit ces paroles (pag. 7) 'Nous
adorons depuis le commencement des choses la Divinité unique,
éternelle, rémunératrice de la vertu et vengeresse du crime; jusque-
là tous les hommes sont d'accord, tous répètent après nous cette   255
confession de foi. Le centre où tous les hommes se réunissent dans
tous les temps et dans tous les lieux est donc la vérité; et les écarts de
ce centre sont donc le mensonge.'

Au reste quand nous disons que cet ouvrage est presque divin,   260
nous ne prétendons louer que la saine morale, l'adoration de l'Etre
Suprême, la bienfaisance, la tolérance que ce petit livre enseigne[92]
et nous regardons ces préceptes comme des préparations à
l'Evangile.[93]

Le Lord Bolingbroke s'exprime ainsi, (page 216) nouvelle   265
édition de son admirable livre *L'Examen important*.

'Vous avez le front de demander ce qu'il faut mettre à la place de
vos fables! Je vous réponds Dieu, la vérité, la vertu, des lois, des
peines et des récompenses; prêchez la probité et non le dogme,
soyez les prêtres de Dieu, et non les prêtres d'un homme.'[94]   270

258   EJ69, EJ72, K: temps, dans
266   K84: livre de *L'Examen*

[91] *La Profession de foi des théistes* commence par l'invocation: 'O vous qui avez su
porter sur le trône la philosophie et la tolérance' (voir p.133). Sur l'autocitation de
Voltaire voir l'introduction, p.107.

[92] Roustan eût été parfaitement d'accord sur ces valeurs, sinon avec l'idée que *La
Profession de foi des théistes* était un 'ouvrage presque divin'! Cf. ce passage des
Lettres (p.142): 'Bienfaisance [...], support, indulgence, tels sont les aimables, les
nobles principes qu'il [Jésus] tâche partout de graver dans l'âme de ses sectaires.
S'ils n'ont pas prévenu les persécutions, en prononcent-ils moins la sentence des
persécuteurs?'

[93] Il se peut qu'il y ait ici une allusion sarcastique à la *Preparatio evangelica*
d'Eusèbe de Césarée (Paris, 1628, BV1251). Voltaire insiste encore plus sur l'idée que
l'esprit fondamental de l'Evangile est la tolérance et la bienveillance dans les
Questions sur l'Encyclopédie, art. 'Religion' (1771; *OCV*, t.43, p.140-42).

[94] *L'Examen important de milord Bolingbroke* (*OCV*, t.62, p.351). Le texte est
identique, à quelques infimes différences près.

L'auteur du *Militaire philosophe*,[95] de cet excellent ouvrage qu'on ne peut trop méditer, s'exprime ainsi (page 41 de la nouvelle édition.)

'Je mets au nombre des moments les plus heureux de ma vie, celui où mes yeux ont commencé à s'ouvrir. Indépendamment du calme et de la liberté d'esprit dont je jouis depuis que je ne suis plus sous le joug des préjugés religieux; je sens que j'ai de Dieu, de sa nature et de ses puissances infinies des sentiments plus élevés et plus dignes de ces grands objets. Je suis plus fidèle à mes devoirs, je les remplis avec plus de plaisir et d'exactitude depuis que je les ai réduits à leurs véritables bornes; et depuis que j'ai fondé l'obligation morale sur sa vraie base: en un mot, je suis tout un autre homme, tout un autre père, tout un autre fils, tout un autre mari, tout un autre maître, tout un autre sujet; je serais de même tout un autre soldat ou tout un autre capitaine. Dans mes actions je consulte la nature, la raison et la conscience qui m'instruisent de la véritable justice, au lieu que je ne consultais auparavant que ma secte qui m'étourdissait de préceptes frivoles, injustes, impraticables et

275

280

285

---

[95] *Le Militaire philosophe, ou difficultés sur la religion proposées au R.P. Malebranche, prêtre de l'Oratoire, par un ancien officier. Nouvelle édition* (Londres, 1768 [Amsterdam, 1767]), ouvrage anonyme, fut longtemps attribué à plusieurs écrivains possibles, entre autres Saint-Hyacinthe. Depuis la fin des années 1970 on suppose que son auteur fut Robert Challe, auteur aussi des *Illustres françaises*, qui l'aurait composé autour de 1710, le titre original étant *Difficultés sur la religion proposées au père Malebranche*. L'ouvrage a circulé en manuscrit, en différentes versions, dans les décennies suivantes, avant d'être révisé et considérablement remanié, principalement par Naigeon (il s'agit de l'édition dont parle Voltaire), devenant d'un texte à caractère résolument déiste une plate-forme pour l'athéisme. Voir *Difficultés sur la religion proposées au père Malebranche, par Mr. ..., officier militaire dans la marine*, éd. Roland Mortier (Bruxelles, 1970); Robert Challe, *Difficultés sur la religion proposées au père Malebranche*, édition critique d'après un manuscrit inédit par Frédéric Deloffre et Melâhat Menemencioglu (Paris/Oxford, 1983); Robert Challe, *Difficultés sur la religion proposées au père Malebranche*, éd. Frédéric Deloffre et François Moureau (Genève, 2000); François Mars, 'Avec Casanova à la poursuite du *Militaire philosophe*. Une conjecture raisonnée: Robert Challe', *Casanova gleanings* 17 (1974), p.21-30; Frédéric Deloffre, 'Robert Challe, père du déisme français', *Revue d'histoire littéraire* 79 (1979), p.947-80.

236

nuisibles; mes scrupules ne tombent plus sur ces vaines pratiques
dont l'observation tient lieu à tant de gens, de la probité et des   290
vertus sociales. Je ne me permets plus ces petites injustices qu'on a
si souvent occasion de commettre dans le cours de la vie, et qui
entraînent quelquefois de très grands malheurs.'[96]

Nous voyons avec une extrême satisfaction que tous les grands
théistes admettent un Dieu juste qui punit, qui récompense et qui   295
pardonne. Les vrais chrétiens doivent révérer le théisme comme la
base de la religion de Jésu; point de religion sans théisme, c'est-à-
dire sans la sincère adoration d'un Dieu unique. Soyons donc
théistes avec Jésu et comme Jésu, que vous appelez si indignement
fils... putatif d'un charpentier.[97]   300

[96] La citation par Voltaire de ce passage du *Militaire philosophe* (édition signalée
au début de la note précédente) est exacte, à part la pagination (p.41-42) et quelques
infimes différences. Voltaire écrit 'dans mes actions', alors que la leçon du texte est
'Dans toutes mes actions'. Cette différence pourrait peut-être s'expliquer par la hâte
avec laquelle Voltaire composait son texte, mais lorsqu'il substitue 'ma secte' à 'la
religion', on est tenté de croire que le changement est volontaire.

[97] Remarque tout à fait injustifiée: voir plus haut, n.45.

INSTRUCTIONS À ANTOINE JEAN RUSTAN

Si vous vouliez être véritablement utile à vos frères, nous vous exhorterions à écrire sagement contre ceux des théistes qui se sont écartés de la religion chrétienne; mais en les réfutant que ce soit avec sagesse et avec charité; faites quelques pas vers eux, afin qu'ils viennent à nous. Si vous combattez l'erreur, rendez justice au mérite. 305

N'écrivez qu'avec respect contre le curé Mélier[98] qui demanda pardon en mourant d'avoir enseigné le christianisme;[99] il n'aurait pas eu ces remords s'il avait enseigné un seul Dieu ainsi que Jésu.

Vous ne gagnerez rien à vomir des injures[100] contre milord 310 Herbert,[101] milord Shaftsburi,[102] milord Bolingbroke,[103] le comte

300a   K84: ANTOINE-JACQUES RUSTAN

[98] Meslier n'est pas mentionné dans les *Lettres* de Roustan.

[99] Voltaire se réfère vraisemblablement à la fin de son *Extrait des sentiments de Jean Meslier*: "'Je finirai par supplier Dieu, si outragé par cette secte, de daigner nous rappeler à la religion naturelle" [...] qu'on juge de quel poids est le témoignage d'un prêtre mourant qui demande pardon à Dieu' (*OCV*, t.56A, p.160); cf. *L'Examen important*, avant-propos (*OCV*, t.62, p.170).

[100] En réalité il y a très peu de ce qu'on pourrait qualifier d''injures' dans le résumé que donne Roustan des croyances de ceux qui figurent dans la liste de 'philosophes' donnée par Voltaire. Pourtant, la conclusion du pasteur est remplie d'indignation religieuse (*Lettres*, p.200-202). Parmi 'tant d'autres' que Roustan mentionne dans les *Lettres* sont Toussaint et Helvétius (p.194), l'auteur des *Pensées philosophiques* (p.6, 83 et 85), et – bien entendu – celui du *Dictionnaire philosophique* (p.195-97) et de *La Philosophie de l'histoire* (p.100).

[101] Herbert de Cherbury est mentionné à la page 182 des *Lettres* (lettre 6), mais – loin d'être critiqué – il est loué comme exemple d'un théiste dont les croyances étaient admirables.

[102] Roustan critique Shaftesbury (*Lettres*, p.185) parce que celui-ci pense 'qu'il vaudrait mieux pour l'humanité qu'on ne s'occupât jamais d'un état futur'.

[103] Bolingbroke est blâmé (*Lettres*, p.188-89) pour avoir prétendu que Dieu est dépourvu d'attributs moraux et qu'il ne s'intéresse pas du tout aux affaires humaines: pourtant le ton de Roustan montre du regret plutôt que de l'indignation. D'ailleurs, il

238

de Boulainvilliers, le consul Maillet,[104] le savant et judicieux Bayle,[105] l'intrépide Hobbes,[106] le hardi Toland,[107] l'éloquent et ferme Trenchard, l'estimable Gordon,[108] le savant Tindal, l'adroit Midleton[109] et tant d'autres.

Ce n'est pas une petite entreprise de répondre à *L'Examen important*, au *Catéchisme de l'honnête homme*,[110] au *Militaire*

315

---

est clair, d'après une remarque à la page 42, que le pasteur parle des ouvrages authentiques de Bolingbroke et non de ceux rédigés par Voltaire et attribués au philosophe anglais par celui-ci.

[104] Roustan ne mentionne ni Boulainvilliers ni Maillet dans ses *Lettres*.

[105] Voir plus haut, n.82.

[106] *Lettres*, p.183: 'Hobbes reconnaissait un Dieu, et traitait d'absurdes ceux qui appelaient de ce nom le monde [...]; mais il soutient en même temps que nous ne connaissons de lui rien que son existence, et paraît clairement le faire corporel [...]. Il assure en termes exprès que l'âme humaine est matérielle et mortelle.'

[107] *Lettres*, p.185: 'Toland [...] s'efforce de prouver que le mouvement est essentiel à la matière; et [...] il se déclare fauteur et admirateur du spinosisme, c'est-à-dire de ce monstrueux système où l'on assure que Dieu est tout, et que tout est Dieu'.

[108] Il s'agit sans doute de John Trenchard et Thomas Gordon. *L'Esprit du clergé, ou le christianisme primitif vengé des entreprises et des excès de nos prêtres modernes*, traduit de l'anglais, 2 vol. (Londres [Amsterdam], 1767, BV3338) est une 'traduction [...] assez exacte', par d'Holbach, des deux premiers livres de l'*Independent Whig*, de Trenchard et de Gordon (1720) (J. Lough, 'Bibliographie critique des publications du baron d'Holbach', *Revue d'histoire littéraire de la France* 46, 1939, p.215-34, ici p.227). Voltaire possédait aussi *The Independent Whig, or a defence of primitive Christianity*, 2 vol. (Londres, 1732, BV3339). Les *Lettres* de Roustan ne mentionnent ni Trenchard ni Gordon.

[109] Les *Lettres* ne contiennent aucune référence à Matthew Tindal, auteur de *Christianity as old as the creation, or the Gospel, a republication of the religion of nature* (Londres, 1730, BV3302), ni à Conyers Middleton. Voltaire admirait beaucoup l'ouvrage de Tindal (voir, par exemple, les *Lettres à S. A. Mgr le prince de ***** 1767*, *OCV*, t.63B, p.412). Il avait déjà mentionné Middleton dans les *Remontrances* (plus haut, ligne 213), et possédait la traduction française de *A Letter from Rome* de celui-ci (*Lettre écrite de Rome, où l'on montre l'exacte conformité qu'il y a entre le papisme et la religion des Romains d'aujourd'hui, dérivée de leurs ancêtres païens*, Amsterdam, 1744, BV2448).

[110] Le *Catéchisme de l'honnête homme* n'est pas mentionné dans les *Lettres*, mais Roustan se réfère à *L'Examen important*, le traitant de 'misérable brochure' (*Lettres*, p.148, n.*a*).

philosophe,[111] au livre du savant et judicieux Fréret,[112] au dialecticien Dumarsai,[113] au livre de Boulanger,[114] à l'*Evangile de la raison*,[115] au *Vicaire savoyard*,[116] le seul véritablement bon ouvrage qu'ait jamais fait Jean-Jaques Rousseau.   320

Tous ces auteurs prétendent que le système qu'ils combattent, s'est établi naturellement et sans aucun prodige. Ils disent qu'à la vérité les prêtres d'Isis, ceux de la déesse de Sirie, ceux de Cérès Eleusine, et tant d'autres avaient des secrets pour chasser les esprits   325

325   K84: avaient le secret pour

[111] Les *Lettres* ne contiennent aucune référence à cet ouvrage (voir plus haut, n.95 et 96).

[112] Moland (t.27, p.118) suggère que ce 'livre' est l'*Examen critique des apologistes de la religion chrétienne* (1766) qui, d'après la page de titre, fut écrit par Fréret mais qui est attribué aussi, entre autres, à Lévesque de Burigny. Voltaire admirait beaucoup l'ouvrage (voir D13369). Quoi qu'il en soit, il est sûr que Roustan attaque l'*Examen de la religion*, qu'il croit dû à la plume de Saint-Evremond (*Lettres*, p.199). Pour cet ouvrage voir plus bas, n.115.

[113] Du Marsais n'est pas mentionné dans les *Lettres*. La section III (1774) de l'article 'Philosophie' des *Questions sur l'Encyclopédie* évoque Dumarsais comme un des 'vrais philosophes' en même temps que Diderot, D'Alembert, Jaucourt et d'autres (*OCV*, t.42B, p.416, n.*a*).

[114] Le nom de Boulanger ne figure pas dans les *Lettres*. Voltaire pense peut-être, comme le suggère Moland (t.27, p.118), à *L'Antiquité dévoilée par ses usages* [...] *Par feu M. Boulanger* (Amsterdam, 1766), ouvrage qu'il loue dans D12585 (24 septembre 1766), mais qui est absent de BV.

[115] L'*Evangile de la raison, ouvrage posthume de M. D. M...y* (s.l., 1764), contient cinq opuscules, dont quatre de Voltaire (le *Catéchisme de l'honnête homme*, *Saül*, le *Sermon des cinquante*, et le *Testament de Jean Meslier*), en même temps que l'*Examen de la religion*, édité par Voltaire et attribué par lui à Dumarsais: voir Olivier Ferret, 'Voltaire éditeur de l'*Examen de la religion*', *Revue Voltaire* 4 (2004), p.143-60.

[116] Sur l'admiration de Voltaire pour *La Profession de foi du vicaire savoyard*, en dépit de sa haine de Rousseau, dont il n'a jamais vraiment compris la pensée religieuse, voir René Pomeau, *La Religion de Voltaire* (Paris, 1969), p.346-49. Roustan ne mentionne pas *La Profession de foi* (ni les autres ouvrages énumérés ici, à part l'*Examen important* et l'*Examen de la religion*) dans ses *Lettres*. En fait, son attitude à l'égard de l'ouvrage était ambiguë: voir Leigh 2012. En 1776 il publia un *Examen critique de la seconde partie de la Confession de foi du vicaire savoyard* (attribution de Barbier, *Dictionnaire des ouvrages anonymes*, 4 vol., Paris, 1882, t.2, colonne 337).

malins du corps des lunatiques, [117] que les Juifs depuis qu'ils avaient embrassé la doctrine des diables, les chassaient par la vertu de la racine barath et de la clavicule de Salomon. [118] Que dans Matthieu et Luc [119] (a) on convient de cette puissance du peuple juif; mais ils ajoutent avec audace que ce miracle n'est pas bien avéré chez les prêtres de Sirie. Les Galiléens, dit Dumarsai, ajoutèrent à leurs exorcismes des déclamations contre les riches. Ils criaient 'La fin du monde approche, le royaume du Ciel va venir; il n'y aura que les pauvres qui entreront dans ce royaume; donnez-nous tout ce que vous avez, et nous vous ferons entrer.' [120] Ils prédisaient toutes sortes de malheurs à l'empire romain, comme le rapporte Lucien qui en a été témoin [121] (b). Les malheurs ne manquent jamais d'arriver. Tout homme qui prédira des malheurs sera toujours un vrai prophète; le peuple criait miracle et prenait les Galiléens pour

330

335

(a) Matthieu chap. 12; Luc chap. 11.
(b) Voyez le *Philopatris* de Lucien.

334   K84: donnez tout
n.a   K84: Luc, chap.ii

[117] Cf. ch.104 de l'*Essai sur les mœurs* ('De ceux qu'on appelait Bohêmes ou Egyptiens') (*OCV*, t.25, p.13-17).
[118] Cf. *L'Examen important*, ch.15 (*OCV*, t.62, p.241). La clavicule de Salomon était une bague magique (*Clavicula Salomonis*) censée donner à son possesseur du pouvoir sur les démons: voir *OCV*, t.79B, p.155, n.104, et p.405, n.77.
[119] Voltaire se réfère à Matthieu 12:24-27 et Luc 11:17-19: 'Si c'est par Béelzébub que je chasse les démons, par qui vos enfants les chassent-ils?' (Luc 11:19).
[120] Ce passage ne se trouve pas dans César Chesneau Du Marsais, *Analyse de la religion chrétienne* (s.l., 1766, BV1141).
[121] Voir 'Philopatris ou le catécumène, dialogue de Critias et de Triéphon', dans [Lucianus Samosatensis] *Lucien, de la traduction de N. Perrot, Sr. d'Ablancourt, avec des remarques sur la traduction*, 3 vol. (Paris, 1733, BV2222), t.3, p.383-404. Voltaire appréciait beaucoup ce dialogue antichrétien, avec sa moquerie de la Trinité et son portrait amusant de saint Paul (p.266), mais il pouvait difficilement ignorer que son attribution à Lucien n'était pas généralement acceptée, comme le montre la page 261 de BV2222. La *Philopatris* date probablement du onzième siècle et fut écrite en imitation de Lucien (C. Robinson, *Lucian and his influence in Europe*, Londres, 1979, p.73-77). Lucien lui-même ne mentionne le christianisme qu'en passant (p.50).

des sorciers. Peu à peu les Galiléens s'instruisirent chez les 340
platoniciens; ils mêlèrent leurs contes avec les dogmes de Platon,
ils en composèrent une secte nouvelle.

Voilà ce que Dumarsai dit; et ce qu'il faut absolument réfuter.

Milord Bolingbroke va encore plus loin; il cite l'exemple du
cardeur de laine Le Clerc, qui le premier établit le calvinisme en 345
France, et qui fut martyrisé; Fox le patriarche des quakers qui était
un paysan; Jean de Leide tailleur qui fut roi des anabaptistes; et
vingt exemples semblables; voilà dit-il, comme les sectes s'établissent; [122] il faut réfuter milord Bolingbroke.

Le prince respectable qui a fait le *Sermon des cinquante*, [123] 350
réimprimé six fois dans le *Recueil nécessaire* [124] (Tom. I pag. 166)
s'exprime ainsi: [125] 'La secte de ce Jésu subsiste cachée; le fanatisme
s'augmente; on n'ose pas d'abord faire de cet homme un Dieu, mais
bientôt on s'encourage. Je ne sais quelle métaphysique de Platon
s'amalgame avec la secte nazaréenne. On fait de Jésu le *Logos*, le 355

---

351   K: *nécessaire [avec note:]* Ou *L'Evangile du jour.* Voy. le T.I, *philosophie etc.*
de cette édition.

[122] Voir *L'Examen important*, ch.11 (*OCV*, t.62, p.212). Voltaire appelle Le Clerc
'un cardeur de laine' et Fox 'un misérable paysan'. La phrase 'Voilà comment les
sectes s'établissent' ne paraît pas textuellement dans *L'Examen*, mais les trois
dernières phrases du paragraphe en question disent presque la même chose: Voltaire
ne fait ici qu'exprimer sa pensée avec plus de concision.

[123] La première édition du *Sermon des cinquante* parut en 1762. Comme plusieurs
versions manuscrites du texte (*OCV*, t.49A, p.56-58), elle commence ainsi: 'On
l'attribue à M. Du Martaine ou Du Marsay, d'autres à La Métrie; mais il est d'un grand
prince très instruit' (allusion évidente à Frédéric II de Prusse) (*OCV*, t.49A, p.69).

[124] A parler strictement, il n'y eut que deux éditions du *Recueil nécessaire* (RN66 et
RN68) avant la date probable de la composition des *Remontrances* (*OCV*, t.49A,
p.473-74); pourtant, avant le *Recueil*, le *Sermon* avait eu droit à au moins huit éditions
séparées (*OCV*, t.49A, p.60-63). Evidemment, Voltaire n'écrit pas en bibliographe: il
joue aussi bien avec ses lecteurs qu'avec Roustan. L'essentiel pour lui – et il a raison –
c'est d'affirmer que l'ouvrage a été publié de nombreuses fois.

[125] Cette longue autocitation reproduit, avec d'infimes différences, une partie du
troisième point du *Sermon des cinquante* (*OCV*, t.49A, p.130-32). Nous y renvoyons
pour une explication plus détaillée des n.126-31.

verbe de Dieu; puis consubstantiel à Dieu son père; [126] on imagine la Trinité, et pour la faire croire on falsifie les premiers Evangiles. [127] On ajoute un passage touchant cette Trinité, de même qu'on falsifie l'historien Josephe pour lui faire dire un mot de Jésu, [128] quoique Josephe soit un historien trop grave pour avoir fait mention d'un tel homme. [129] On va jusqu'à forger des vers des sibylles; on suppose des canons des apôtres, des constitutions des apôtres, un symbole des apôtres, un voyage de Simon Pierre à Rome, un assaut de miracles entre ce Simon et un autre Simon prétendu magicien. [130] En un mot, point d'artifice, de fraude, d'imposture, que les Nazaréens ne mettent en œuvre: et après cela on vient nous dire tranquillement que les apôtres prétendus n'ont pu être ni trompés ni trompeurs, et qu'il faut croire à des témoins qui se sont fait égorger pour soutenir leurs dépositions. [131]

'O malheureux trompeurs et trompés qui parlez ainsi! Quelle preuve avez-vous que ces apôtres ont écrit ce qu'on met sous leur nom? Si on a pu supposer des canons, n'a-t-on pas pu supposer des Evangiles? N'en reconnaissez-vous pas vous-mêmes de supposés? Qui vous a dit que les apôtres sont morts pour soutenir leur

360

365

370

[126] Voir *OCV*, t.49A, p.130, n.103, pour d'autres références par Voltaire à l'influence du néoplatonisme dans le développement du christianisme.

[127] Par exemple, 1 Jean 5:7. Voir *OCV*, t.49A, p.130, n.104.

[128] La critique de Voltaire paraît justifiée: voir *OCV*, t.49A, p.131, n.105, et [Voltaire], *The Sermon of fifty*, traduit et édité par J. A. R. Seguin (New York, 1962, p.52).

[129] Ironie typiquement voltairienne, car le philosophe avait une bien piètre opinion de Josephus. Voir surtout le ch.45 de *La Philosophie de l'histoire*, 'De Josèphe, historien des Juifs' (*OCV*, t.59, p.244-47), où la remarque suivante est typique des nombreuses références de Voltaire à cet auteur, dont il possédait l'*Histoire des Juifs écrite par Flavius Joseph* (Paris, 1735-1736, BV1743): 'Il faut sans doute pardonner aux Romains, qui n'avaient que le sens commun, et qui n'avaient pas encore la foi, de n'avoir regardé l'historien Josèphe que comme un misérable transfuge qui leur contait des fables ridicules, pour tirer quelque argent de ses maîtres' (p.246).

[130] Pour les sources de Voltaire voir *OCV*, t.49A, p.131, n.106.

[131] Voltaire fait ici allusion à la trente et unième des *Pensées* de Pascal, qu'il avait critiquée dès les *Lettres philosophiques* (t.2, p.212-13). Pour plus de détails sur ceci et sur l'attitude de Voltaire envers Pascal voir *OCV*, t.49A, p.132, n.107.

témoignage? Il n'y a pas un seul historien contemporain qui ait   375
seulement parlé de Jésus et de ses apôtres. Avouez que vous
soutenez des mensonges par des mensonges; avouez que la fureur
de dominer sur les esprits, le fanatisme et le temps ont élevé cet
édifice qui croule aujourd'hui de tous côtés, masure que la raison
déteste, et que l'erreur veut soutenir.'   380

Réfutez le prince auteur de ces paroles, à moins que vous
n'aimiez mieux être son aumônier, ce qui vous serait plus
avantageux.

———

Quand vous réfuterez ces auteurs, gardez-vous de falsifier les
saintes Ecritures; ne défendez pas la vérité par le mensonge. On   385
vous reproche assez d'avoir corrompu le texte en disant dans
votre libelle que lorsque le Seigneur sur le bord du fleuve
Chobar [132] commanda à Ezéchiel de manger un livre de par-
chemin [133] et de se coucher pendant trois cent soixante et dix jours
sur le côté gauche, et pendant quarante sur le côté droit, [134] il 'lui 390
ordonna aussi de se faire du pain de plusieurs sortes de graines, et
de se servir pour le cuire de bouse de vache'. [135] Lisez la

392   K84:   vaches'. Lisez

[132] Ezéchiel 1:3: 'Dans le pays des Chaldéens, près du fleuve de Chobar'.
[133] Ezéchiel 3:1-2: 'Fils de l'homme, mangez tout ce que vous trouverez; mangez
ce livre'.
[134] Ezéchiel 4:4-6. Roustan ne fait aucune référence à ces quelques vers
d'Ezéchiel.
[135] Voltaire vise une note de Roustan (*Lettres*, p.3-5): 'On lit dans [Ezéchiel] ch.iv
que Dieu lui ordonna de se faire du pain de plusieurs sortes de graines, et de se servir
pour le cuire [notre emphase] de bouse de vache, pratique qui subsiste encore dans
quelques pauvres cantons de l'Europe, et qui devait alors peindre aux Juifs leur
misère future [...] Si vous en croyez l'auteur du *Dictionnaire* [*philosophique*] c'est de la
bouse même que le prophète devait se nourrir. Art. EZÉCHIEL. Et ce mensonge a
paru si heureusement trouvé, qu'on l'a répété dans *La Philosophie de l'histoire*, dans le
Sermon des cinquante, dans *L'Examen important*.' Le désaccord se base sur une
divergence entre les traductions utilisées par protestants et catholiques (voir plus bas,
n.137), bien que plusieurs apologistes catholiques (l'abbé Guénée, par exemple) aient
utilisé, pour réfuter Voltaire, les mêmes arguments que Roustan.

244

Vulgate,[136] vous y trouverez ces propres mots, '*comedes illud et stercore quod egreditur de homine, operies illud in oculis eorum*. Tu mangeras ce pain, et tu le couvriras de l'excrément qui sort du corps de l'homme.'[137] *Couvrir* son pain avec cet excrément n'est pas *cuire* son pain avec cet excrément. Le Seigneur se laisse ensuite toucher aux prières du prophète; il lui dit Je te donne de la fiente de bœuf au lieu de fiente d'homme.[138]

Pourquoi donc avoir falsifié le texte? Pourquoi nous exposez-vous aux plaintes amères des incrédules, c'est-à-dire, de ceux qui ne sont pas crédules, et qui ne vous en croiront pas sur votre parole?

[136] Cette admonition est on ne peut plus bizarre. Pourquoi un pasteur protestant comme Roustan lirait-il la Vulgate plutôt qu'une traduction protestante de la Bible? De plus, dans une discussion de la signification de l'Ancien Testament il fallait de la compétence en hébreu, et pour le Nouveau Testament en grec. On sait que Voltaire ignorait les deux langues: voir les critiques de l'abbé Guénée, auxquels Voltaire essaie de répondre dans *Un chrétien contre six Juifs* (*OCV*, t.79B, p.257-58, 261-66, 269-70).

[137] Ezéchiel 4:12. Le texte de la Vulgate est comme suit: 'Et quasi subcinericium hordeaceum comedes illud, et stercore quod egreditur de homine operies illud in oculis eorum' (c'est-à-dire 'à la vue des habitants pécheurs de Jérusalem'), phrase traduite ainsi par Sacy: 'Ce que vous mangerez sera comme un pain d'orge cuit sous la cendre. *Vous le couvrirez* devant eux de l'ordure qui sort de l'homme' (c'est nous qui soulignons). La traduction genevoise est différente: 'Et tu mangeras de fouaces d'orge: et *les cuiras* avec la fiente qui sort hors de l'homme, eux le voyant' (*La Bible de Genève* [1560, éd. Calvin], édition de 1669, utilisée par les premiers Réformateurs, t.1, p.392). Voltaire s'énerve évidemment puisque Roustan traite sa suggestion que Dieu avait ordonné au prophète de manger de l'excrément humain de 'mensonge' (voir plus haut, n.135), alors que l'ordre était clairement exprimé aussi bien dans la Vulgate que dans la traduction française de celle-ci. Pour se venger, Voltaire se moque ici peut-être de la pruderie de la version genevoise mais ridiculise aussi la vulgarité de la Bible, de ceux qui l'avaient composée, et de ceux qui la prennent comme la base de leur foi. Il avait déjà ironisé sur 'le déjeuner d'Ezéchiel' dans le *Sermon des cinquante* (*OCV*, t.49A, p.115), dans le *Dictionnaire philosophique* (art. 'D'Ezéchiel', *OCV*, t.36, p.89-90, et n.6), et à maints autres endroits.

[138] Ezéchiel 4:14-15. A nouveau, les traductions divergent. La Vulgate donne la leçon: 'Ecce dedi tibi fimum boum pro stercoribus humani: et facies panem tuum in eo', que Sacy rend ainsi: 'Allez, je vous donne de la fiente de bœuf au lieu de ce qui sort du corps de l'homme, et vous en mettrez avec votre pain'. Traduction de la Bible de Genève? 'Voici, je t'ai donné le fiente des bœufs, au lieu de la fiente de l'homme, et tu apprêteras ton pain avec icelui.'

Nous n'approuvons pas la simplicité de ceux qui traduisent *stercore* par *de la merde*. C'est le mot propre, disent-ils. Oui, mais la bienséance et l'honnêteté sont préférables au mot propre, quand la fidélité de la traduction n'en est point altérée. [139]

On prétend que vous avez traduit aussi infidèlement tout ce qui regarde les deux sœurs Oolla et Oliba, dans le même Ezéchiel aux chapitres 16 et 23. [140] Le texte porte, *'ubera tua intumuerunt, pilus tuus germinavit,* vos tétons ont grossi, votre poil a pointé. [141] *Aedificavisti tibi lupanar,* vous vous êtes bâti un bordel. [142] *Divisisti pedes omni transeunti.* Vous avez ouvert vos cuisses à tous les passants. [143] *Oolla, insanivit libidine super concubitum eorum, quorum carnes sunt ut carnes asinorum, et sicut fluxus equorum fluxus eorum.* Oolla s'est abandonnée passionnément au coït avec ceux qui ont

405

410

415

---

412   K84: bâti un b... *Divisisti*

[139] Il y a tout lieu de croire que Voltaire plaisante quand il suggère que la traduction de 'stercore' par 'merde' avait été faite en réalité. Sans doute souligne-t-il tout simplement une fois de plus la vulgarité insensée de la Bible.

[140] Roustan ne mentionne pas ces chapitres. La référence que donne Voltaire ici est plutôt inexacte en ce sens que, si les passages cités plus bas paraissent effectivement dans les deux chapitres en question, Oolla et Ooliba, qui représentent respectivement la Samarie et Jérusalem, ne figurent qu'au chapitre 23 d'Ezéchiel. Il arrive aussi à Voltaire de transposer leurs noms, par erreur, quand il cite Ezéchiel 23:20 (voir plus bas, n.144). Nouveau signe qu'il a composé les *Remontrances* très rapidement?

[141] Ezéchiel 16:7. Ces paroles sont adressées par Dieu à Jérusalem. La Vulgate donne la leçon: 'ubera tua intumuerunt, *et* pilus tuus germinavit' (notre emphase). Sacy rend la phrase ainsi: 'votre sein s'est formé, vous avez été en état d'être mariée'. A cette occasion, c'est lui qui montre plus de pruderie que la Bible de Genève, qui traduit ainsi: 'tes tétins se façonnèrent et le poil te vint'.

[142] Ezéchiel 16:24. Le texte correct de la Vulgate est 'aedifi*casti* tibi lupanar' (notre emphase). Sacy traduit ainsi: 'Vous avez bâti pour vous un lieu infâme'; la Bible de Genève: 'tu t'es bâti un lieu éminent' (!).

[143] Le texte correct de la Vulgate est (Ezéchiel 16:25): 'divisisti pedes *tuos* omni transeunti' (notre emphase). Une fois de plus, la traduction de Sacy montre plus de pruderie que celle de la Bible de Genève. Sacy: 'vous vous êtes abandonnée à tous les passants'; Bible de Genève: '[tu] as ouvert tes jambes à tout passant', mais celle-ci prend soin d'ajouter en note: 'à s[avoir] te prostituant à toute sorte d'idolâtrie'.

des membres d'âne, et dont la semence est comme la semence des chevaux.'[144] Vous pourriez certainement adoucir les mots sans gâter la pureté du texte; la langue hébraïque se permettait des expressions que la française réprouve.[145]

420

Ainsi nous ne voudrions point que vous traduisissiez les révélations du prophète Osée selon la lettre; mais selon l'esprit. L'hébreu s'exprime ainsi à la vérité, le Seigneur dit à Osée (ch.1) 'prenez une femme de fornication, et faites-lui des fils de fornication,[146] *filios fornicationum*', selon la Vulgate.[147] Vous avez traduit

425

423-24 K84: dit (*Osée* chap. i) 'prenez

[144] Ezéchiel 23:20. La citation de Voltaire est exacte, mais Dieu s'adresse à Ooliba et non à Oolla. Sacy traduit ainsi: 'Elle s'est abandonnée avec fureur à l'impudicité, pour se joindre à ceux dont la chair est comme la chair des ânes, et dont l'alliance est comme celle qu'on aurait avec les chevaux', la Bible de Genève comme suit: 'Elle s'est amourachée de leurs ruffiens, la chair desquels est comme la chair des ânes: et le flux desquels est comme le flux des chevaux'. Une fois de plus, la Bible de Genève montre moins de pruderie. Il s'agit ici à nouveau d'un thème habituel de la critique voltairienne de l'Ancien Testament: voir, entre autres, le *Sermon des cinquante* (*OCV*, t.49A, p.116-17), le *Testament de Jean Meslier* (*OCV*, t.56A, p.140), le *Catéchisme de l'honnête homme* (à partir de 1766: *OCV*, t.57A, p.160), l'article 'D'Ezéchiel' du *Dictionnaire philosophique* (*OCV*, t.36, p.93, et n.21), et *L'Examen important* (*OCV*, t.62, p.207-208).

[145] Il est intéressant de comparer cette remarque à l'affirmation de Rousseau: 'Il est impossible d'imaginer un langage plus modeste que celui de la Bible, précisément parce que tout y est dit avec naïveté. Pour rendre immodestes les mêmes choses il suffit de les traduire en français' (*Emile*, dans *Œuvres complètes*, t.4, p.649).

[146] Osée 1:2. Traductions respectives de Sacy – 'Allez prendre pour votre femme une prostituée, et ayez d'elle une des enfants nés d'une prostituée' – et de la Bible de Genève – 'Va, prends-toi une femme adonnée à la paillardise, et des enfants de paillardise'. A nouveau, il est difficile de savoir comment Voltaire peut prétendre que 'l'hébreu s'exprime ainsi', puisqu'il ignorait parfaitement cette langue. Une fois de plus, il cite la traduction de saint Jérôme, comme si celle-ci était infaillible mais – comme le dit Christiane Mervaud dans son édition critique de l'article 'Babel' du *Dictionnaire philosophique*, où Voltaire évoque 'St Jérôme, le même qui a vu des faunes et des satyres' (*OCV*, t.35, p.393) – Voltaire ridiculise souvent ce saint (*OCV*, t.35, p.393, n.4).

[147] La Vulgate traduit ainsi: 'Vade, sume tibi uxorem fornicationum, et fac tibi filios fornicationum'.

ces mots par, 'fils de putain', cela est trop grossier, et vous deviez dire enfants de la débauche, enfants du crime. [148]

Ensuite, lorsqu'au chap. 3 le Seigneur lui ordonne encore de prendre une femme adultère, et que le prophète dit, '*fodi eam pro quindecim argenteis, et coro hordei*, je la caressai pour quinze drachmes et un setier d'orge'. Vous rendez ce mot *fodi* par le terme déshonnête qui lui répond. Gardez-vous de jamais tomber dans ces indécences. [149]

Le commentaire sur le Nouveau Testament auquel vous travaillez, [150] a d'autres inconvénients. Cette entreprise est d'une extrême difficulté; elle exige bien plus de connaissances qu'on ne croit. Celles même des Simon, [151] des Fabricius, [152] des Cotellier, [153]

[148] Les deux traductions en français citées plus haut (n.144) sont 'grossières', pour emprunter le terme de Voltaire. Il va presque sans dire que Roustan ne fait pas la moindre mention du passage.

[149] Osée 1:2. D'après la Vulgate: 'fodi eam *mihi* quindecim argenteis, et coro hordei' (notre emphase). Saci traduit ainsi: 'Je donnai donc à cette femme quinze pièces d'argent et une mesure et demie d'orge' – la Bible de Genève: 'Je m'acquis donc cette femme-là pour quinze pièces d'argent, et un homer et demi d'orge'. Les deux versions montrent autant de pruderie que Voltaire fait semblant de vouloir. Il se moque fréquemment de ces passages du livre d'Osée, par exemple dans *La Profession de foi des théistes* (p.157), et *Les Questions de Zapata*, n° 49 (*OCV*, t.62, p.399). Silence total sur tout ceci dans les *Lettres* de Roustan.

[150] Nous n'avons pas trouvé le moindre indice que Roustan préparait un commentaire du Nouveau Testament. Vraisemblablement, Voltaire utilise ce prétexte pour exprimer une fois de plus un certain nombre de ses critiques de la Bible et pour se moquer de Roustan.

[151] Richard Simon (1638-1712), auteur de nombreux livres de critique biblique, entre autres une *Histoire critique du texte du Nouveau Testament* (Rotterdam, 1689, BV3172). Dans le 'Catalogue des écrivains' du *Siècle de Louis XIV*, Voltaire l'appelle un 'excellent critique' (*OCV*, t.12, p.195).

[152] Johann Albert Fabricius, érudit allemand (1668-1736). Son *Codex apocryphus Novi Testamenti* date de 1703. L'édition que possédait Voltaire (BV1284: Hambourg, 1719-1743) porte de nombreuses annotations marginales (*CN*, t.3, n° 587, p.461-68). Dans la *Collection d'anciens évangiles*, qui porte le sous-titre *monuments du premier siècle du christianisme extrait de Fabricius, Grabius et autres savants* (1769), Voltaire l'appelle 'Le savant Fabricius' (*OCV*, t.69, p.59) et les notes de cette édition due aux soins de Bertram E. Schwarzbach montrent que son érudition est présente partout.

[153] Jean-Baptiste Cotelier (1629-1686), érudit et théologien français. Voltaire

des Caves,[154] des Gréaves,[155] des Grabe,[156] ne suffisent pas. Il faut comparer tout ce qui peut nous rester des cinquante évangiles négligés ou rejetés avec les quatre reçus.[157] Il est très difficile de décider lesquels furent écrits les premiers. Une connaissance approfondie du Talmud est absolument nécessaire. On y rencontre quelques traits de lumière, mais ils disparaissent bientôt, et la nuit redouble. Les Juifs ne donnent point à Marie le même époux que lui donnent les Evangiles, ils ne font point naître Jésus sous Hérode; l'arrivée des Mages, leur étoile, le massacre des Innocents ne se lisent dans aucun auteur juif, pas même chez Flavian Josephe, parent de Mariane[158] femme d'Hérode. Le *Sepher Toldos Jeschut*

440

445

443   β: mais elles disparaissent
448   κ84: Mariamne

---

possédait son *S.S. Patrum, qui temporibus apostolicis floruerunt*, 2 vol. (Amsterdam, 1724, BV877). Pour les annotations, assez nombreuses, de Voltaire, voir *CN*, t.2, n° 421, p.767-74.

[154] William Cave (1637-1713), ecclésiastique anglican, auteur de la *Scriptorum ecclesiasticorum historia litteraria, a Christo nato, usque ad saeculum XIV* (Coloniae, 1720, BV676; première édition, Londres, 1688).

[155] Voltaire fait peut-être allusion à John Greaves (1602-1652), érudit qui s'intéressait également à l'astronomie et aux langues orientales. Professeur à l'Université d'Oxford et grand voyageur, trois de ses ouvrages furent republiés dans John Hudson, *Geographiae veteris scriptores graeci minores* (Oxford, 1712). Il se peut que Voltaire ait consulté cet ouvrage, bien que celui-ci ne figure pas dans BV.

[156] Johann Ernst Grabe (1666-1711), *Spicilegium SS. Patrum, ut et haereticorum, seculi post Christum natum*, 2 vol. (Oxford, 1700, BV1509). L'exemplaire de Voltaire contient un nombre considérable de notes marginales (*CN*, t.4, n° 675, p.164-75).

[157] Voltaire fournit lui-même quelques-uns des matériaux nécessaires à une telle étude dans sa *Collection d'anciens évangiles*, qu'il était vraisemblablement en train de composer à cette époque (l'ouvrage est signalé pour la première fois le 27 mai 1769 dans les *Mémoires secrets*: voir *OCV*, t.69, p.13).

[158] Mariamne, femme d'Hérode le Grand, fut la petite-fille de Hyrcan II, le dernier de la dynastie des Hashmonéens (ou Maccabées), prêtres-rois de Judée: la mère de Josèphe était hashmonéenne.

est trop rempli de fables absurdes pour qu'on y puisse bien
discerner le peu de vérités historiques qu'il peut contenir. [159]   450

Dans nos Evangiles il se trouve malheureusement des contradictions qu'il semble impossible à l'esprit humain de concilier. [160]
Telles sont les deux généalogies de Jésus, l'une par Matthieu et
l'autre par Luc. Personne n'a jamais pu jusqu'à présent trouver un
fil pour sortir de ce labyrinthe; et Pascal a été réduit à dire   455
seulement, 'cela ne s'est pas fait de concert'. [161] Non sans doute,
ils ne se sont pas concertés, mais il faut voir comment on peut les
rapprocher. [162]

Le commencement de Luc n'est pas moins embarrassant. Il est
constant qu'il n'y eut qu'un seul dénombrement des citoyens   460
romains sous Auguste; et il est avéré que ceux qui en ont supposé

[159] Cf. *Dictionnaire philosophique*, art. 'Messie' (*OCV*, t.36, p.360-62), l'article
'Messie' de Polier de Bottens, utilisé par Voltaire (*OCV*, t.36, Appendice II, p.603-
607), et *L'Examen important*, ch.11 (*OCV*, t.62, p.213-14).

[160] Thème fréquent dans la critique biblique de Voltaire, et ce depuis longtemps.
Voir la 17e remarque sur les *Pensées* de Pascal dans les *Lettres philosophiques*. Voir
aussi le *Sermon des cinquante* (*OCV*, t.49A, p.120-21); le *Catéchisme de l'honnête
homme* (*OCV*, t.57A, p.164); *L'Examen important* (*OCV*, t.62, p.230); et *Les
Questions de Zapata*, n° 50 (*OCV*, t.62, p.399-400).

[161] Pascal, *Pensées*, n° 578, dans *Œuvres de Blaise Pascal*, 14 vol. (Paris, 1908-
1921), t.14, p.24: 'toutes les faiblesses très apparentes [des Evangiles] sont des forces.
Exemple: les deux généalogies de saint Mathieu et de saint Luc. Qu'y a-t-il de plus
clair que cela n'a pas été fait de concert?' Pascal suggère que des imposteurs auraient
concerté leurs fraudes.

[162] La réponse de Roustan? 'Je sais qu'on a donné de très plausibles explications
[...] de l'opposition apparente qu'on trouve entre [les deux généalogies de J.-C.];
mais quand ces solutions seraient aussi fausses qu'elles sont probables; quand il serait
démontré qu'il y a erreur dans le texte sur ces deux articles, et sur vingt autres pareils,
qu'est-ce que prouverait tout cela contre la Révélation même?' (*Lettres*, p.50-51).
Ceci est évidemment de la pure déclamation, mais – dans une note – Roustan,
presque en passant, hasarde l'explication suivante: 'On a dit [...] que saint Luc et saint
Matthieu ne diffèrent que parce que celui-ci a fait généalogie de J.-C. par Joseph, et
saint Luc par Marie. Ce dernier ne dit pas même que J.-C. fut fils de Joseph, mais
seulement qu'il passait pour tel. *Luc III.23*' (*Lettres*, p.50, n.*a*). Roustan ne fournit
même pas l'identité de ce 'on', et sa paresse rappelle les autres endroits des *Lettres* où
il préfère l'élucubration à la rigueur et la déclamation aux faits (voir plus haut,
l'introduction, p.187).

deux, se sont trompés. Il est encore avéré par l'histoire et par les médailles que Cirenius ou Quirinius n'était point gouverneur de Sirie quand Jésus naquit, et que la Sirie était gouvernée par Quintilius Varus.[163] Cependant voici comme Luc s'exprime, 465 'dans ces jours émana un édit de César Auguste, qu'il fût fait un dénombrement de tout l'univers. Ce fut le premier dénombrement, lequel fut fait par Cirenius, ou Quirinius président de Judée. Et comme chacun allait se faire enregistrer dans sa ville; Joseph monta de la ville de Galilée Nazareth à la cité de David Bethléem en Judée, 470 parce qu'il était de la maison et de la famille de David.'[164]

Nous avouons qu'il n'y a presque pas un mot dans ce récit qui ne semble d'abord une erreur grossière.[165] Il faut lire saint Justin,[166] saint Irénée, saint Ambroise,[167] saint

---

[163] La source de Voltaire est peut-être Flavius Josephus, *Histoire de la guerre des Juifs contre les Romains* dans *Antiquités judaïques* (BV1743), I.617-18, bien qu'il n'y ait aucun signe d'annotation sur son exemplaire à cet endroit. Josephus dit que Quintilius Varus était gouverneur de la Syrie, mais ne donne pas de dates exactes. Ce fut en réalité Sulpicius Cyrinius, plus tard gouverneur de la Syrie, qui fut responsable du recensement romain de la Judée en l'année 6 de l'époque vulgaire (Solomon Zeitlin, *The Rise and fall of the Judean State*, 3 vol., Philadelphie, 1969, t.2, p.154). Voltaire fait la même critique chronologique du Nouveau Testament ailleurs (voir *L'Examen important*, ch.14, *OCV*, t.62, p.237, et *Les Questions de Zapata*, n° 51, *OCV*, t.62, p.400-401). Si l'érudition moderne a démontré que Voltaire s'est trompé, l'Eglise chrétienne s'est trompée au moins autant, car l'année exacte de la naissance du Christ est toujours un sujet à controverse...

[164] Luc 2:1-4. Voltaire a probablement fait sa propre traduction de la Vulgate, car celle-ci ne correspond ni à celle de Sacy ni à celle de la Bible de Genève. Pourtant, on se demande quel rapport tout ceci a avec les *Lettres* de Roustan.

[165] Voir *L'Examen important*, ch.14: 'Quelle foule de contrariétés et d'impostures est restée dans ces quatre Evangiles! n'y en eût-il qu'une seule, elle suffirait pour démontrer que c'est un ouvrage de ténèbres' (*OCV*, t.62, p.237).

[166] Voltaire possédait les *Opera de saint Justin* (*Justini philosophi et martyris Opera quæ exstant omnia*, Venise, 1747, BV1768), et fit référence au *Dialogus cum Tryphone judaeo* du saint dans la *Collection d'anciens évangiles* (*OCV*, t.69, p.59-60, surtout n.45).

[167] Les ouvrages de saint Irénée et saint Ambroise ne figurent pas dans BV, mais ce dernier est souvent ridiculisé par Voltaire (voir art. 'Miracles', *Dictionnaire philosophique*, *OCV*, t.36, p.378; art. 'Figure', *Questions sur l'Encyclopédie*, 1771, *OCV*, t.41, p.414), et saint Irénée est mentionné dans l'article 'Histoire du

Cirille,[168] Flavian Josephe,[169] Hervard,[170] Périzonius,[171] Casau- 475
bon,[172] Grotius, Le Clerc,[173] pour se tirer de cette difficulté; et
quand on les a lus, la difficulté augmente.

Le chapitre 21 de Luc vous jette dans de plus grandes
perplexités. Il semble prédire la fin du monde pour la génération
qui existait alors. Il y est dit expressément, 'que le fils de l'homme 480
viendra dans une nuée avec une grande puissance et une grande

---

christianisme' du *Dictionnaire philosophique* comme l'un de ceux qui croyaient que les
magiciens pouvaient faire paraître devant eux les âmes des morts (*OCV*, t.35, p.572:
voir aussi *OCV*, t.35, p.651).

[168] Il y a deux saints appelés 'Cyrille', Cyrille de Jérusalem, et Cyrille, patriarche
d'Alexandrie. Celui-ci est mentionné dans l'article 'Conciles' du *Dictionnaire
philosophique*, comme responsable de la condamnation de Nestorius, qui avait
'soutenu qu'à la vérité Jésus était bien Dieu, mais que sa mère n'était pas absolument
mère de Dieu, mais mère de Jésus' (*OCV*, t.35, p.620).

[169] Voir plus haut, n.129.

[170] Il se peut que Voltaire pense au *Thesaurus hieroglyphicorum* (1610) de Hervart
von Hohenburg (1553-1622), homme d'Etat bavarois, astronome et érudit, ami et
patron de Kepler.

[171] Anton P. Perizonius (1626-1672), théologien hollandais, fut nommé, en 1655, à
la chaire de théologie et d'hébreu à Ham. Voltaire se réfère peut-être à son *De ratione
studii theologici tractatus* (1669).

[172] Isaac Casaubon (1559-1614), fils de réfugiés protestants, naquit à Genève. Il
devint érudit et philologue, vivant plus tard en France et puis en Angleterre. Voltaire
songe peut-être à son *De rebus sacris et ecclesiasticis, exercitationes XVI* (Genève,
1655), analyse philologique du *Corpus hermeticum*, qui contient une série de textes
néoplatoniciens. Il est probable que c'est dans cet ouvrage que Voltaire prit
connaissance de l'histoire tragique d'Ananie et Saphira, qu'il commença à exploiter
dès le *Catéchisme de l'honnête homme* (1763): voir *OCV*, t.36, p.451, n.17.

[173] Voltaire possédait le *Traité de la vérité de la religion chrétienne* de Hugo
Grotius (Amsterdam, 1728, BV1555), édition qui comprend aussi deux 'dissertations' de Le Clerc (*Du choix qu'on doit faire entre les divers sentiments qui partagent
les chrétiens* et *Livre contre l'indifférence des religions*): son opinion du *Traité* de
Grotius était très défavorable (voir D13235, du 5 avril 1766). L'*Analyse
chronologique de l'histoire universelle* de Le Clerc (édition de Paris, 1752) figure
aussi dans BV (BV1982). Voltaire loua Le Clerc pour avoir opiné que le
Pentateuque n'était pas l'ouvrage de Moïse (voir, par exemple, *L'Examen
important*, ch.1, *OCV*, t.62, p.174, surtout n.16).

majesté'. [174] Saint Paul et saint Pierre annoncent clairement la fin du monde pour le temps où ils vivent. [175]

Nous avons plus de cinquante explications de ces passages lesquelles n'expliquent rien du tout.   485

Vous n'entendrez jamais saint Paul, si vous ne lisez tout ce que les rabbins ont dit de lui, et si vous ne conférez les Actes de Thècle avec ceux des apôtres. [176] Vous n'aurez aucune connaissance du premier siècle de l'Eglise si vous ne lisez le *Pasteur* d'Hermas, [177] les *Récognitions* de Clément, [178] les *Constitutions apostoliques*, [179]   490

485-86   K84: tout. Vous

---

[174] Luc 21:27. Voir aussi Matthieu 26:64 et Marc 13:26. Dans le *Testament de Jean Meslier*, avant de citer le passage, Voltaire le traite de 'prophétie la plus fausse et la plus ridicule qu'on ait jamais faite' (*OCV*, t.56A, 146-47). Voir aussi *L'Examen important de milord Bolingbroke* (*OCV*, t.62, p.246). Il ridiculisera ce passage de très nombreuses fois.

[175] 1 Thessaloniciens 4:15-17 et 2 Pierre 3:11-13 peuvent tous les deux être interprétés comme annonçant le Second Avènement, bien que ceci ne soit pas le point de vue orthodoxe (A. Vacant, E. Mangenot et E. Amann, *Dictionnaire de théologie catholique*, 15 vol., Paris, 1903-1946, art. 'Fin du monde', t.5, colonnes 2507, 2510 et 2551). Voir *L'Examen important*, ch.17-18, *OCV*, t.62, p.246-48.

[176] Voir *Questions sur l'Encyclopédie*, art. 'Apocryphe' (*OCV*, t.38, p.465-66), où Voltaire attribue cet ouvrage à 'un disciple nommé Jean attaché à saint Paul' et indique l'attitude contradictoire de l'Eglise à son égard. Voir aussi la *Collection d'anciens évangiles*, *OCV*, t.69, p.66-73. La source de Voltaire est Grabe, *Spicilegium SS. Patrum* (*OCV*, t.38, p.466, n.37).

[177] Pour une longue discussion du *Pasteur* de Hermas, qui 'paraît être de la fin du premier siècle', voir *Questions sur l'Encyclopédie*, art. 'Apocryphe', XXIX, 'Les visions, les préceptes et les similitudes d'Hermas' (*OCV*, t.38, p.482-84). La source de Voltaire est le *Codex* de Fabricius (*OCV*, t.38, p.482, n.100-105).

[178] Cet ouvrage, sous le titre *Les Reconnaissances de saint Clément à Jacques frère du Seigneur*, est discuté dans toute sa bizarrerie dans l'article 'Apocryphe' des *Questions sur l'Encyclopédie* (*OCV*, t.38, p.477-78). La source de Voltaire est Cotelier, *SS. Patrum* (*OCV*, t.38, p.477-78, n.78-83).

[179] *Les Constitutions apostoliques*, ou *Constitutions des saints apôtres*, 'qu'on met aujourd'hui dans le rang des apocryphes [...] passaient autrefois pour être rédigées par saint Clément le Romain. La seule lecture de quelques chapitres suffit pour faire voir que les apôtres n'ont eu aucune part à cet ouvrage' (art. 'Apocryphe', *Questions sur l'Encyclopédie*, *OCV*, t.38, p.473: l'ouvrage est discuté en quelque détail, p.472-76). La source de Voltaire est à nouveau Cotelier, *SS. Patrum* (*OCV*, t.38, n.59-75).

et tous les ouvrages de ce temps-là, écrits sous des noms supposés. Vous verrez dans les siècles suivants une foule de dogmes tous détruits les uns par les autres. Il est très difficile de démêler comment le platonisme se fondit peu à peu dans le christianisme. Vous ne trouvez plus qu'un chaos de disputes que dix-sept cents   495
ans n'ont pu débrouiller. Ah! Notre frère une bonne action vaut mieux que toutes ces recherches. [180] Soyons doux, modestes, patients, bienfaisants. Ne barbotons plus dans les cloaques de la théologie et lavons-nous dans les eaux pures de la raison et de la vertu.   500

Nous n'avons plus qu'un mot à vous dire. Vous vantez avec justice des exemples de bienfaisance que les Anglais ont donnés, et des souscriptions qu'ils ont ouvertes en faveur de leurs ennemis mêmes; [181] mais les Anglais prétendent qu'ils ne se sont portés à ces actes d'humanité que depuis les livres des Shaftsburi, des   505

[180] Contrairement à ce qu'implique Voltaire, Roustan serait certainement du même avis. Il ne cesse de souligner le bien fait par l'observation, non des dogmes, mais des préceptes de l'Evangile. Voir *Lettres*, p.122: 'qui pourrait calculer tous les actes de bienfaisance, toutes les collectes et les sacrifices que cette heureuse persuasion [la foi à la religion] a produits depuis l'établissement du christianisme? Qui pourrait compter tous les hôpitaux qu'elle a élevés et qu'elle soutient, tous les forçats qu'elle a tirés de la chaîne, tous les infortunés qu'elle a garantis du désespoir et du crime? Chaque tronc des églises chrétiennes, chaque pite que l'on y a mise sont, pour ainsi dire, autant de titres qui doivent rendre l'Evangile cher et respectable à tout ami des malheureux.'

[181] *Lettres*, p.122-24. Dans son apologie des chrétiens, Roustan soutient que même l'empereur Julien (l'Apostat) dut admettre que ceux-ci avaient soin de leurs pauvres, et aidaient même les pauvres des païens qui les persécutaient. 'Ce bel exemple n'est pas unique', poursuit-il: 'on a vu dans le cours de la dernière guerre les habitants de Londres se cotiser pour habiller les Français qui se trouvaient prisonniers en Angleterre' (*Lettres*, p.123). Dans une note à ce passage, Roustan attribue cette générosité à l'"état mitoyen" qui (à la différence de la populace et de l'aristocratie) 'est encore honnête' et est 'celui où l'on trouve le plus de religion'. Il ajoute que les protestants persécutés ont reçu le soutien des Anglais, des Hollandais, des Prussiens et des Suisses, et il cite l'exemple d'une somme de 4000 livres sterling fournie par souscription en Angleterre en 1664 en faveur de 300 réfugiés du Palatinat (*Lettres*, p.124, n.*a*).

Bolingbrokes, des Colins, etc.[182] Ils avouent qu'il n'y eut aucune action généreuse de cette nature dans le temps que Cromwell prêchait le fanatisme le fer à la main,[183] aucune lorsque Jacques Ier écrivait sur la controverse;[184] aucune quand le tyran Henri VIII faisait le théologien;[185] ils disent que le théisme seul a rendu la nation bienfaisante. Vous pourrez tirer un grand parti de ces aveux, en montrant que c'est l'adoration d'un Dieu qui est la source de tout bien, et que les disputes sur le dogme sont la source de tout mal.[186] Retranchez de la morale de Jésu les fadaises théologiques, elle restera divine;[187] c'est un diamant couvert de fange et d'ordure.[188]

Nous vous souhaitons la modération et la paix.

510

515

---

[182] Voltaire tourne l'apologie de Roustan en faveur du protestantisme en une apologie du déisme.

[183] Cette phrase semble impliquer que Cromwell fut un hypocrite plutôt qu'un fanatique, ce qui s'accorde avec l'opinion exprimée par Voltaire pendant les années 1750 dans *De Cromwell* (*OCV*, t.30C, p.73).

[184] Voir *Essai sur les mœurs*, ch.179, où Jacques Ier est décrit comme 'un roi théologien, écrivant sur la controverse' (*OCV*, t.26C, p.57).

[185] Voir *Essai sur les mœurs*, ch.135, *OCV*, t.26A, p.46, qui dit que Henri VIII d'Angleterre 'était malheureusement théologien'.

[186] Roustan prétend, à la fin de ses *Lettres*, que 'les incrédules ont tort d'attaquer et de rejeter le christianisme [...] parce qu'il condamne expressément les uns et les autres [la persécution et le dogmatisme], parce que de nombreuses communions chrétiennes y ont solennellement renoncé, que les autres s'avancent vers la lumière à grands pas, et que le moyen le plus propre qu'on puisse employer pour achever de les éclairer, c'est de rétablir l'autorité de l'Evangile *sur les débris de leurs traditions*' (*Lettres*, p.177; notre emphase). Au fond, ce n'est pas très différent de ce que recommande Voltaire.

[187] Fait intrigant, dans le contexte des *Lettres* de Roustan et de son amitié avec Jacob Vernes, presque exactement à l'époque où il a dû composer, ou venait de composer, les *Remontrances*, Voltaire semble défendre l'avenir d'un christianisme réformé et éclairé plus que Vernes. Voir sa lettre à Vernes du 19 août 1768 (D15180). Voir aussi G. Gargett, *Voltaire and Protestantism*, p.181-83.

[188] Cette expression rappelle inévitablement celles utilisées par Voltaire, dès les *Lettres philosophiques*, à propos de Shakespeare, signe qu'il admettait, sans doute à contrecœur, l'importance de Jésus dans la construction d'un déisme rationnel et humain, tout comme – également à contrecœur – il acceptait la grandeur de Shakespeare dans le domaine littéraire, bien qu'avec beaucoup de réserves.

Traduction de l'Homélie du pasteur Bourn, prêchée à Londres le jour de la Pentecôte 1768

Critical edition

by

David Adams

CONTENTS

INTRODUCTION

1. *Composition and publication of the 'Homélie du pasteur Bourn'*

There is very little trace of the composition of the *Homélie du pasteur Bourn* in Voltaire's correspondence. [1] The only clues are the interest taken by Voltaire in the English preacher Samuel Bourn (1714-1796) in the spring and summer of 1768, when he mentions him in a letter to George Keate (D14968, 19 April). [2] In this letter, Voltaire requests a copy of his *A Series of discourses on the principles and evidences of natural religion and the Christian revelation* (1760) which had just been reissued, and which became part of his library (see D15180). [3]

The *Homélie du pasteur Bourn* was published in October 1768, along with the *Fragment d'une lettre du lord Bolingbroke*. Its publication was signalled in the *Mémoires secrets* on 21 October, [4] and Voltaire mentions a 'sermon [...] d'un huguenot' in a letter to Jean François René Tabareau (D15232) from autumn that year. It was condemned by Rome and placed on the *Index* on 1 March 1770. [5]

---

[1] My thanks are due to Professor Graham Gargett for his expert advice on a number of points discussed in this introduction; the views expressed are of course entirely my own.

[2] At least one other eighteenth-century English theologian named Bourn is recorded: Abraham Bourn, whose *Free and candid considerations on the general points of difference between the Church of England and those of other denominations* was published in London in 1755.

[3] BV520. In this copy a bookmark is inserted between pages 174 and 175, which discuss God's justice (*CN*, vol.1, p.507). This subject is dealt with in the first of the 1767 *Homélies*, but does not figure in the *Homélie du pasteur Bourn*.

[4] *Mémoires secrets pour servir à l'histoire de la république des lettres en France*, 36 vol. (London, 1777-1789), vol.4, p.122.

[5] Joseph-Marie Quérard, *La France littéraire*, 10 vol. (Paris, 1827-1839), vol.10, p.287.

2. The 'Homélies' in the context of Voltaire's writings

The *Homélie du pasteur Bourn* was one of a series of such works which issued from Voltaire's pen at around this time. It was preceded by four *Homélies prononcées à Londres en 1765 dans une assemblée particulière* which had appeared as a group in 1767,[6] and followed by a *Cinquième Homélie* in 1769.[7] While their publication stretched over a number of years, and we have few clues as to their genesis and composition,[8] there are good reasons for arguing that there is a continuity of form and content not only between the texts themselves, but between them and previous polemical writings which had come from Voltaire's pen.[9]

The undoubted links between the first four *Homélies* and Voltaire's earlier writings can be summed up quite briefly. In the first place, they are heavily indebted to his concern with biblical exegesis: his interest in the problems of scriptural interpretation went back at least as far as the *Lettres philosophiques* of 1734,[10] and continued during his time at Cirey with Mme Du Châtelet in the 1740s;[11] but such matters held a perennial fascination for him which, if anything, increased as the years passed, and which is no less in evidence in works such as the *Questions sur les miracles* of

[6] Bengesco 1741. See the critical edition of the *Homélies* of 1765 by Jacqueline Marchand (*OCV*, vol.62, p.411-85).

[7] For the *Cinquième Homélie*, see *OCV*, vol.70A, p.153.

[8] See *OCV*, vol.62, p.411-14, for general remarks on the *Homélies*.

[9] Marchand (*OCV*, vol.62, p.411) states only that Voltaire wanted to link the *Cinquième Homélie* to the four which preceded it, but does not indicate why. She also argues that the *Homélie du pasteur Bourn* 'n'a jamais été rattachée aux autres' (p.411); this is true inasmuch as it was never published jointly with them by Voltaire, but there are, as we suggest, thematic connections between that work and the *Homélies* which had appeared earlier.

[10] In particular, in the twenty-fifth *Lettre*, 'Sur les *Pensées* de M. Pascal' (*Lettres philosophiques*, ed. G. Lanson, 2 vol., Paris, 1930, vol.2, p.185-226).

[11] See Mme Du Châtelet, *Examens de la Bible*, ed. Bertram Eugene Schwarzbach (Paris, 2011), for detailed consideration of the (usually sceptical) interpretative work which Voltaire and Mme Du Châtelet undertook on the Bible in the 1740s.

1765. In the second place, these texts form part of what had by then become a relentless campaign by Voltaire against 'l'Infâme' (that is, religious intolerance); [12] in that respect they can be linked to a variety of other works by him dating from this period which were directed, at least in part, to the same ends, such as the *Traité sur la tolérance* (1763), [13] the *Dictionnaire philosophique* (1764), [14] or *L'Ingénu* (1767). [15]

The fact that they largely overlap with other, better-known, works which issued from his pen over many years may account for the neglect which the *Homélies* have suffered. [16] They also tend to be repetitive, and to deal with well-worn themes and ideas with which both the advocates and the opponents of toleration had long been familiar.

3. Reception of the 'Homélies'

The view that the *Homélies* merely restate what Voltaire had said in previous works was expressed at the time of the appearance of the first four in 1767, with both the *Mémoires secrets* [17] and the *Correspondance littéraire* making this point. Grimm observes:

Ces *Homélies* sont au nombre de quatre, la première contre l'athéisme, la seconde contre la superstition, la troisième et la quatrième sur les choses incompréhensibles et inadmissibles de l'Ancien et du Nouveau Testament. Tout cela est traité fort superficiellement, et ne consiste qu'en répétitions et redites. [18]

[12] For the wider context of Voltaire's campaign for toleration at this time, see René Pomeau, *La Religion de Voltaire* (Paris, 1956), especially p.346-52.

[13] See *OCV*, vol.56c.

[14] See *OCV*, vol.35-36.

[15] See *OCV*, vol.63c.

[16] The *Homélies* are not mentioned, for example, in André Versaille, *Dictionnaire de la pensée de Voltaire* (Paris, 1994).

[17] *Mémoires secrets*, 10 May 1767, vol.3, p.184, where brief parallels are drawn between the 1767 *Homélies*, the *Traité sur la tolérance* and the *Dictionnaire philosophique*, among other works.

[18] F. M. Grimm, *Correspondance littéraire, philosophique et critique, par Grimm,*

Much the same reception greeted the *Homélie du pasteur Bourn* in 1768, with the *Mémoires secrets* observing that it 'répète ce qui a été dit mille fois, non par les Bourdaloues, les Massillons, etc., mais par les Bayles, les Frérets, les Boulangers etc. et autres docteurs de l'incrédulité'.[19]

None the less, while the *Homélies* can certainly be related to other publications by Voltaire from the 1760s, and even earlier, they have a number of specific characteristics which should be noted, not least their title. As Jacqueline Marchand points out, 'Le terme d'homélie ne s'applique, au sens propre, qu'à des discours d'inspiration religieuse, prononcés par des prêtres'.[20] Yet to understand Voltaire's decision to use this designation for these works, we need to look beyond this summary (though wholly accurate) definition. Significantly, 'homélie' occurs very rarely in his published œuvre before this period, and then only in one specific historical context, where he merely reports the use of the word by others in connection with a forceful and exhortatory diplomatic letter.[21] Yet it is clear that Voltaire himself not only came to use the word more frequently, but also had a somewhat different idea of what its use was intended to convey to readers. Some clue to its significance in the group of works with which we are concerned is given by the definition offered, in much the same terms in each case, by two sources contemporary with Voltaire's texts. The *Dictionnaire de Trévoux* (1762) points out that:

Diderot, Raynal, Meister, etc., ed. Maurice Tourneux, 16 vol. (Paris, 1877-1882) (henceforward *CLT*), 15 June 1767, vol.7, p.344.

[19] *Mémoires secrets*, 21 October 1768, vol.4, p.122.

[20] *OCV*, vol.62, p.411.

[21] In the *Précis du siècle de Louis XV* (1755), Voltaire reports a letter from the Dutch ambassador to the Duke of Newcastle exhorting him to be merciful towards the Old Pretender, and comments: 'Cette exhortation semblait être, pour la substance et pour les expressions, d'un autre temps que le nôtre: on la qualifia d'*homélie*' (*OH*, p.1443).

L'homélie se faisait familièrement dans les églises par les prélats, qui interrogeaient le peuple, et qui en étaient interrogés, comme dans une conférence. [22]

In turn, the abbé Mallet observes in the *Encyclopédie* article 'Homélie' in 1765 that:

Le nom grec d'*homélie*, dit M. Fleury, signifie un *discours familier*, comme le mot latin *sermo*; et l'on nommait ainsi les discours qui se faisaient dans l'Eglise, pour montrer que ce n'était pas des harangues et des discours d'apparat, comme ceux des orateurs profanes, mais des entretiens comme d'un maître à ses disciples, ou d'un père à ses enfants. [23]

The theological view attested by these two works (which were not natural bed-fellows) was therefore that the 'homélie' designated a more informal, less dogmatic form of address than the sermon, intended for those who might not respond readily to a conventional theological discourse. The *Dictionnaire de l'Académie française* in 1762 adds a useful rider to the emphasis on simplicity in the *Homélie*, which it defines as a 'discours fait pour expliquer au peuple les matières de la religion, et principalement l'Evangile'. [24]

While he had not yet come to use the word with reference to the Gospels, Voltaire was already using it in relation to a work of his own which he regarded as benefiting humanity as a whole, namely his *Traité sur la tolérance* of 1763, when he remarks in a letter to Damilaville: 'il me semble qu'il ne peut que rendre les hommes plus doux et plus sociables. Je défie même Omer de Fleuri de faire un réquisitoire contre cette homélie.' [25] It is not therefore surprising that, in the four works which he grouped together under the title *Homélies*, Voltaire again uses the word in this sense of a less formal, more conversational appeal to listeners and readers. But to explain why he chose this specific designation, we need to say something about the ideas which he expresses in them.

[22] *Abrégé du Dictionnaire de Trévoux*, 3 vol. (Paris, 1762), vol.2, p.484.
[23] *Encyclopédie*, vol.8, p.249.
[24] 2 vol. (Paris, 1762), vol.1, p.614.
[25] D11568, 16 December 1763.

4. *The themes of the 'Homélies'*

The *Homélies* are in effect a series of entreaties to the public delivered by a priest whose ecclesiastical affiliations are by no means always easy to determine, beyond his manifest desire to put an end to Catholic intolerance. His words encapsulate what might be called an ecumenical rationalism, [26] impatient of doctrinal niceties and of scriptural debates, and with much emphasis on reconciliation, toleration and the love of others.

The substance of the lessons he seeks to impart can be gleaned even from the subtitles of the four *Homélies prononcées à Londres*, which provide a good indication of the subjects dealt with in all the productions bearing this name: 'Sur l'athéisme', 'Sur la superstition', 'Sur l'interprétation de l'Ancien Testament' and 'Sur l'interprétation du Nouveau Testament'. Voltaire's assumption of ecclesiastical garb in these texts (as well as in other works written just a few years earlier, such as the *Sermon du rabbin Akib* of 1761 and the *Sermon des cinquante* in 1762) can therefore be readily explained. He is taking on the role of the exemplary priest, the man who preaches love of others and toleration above all else. His ecclesiastical pose and language are consequently intended to mock what he regarded as traditional priestly intolerance. These purposes were only thinly disguised by the fiction, sustained through all the *Homélies*, that these texts were preached in London; [27] rather, their alleged location was a reminder to Voltaire's French readers that their English neighbours enjoyed a freedom of thought, belief and expression in religious matters which remained anathema to the Catholic Church in France and elsewhere. [28]

[26] There are resemblances between Voltaire's rationalism in the *Homélies* and the Socinianism of the Protestant pastors of Geneva; see Graham Gargett, *Jacob Vernet, Geneva and the philosophes*, *SVEC* 321 (1994).

[27] See also *OCV*, vol.62, p.412, and Graham Gargett, 'L'anglais dans les contes de Voltaire', *Revue Voltaire* 9 (2009), p.271-87.

[28] For example, Louis-Mayeul Chaudon, a member of the Benedictine order,

In any case, few readers were likely to be taken in by the pretence that the *Homélies* were addressed to an English audience. Voltaire had, after all, repeatedly proclaimed the glories of English toleration to his French contemporaries from the *Lettres philosophiques* onwards, [29] and was still doing so in the preface to *Socrate* in 1759. [30] In his *Réflexions pour les sots* (1760), he had gone further, explicitly attributing the prosperity of England to the freedom of thought which the population enjoyed:

C'est la liberté de penser qui a fait éclore chez les Anglais tant d'excellents livres [...] c'est cette liberté qui a fait fleurir tous les arts, et qui a couvert l'océan de vaisseaux. [31]

Precisely because his very favourable view of English toleration had long been known, it would have served little purpose to, literally, preach to the converted in these terms; indeed, the fictional English accoutrements with which Voltaire embellished the *Homélies* were disregarded even at the time of their publication. Within a month of their issuing from the press, the *Correspondance littéraire* was proclaiming: 'Il est sorti de la manufacture de Ferney une petite brochure intitulée *Homélies prononcées à Londres en 1765, dans une assemblée particulière*'. [32] When the *Homélie du pasteur Bourn* was published the following year, the *Mémoires secrets* referred to it as 'un nouveau sermon de M. de Voltaire'. [33]

---

devotes one of the longest entries in his *Dictionnaire anti-philosophique* (1767) to denouncing 'les écrits de M. de V. sur la tolérance', maintaining that 'la vraie philosophie consiste à connaître les droits de la religion véritable et à s'y soumettre' (2 vol., Avignon, 1769, vol.2, p.189).

[29] He took care, however, to avoid dwelling on the discrimination suffered by English Catholics.

[30] *OCV*, vol.49B, p.296. The question of toleration in France and England is central also to another work of 1765, *De la liberté d'imprimer*, which appeared in volume 3 of the *Nouveaux Mélanges*, p.372-76 (see *OCV*, vol.60A, p.507-46).

[31] *OCV*, vol.51A, p.468.

[32] *CLT*, vol.7, p.344. These *Homélies* had been published in May 1767 (see *OCV*, vol.62, p.411).

[33] *Mémoires secrets*, 21 October 1768, vol.4, p.122-23.

5. *Voltaire's aims in the 'Homélies'*

To whom, therefore, were these *Homélies* addressed? Self-evidently, they were unlikely to win many converts among the Catholic clergy. Their constant refrain is that we must set aside theological controversy and doctrinal subtlety and practise love of our fellow men and tolerance of their views. As Voltaire says in the *Homélie du pasteur Bourn*, 'Aimons Dieu et le prochain'; the earlier *Homélies* make the same point:

L'Evangile n'a pas dit à Jacques et Pierre, à Barthélemi, nagez dans l'opulence; pavanez-vous dans les honneurs; marchez entourés de gardes. Il ne leur a pas dit non plus, troublez le monde par vos questions incompréhensibles. Jésus, mes frères, n'agita aucune de ces questions. Voudrions-nous être plus théologiens que celui que vous reconnaissez pour votre unique maître? Quoi! il vous a dit, Tout consiste à aimer Dieu et son prochain, et vous rechercheriez autre chose? (*Seconde Homélie*).[34]

Ecartons tous les sujets de dispute, qui divisent les nations, et pénétrons-nous des sentiments qui les réunissent. La soumission à Dieu, la résignation, la justice, la bonté, la compassion, la tolérance, voilà les grands principes (*Troisième Homélie*).[35]

[...] en parlant contre le fanatisme n'irritons point les fanatiques; ce sont des malades en délire, qui veulent battre leurs médecins. Adoucissons leurs maux, ne les aigrissons jamais; et faisons couler goutte à goutte dans leur âme ce baume divin de la tolérance, qu'ils rejetteraient avec horreur, si on le leur présentait à pleine coupe (*Quatrième Homélie*).[36]

Qu'une église qui répand tant de biens sur la tête d'un seul homme est sans doute la véritable église, que nous avons tort puisque nous sommes pauvres et que Dieu nous abandonne visiblement. Mes frères, il est peut-être difficile d'aimer des gens qui tiennent ce langage; cependant *aimons Dieu et notre prochain* (*Homélie du pasteur Bourn*).[37]

---

[34] *OCV*, vol.62, p.455.
[35] *OCV*, vol.62, p.473.
[36] *OCV*, vol.62, p.485.
[37] Lines 238-42.

266

There is a similar connection between the fourth *Homélie* and the *Homélie du pasteur Bourn* in cautioning against a concern with biblical minutiae and inconsistencies:

Paul apôtre dit lui-même dans sa première *Epître à Timothée*, qu'il ne faut pas s'occuper des généalogies (*Quatrième Homélie*). [38]

[...] que Dieu demande-t-il de nous? Que nous confrontions Matthieu avec Luc, que nous concilions deux généalogies qui se contredisent, que nous discutions quelques passages? Non, il demande que nous l'aimions et que nous soyons justes. (*Homélie du pasteur Bourn*). [39]

The nature of Christ is also evoked more than once, to warn believers against the misapprehensions created by tradition:

Vous n'aurez jamais la plus légère notion comment Jésus avait deux natures et deux volontés dans une personne (*Deuxième Homélie*) [40]

Aucun Evangile n'a dit que sa mère fût mère de Dieu, aucun n'a dit qu'il fût consubstantiel à Dieu, ni qu'il eût deux natures et deux volontés dans une même personne, ni que le Saint-Esprit procédât du Père et du Fils (*Quatrième Homélie*). [41]

Vous ne verrez, comme je vous l'ai déjà dit dans mes autres discours, ni dans aucun Evangile ni dans les Actes des apôtres, que Jésus eût deux natures et deux volontés, que Marie fût mère de Dieu, que le Saint-Esprit procède du Père et du Fils, qu'il établit sept sacrements, qu'il ordonna qu'on adorât des reliques et des images (*Homélie du pasteur Bourn*). [42]

The literal truth of Christ's ascent into heaven provides Voltaire with the opportunity to indulge in one of his favourite pastimes, by pointing out repeatedly the improbabilities contained in Scripture: [43]

---

[38] *OCV*, vol.62, p.477.
[39] Lines 219-22.
[40] *OCV*, vol.62, p.456.
[41] *OCV*, vol.62, p.480.
[42] Lines 44-50.
[43] See the *Catéchisme de l'honnête homme* (1763) for further examples (*OCV*, vol.57A).

Les œuvres de Dieu ne doivent ressembler en rien aux œuvres des hommes. Les siècles des patriarches et des prophètes ne doivent tenir en rien des siècles des hommes ordinaires. Dieu qui ne descend plus sur la terre, y descendait alors souvent pour voir lui même ses ouvrages. [...] En un mot, la tour de Babel n'est pas plus extraordinaire que tout le reste (*Troisième Homélie*). [44]

En effet, dit-on, c'est un miracle incompréhensible que Jésus ressuscité montât lentement au ciel dans une nuée à la vue de tous les Romains qui étaient sur l'horizon de Jérusalem, sans que jamais aucun Romain ait fait la moindre mention de cette ascension qui aurait dû faire plus de bruit que la mort de César, les batailles de Pharsale et d'Actium, la mort d'Antoine et de Cléopâtre (*Homélie du pasteur Bourn*). [45]

Nor does Voltaire hesitate in the *Homélies* to mock repeatedly the less edifying episodes in the Bible and in Church tradition:

Dieu n'a pu ordonner sans doute à un prophète d'être débauché et adultère; mais il a voulu faire connaître qu'il réprouvait les crimes et les adultères de son peuple chéri. Si nous ne lisions pas la Bible dans cet esprit, hélas! nous serions révoltés et indignés à chaque page (*Troisième Homélie*). [46]

Il y a dans l'Ecriture, je l'avoue, mille traits pareils, contre lesquels la nature se soulève. Tout ne nous a pas été donné pour une règle de mœurs (*Homélie du pasteur Bourn*). [47]

The point need not be underlined further: a number of the views and ideas expressed in the earlier *Homélies* of 1767 appear also, in much the same terms and for the same purposes, in the *Homélie du pasteur Bourn* published the following year.

And yet the latter *Homélie* does not merely echo the views expressed earlier; in some respects, it takes them as read and builds on them. In the first *Homélie*, Voltaire is at pains to refute atheism, and asserts repeatedly both his belief in, and the arguments for, the

[44] *OCV*, vol.62, p.469.
[45] Lines 14-19.
[46] *OCV*, vol.62, p.476.
[47] Lines 208-10.

existence of a Deity. Having set out his case, he does not further refer to the matter, and the words 'athée' and 'athéisme' find no place in the *Homélie du pasteur Bourn*. Similarly, the condemnation of 'superstition' in the second *Homélie* is comprehensive enough to require no further comment in the words attributed to Pastor Bourn. The third *Homélie*, 'Sur l'interprétation de l'Ancien Testament', attempts to demystify the text of the Old Testament, and to remove any supernatural element from our understanding of it, concluding:

Quand le sens propre et littéral d'un passage paraît conforme à notre raison, tenons-nous-en à ce sens naturel. Quand il paraît contraire à la vérité, aux bonnes mœurs, cherchons un sens caché dans lequel la vérité et les bonnes mœurs se concilient avec la Sainte Ecriture. [48]

A comparable outlook informs the fourth of the *Homélies*, dealing with the interpretation of the New Testament: Voltaire is concerned to emphasise the eirenic message of the text, rather than the doctrinal disputes which are central to other interpretations. These last two *Homélies* are linked more directly than the others to the *Homélie du pasteur Bourn*: all three texts call for reconciliation between antagonistic sects of believers; we should forgive our enemies, in accordance with the teachings of Jesus, and on the basis of a belief in the goodness of God. This is the distillation of Voltaire's essential message at this point in his career; he wishes now to rise above the futile and endless controversies of scriptural interpretation and doctrinal disputation, in order to effect the reconciliation of mutually hostile factions, in a true Christian spirit.

The *Homélies* collectively bear witness to this constant ambition. Despite the neglect which they have tended to suffer, Voltaire expresses in them ideas which tell us much about the France of his day, and about his own evolving attitudes to what he regarded as some of the most pressing questions facing his contemporaries.

[48] *OCV*, vol.62, p.476.

6. Editions

There are no known manuscripts of this work. Further information about the collective editions of Voltaire's works may be found below, p.313-16.

68

HOMELIE / *DU PASTEUR* / BOURN, / PRÊCHÉE / A LONDRES / LE JOUR DE LA PENTECOTE. / [*thick-thin rule*] / *MDCCLXVIII.*

8°. sig. A⁸ [$4 signed, roman (-A1)]; pag. 16; no catchwords.

[1] title; [2] blank; [3]-13 Homélie du pasteur Bourn, prêchée à Londres le jour de la Pentecôte 1768; 14-16 Fragment d'une lettre du lord Bolingbroke.

Attributed to Cramer in Geneva (BnC).

Bengesco 1769; BnC 4190; BV3624.

Austin, Harry Ransom Center: PQ2086 C587 1768 cop 1. Geneva, ImV: D Homélie 1768/1. Gotha, Forschungsbibliothek: Theol 8° 00746/04 (02). London, British Library: 1568/6871. Paris, BnF: D2 14402, D2 5296 (6), Z Bengesco 328, Z Beuchot 372, 8-H-35984. Saint Petersburg, GpbV: 9-53, 11-135, 11-162.

68x

HOMELIE / *DU PASTEUR* / BOURN, / PRÊCHÉE / A LONDRES / LE JOUR DE LA PENTECOTE. / [*thick-thin rule*] / *MDCCLXVIII.*

8°. sig. A⁸ [$4 signed, roman (-A1)]; pag. 16; catchword p.13.

[1] title; [2] blank; [3]-13 Homélie du pasteur Bourn, prêchée à Londres le jour de la Pentecôte 1768; 14-16 Fragment d'une lettre du Lord Bolingbroke.

According to the University of Texas catalogue, this is 'an apparent counterfeit of the authorized edition [68] in Geneva; ornaments differ from the Cramer edition: six-pointed stars appear on either side of the page numbers in lieu of the sunbursts found in the Cramer printing.' The typography suggests that it was printed in Paris.

Austin, Harry Ransom Center: PQ2086 H592 1768.

PN69

113-34 Homélie du Pasteur Bourn, prêchée à Londres le jour de la Pentecôte 1768.

EJ69

Vol.1: 35-44 Homélie du Pasteur Bourn, prêchée à Londres le jour de la Pentecôte 1768.

EJ72

Vol.1: 115-24 Homélie du Pasteur Bourn, prêchée à Londres le jour de la Pentecôte 1768.

NM (1775)

Vol.17: 249-60 Traduction de l'Homélie du Pasteur Bourn, prêchée à Londres le jour de la Pentecôte 1768.

W75G

Vol.37: 297-305 Traduction de l'Homélie du Pasteur Bourn, prêchée à Londres le jour de la Pentecôte 1768.

W75X

Vol.37: 298-306 Traduction de l'Homélie du Pasteur Bourn, prêchée à Londres le jour de la Pentecôte 1768.

W71L (1776)

Vol.25: 329-37 Traduction de l'Homélie du Pasteur Bourn, prêchée à Londres le jour de la Pentecôte 1768.

w68 (1777)

Vol.28: 448-55 Traduction de l'Homélie du Pasteur Bourn, prêchée à Londres le jour de la Pentecôte 1768.

K84

Vol.32: 500-509 Traduction de l'homélie du pasteur Bourn, prêchée à Londres le jour de la pentecôte 1768.

K85

Vol.32: 501-509 Traduction de l'homélie du pasteur Bourn, prêchée à Londres le jour de la pentecôte 1768.

K12

Vol.41: 199-212 Traduction de l'homélie du pasteur Bourn, prêchée à Londres le jour de la Pentecôte, 1768.

7. *Principles of this edition*

While it served as the starting point for all subsequent reprints, the first edition (68, see above) does not recommend itself as a basis for the establishment of the text, because it is defective in a number of respects: the punctuation is erratic in places, giving for example 'de Rome, même et qu'il' (line 237), which is corrected in all subsequent editions to 'de Rome même, et qu'il'. Its spelling of 'Jésus' is inconsistent, offering both 'Jésus' (lines 2, 28, 30) and 'Jésu' (the latter form is used *passim* from line 41 onwards), and it contains one obvious dittograph in 'il charge de de fers son esclave' (line 141) which is corrected in all subsequent editions. [49] A comparison of these editions with the first reveals no other significant textual amendments or additions, and only minor discrepancies in spelling and punctuation differentiate the later printings from one

[49] A copy of this edition was in Voltaire's library (see George R. Havens and Norman L. Torrey, *Voltaire's catalogue of his library at Ferney, SVEC* 9, 1959, no. 3081).

another. [50] There is no direct evidence that Voltaire corrected this text for inclusion in w75G (the 'encadrée' edition of 1775), [51] but it offers a version which is both textually accurate and consistent, and distinctly more modern in its spelling and punctuation than any of its predecessors; it has therefore been chosen as the basis for the present edition. Significant variants (there are very few) have been taken from the following editions: 68, EJ69, EJ72, NM, w68, K.

Treatment of the base text

The spelling of the names of persons and places has been respected and the original punctuation retained. The use of italics has been retained, except for the italicisation of proper names.

The following aspects of orthography and grammar in the base text have been modified to conform to modern usage:

I. *Spelling*

1. Consonants
– the consonant *p* was not used in: tems, longtems.
– the consonant *t* was not used in syllable endings *–ans* and *–ens*: alimens, enfans, événemens, jugemens, sacremens.
– the consonant *t* was used in place of *d* in: échaffaut.
– double consonants were used in: échaffaut, mammelle.
– a single consonant was used in: falait, pourait, rabin.

2. Vowels
– *y* was used in place of *i* in: yvres.
– the final *e* was absent in: encor, rit.

3. Specific spellings
– modern spelling has been applied to the following words: sonnites, vaivode.

---

[50] E.g. where w75G has 'frères', PN69 has 'Frères', and EJ69 has 'Freres'; 'St. Esprit' and '*Marc*' (w75G) are given as 'Saint Esprit' and 'St. Marc' in PN69, and as 'St. Esprit' and '*Marc*' in NM.

[51] See Samuel Taylor, 'The definitive text of Voltaire's works: the Leningrad encadrée', *SVEC* 124 (1974), p.131-32, and Jeroom Vercruysse, *Les Editions encadrées des Œuvres de Voltaire de 1775*, *SVEC* 168 (1977).

II. *Accents*

1. The acute accent
- was used in: entiérement, péres, siécles.

2. The grave accent
- was not used in: déja, racheterai.

3. The circumflex accent
- was not used in: ame, buchers, enfuites, Epitre, grace.
- was used in: chrêtien(ne)s, interprête, pêtris, plûpart, toûjours.

III. *Capitalisation*
- capitals were used in adjectives denoting nationality or religion: Grec, Juif(s), Romain, Samaritain.
- Dieu and Jésus were capitalised: DIEU, JÉSUS.

IV. *Points of grammar*
- the final *s* was not used in the second person singular of the imperative: contrain.
- the cardinal number cent was invariable.

V. *Various*
- the ampersand was used.
- the hyphen was used in: tout-d'un-coup.
- the hyphen was not used in: Saint Esprit.
- the long *s* was used.
- Saint was abbreviated: St.
- chapitre was abbreviated: chap.

TRADUCTION
DE L'HOMÉLIE DU PASTEUR BOURN,

prêchée à Londres le jour de la Pentecôte 1768

Voici [1] le premier jour, mes frères, où la doctrine et la morale de Jésus fut manifestée par ses disciples. Vous n'attendez pas de moi que je vous explique comment le Saint-Esprit descendit sur eux en langues de feu. [2] Tant de miracles ont précédé ce prodige, qu'on ne peut en nier un seul sans les nier tous. [3] Que d'autres consument   5
leur temps à rechercher pourquoi Pierre en parlant tout d'un coup toutes les langues de l'univers à la fois, était cependant dans la nécessité d'avoir Marc pour son interprète; [4] qu'ils se fatiguent à trouver la raison pour laquelle ce miracle de la Pentecôte, celui de la résurrection, tous enfin furent ignorés de toutes les nations qui   10
étaient alors à Jérusalem; pourquoi aucun auteur profane ni grec, ni romain, ni juif, n'a jamais parlé de ces événements si prodigieux et si publics qui devaient longtemps occuper l'attention de la terre

---

a-c   68, EJ69, EJ72: HOMÉLIE DU PASTEUR BOURN, *Prêchée à Londres le jour de la Pentecôte* 1768.

8   68: d'avoir saint Marc

[1] 'La Pentecôte était cette année le 22 mai, mais l'*Homélie* ne fut publiée que quatre ou cinq mois après. Les *Mémoires secrets* en parlent au 21 octobre. L'édition originale de l'*Homélie* forme 16 pages in-8°, y compris le *Fragment d'une lettre du lord Bolingbroke*, [...] et qui pourrait bien n'être que de 1768' (note by Beuchot, *M*, vol.27, p.227).

[2] Acts 2:3. See also *Questions sur les miracles* (1765): 'On demande comment des langues de feu descendirent sur la tête des apôtres et des disciples dans un galetas?' (*M*, vol.25, p.391).

[3] The attack on miracles was an essential element of Voltaire's campaign against *l'Infâme* at this time: see the article 'Miracles' in the *Dictionnaire philosophique* (*OCV*, vol.36, p.373-84).

[4] Voltaire is evoking a long tradition which regarded saint Peter's words as having been recorded by 'Jean, surnommé Marc' (Acts), who was often referred to as his 'interpreter'.

étonnée. [5] En effet, dit-on, c'est un miracle incompréhensible [6] que
Jésus ressuscité montât lentement au ciel dans une nuée [7] à la vue de   15
tous les Romains qui étaient sur l'horizon de Jérusalem, sans que
jamais aucun Romain ait fait la moindre mention de cette ascension
qui aurait dû faire plus de bruit que la mort de César, [8] les batailles
de Pharsale et d'Actium, la mort d'Antoine et de Cléopatre. [9] Par
quelle providence Dieu ferma-t-il les yeux à tous les hommes qui   20
ne virent rien de ce qui devait être vu d'un million de spectateurs?
Comment Dieu a-t-il permis que les récits des chrétiens fussent
obscurs, inconnus pendant plus de deux cents années, tandis que
ces prodiges dont eux seuls parlent, avaient été si publics?
Pourquoi le nom même d'Evangile n'a-t-il été connu d'aucun   25
auteur grec ou romain? [10] Toutes ces questions qui ont enfanté tant
de volumes nous détourneraient de notre but unique, celui de
connaître la doctrine et la morale de Jésus qui doit être la nôtre.

Quelle est la doctrine prêchée le jour de la Pentecôte?

Que Dieu a rendu Jésus célèbre, et lui a donné son approbation   30
(*a*).

(*a*) *Actes*, ch. 29, v. 22. [11]

---

[5] Voltaire had raised the same point as early as 1734 in the *Lettres philosophiques*, in
remark 33 of letter 25, which deals with Pascal: 'Pourquoi Josèphe, né dans le temps
de la mort du Christ; Josèphe, ennemi d'Hérode; Josèphe, peu attaché au judaïsme,
n'a-t-il pas dit un mot de tout cela?' (ed. G. Lanson, 2 vol., Paris, 1930, vol.2, p.213).
See also the *Extrait des sentiments de Jean Meslier*: 'Si tous les apôtres avaient
véritablement vu leur maître monter glorieusement au ciel' (*OCV*, vol.56, p.117).

[6] 'Le déluge de Noé est un miracle incompréhensible, opéré surnaturellement par
la justice et la bonté d'une Providence ineffable, qui voulait détruire tout le genre
humain coupable, et former un nouveau genre humain innocent' (*Questions sur
l'Encyclopédie*, 'Changements arrivés dans le globe', *OCV*, vol.40, p.18).

[7] Acts 1:9-10.

[8] Caesar died 15 March 44 BC.

[9] These battles took place respectively on 9 August 48 BC and 2 September 31 BC.
Antony died on 1 August 30 BC, and Cleopatra on 12 August.

[10] See also *La Philosophie de l'histoire* (1765): 'Je me borne à m'étonner seulement du
silence de tous les Egyptiens et de tous les Grecs. Dieu ne voulut pas sans doute qu'une
histoire si divine nous fût transmise par aucune main profane' (*OCV*, vol.59, p.162).

[11] This reference is erroneous: it should be Acts 2:22. Voltaire's following notes,
numbered *b-d*, also refer to verses in Acts 2.

Qu'il a été supplicié (*b*).

Que Dieu l'a ressuscité et l'a tiré de l'enfer; c'est-à-dire, si l'on veut, de la fosse (*c*).

Qu'il a été élevé par la puissance de Dieu, et que Dieu a envoyé 35
ensuite son Saint-Esprit (*d*).

C'est ainsi que Pierre s'explique à cent mille Juifs obstinés, et il en convertit huit mille en deux sermons, tandis que nous autres nous n'en pouvons pas convertir huit en mille années.

Il est donc incontestable, mes frères, que la première fois que les 40
apôtres parlent de Jésus, ils en parlent comme de l'envoyé de Dieu, supplicié par les hommes, élevé en grâce devant Dieu, glorifié par Dieu même. Saint Paul n'en parle jamais autrement. Voilà sans contredit le christianisme primitif, le christianisme véritable. Vous ne verrez, comme je vous l'ai déjà dit dans mes autres discours, [12] ni 45
dans aucun Evangile ni dans les Actes des apôtres, que Jésus eût deux natures et deux volontés, que Marie fût mère de Dieu, que le Saint-Esprit procède du Père et du Fils, qu'il établit sept sacrements, qu'il ordonna qu'on adorât des reliques et des images. Tout ce vaste amas de controverses était entièrement ignoré. Il est 50
constant que les premiers chrétiens se bornaient à adorer Dieu par Jésus, à exorciser les possédés par Jésus, à chasser les diables par Jésus, à guérir les malades par Jésus. [13]

Nous ne chassons plus les diables, mes frères. Nous ne guérissons pas plus les maladies mortelles que ne font les 55

(*b*) v. 23.
(*c*) v. 24.
(*d*) v. 33

[12] See the *Profession de foi des théistes*, which was likewise published in 1768 (see above p.163, lines 550-53), and which offers numerous incidental parallels with the *Homélie du pasteur Bourn*. See also the *Quatrième Homélie*, *OCV*, vol.62, p.480.

[13] Voltaire was not always so charitable towards the early Christians. In chapter 32 of *La Philosophie de l'histoire*, he observes: 'Ces oracles des sibylles étant donc toujours en très grande réputation, les premiers chrétiens, trop emportés par un faux zèle, crurent qu'ils pouvaient forger de pareils oracles pour battre les Gentils par leurs propres armes' (*OCV*, vol.59, p.196).

médecins;[14] nous ne rendons pas plus la vue aux aveugles que le chevalier Tailor.[15] Mais nous adorons Dieu, nous le bénissons, nous suivons la loi qu'il nous a donnée lui-même par la bouche de Jésus en Galilée. Cette loi est simple parce qu'elle est divine: *Tu aimeras Dieu et ton prochain.*[16] Jésus n'a jamais recommandé autre chose. Ce peu de paroles comprend tout. Elles sont si divines que toutes les nations les entendirent dans tous les temps, et qu'elles furent gravées dans tous les cœurs. Les passions les plus funestes ne purent jamais les effacer. Zoroastre chez les Persans,[17] Thaut chez les Egyptiens, Brama chez les Indiens, Orphée chez les Grecs, criaient aux hommes: *Aimez Dieu et le prochain.*[18] Cette loi observée eût fait le bonheur de la terre entière.

Jésus ne vous a pas dit: *Le diable chassé du ciel et plongé dans l'enfer, en sortit malgré Dieu, pour se déguiser en serpent et pour venir persuader une femme de manger du fruit de l'arbre de la science. Les enfants de cette femme ont été en conséquence coupables en naissant du plus horrible crime et punis à jamais dans des flammes éternelles, tandis*

[14] Voltaire had more than once expressed this view of doctors: see D10981 (4 February 1763) to the margravine of Baden-Durlach, and D12623 (28 May 1765) to Damilaville.

[15] Presumably the same Taylor who is mentioned in the *Encyclopédie* article 'Oculiste' (1765) by Jaucourt as an author whose works should be known to eye-specialists: 'Taylor (Joh.) *of the cataract and glaucoma*. London 1736, in-8°. Item, *le méchanisme du globe de l'œil*. Paris 1738, opérateur adroit et charlatan habile' (vol.11, p.343).

[16] Matthew 22:37, 39; Mark 12:30, 31; Luke 10:27.

[17] Other *philosophes* did not share this view of Zoroaster. The *Encyclopédie* article 'Zenda Vesta' (1765) by Diderot asserts only that 'Ce qui reste des ouvrages de Zoroastre, traite de la matière, de l'univers, du paradis terrestre, de la dispersion du genre humain et de l'origine du respect que les Parsis ont pour le feu, qu'ils appellent *athro-Ehoremesdaopothre*, fils de Dieu. Il y rend compte de l'origine du mal physique et moral, du nombre des anges à qui la conduite de l'univers est confiée, de quelques faits historiques, de quelques rois de la première dynastie, et de la chronologie des héros de Sfillan et Zaboulestan' (vol.17, p.701).

[18] Voltaire was not alone in recognising the importance of this principle in non-Christian sects. In his *Théologie païenne* (2 vol., Paris, 1754), Jean Lévesque de Burigny devotes a chapter to 'L'amour du prochain', one section of which is entitled 'L'amour du prochain recommandé par les sages païens' (vol.2, p.169-74).

que leurs corps sont pourris sur la terre. Je suis venu pour racheter des
flammes ceux qui naîtront après moi, et cependant je ne rachèterai que
ceux à qui j'aurai donné une grâce efficace qui peut n'être point efficace. 75
Cet épouvantable galimatias, [19] mes frères, ne se trouve heureusement dans aucun évangile; mais vous y trouvez qu'il faut *aimer*
Dieu et son prochain. [20]

Quand toutes les langues de feu qui descendirent sur le galetas
où étaient les disciples auraient parlé, [21] quand elles descendraient 80
pour parler encore, elles ne pourraient annoncer une doctrine plus
humaine à la fois et plus céleste.

Jésus adorait Dieu et aimait son prochain en Galilée, adorons
Dieu et aimons notre prochain à Londres.

Les Juifs nous disent: Jésus était Juif; il fut présenté au temple 85
comme Juif; circoncis comme Juif; baptisé comme Juif par le Juif
Jean qui baptisait les Juifs selon l'ancien rite juif; et par une œuvre
de surérogation juive, il payait le korban juif; [22] il allait au temple
juif; il judaïsa toujours; il accomplit toutes les cérémonies juives.
S'il accabla les prêtres juifs d'injures parce qu'ils étaient des 90
prévaricateurs scélérats pétris d'orgueil et d'avarice, il n'en fut
que meilleur Juif. Si la vengeance des prêtres le fit mourir, il
mourut Juif. O chrétiens! soyez donc Juifs.

Je réponds aux Juifs: Mes amis, (car toutes les nations sont mes
amis) Jésus fut plus que Juif. Il fut homme, il embrassa tous les 95
hommes dans sa charité. Votre loi mosaïque ne connaissait d'autre
prochain pour un Juif qu'un autre Juif. Il ne vous était pas permis

---

88   NM: il paya le

[19] The same mockery is evident in the article 'Grâce' in the *Dictionnaire*
philosophique (1765) (*OCV*, vol.36, p.177-84).
[20] See also *Le Sermon prêché à Bâle, le premier jour de l'an 1768. Par Josias Rossette*:
'Si [Jésus-Christ] dit en un endroit qu'il est venu apporter le glaive et la dissension
dans les familles, il dit dans un autre, avec tous les anciens législateurs, qu'il faut
aimer son prochain' (*OCV*, vol.67, p.39).
[21] Acts 2:3.
[22] 'Korban en hébreu signifie *offrande*, *oblation*, de *karab*, offrir' (*Encyclopédie*,
vol.9, p.136).

seulement de vous servir des ustensiles d'un étranger.²³ Vous étiez
immondes, si vous aviez fait cuire une longe de veau dans une
marmite romaine. Vous ne pouviez vous servir d'une fourchette et   100
d'une cuiller qui eût appartenu à un citoyen romain; et supposé que
vous vous soyez jamais servis d'une fourchette à table, ce dont je ne
trouve aucun exemple dans vos histoires, il fallait que cette
fourchette fût juive.²⁴ Il est bien vrai, du moins selon vous, que
vous volâtes les assiettes, les fourchettes, et les cuillers des   105
Egyptiens, quand vous vous enfuîtes d'Egypte comme des
coquins;²⁵ mais votre loi ne vous avait pas encore été donnée.
Dès que vous eûtes une loi, elle vous ordonna d'exterminer toutes
les nations, et de ne réserver que les petites filles pour votre
usage.²⁶ Vous faisiez tomber les murs au bruit des trompettes,²⁷   110
vous faisiez arrêter le soleil et la lune,²⁸ mais c'était pour tout
égorger.²⁹ Voilà comme vous aimiez alors votre prochain.

---

102   w68: vous vous soyez jamais

²³ The *Mishnah*, which contains the body of Jewish law as elaborated up to the end
of the second century, sets out the rabbinic prohibitions on the use of kitchen utensils,
especially in the sections called *Avodah Zarah* and *Keilim*. Voltaire possessed the first
Latin translation, the *Mischna sive totius Hebraeorum juris, rituum, antiquitatum, ac
legum oralium Systema*, 6 vol. (Amsterdam, 1698-1703, BV2469).

²⁴ While the exact wording given by Voltaire does not occur, it is entirely in
keeping with the traditional prohibitions expressed, for example, in §5.5 and §5.12 of
the *Avodah Zarah*.

²⁵ 'Et ils dépouillèrent les Egyptiens' (Exodus 12:36). Voltaire had made the same
point in *La Philosophie de l'histoire* (1765), ch.42: '[la nation juive] se vante d'être
sortie d'Egypte comme une horde de voleurs' (*OCV*, vol.59, p.234).

²⁶ 'Les Juifs sembleraient avoir plus de droit que personne de nous voler et de
nous tuer. Car bien qu'il y ait cent exemples de tolérance dans l'Ancien Testament,
cependant il y a aussi quelques exemples et quelques lois de rigueur. Dieu leur a
ordonné quelquefois de tuer les idolâtres, et de ne réserver que les filles nubiles: ils
nous regardent comme idolâtres; et, quoique nous les tolérions aujourd'hui, ils
pourraient bien, s'ils étaient les maîtres, ne laisser au monde que nos filles' (*Traité sur
la tolérance, OCV*, vol.56c, p.237).

²⁷ Joshua 6:1-27.

²⁸ Joshua 10:13-14.

²⁹ Joshua 10:19-20.

Ce n'était pas ainsi que Jésus recommandait cet amour. Voyez la belle parabole du Samaritain.[30] Un Juif est volé et blessé par d'autres voleurs juifs. Il est laissé dans le chemin dépouillé, sanglant et demi-mort. Un prêtre orthodoxe passe, le considère et poursuit sa route sans lui donner aucun secours. Un autre prêtre orthodoxe passe et témoigne la même dureté. Vient un pauvre laïque samaritain, un hérétique; il panse les plaies du blessé; il le fait transporter; il le fait soigner à ses dépens. Les deux prêtres sont des barbares. Le laïque hérétique et charitable est l'homme de Dieu. Voilà la doctrine, voilà la morale de Jésus; voilà sa religion.

Nos adversaires nous disent que Luc qui était un laïque et qui a écrit le dernier de tous les évangélistes, est le seul qui ait rapporté cette parabole,[31] qu'aucun des autres n'en parle, qu'au contraire saint Matthieu dit que Jésus (e) recommanda expressément de ne rien enseigner aux Samaritains et aux Gentils;[32] qu'ainsi son amour pour le prochain ne s'étendait que sur la tribu de Juda, sur celle de Lévi et la moitié de Benjamin, et qu'il n'aimait point le reste des hommes. S'il eût aimé son prochain, ajoutent-ils, il n'eût point dit qu'il est venu apporter le glaive et non la paix, qu'il est venu pour diviser le père et le fils, le mari et la femme, et pour mettre la discorde dans les familles.[33] Il n'aurait point prononcé le funeste *contrains-les d'entrer*,[34] dont on a tant abusé.[35] Il n'aurait point

    (e) Matth. chap. 10, v. 5

[30] Luke 10:30-37.
[31] These 'adversaires' seem to be imaginary: the point was not a commonplace of contemporary biblical controversy or criticism.
[32] This difficulty was typically resolved by Christian apologists asserting that, according to St Paul, 'le mur de séparation qui divisait le Juif et le Gentil, ne pouvait être détruit, avant que Jésus-Christ expirât sur la croix; parce que c'était sa chair qui était ce mur de séparation' ([Jacques-Joseph Duguet], *Explication du mystère de la passion de notre seigneur Jésus-Christ*, Paris, 1728, p.242).
[33] Matthew 10:34-35.
[34] Luke 14:23.
[35] The most celebrated denunciation of the view that this biblical phrase could be used to justify the forced conversion of non-believers was Pierre Bayle's

privé un marchand forain du prix de deux mille cochons [36] qui était   135
une somme considérable, et n'aurait pas envoyé le diable dans le
corps de ces cochons pour les noyer dans le lac de Genezareth. [37] Il
n'aurait pas séché le figuier d'un pauvre homme, [38] pour n'avoir pas
porté des figues quand *ce n'était pas le temps des figues.* Il n'aurait
pas dans ses paraboles enseigné qu'un maître agit justement quand   140
il charge de fers son esclave pour n'avoir pas fait profiter son argent
à l'usure de cinq cents pour cent. [39]

Nos ennemis continuent leurs objections effrayantes en disant
que les apôtres ont été plus impitoyables que leur maître; que leur
première opération fut de se faire apporter tout l'argent des   145
frères, [40] et que Pierre fit mourir Ananiah et sa femme pour n'avoir
pas tout apporté. [41] Si Pierre, disent-ils, les fit mourir de son
autorité privée, parce qu'il n'avait pu avoir tout leur argent, il
méritait d'être roué en place publique. Si Pierre pria Dieu de les
faire mourir, il méritait que Dieu le punît. Si Dieu seul ordonna   150
leur mort, heureusement il prononce très rarement de ces jugements terribles qui dégoûteraient de faire l'aumône. [42]

Je passe sous silence toutes les objections des incrédules tant sur
la morale et la doctrine de Jésus que sur tous les événements de sa

---

Commentaire philosophique sur ces paroles de Jésus-Christ: 'Contrains-les d'entrer'
([Amsterdam], 1686).

[36] Mark 5:13.

[37] Matthew 8:32.

[38] Matthew 21:19; Mark 11:13-14.

[39] Matthew 25:14-30.

[40] Acts 4:34-35 and Acts 5.

[41] Acts 5:1-10.

[42] Voltaire is exaggerating less in this instance than elsewhere. Bossuet himself
displays some unease at Peter's conduct in this story: '[Les disciples] ont fait des
choses qu'il [Jésus] n'a pas faites: à la parole de Pierre *Ananias et Saphira sont tombés,
morts* et à celle de Paul *le magicien Elyntas a été frappé d'aveuglement.* Ils ont livré à
Satan et à des maux imprévus, ceux qu'il fallait abattre, manifestement pour inspirer
de la crainte aux autres. Voilà des miracles que Jésus n'a pas faits: mais c'est aussi
qu'il ne devait pas les faire, à cause qu'ils répugnaient au caractère de douceur, au
personnage de Sauveur, qu'il venait faire' (*Méditations sur l'Evangile*, 3 vol.,
Paris, 1731, vol.3, p.393).

vie diversement rapportés. [43] Il faudrait vingt volumes pour réfuter 155
tout ce qu'on nous objecte; et une religion qui aurait besoin d'une si
longue apologie ne pourrait être la vraie religion. Elle doit entrer
dans le cœur de tous les hommes comme la lumière dans les yeux,
sans effort, sans peine, sans pouvoir laisser le moindre doute sur la
clarté de cette lumière. [44] Je ne suis pas venu ici pour disputer, je 160
suis venu pour m'édifier avec vous.

Que d'autres saisissent tout ce qu'ils ont pu trouver dans les
Evangiles, dans les Actes des apôtres, dans les Epîtres de Paul de
contraire aux notions communes, aux clartés de la raison, aux
règles ordinaires du sens commun. [45] Je les laisserai triompher sur 165
des miracles qui ne paraissent pas nécessaires à leur faible
entendement, comme celui de l'eau changée en vin à des noces
en faveur de convives déjà ivres, [46] celui de la transfiguration, [47]

---

[43] The inconsistencies of biblical texts had been pointed out by numerous commentators, notably Richard Simon in his *Critical enquiries into the various editions of the Bible* (London, 1684).

[44] The 'light of religion' was not by this time so much a theological commonplace as a rejection of orthodoxy. The idea that the truths of religion should be as apparent as any other natural phenomenon was reiterated in works which challenged orthodoxy, such as de Jaucourt's article 'Religion' in the *Encyclopédie* (1765), which asserts: 'La *religion naturelle* est le culte que la raison, laissée à elle-même, et à ses propres lumières, apprend qu'il faut rendre à l'Etre suprême, auteur et conservateur de tous les êtres qui composent le monde sensible, comme de l'aimer, de l'adorer, de ne point abuser de ses créatures, *etc.*' (vol.14, p.79).

[45] This Socinian approach to the Scriptures was of course that of Voltaire himself, who referred to the earlier *Homélies* as 'faites par un ami de Petitpierre. Cela sent le brave socinien, l'impudent unitaire à pleine bouche' (D14117, *c.*15 April 1767, to Jacob Vernes. In the *Dictionnaire philosophique* (1765), the article 'Evangile' asserts: 'Les sociniens rigides ne regardent donc nos quatre divins Evangiles que comme des ouvrages clandestins, fabriqués environ un siècle après Jésus-Christ, et cachés soigneusement aux Gentils pendant un autre siècle [...] Il est d'autant plus difficile de les convertir qu'ils ne croient que leur raison. Les autres chrétiens ne combattent contre eux que par la voix sainte de l'Ecriture: ainsi il est impossible que les uns et les autres, étant toujours ennemis, puissent jamais se rencontrer' (*OCV*, vol.36, p.84-85).

[46] John 2:9.

[47] Matthew 17:2; Mark 9:1.

celui du diable qui emporte le fils de Dieu sur une montagne dont on découvre tous les royaumes de la terre, [48] celui du figuier, [49] celui de deux mille cochons. [50] Je les laisserai exercer leur critique sur les paraboles qui les scandalisent, sur la prédiction faite par Jésus même au chapitre XXI de Luc, [51] qu'il viendrait dans les nuées avec une grande puissance et une grande majesté, avant que la génération devant laquelle il parlait fût passée. Il n'y a point de page qui n'ait produit des disputes. Je m'en tiens donc à ce qui n'a jamais été disputé, à ce qui a toujours emporté le consentement de tous les hommes, avant Jésus et après Jésus; à ce qu'il a confirmé de sa bouche, et qui ne peut être nié par personne. *Il faut aimer Dieu et son prochain.*

Si l'Ecriture offre quelquefois à l'âme une nourriture que la plupart des hommes ne peuvent digérer, nourrissons-nous des aliments salubres qu'elle présente à tout le monde; *Aimons Dieu et les hommes,* fuyons toutes les disputes. Les premiers chapitres de la Genèse effarouchaient les esprits des Hébreux; il fut défendu de les lire avant vingt-cinq ans; les prophéties d'Ezéchiel scandalisaient, on en défendit de même la lecture; le Cantique des Cantiques pouvait porter les jeunes hommes et les jeunes filles à l'impureté; [52]

[48] Luke 4:5; Matthew 4:8.
[49] Matthew 21:19; Mark 11:13-14.
[50] Matthew 8:32; Mark 5:13.
[51] Verse 27: 'Et alors ils verront le Fils de l'homme, qui viendra sur une nuée avec une grande puissance et une grande majesté' (translation by Lemaître de Sacy).
[52] Voltaire seems to have had little actual justification for these assertions beyond repeating what his predecessors had said: 'à l'égard des livres d'Ezéchiel, et du Cantique des Cantiques, [les docteurs de Paris] citent les défenses que le Saint-Siège avait faites, depuis longtemps aux laïcs, de s'occuper de ces matières; ils rappellent aussi le sentiment de plusieurs auteurs graves, qui tiennent que la lecture de ces endroits de la Bible ou de quelques autres, était interdite aux Juifs jusqu'à l'âge de trente ans' (Jacques Longueval, *Histoire de l'Eglise gallicane,* 18 vol., Paris, 1732-1749, vol.8, p.101). See David Levy, *Voltaire et son exégèse du Pentateuque: critique et polémique, SVEC* 130 (1975), p.35-45.

Théodore de Mopsuète,[53] les rabbins, Grotius,[54] Châtillon[55] et
tant d'autres nous apprennent qu'il n'était permis de lire ce   190
Cantique qu'à ceux qui étaient sur le point de se marier.[56]

Enfin, mes frères, combien d'actions rapportées dans les livres
hébreux qu'il serait abominable d'imiter! Où serait aujourd'hui la
femme qui voudrait agir comme Jahel,[57] laquelle trahit Sizara
pour lui enfoncer un clou dans la tête, comme Judith[58] qui se   195
prostitua à Holoferne pour l'assassiner, comme Esther qui après
avoir obtenu de son mari que les Juifs massacrassent cinq cents
Persans dans Suze, lui en demanda encore trois cents, outre les
soixante et quinze mille égorgés dans les provinces?[59] Quelle fille
voudrait imiter les filles de Loth[60] qui couchèrent avec leur père?   200
Quel père de famille se conduirait comme le patriarche *Juda* qui
coucha avec sa belle-fille,[61] et Ruben qui coucha avec sa belle-

---

[53] 'Quant à la canonicité du Cantique des Cantiques, elle est reconnue communément par les Juifs, et par l'Eglise chrétienne. Nous ne connaissons dans l'antiquité chrétienne, que le seul Théodore de Mopsueste, qui ait osé la lui contester. Cet auteur avance hardiment que jamais on n'a permis ni dans l'Eglise, ni dans la Synagogue, de lire ce livre publiquement' (Dom Calmet, *Dissertations qui peuvent servir de prolégomènes de l'Ecriture sainte*, 3 vol., Paris, 1720, vol.2, p.263). Theodore (352-428) was bishop of Antioch and was condemned as a heretic for asserting, with Nestor, that Christ had two distinct natures in one (see Robert Devreesse, *Essai sur Théodore de Mopsueste*, Studi e Testi 141, Rome, 1948).

[54] See *Dictionnaire philosophique*, article 'Salomon' (*OCV*, vol.36, p.513).

[55] The most likely source of Voltaire's knowledge of Châtillon, or Castalion (1515-1563), is Bayle's article 'Castalion' in the *Dictionnaire historique et critique*, 4th ed., 4 vol. (Rotterdam, 1720), vol.1, p.792-97, where his translation of the Song of Songs is discussed in some detail (p.793).

[56] All the authors mentioned by Voltaire are referred to in Calmet, *Commentaire littéral sur tous les livres de l'Ancien et du Nouveau Testament* (Paris, 1713), p.155 (Voltaire owned an edition of 1709-1734, BV613). The rabbis in question are not identified.

[57] Judges 4:17-21.

[58] Judith 13.

[59] Esther 9:6-15.

[60] Genesis 19:31-35.

[61] Genesis 38:16. See also the article 'Genèse' in the *Dictionnaire philosophique* (*OCV*, vol.36, p.171).

mère?[62] Quel voïvode imitera David qui s'associa quatre cents
brigands perdus, dit l'Ecriture,[63] de débauches et de dettes, avec
lesquels il massacrait tous les sujets de son allié Achis[64] jusqu'aux   205
enfants à la mamelle, et qui enfin, ayant dix-huit femmes, ravit
Betzabée et fit tuer son mari?[65]

Il y a dans l'Ecriture, je l'avoue, mille traits pareils, contre
lesquels la nature se soulève. Tout ne nous a pas été donné pour une
règle de mœurs. Tenons-nous-en donc à cette loi incontestable,   210
universelle, éternelle, de laquelle seule dépend la pureté des mœurs
dans toute nation. *Aimons Dieu et le prochain.*

S'il m'était permis de parler de l'Alcoran dans une assemblée de
chrétiens,[66] je vous dirais que les sunnites représentent ce livre
comme un chérubin qui a deux visages, une face d'ange et une face   215
de bête. Les choses qui scandalisent les faibles, disent-ils, sont le
visage de bête, et celles qui édifient, sont la face d'ange.

Edifions-nous et laissons à part tout ce qui nous scandalise: car
enfin, mes frères, que Dieu demande-t-il de nous? Que nous
confrontions Matthieu avec Luc, que nous concilions deux généa-   220
logies qui se contredisent, que nous discutions quelques passages?
Non, il demande que nous l'aimions et que nous soyons justes.

Si nos pères l'avaient été, les disputes sur la liturgie anglicane
n'auraient pas porté la tête de Charles I sur un échafaud,[67] on

219   w68: frères, qu'est-ce que Dieu demande de nous?
222   w68: nous soyons justes.

[62] Genesis 35:22.
[63] 1 Kings 22:2.
[64] 1 Kings 27:8-11.
[65] 2 Kings 11.
[66] See Magdi Gabriel Badir, *Voltaire et l'Islam*, *SVEC* 125 (1974), p.157-214.
[67] Voltaire repeatedly condemned the execution of Charles I, whom he described
in the *Siècle de Louis XIV* as 'assassiné juridiquement sur un échafaud, en 1649'
(*OCV*, t.12, p.14).

n'aurait pas osé tramer la conspiration des poudres,[68] quarante   225
mille familles n'auraient pas été massacrées en Irlande,[69] le sang
n'aurait pas ruisselé, les bûchers n'auraient pas été allumés sous le
règne de la reine Marie.[70] Que n'est-il pas arrivé aux autres nations
pour avoir argumenté en théologie? Dans quels gouffres épouvantables de crimes et de calamités les disputes chrétiennes n'ont-   230
elles pas plongé l'Europe pendant des siècles. La liste en serait
beaucoup plus longue que mon sermon. Les moines disent que la
vérité y a beaucoup gagné, qu'on ne peut l'acheter trop cher, que
c'est ce qui a valu à leur saint père tant d'annates et tant de pays, que
si l'on s'était contenté d'aimer Dieu et son prochain, le pape ne se   235
serait pas emparé du duché d'Urbin,[71] de Ferrare, de Castro, de
Bologne, de Rome même, et qu'il ne se dirait pas seigneur suzerain
de Naples:[72] Qu'une église qui répand tant de biens sur la tête d'un
seul homme est sans doute la véritable église, que nous avons tort
puisque nous sommes pauvres et que Dieu nous abandonne   240
visiblement. Mes frères, il est peut-être difficile d'aimer des gens
qui tiennent ce langage; cependant *aimons Dieu et notre prochain.*
Mais comment aimerons-nous les hauts bénéficiers qui du sein de
l'orgueil, de l'avarice et de la volupté écrasent ceux qui portent le
poids du jour et de la chaleur, et ceux qui parlant avec absurdité   245

---

235   NM: si on s'était

[68] Again, Voltaire always unequivocally condemned the Gunpowder Plot, which
he regarded as 'la plus horrible conspiration qui soit jamais entrée dans l'esprit
humain' (*Essai sur les mœurs*, ch.179, *OCV*, vol.26C, p.53).

[69] Voltaire had given the same figure, and expressed the same outrage at the Irish
massacres, in the *Essai sur les mœurs*, ch.180 (*OCV*, vol.26C, p.72). For his views on
religious fanaticism in Ireland at the time he was writing the *Homélie*, see also D15195
(31 August 1768), to the marquis d'Argence.

[70] See also *Histoire des voyages de Scarmentado* (1756) (*OCV*, vol.45B, p.297).

[71] In the *Essai sur les mœurs*, ch.122, Voltaire asserts, to the contrary, that the
emperor Maximilien 'fit donner à Léon X le duché d'Urbin, qui est encore à l'Eglise'
(*OCV*, vol.25, p.313).

[72] See also the *Essai sur les mœurs*, ch.113 (*OCV*, vol.25, p.133-34).

persécutent avec insolence? Mes frères, c'est les aimer sans doute
que de prier Dieu qu'il les convertisse. [73]

[73] Voltaire also published in 1768 *Les Droits des hommes et les usurpations des autres*, dealing with this question. He adopts much the same sorrowful tone as in the *Homélie*: 'On nous dira que le pape est au-dessus de toutes les lois, qu'il peut rendre juste ce qui est injuste: *potest de injustitia facere justitiam; papa est supra jus, contra jus, et extra jus*; c'est le sentiment de Bellarmin, c'est l'opinion des théologiens romains. A cela nous n'avons rien à répondre. Nous révérons le siège de Rome; nous lui devons les indulgences, la faculté de tirer des âmes du purgatoire, la permission d'épouser nos belles-sœurs et nos nièces l'une après l'autre, la canonisation de saint Ignace, la sûreté d'aller en paradis en portant le scapulaire; mais ces bienfaits ne sont peut-être pas une raison pour retenir le bien d'autrui' (*OCV*, vol.67, p.170). See also D15205, 9 September 1768, Voltaire to Michel Paul Guy de Chabanon.

Fragment d'une lettre du lord Bolingbroke

Edition critique

par

Jean Dagen

Nous tenons à saluer la contribution du regretté Roland Mortier, disparu avant d'avoir pu achever son édition critique du présent texte. Ses travaux ont servi de point de départ à la rédaction de la présente édition.

TABLE DES MATIÈRES

INTRODUCTION

1. *Datation*

Pour dater ce texte, nous ne disposons que de vraisemblances.
Beuchot pense que le *Fragment d'une lettre du lord Bolingbroke* ne
pourrait avoir vu le jour qu'en 1775, alors qu'il fut publié pour la
première fois en 1768, dans la même brochure que l'*Homélie du
pasteur Bourn*. [1] Roland Mortier suppose que le 'très grand prince'
qui se confie au pseudo-Bolingbroke, c'est-à-dire Frédéric II, n'est
pas encore sur le trône au moment de cette conversation
imaginaire. Cela obligerait à situer le *Fragment* avant l'année
1740: en fait, Voltaire ne rencontra Frédéric qu'en septembre
1742, à Aix-la-Chapelle, donc après son accession au pouvoir.
Roland Mortier en conclurait que Voltaire ne s'est pas soucié
d'harmoniser une chronologie fantaisiste.

On peut sans doute avancer des arguments plus vraisemblables.
Une *Lettre de Bolingbroke* ne paraîtrait pas déplacée vers 1752, alors
que Bolingbroke est décédé le 21 novembre 1751, que ses *Lettres sur
l'histoire*, qui viennent d'être publiées dans la traduction de Barbeu
Du Bourg, [2] font l'objet de vives critiques: Formey vise au travers
des doutes de l'auteur sur l'authenticité de la Bible, la 'maladie
endémique du siècle', l'incrédulité et le clan des esprits forts.
Voltaire réplique dans ses lettres à Formey et à König, [3] puis dans
La Défense de milord Bolingbroke, dont les premières pages
rejoignent le début du *Sermon des cinquante*: il y prône à la fois la
diffusion de la libre pensée et l'adhésion générale à un régime
politique qui soit indépendant de la religion, et pourtant respec-
tueux de l'ordre et de la morale. Or dans cette année 1752, le *Sermon*

---

[1] Voir ci-dessous, dans la liste des éditions, HP68.
[2] (Paris, veuve de Noël Pissot, 1752).
[3] D5061 et D5076.

des cinquante circule à Berlin. [4] Voltaire a très bien pu ajouter après coup au *Fragment* une conclusion qui d'ailleurs se trouvait déjà justifiée en 1752. Bolingbroke, de nouveau dans l'actualité, apparaissait comme le prête-nom très vraisemblable d'une opinion dont Voltaire se défendait d'être responsable. Du reste, est-il absolument invraisemblable que Voltaire, plus que septuagénaire et faisant feu de tout bois, ajuste à l'actualité un texte qu'inspirait des années plus tôt une autre actualité? Il y a néanmoins une constante: l'opinion et la politique de Frédéric.

De plus, on notera d'une part qu'il est habituel selon les dictionnaires (voir Littré, *Dictionnaire de la langue française*, Paris, 1873-1874) et d'après l'emploi du mot par Frédéric (*Testament politique* de 1752, par exemple) que 'prince' désigne communément le souverain régnant; d'autre part que les considérations que lui prête Voltaire se rapportent très vraisemblablement à la politique engagée, au lendemain des traités de Dresde (1745) et d'Aix-la-Chapelle (1748), par le roi d'un Etat protestant dans une province conquise de religion catholique, la Silésie. [5] Il est évident que ces considérations sur la politique tolérante et pondérée de Frédéric II à l'égard des croyances et des institutions religieuses ne pouvaient recueillir entièrement l'approbation de Voltaire. En somme, la mort récente de Bolingbroke, une notoriété et une pensée que Voltaire peut mobiliser en faveur de ses thèses, l'allusion très sensible aux circonstances historiques et aux objectifs des grandes nations européennes, la sage et ferme stratégie intérieure et extérieure du roi de Prusse, toutes ces données semblent converger: on serait enclin à situer la rédaction de ce *Fragment* vers 1752.

Ajoutons avec Roland Mortier que le *Fragment* fait manifestement partie des nombreux opuscules pseudo-anglais de Voltaire. On sait qu'il recourait volontiers à cette fiction dans ses œuvres les

[4] Voir *VST*, t.1, p.688-91.

[5] Voir Pierre Gaxotte, *Frédéric II* (Paris, 1972), et Jean-Paul Bled, *Frédéric le Grand* (Paris, 2004). Sur les relations de Frédéric avec Voltaire, voir Christiane Mervaud, *Voltaire et Frédéric II: une dramaturgie des Lumières* (Oxford, 1985).

moins orthodoxes. L'authentique lord Bolingbroke n'a évidemment pas plus de part à ce *Fragment* qu'il n'en avait à *L'Examen important de milord Bolingbroke* ou que l'authentique Hewett n'en a (la même année 1768) à *L'A, B, C,* dix-sept dialogues traduits de l'anglais de M. Huet. Quant à l'utilisation du nom de Bolingbroke, on peut consulter l'introduction de *L'Examen important* par Roland Mortier (*OCV*, t.62, p.132). La pensée et les œuvres de Bolingbroke, y sont jugés sans complaisance (p.134). Ces œuvres ont fait l'objet d'appréciations très réservées: dans son *Histoire d'Angleterre*, par exemple, André Maurois parle d'"écrits décevants'[6] et Ludovic Carrau n'est pas plus indulgent dans *La Philosophie religieuse en Angleterre, depuis Locke jusqu'à nos jours.*[7] Ce n'est évidemment pas le jugement de Voltaire dans *La Défense de milord Bolingbroke*.

2. *Réception*

La parution de la première édition de notre texte avec l'*Homélie du pasteur Bourn* ne semble pas avoir été largement commentée dans les journaux contemporains. Les *Mémoires secrets*, sous la date du 21 octobre 1768, offrent ce compte rendu:

Homélie du pasteur Brown [sic], prêchée à Londres le jour de la Pentecôte 1768. Tel est le titre d'un nouveau sermon de M. de Voltaire, qui, comme tous les sermonneurs du monde, répète ce qui a été dit mille fois, non par les Bourdaloues, les Massillons etc.[8] mais par les Bayles, les Frérets, les Boulangers, etc. et autres docteurs de l'incrédulité. Celui-ci est spécialement dirigé contre la morale de Jésus-Christ, dont l'auteur infirme les principes. Ce sermon, qui dans sa brièveté résume de très gros in-folio, n'en sera que plus couru et plus dangereux conséquemment. On ne peut que déplorer le malheureux talent de M. de Voltaire, d'extraire si

---

[6] (Paris, 1937), p.492.

[7] (Paris, 1888), ch.4.

[8] Louis Bourdaloue (1632-1704), jésuite. Jean-Baptiste Massillon (1663-1742), évêque de Clermont.

agréablement les plus ennuyeuses productions, et de rendre délicieux les poisons les plus abominables.

La suite est un fragment prétendu de *Lettre de milord Bolingbroke*, dans laquelle il fait sentir l'insuffisance de la superstition pour gouverner les Etats. Ceci n'est qu'une digression rapide sur cette matière, déjà traitée au long dans les *Lettres d'Eugénie*, et dans l'histoire de la superstition encore mieux, c'est-à-dire plus diaboliquement. [9]

Le *Fragment* a été condamné par décret de la cour de Rome du 1er mars 1770, en même temps que l'*Homélie du pasteur Bourn* (voir Bengesco, nos 1653 et 1769).

3. *Signification et objet*

Trois objets, qui n'en font qu'un, préoccupent Voltaire: l'irrationalité des croyances, autrement nommées superstitions; les effets désastreux de ces croyances dans la vie et les rapports des individus et des peuples, aujourd'hui comme hier; la politique à mettre en œuvre afin de nettoyer les esprits et de réunir hommes et nations dans l'adhésion libre et raisonnée à des principes communs véritablement universels. Sur ces sujets qu'il prend ouvertement à cœur, Voltaire engage sa pensée avec une gravité que ne masquent pas la vigueur critique et l'ironie.

Il est à Berlin, à l'abri de l'inquisition française et romaine, quand il écrit ou laisse publier le *Sermon des cinquante*, *La Défense de milord Bolingbroke* et, selon notre hypothèse, le *Fragment d'une lettre de lord Bolingbroke*. Trois ans après la mort de Mme Du Châtelet, il exploite le travail de critique biblique poursuivi à Cirey avec Emilie. [10] En même temps, auprès de Frédéric, il mesure, informé par les sources locales, les enjeux de politique intérieure et

[9] *Mémoires secrets pour servir à l'histoire de la république des lettres en France*, 36 vol. (Londres, 1777-1789), t.4, p.122-23.
[10] Rappelons l'Avertissement du *Sermon des cinquante* dans l'édition de Kehl (éd. in-12, t.41, p.42): 'Cet ouvrage est précieux: c'est le premier où M. de Voltaire, qui n'avait jusqu'alors porté à la religion chrétienne que des attaques indirectes, osa l'attaquer de front'.

extérieure engendrés par la guerre de Succession d'Autriche, les conflits annexes dans l'Europe centrale et germanique, l'expansion du royaume de Prusse.

Les trois écrits considérés recourent à un même mode de composition. Voltaire laisse la parole et la responsabilité de l'argumentaire à des substituts. Le *Sermon des cinquante* est mis dans la bouche du président d'une société de libre pensée et de bienfaisance,[11] *La Défense de milord Bolingbroke* est confiée au 'docteur Good Natur'd Vellvisher, chapelain du comte de Chester-field', notre *Fragment* de lettre est rédigé par Bolingbroke, en vérité par l'ombre de l'homme d'Etat et philosophe anglais décédé en 1751. Il ne suffit pas de relever la similitude de présentation et de bien entendre la voix de Voltaire dans celles de ses porte-parole. Il faut souligner l'intérêt que trouve Voltaire à se donner trois points de vue distincts, à proposer ainsi des arguments complémentaires, à préparer par des considérations habiles et convergentes l'examen de la difficulté cruciale, dont notre *Fragment* fait précisément son objet. La démarche voltairienne acquiert de la sorte toute son ampleur, exprime pleinement le caractère de sérieux, sinon l'inquiétude, l'énergie du moins et l'exigence qui habitent ce philosophe de cinquante-huit ans.

Il est peu contestable que les trois textes que nous rapportons à l'année 1752 se répondent et se complètent. La correspondance leur fait écho et les éclaire: lettres à Frédéric d'abord,[12] lettres à Formey et König, à Mme de Bentinck et Marie-Louise Denis.[13] Le *Fragment* suppose comme acquis préalable la critique sans concession des religions établies et des superstitions qu'elles entretiennent: 'un chaos d'absurdités, de fanatisme, de discordes intestines, de tyrannie et de sédition, qui s'est étendu sur cent royaumes' (lignes 16-17). L'analyse de ce système d'erreurs funestes est développée dans le *Sermon des cinquante*: laminage

[11] Voir *VST*, t.i, p.688-89.
[12] Voir D5051, D5053, D5055, D5073.
[13] Voir D5040, D5061, D5067, D5076, etc.

de l'Ecriture, Ancien et Nouveau Testament, pour disposer à l'adoption d'une religion si épurée qu'elle se ramène à son principe même, celui-ci intuitivement affirmé, non démontré. Cette religion est au même moment exposée dans le *Poème sur la loi naturelle*, dont l'exorde s'adresse à l'indispensable allié du poète-philosophe:

> Philosophe intrépide, affermissez mon âme,
> Couvrez-moi des rayons de cette pure flamme,
> Qu'allume la raison, qu'éteint le préjugé. [...]
> De l'esprit qui vous meut vous recherchez l'essence,
> Son principe, sa fin, et surtout son devoir.
> Voyons sur ce grand point ce qu'on a pu savoir,
> Ce que l'erreur fait croire aux docteurs du vulgaire,
> Et ce que vous inspire un Dieu qui vous éclaire.
> Dans le fond de nos cœurs il faut chercher ses traits:
> Si Dieu n'est pas dans nous, il n'exista jamais. [14]

Il n'est pas sûr du tout que Frédéric soit animé d'un goût de recherche métaphysique et sensible à la lumière divine, mais s'adresser à lui, c'est poser la question qui traverse le *Fragment*.

Bolingbroke est chargé de ce message: rien là que de logique, puisque l'Angleterre donne l'exemple, son Eglise anglicane se dispensant toujours davantage de la superstition (ligne 5); puisque le protestantisme ouvre la voie au théisme, ainsi que le répètent avec complaisance *La Défense de milord Bolingbroke*,[15] la *Loi naturelle*,[16] la lettre à Formey (D5061) et maint autre texte. De plus, selon le 'docteur Good Natur'd Vellvisher', et nul ne saurait en douter, la personne et la pensée de milord Bolingbroke méritent une parfaite admiration. On ne jugera donc pas inconvenant ni invraisemblable que l'auteur de la lettre, dont il ne nous reste que le

---

[14] *OCV*, t.32B, p.48, 50.

[15] 'Enfin quand vous aurez vu que la religion du Messie a été corrompue, vous choisirez entre Wiclef, Luther, Jean Huss, Calvin, Mélanchthon, Œcolampade, Zwingle, Storck, Parker, Servet, Socin, Fox et d'autres réformateurs. Ainsi vous aurez un fil qui vous conduira dans ce grand labyrinthe depuis la création de la terre jusqu'à l'année 1752' (*OCV*, t.32B, p.247-48).

[16] Troisième Partie et *passim*.

précieux *Fragment*, fasse en quelque sorte et courtoisement la leçon au roi de Prusse.

Du grand Frédéric, 'l'intrépide philosophe', dédicataire du *Poème sur la loi naturelle*, auteur par ailleurs d'un *Eloge de La Mettrie*,[17] Voltaire, 'théologien de Belzébuth', se plaît à louer l'agnosticisme, à autoriser ses propres audaces du suffrage du génie royal; il peut se moquer des sacrements chrétiens quand il s'adresse à l''incrédule majesté' dont l'Eglise a pour saints 'Cicéron, Trajan, Marc Aurèle'.[18] On ne peut méconnaître l'intention: il s'agit de mettre le roi de son parti, de le compromettre en tant que complice de l'entreprise de déchristianisation. Voltaire veut un Frédéric qui accepte de tenir pour 'ridicule' le 'Dieu qu'on nous annonce', sans en déduire qu''il n'y a point de Dieu' (lignes 24-25). Il faut qu'il juge absurdes les 'dogmes' que l'on prêche (ligne 26), mais qu'à la différence de 'quelques raisonneurs', il reconnaisse 'la puissance formatrice des astres et de l'homme' (ligne 38), le Dieu qui a pourvu l'homme d'une conscience. Il est vrai que s'il fait siennes ces deux propositions, ce que l'incrédule Frédéric concèderait de religion minimale à son peuple représenterait une concession maximale de sa part. Et les propos attribués au roi par Bolingbroke impliquent un accord là-dessus, accord plus que douteux.

Il reste, et voilà où le bât blesse, à mettre en œuvre cette sorte de pacte. Mais peut-on compter sur la conversion de cette foule de bourgeois, prêtres, artisans, médecins (lignes 19-22) jusqu'ici trop exclusivement critiques et négateurs? Y aura-t-il assez d'intelligences individuelles capables de concevoir l'intelligence universelle? L''honnête homme' assez raisonnable pour devenir 'véritablement religieux en écrasant la superstition' imposera-t-il son exemple? A ces conditions, le fanatisme serait anéanti, chez les Allemands du moins, comme il le fut chez les Chinois.

Malheureusement, et Voltaire rend ici la parole à Bolingbroke, la stratégie politique se révèle, s'est pratiquement révélée, impra-

[17] Voir D5008.
[18] D5055.

ticable: parce qu'avec des voisins catholiques tels que l'Autriche, la France, la Bavière, une bonne partie de l'Europe, des forces se lèveront pour contrecarrer une réforme radicale; parce qu'il faudrait disposer d'une puissance militaire supérieure;[19] parce que Frédéric considère que le peuple est imbécile et se laisse mener par des fourbes et des fripons, il aime le merveilleux et le surnaturel;[20] parce que pour entreprendre cette grande tâche, il faudrait que le monarque veuille ajouter l'enthousiasme à la philosophie et qu'il soit porté par l'amour du genre humain. Or Bolingbroke présume que Frédéric n'est animé ni par un enthousiasme philosophique, ni par l'amour du peuple. Les historiens de Frédéric décrivent une politique qui, appuyée sur la noblesse, vise à l'intérêt économique et à la paix intérieure. Pour le reste, 'puisque les humains voient dans la liberté de pratiquer paisiblement leur religion, une partie du bonheur, je ne m'écarterai jamais, dit Frédéric, de la règle de protéger les droits et les libertés de chaque religion'.[21]

La dernière phrase du *Fragment* reproche au roi de Prusse de n'avoir pas fait ce qu'en réalité il n'a jamais voulu faire. Que cette phrase soit écrite en 1752 ou en 1768, lors de la première publication du texte, importe peu: l'essentiel est dans le désaccord qu'elle enregistre. La politique que Frédéric conçoit et conduit n'a nullement pour objet de contrarier ou d'éliminer les communautés religieuses sous son autorité, elle vise à entretenir seulement la puissance et l'ordre de la nation dans la soumission à la volonté du monarque. La politique préconisée par l'interprète de la pensée voltairienne a une autre ambition: elle consiste à imposer la suppression des superstitions, c'est-à-dire en clair l'anéantissement

---

[19] Bolingbroke dit à Frédéric: 'quand vous aurez cent mille guerriers victorieux sous vos drapeaux' (lignes 60-61). L'effectif des troupes prussiennes est de 83 000 hommes en 1739, d'après Gaxotte (*Frédéric II*, p.215), estimation confirmée par Jean-Paul Bled. Gaxotte compare aux effectifs français, 160 000, et autrichien, à peine 100 000.

[20] Gaxotte, *Frédéric II*, p.291.

[21] Cité par Jean-Paul Bled, *Frédéric le Grand*, p.285.

du christianisme, et, du même mouvement, à installer dans les esprits affranchis des croyances une religion pure, religion reconnue fondamentalement humaine, perpétuelle, universelle, ce que Voltaire nomme le déisme. Le devoir d'un chef d'Etat serait de se donner les moyens d'accomplir cette double révolution: ainsi se réaliserait l'idéal de ce qu'on nommerait à juste titre un despotisme éclairé. La lettre de Bolingbroke ne dit pas comment concilier ces deux politiques, incompatibles, bien qu'elles aient en commun le principe de rationalité.

Le cynisme de Frédéric, voilé d'un idéalisme tout théorique et littéraire, s'accommode aisément de la persistance des croyances et rites d'une sous-humanité, dès lors que celle-ci demeure inoffensive. Point de progrès à envisager, on choisit de ne pas imaginer l'éventuel réveil de dangereux fanatismes. La raison voltairienne, au contraire, afin de substituer à la religion régnante une religion sans dogme ni institution, a besoin de puissants concours pour décrasser puis subjuguer les esprits. [22] Voltaire harcèle son protecteur, tente de l'associer à son programme. C'est en vain, et après la crise de 1753 il n'est plus question 'd'engager dans une entreprise de prosélytisme' [23] le roi philosophe. Voltaire n'a désormais que sa plume et le concours de quelques 'frères' pour 'couler à fond les saints pères'. [24] Encore doit-il, en prêchant la loi morale et la clause du Dieu rémunérateur, avoir l'air de ne pas tout à fait rompre avec une doctrine dont il conserve ce qu'on peut regarder comme l'essentiel: déisme ou théisme, le concept paraît

---

[22] En réponse à une lettre de Frédéric de décembre 1766 (D13739), Voltaire écrit le 5 janvier 1767 (D13805): 'Vous avez grande raison, Sire; un prince courageux et sage, avec de l'argent, des troupes, des lois, peut très bien gouverner les hommes sans le secours de la religion, qui n'est faite que pour les tromper; mais le sot peuple s'en fera bientôt une, et tant qu'il y aura des fripons et des imbéciles, il y aura des religions. La nôtre est sans contredit la plus ridicule, la plus absurde et la plus sanguinaire qui ait jamais infecté le monde.' C'est reconnaître que le déisme qu'il propose n'est qu'une religion de rechange. C'est aussi attribuer à tort au christianisme une nocivité qu'aucune religion ne saurait surpasser.

[23] Voir *VST*, t.i, p.685.

[24] D5057.

assez jésuitique pour tolérer, voire préparer, les circonstances s'y prêtant, une renaissance chrétienne. De l'équivoque qu'illustre parfaitement la lettre inachevée du faux Bolingbroke, Voltaire est menacé de ne pouvoir et de ne vouloir jamais se sauver. Il est vrai que Voltaire a une excuse, qu'il lui arrive de mitiger au nom d'un possible progrès des esprits, mais que Frédéric, lui, ne perd jamais de vue, l'irrémédiable sottise des hommes.

4. *Editions*

De plus amples informations sur les éditions collectives se trouvent ci-dessous, p.313-16.

HP68

HOMÉLIE / *DU PASTEUR* / BOURN, / PRÊCHÉE / A LONDRES / LE JOUR DE LA PENTECOTE. / [*filet gras-maigre*] / *MDCCLXVIII*.

8°. sig. A⁸ [$4 signé, chiffres romains (-A1)]; pag. 16; pas de réclames.

[1] titre; [2] en blanc; [3]-13 Homélie du pasteur Bourn, prêchée à Londres le jour de la Pentecôte 1768; 14-16 Fragment d'une lettre du Lord Bolingbroke.

Publié avant le 21 octobre 1768 (*Mémoires secrets*, t.4, p.122-23), attribué à Cramer à Genève (BnC).

Bengesco 1653, 1769; BnC 4190; BV3624.

Austin, Harry Ransom Center: PQ2086 C587 1768 cop 1. Genève, ImV: D Homélie 1768/1. Gotha, Forschungsbibliothek: Theol 8° 00746/04 (02). Londres, British Library: 1568/6871. Paris, BnF: D2 14402, Rés. D2 5296 (6), Rés. Z Bengesco 328, Rés. Z Beuchot 372; Arsenal: 8-H-35984. Saint-Pétersbourg, GpbV: 9-53, 11-135, 11-162.

HP68X

HOMELIE / *DU PASTEUR* / BOURN, / PRÊCHÉE / A LONDRES / LE JOUR DE LA PENTECOTE. / [*filet gras-maigre*] / *MDCCLXVIII*.

8°. sig. A^8 [\$4 signé, chiffres romains (-A1)]; pag. 16; réclame à la p.13.

[1] titre; [2] en blanc; [3]-13 Homélie du pasteur Bourn, prêchée à Londres le jour de la Pentecôte 1768; 14-16 Fragment d'une lettre du Lord Bolingbroke.

Contrefaçon, ou peut-être une nouvelle édition par le même imprimeur, de HP68. La facture en est très semblable, mais il y a des différences dans les ornements, les filets, et la position des signatures, qui indiquent qu'il s'agit d'une nouvelle édition. Le contenu en est identique, à part quelques menus détails de ponctuation.

Austin, Harry Ransom Center: PQ2086 H592 1768.

PN69

135-40 Fragment d'une lettre du Lord Bolingbroke [ce texte est omis de la table des matières].

EJ69

Tome 1: 45-47 (seconde suite) Fragment d'une lettre du lord Bolingbroke.

EJ72

Tome 1: 125-27 Fragment d'une lettre du lord Bolingbroke.

W75G

Tome 37: 306-308 Fragment d'une lettre du lord Bolingbroke.
Texte de base.

W75X

Tome 37: 307-309 Fragment d'une lettre du lord Bolingbroke.

W71L (1776)

Tome 25: 337-39 Fragment d'une lettre du lord Bolingbroke.

w68 (1777)

Tome 28: 456-58 Fragment d'une lettre du lord Bolingbroke.

к84

Tome 49: 119-22 Fragment d'une lettre sous le nom du lord Bolingbroke.

к85

Tome 49: 119-22 Fragment d'une lettre sous le nom du lord Bolingbroke.

к12

Tome 64: 128-31 Fragment d'une lettre sous le nom du lord Bolingbroke.

5. *Principes de cette édition*

Le texte reproduit ici est celui de l'édition 'encadrée', w75G (1775). Nous avons relevé les variantes à partir de: HP68, PN69, EJ69, EJ72, w68, к84.

Traitement du texte de base

On a respecté l'orthographe des noms propres de personnes et de lieux, en supprimant toutefois la marque du pluriel et les italiques.

On a respecté scrupuleusement la ponctuation. On a toutefois supprimé le tiret entre 'enfin' et la virgule dans 'Car enfin -, s'il y a de la folie' et remplacé par un point d'interrogation le point final de la phrase 'Croit-on qu'il me sera plus difficile de faire entendre raison aux Allemands qu'il ne l'a été aux princes chinois de faire fleurir chez eux une religion pure, établie chez tous les lettrés depuis plus de cinq mille ans.'

Par ailleurs, le texte de w75G a fait l'objet d'une modernisation portant sur la graphie et l'accentuation. Les particularités du texte de base dans ces domaines étaient les suivantes:

I. *Particularités de la graphie*

1. Consonnes

– absence de la consonne *p* dans le mot 'tems' et son composé 'longtems'.

— redoublement de consonnes contraire à l'usage actuel: imbécilles.
— présence d'une seule consonne là où l'usage actuel prescrit son doublement: pourez.

2. Voyelles
— absence de la voyelle *e* dans: encor.

3. Divers
— utilisation systématique de l'esperluette.

4. Le trait d'union
— il a été supprimé dans: genre-humain, tout-à-fait.

5. Les majuscules ont été supprimées
— dans l'adjectif suivant: Chinois.
— dans les trois dernières lettres de: Dieu.

6. Les majuscules ont été ajoutées
— dans les noms suivants: débonnaire (Louis le), église (anglicane), état, sot (Louis le).

II. *Particularités d'accentuation*

1. L'accent aigu
— est absent dans: deshonoré.

2. L'accent circonflexe
— est absent dans: symptomes.
— est présent dans toûjours.

FRAGMENT D'UNE LETTRE DU
LORD BOLINGBROKE

Un très grand prince me disait il y a deux mois aux eaux d'Aix-la-Chapelle, [1] qu'il se ferait fort de gouverner très heureusement une nation considérable sans le secours de la superstition. [2] Je le crois fermement, lui répondis-je; et une preuve évidente, c'est que moins notre Eglise anglicane a été superstitieuse, plus notre Angleterre   5 est devenue florissante; [3] encore quelques pas et nous en vaudrions mieux. Mais il faut du temps pour guérir le fond de la maladie quand on a détruit les principaux symptômes.

Les hommes, me dit ce prince, sont des espèces de singes qu'on peut dresser à la raison comme à la folie. [4] On a pris longtemps ce   10 dernier parti; on s'en est mal trouvé. Les chefs barbares qui conquirent nos nations barbares, crurent d'abord emmuseler les

a   K84: lettre sous le nom du

[1] Voltaire a rencontré en effet Frédéric 'aux eaux' d'Aix-la-Chapelle, mais en septembre 1742. L'allusion n'a d'autre fonction que de rendre vraisemblable une conversation fictive.

[2] Dans une lettre au philosophe de Ferney (D13739), après avoir commenté l'exemple du peuple chinois revenu à la superstition, le roi de Prusse écrit: 'je soutiens qu'il en arriverait de même ailleurs, et qu'un Etat purgé de toute superstition ne se soutiendrait pas longtemps dans sa pureté, mais que de nouvelles absurdités reprendraient la place des anciennes, et cela au bout de peu de temps'.

[3] Voltaire est sensible, comme Montesquieu, à l'essor économique et à l'enrichissement de l'Angleterre de Walpole et de Pitt, évoluant vers le libéralisme et libérée depuis la révolution de 1688 de la superstition catholique représentée par Jacques II et les jacobites.

[4] Telle est bien selon Pierre Gaxotte (*Frédéric II*, Paris, 1972, p.291) l'opinion de Frédéric: 'A ses yeux, la majorité des hommes n'est pas faite pour la raison. Ce sont des "animaux d'habitude" qui se laissent conduire "par des fourbes et des fripons". Le peuple imbécile "croupit dans une ignorance invincible". Il aime le merveilleux, le surnaturel, la superstition. La plupart de ses jugements reposent "sur des préjugés, des fables, des erreurs et des impostures"'.

peuples par le moyen des évêques.[5] Ceux-ci après avoir bien sellé et fessé les sujets, en firent autant aux monarques. Ils détrônèrent Louis le Débonnaire, ou le Sot, car on ne détrône que les sots;[6] il se forma un chaos d'absurdités, de fanatisme, de discordes intestines, de tyrannie et de sédition, qui s'est étendu sur cent royaumes.[7] Faisons précisément le contraire, et nous aurons un contraire effet. J'ai remarqué, ajouta-t-il, qu'un très grand nombre de bons bourgeois, de prêtres, d'artisans même, ne croit pas plus aux superstitions que les confesseurs des princes, les ministres d'Etat et les médecins.[8] Mais qu'arrive-t-il? Ils ont assez de bon sens pour voir l'absurdité de nos dogmes; et ils ne sont ni assez instruits, ni assez sages pour pénétrer au-delà.[9] Le Dieu qu'on nous annonce, disent-ils, est ridicule, donc il n'y a point de Dieu. Cette conclusion est aussi absurde que les dogmes qu'on leur prêche: et sur cette

18-19   K84: un effet contraire. J'ai

[5] Il faut probablement voir là une allusion à l'emprise du Saint Empire romain germanique, emprise dont Frédéric-Guillaume et son fils après lui s'efforcèrent de se libérer. Le principal ennemi, aux yeux de Frédéric, était l'Autriche catholique.

[6] Louis le Débonnaire ou le Pieux (et non 'le Sot'!) dut céder devant son fils Lothaire et le pape Grégoire IV, en 838, les territoires de la partie orientale de l'Empire étant maintenus ou replacés (traités de Strasbourg, puis de Verdun en 843) sous l'autorité de Louis le Germanique. Il faut se reporter au chapitre 23 de l'*Essai sur les mœurs*, où Voltaire insiste sur le rôle, à ses yeux capital, de l'Eglise dans la répartition des territoires de l'Empire de Charlemagne.

[7] Sur 'l'état de l'Europe après la mort de Louis le Débonnaire', voir l'*EM*, ch.24. Les deux chapitres 23 et 24 de l'*Essai* figurent dans l'*Essai sur l'histoire générale et sur les mœurs et l'esprit des nations depuis Charlemagne jusqu'à nos jours*, t.1, ch.14 et 15 (*Collection complète des œuvres de M. de Voltaire*, Genève, 1756 [w56], t.11). Ce moment de l'histoire de l'Allemagne semble très présent à la mémoire de l'auteur de ces chapitres, comme s'il les avait documentés durant son séjour à Berlin: autre motif de consonance avec l'année 1752.

[8] Cela finit par faire beaucoup d'incrédules, et des gens que le refus des superstitions entraîne logiquement à la négation de Dieu.

[9] Aller 'au-delà', ce serait pour une population qui a du 'bon sens' mais pas assez de sagesse, admettre à la fois qu'on juge absurde l'image commune de Dieu et qu'on tolère la croyance, socialement et moralement utile, dans une image de Dieu dégagée de ridicules et funestes superstitions.

conclusion précipitée ils se jettent dans le crime, si un bon naturel ne les retient pas. [10]

Proposons-leur un Dieu qui ne soit pas ridicule, qui ne soit pas déshonoré par des contes de vieille, ils l'adoreront sans rire et sans murmurer; ils craindront de trahir la conscience que ce Dieu leur a donnée. Ils ont un fonds de raison, et cette raison ne se révoltera pas. Car enfin, s'il y a de la folie à reconnaître un autre que le souverain de la nature, il n'y en a pas moins à nier l'existence de ce souverain. [11] S'il y a quelques raisonneurs dont la vanité trompe leur intelligence jusqu'à lui nier l'intelligence universelle, le très grand nombre en voyant les astres et les animaux organisés, reconnaîtra toujours la puissance formatrice des astres et de l'homme. [12] En un mot, l'honnête homme [13] se plie plus aisément à fléchir devant l'Etre des êtres que sous un natif de la Mecque ou de Bethléem. Il sera véritablement religieux en écrasant la superstition. [14] Son exemple influera sur la populace, et ni les prêtres, ni les gueux ne seront à craindre.

30   EJ72: de vieilles, ils
38   HP68, PN69, EJ69, EJ72: toujours le formateur des

[10] Un 'bon naturel' suffit donc à garantir l'ordre moral, à prévenir le 'crime': on retrouve Bayle.

[11] Curieuse logique: on pourrait retourner la phrase et lui donner un sens contraire, comme D'Alembert retourna celle du recteur Coger (*VST*, t.2, p.421).

[12] Il est clairement dit que ces preuves de l'existence de Dieu conviennent aux esprits populaires, pourvus pour l'occasion d'un 'fonds de raison'. Frédéric, parfaitement agnostique, ne pourrait accepter la politique qu'on lui prête ici, qu'à condition que soient tolérées les croyances des diverses communautés composant son royaume. Il a pour principe de tenir compte de la complexité des conditions et des mœurs, et n'envisagerait pas d'imposer une religion à la 'populace', fût-ce le déisme. Voir P. Gaxotte, *Frédéric II*, p.314-16, et Jean-Paul Bled, *Frédéric le Grand* (Paris, 2004), p.276 et 284-86, qui cite le roi de Prusse: 'Puisque les humains voient dans la liberté de pratiquer paisiblement leur religion, une partie du bonheur, je ne m'écarterai jamais de la règle de protéger les droits et les libertés de chaque religion'.

[13] 'Honnête' et non pas seulement rationnel: c'est donc bien une question de morale politique.

[14] La religion déiste donc contre les religions musulmane ou chrétienne qui ne sont plus que superstition.

Alors je ne craindrai plus ni l'insolence d'un Grégoire VII, [15] ni les poisons d'un Alexandre VI, [16] ni le couteau des Cléments, des Ravaillacs, des Balthazar Gérard [17] et de tant d'autres coquins armés par le fanatisme. Croit-on qu'il me sera plus difficile de faire entendre raison aux Allemands qu'il ne l'a été aux princes chinois de faire fleurir chez eux une religion pure, établie chez tous les lettrés depuis plus de cinq mille ans? [18]

Je lui répondis que rien n'était plus raisonnable et plus facile, mais qu'il ne le ferait pas, parce qu'il serait entraîné par d'autres soins dès qu'il serait sur le trône; et que s'il tentait de rendre son peuple raisonnable, les princes voisins [19] ne manqueraient pas d'armer l'ancienne folie de son peuple contre lui-même.

Les princes chinois, lui dis-je, n'avaient point de princes voisins à craindre quand ils instituèrent un culte digne de Dieu et de l'homme. Ils étaient séparés des autres dominations par des montagnes inaccessibles et par des déserts. [20] Vous ne pourrez

[15] Le pape Grégoire VII adversaire d'Henri IV empereur germanique qu'il contraignit à s'humilier à Canossa en 1077 (*EM*, ch.46, *OCV*, t.23, p.137-39. Dans l'*Essai sur l'histoire générale* de 1756 [w56G], ch.36).

[16] Le pape Borgia, aux prises avec les rois de France Charles VIII et Louis XII: Voltaire évoque ses crimes dans l'*Essai sur les mœurs*, ch.107, 110, 111 (*OCV*, t.25).

[17] On connaît Clément et Ravaillac, assassins d'Henri III et d'Henri IV. Balthazar Gérard assassina par 'enthousiasme de religion' Guillaume Ier d'Orange-Nassau dit le Taciturne en 1584 (*EM*, ch.164, *OCV*, t.26B, p.34-35).

[18] Dans la lettre de Frédéric citée ci-dessus (n.2), expliquant à quelles conditions une société ne peut subsister sans lois, 'mais bien sans religion', le roi poursuit en ces termes: 'cela se confirme par l'expérience des sauvages qu'on a trouvés dans les îles Marianes, qui n'avaient aucune idée métaphysique dans leur tête; cela se prouve encore plus par le gouvernement chinois où le théisme est la religion de tous les grands de l'Etat. Cependant, comme vous voyez que dans cette vaste monarchie le peuple s'est abandonné à la superstition des bonzes, je soutiens qu'il en arriverait de même ailleurs, et qu'un Etat purgé de toute superstition ne se soutiendrait pas longtemps dans sa pureté' (D13739). Frédéric n'a pas, à la différence de Voltaire, une vision idéalisée de la Chine.

[19] La monarchie catholique siégeant à Vienne par exemple.

[20] L'argument de l'isolement géographique de la Chine ne vaut pas pour Frédéric voisin de l'Autriche catholique et s'efforçant d'assimiler des territoires de tradition catholique, ni pour les Etats européens confrontés à l'Eglise de Rome.

effectuer ce grand projet que quand vous aurez cent mille guerriers 60
victorieux sous vos drapeaux. Et alors je doute que vous l'entrepreniez. Il faudrait pour un tel projet de l'enthousiasme dans la philosophie; et le philosophe est rarement enthousiaste.[21] Il faudrait aimer le genre humain; et j'ai peur que vous ne pensiez qu'il ne mérite pas d'être aimé. Vous vous contenterez de fouler 65
l'erreur à vos pieds, et vous laisserez les imbéciles tomber à genoux devant elle.

Ce que j'avais prédit est arrivé; le fruit n'est pas encore tout à fait assez mûr pour être cueilli.[22]

[21] On serait tenté de dénoncer une incompatibilité entre philosophie et enthousiasme. En fait, Voltaire professe que toute activité humaine a besoin d'enthousiasme pour atteindre à l'excellence et acquérir sa pleine efficacité. L'article 'Enthousiasme' du *Dictionnaire philosophique*, ajouté en 1765, modifié et prolongé dans les *Questions sur l'Encyclopédie*, montre qu'il n'y a de beauté, de grandeur, de sublime qu'avec l'enthousiasme; il en décrit les excès (le fanatisme), s'efforce d'en concevoir le contrôle (l'enthousiasme raisonnable), entre avec compréhension dans l'élan d'enthousiasme romanesque qui emporte Ignace de Loyola et la société des jésuites, jusqu'à l'horreur. Philosophe et poète, convaincu qu'il n'y a pas de création, surtout dans l'ordre de la pensée et de l'art, qui ne soit portée par le dynamisme de l'enthousiasme, Voltaire laisse entendre dans cet article, à l'accent très personnel, qu'il parle d'expérience (*OCV*, t.41, p.126-37). Ce Voltaire-là, il conviendrait de ne pas le sous-estimer: sa personnalité est en jeu dans ses textes philosophiques, dans ce qu'il fait et écrit pour pacifier la communauté humaine à force de déisme.

[22] Il est facile de prédire après l'événement, mais l'important ici est que, comme Voltaire aime à s'en persuader, il subsiste de l'espoir.

ÉDITIONS COLLECTIVES DES ŒUVRES DE VOLTAIRE CITÉES DANS CE VOLUME

w56

Collection complette des œuvres de Mr. de Voltaire. [Genève, Cramer,] 1756. 17 vol. in-8°.

Bengesco 2133; Trapnell 56, 57G; BnC 55-62.

Genève, ImV: A 1756/1 (vol.1-17). Oxford, VF (vol.1-17). Paris, Arsenal: 8 BL 34048 (vol.1-10); BnF: Z 24576-92 (vol.1-17).

NM

Nouveaux Mélanges philosophiques, historiques, critiques, etc. [Genève, Cramer,] 1765-1775. 19 vol. in-8°.

Cette édition fait suite à w56 et aux autres éditions de Cramer.

Bengesco 2212; BV3692; Trapnell NM; BnC 111-35.

Genève, Bibliothèque de Genève: HF 5054 (t.1-3, 5-7, 9-12); ImV: BA 1767/1 (t.1-10). Oxford, VF (t.1-10). Paris, BnF: Z 27258-60, Z Beuchot 21, Z Beuchot 1608, Z 24707-709 (t.1-3), Z Bengesco 487 (t.1-19; t.5 et 7 contrefaçons?), Z Beuchot 28 (t.5-19). Saint-Pétersbourg, GpbV: 11-74 (t.1-19).

w68

Collection complette des œuvres de M. de Voltaire. [Genève, Cramer; Paris, Panckoucke,] 1768-1777. 30 ou 45 vol. in-4.

Les tomes 1-24 furent publiés par Cramer, sous la surveillance de Voltaire. Les tomes 25-30 furent sans doute publiés en France par Panckoucke. Les tomes 31-45 furent ajoutés en 1796 par Jean-François Bastien.

Bengesco 2137; BV3465; Trapnell 68; BnC 141-44.

Genève, ImV: A 1768/1 (t.1-30), A 1768/2 (t.1-45). Oxford, Taylor: VI 1768 (t.1-45); VF (t.1-45). Paris, BnF: Rés. m. Z 587 (t.1-45), Z

Beuchot 1882 (t.1-30), Z 1246-74 (t.1-30). Saint-Pétersbourg, GpbV: 9-346 (t.1-7, 10, 11, 13, 15-30), 10-39 (t.1-24), 10-38 (t.1-17, 19-24).

PN69

Pièces nouvelles de monsieur de Voltaire. Amsterdam, 1769. 1 vol. in-8°.

Bengesco 2222; BnC 451.

Genève, ImV: BA 1769/2. Lausanne, BCU: AZ 6280. Paris, BnF: Z Beuchot 661.

EJ

L'Evangile du jour. Londres [Amsterdam, M.-M. Rey], 1769-1780. 18 vol. in-8°.

Les premiers volumes furent publiés avec la participation de Voltaire, et certains furent réimprimés.

Bengesco 1904; BV3593; Trapnell EJ; BnC 5234-81.

Genève, ImV: 1769/1 (t.1-2 (2ᵉ éd.), 3-10, 12-15). Oxford, Taylor: V8.E8.1769 (t.3-8). Paris, BnF: Z Beuchot 290 (t.1-18), D2-5300 (t.1-12), Z Bengesco 378 (t.1-2 (2ᵉ éd.), 4-15), Z Beuchot 291 (t.1-2 (2ᵉ éd.)), Z Bengesco 377 (t.5-10). Saint-Pétersbourg, GpbV: 9-144 (t.1-15).

W70L

Collection complète des œuvres de Mr. de Voltaire. Lausanne, Grasset, 1770-1781. 57 vol. in-8°.

Voltaire se plaint de cette édition auprès de d'Argental (D18119) et d'Elie Bertrand (D18599), mais certains tomes furent publiés avec sa participation, surtout les pièces de théâtre.

Bengesco 2138; BV3466; Trapnell 70L; BnC 149.

Genève, ImV: A 1770/2 (t.1-48), A 1770/4 (t.48-57). Oxford, Taylor: V1 1770L (t.1-54). Paris, BnF: 16 Z 14521 (t.1-6, 25), Z Bengesco 124 (t.14-21). Saint-Pétersbourg, GpbV: 10-18 (t.1-48).

W71L

Collection complète des œuvres de Mr. de Voltaire. Genève [Liège, Plomteux], 1771-1777. 32 vol. in-12.

Edition faite vraisemblablement sans la collaboration de Voltaire.

Bengesco 2139; Trapnell 71; BnC 151.

Genève, ImV: A 1771/1 (t.1-10, 13-19, 21-31). Oxford: VF.

w75G

La Henriade, divers autres poèmes et toutes les pièces relatives à l'épopée. Genève, [Cramer et Bardin,] 1775. 40 vol. in-8°.

L'édition dite *encadrée* fut préparée avec la collaboration de Voltaire.

Bengesco 2141; BV3472; Trapnell 75G; BnC 158-61.

Genève, ImV: A 1775/1. Oxford, Taylor: V1 1775 (t.1-31, 33-40); VF (t.1-40). Paris, BnF: Z 24839-78, Rés. Z Beuchot 32. Saint-Pétersbourg, GpbV: 11-2 (t.1-7, 9-30, 32-40), 10-16 (t.1-30, 33-40).

w75X

Œuvres de M. de Voltaire. [Lyon?] 1775. 40 vol. in-8°.

Imitation de w75G. Voir Jeroom Vercruysse, *Les Editions encadrées des Œuvres de Voltaire de 1775*, *SVEC* 168 (1977), et Dominique Varry, 'L'édition encadrée des œuvres de Voltaire: une collaboration entre imprimeurs-libraires genevois et lyonnais?', dans *Voltaire et le livre*, éd. François Bessire et Françoise Tilkin (Ferney, 2009), p.107-16.

Bengesco 2141 (p.105); BnC 162-63.

Genève, ImV: A 1775/3 (t.1-11, 14-28, 31-40). Oxford, Taylor: V1 1775 (18B, 19B) (t.18-19); VF (t.1-40), (t.2-10, 14-27, 29-40). Paris, BnF: Z 24880-919 (t.1-40).

K84

Œuvres complètes de Voltaire. [Kehl,] Société littéraire-typographique, 1784-1789. 70 vol. (seul le t.70 porte la date de 1789) in-8°.

Bien que de nombreuses modifications dans l'édition de Kehl semblent être des corrections éditoriales, les éditeurs de Kehl ont parfois modifié le texte de Voltaire sur la base de sources dont nous ne disposons plus.

Bengesco 2142; Trapnell K; BnC 167-69, 175.

Genève, ImV: A 1784/1 (t.1-70). Oxford: VF (t.1-10, 12, 13, 15-17, 20-43, 46-70). Paris, BnF: Rés. p. Z 2209 (t.1-70).

к85

Œuvres complètes de Voltaire. [Kehl,] Société littéraire-typographique, 1785-1789. 70 vol. (seul le t.70 porte la date de 1789) in-8°.

Voir la description de к84.

Bengesco 2142; Trapnell к; BnC 173-88.

Genève, ImV: A 1785/2 (t.1-70). Oxford, Taylor: V1 1785/2 (t.1-70); VF (t.1-70). Paris, BnF: Rés. Z 4450-519 (t.1-70), Rés. p. Z 609 (t.1-70).

к12

Œuvres complètes de Voltaire. [Kehl,] Société littéraire-typographique, 1785-1789. 92 vol. in-12 (seul le t.92 porte la date de 1789).

Voir la description de к84.

Bengesco 2142; Trapnell к; BnC 189-93.

Genève, ImV: A 1785/3 (t.1-92). Oxford, Taylor: V1 1785/1 (t.1-92); VF (t.1-92).

OUVRAGES CITÉS

Abrégé du Dictionnaire de Trévoux, 3 vol. (Paris, 1762).

Albertan-Coppola, Sylviane, *L'Abbé Nicolas-Sylvestre Bergier (1718-1790): des Monts-Jura à Versailles, le parcours d'un apologiste du dix-huitième siècle* (Paris, 2010).

Alembert, Jean le Rond D', *Œuvres*, 5 vol. (Paris, 1821).

Aubigné, Théodore Agrippa d', *Histoire universelle* (Amsterdam, 1626, BV213).

Bayle, Pierre, *Dictionnaire historique et critique*, 5ᵉ éd., 4 vol. (Amsterdam, Leyde, La Haye, Utrecht, 1740).

Bengesco, Georges, *Voltaire: bibliographie de ses œuvres*, 4 vol. (Paris, 1882-1890).

Benoît, Daniel, *Bulletin de l'histoire du protestantisme français* 48 (1894).

Bergier, Nicolas Sylvestre, *La Certitude des preuves du christianisme*, 2 vol. (Paris, 1767).

– *Discours qui a remporté le prix d'éloquence à l'Académie de Besançon* (Besançon, 1763).

– *L'Origine des dieux du paganisme*, 2 vol. (Paris, 1767).

– *Réponse aux Conseils raisonnables, etc., pour servir de supplément à la Certitude des preuves du christianisme, etc.* (Paris, 1769).

La Bible, trad. Lemaître de Sacy (Paris, 1990).

Bled, Jean-Paul, *Frédéric le Grand* (Paris, 2004).

Bossuet, Jacques-Bénigne, *Méditations sur l'Evangile*, 3 vol. (Paris, 1731).

Bracciolini, Poggio, *Poggiana, ou la vie, le caractère, les sentences, et les bons mots de Pogge Florentin, avec son Histoire de la République de Florence, et un supplément de diverses pièces importantes*, éd. J. Lenfant, 2 vol. (Amsterdam, 1720, BV2776).

Brice, Germain, *Description nouvelle de la ville de Paris*, 2 vol. (Paris, 1706).

Calmet, Augustin, *Commentaire littéral sur tous les livres de l'Ancien et du Nouveau Testament*, 25 vol. (Paris, 1709-1734, BV613).

– *Dissertations qui peuvent servir de prolégomènes de l'Ecriture sainte*, 3 vol. (Paris, 1720).

Chaudon, Louis-Mayeul, *Dictionnaire anti-philosophique*, 2 vol. (Avignon, 1769).

Clémence, Joseph-Guillaume, *Défense des livres de l'Ancien Testament, contre l'écrit intitulé 'La Philosophie de l'histoire'* (Amsterdam, 1767).

Corneille, Pierre, *Œuvres complètes*, éd. Georges Couton, 3 vol. (Paris, 1987).

Cotoni, Marie-Hélène, *L'Exégèse du Nouveau Testament dans la philosophie française du dix-huitième siècle*, *SVEC* 220 (1984).

Daniel, Gabriel, *Histoire de France*, 10 vol. (Paris, 1729, BV938).

De Galatie, Pallade, *L'Histoire lausia-*

que, dans *Les Pères du désert*, éd. René Draguet (Paris, 1949).
– – dans *Les Vies de saints Pères des déserts*, trad. Robert Arnauld d'Andilly (1653; Paris, 1733).

Descartes, René, *Discours de la méthode*, éd. Gilbert Gadoffre (Manchester, 1964).

Dictionnaire de l'Académie française, 2e éd. (Paris, 1695); 4e éd., 2 vol. (Paris, 1762).

Dictionnaire général de Voltaire, éd. Raymond Trousson et Jeroom Vercruysse (Paris, 2003).

Dictionnaire universel français et latin (*Dictionnaire de Trévoux*) (Paris, 1771).

Duguet, Jacques-Joseph, *Explication du mystère de la passion de notre seigneur Jésus-Christ* (Paris, 1728).

Encyclopédiana, recueil d'anecdotes anciennes, modernes et contemporaines (Paris, 1843).

Encyclopédie, ou dictionnaire raisonné des sciences, des arts et des métiers, par une société de gens de lettres, éd. Jean Le Rond D'Alembert et Denis Diderot, 35 vol. (Paris, 1751-1780).

Eusèbe, *Histoire de l'Eglise*, trad. Louis Cousin, 4 vol. (Paris, 1675).

Fréret, Nicolas, *Examen critique des apologistes de la religion chrétienne*, éd. Alain Niderst (Paris, 2001).

Gargett, Graham, *Jacob Vernet, Geneva and the philosophes*, *SVEC* 321 (1994).

Gaxotte, Pierre, *Frédéric II* (Paris, 1972).

Grimm, Friedrich Melchior, *Correspondance littéraire, philosophique et critique, par Grimm, Diderot, Raynal,* Meister, etc., éd. Maurice Tourneux, 16 vol. (Paris, 1877-1882).

La Beaumelle, Laurent Angliviel de, *Monsieur de Voltaire peint par lui-même* (Lausanne, 1768).

Le Coq de Villeray de Rouer, Pierre-François, *Réponse, ou critique des Lettres philosophiques de Monsieur de V**** (Bâle, 1735).

Le Franc de Pompignan, Jean-Georges, *Questions diverses sur l'incrédulité* (Paris, 1751).

Le Nain de Tillemont, Louis-Sébastien, *Mémoires pour servir à l'histoire ecclésiastique des six premiers siècles*, 2e éd., 16 vol. (Paris, 1701-1714).

Léonard, Emile-G., 'Le problème du culte public et de l'Eglise dans le Protestantisme français du XVIIIe siècle,' *Foi et vie* (1937), p.431-57.

London evening post 3847 (13 juin 1752).

Longueval, Jacques, *Histoire de l'Eglise gallicane*, 18 vol. (Paris, 1732-1749).

Lough, J., 'Bibliographie critique des publications du baron d'Holbach', dans *Revue d'histoire littéraire de la France* 46 (1939), p.215-34.

Malebranche, Nicolas, *De la recherche de la vérité: livres I-III*, éd. Jean-Christophe Bardout (Paris, 2006).

Manchée, W. H., 'The Swiss church of Moor Street', *Proceedings of the Huguenot Society* 17 (1942), p.53-63.

Maurois, André, *Histoire d'Angleterre* (Paris, 1888).

Mémoires secrets pour servir à l'histoire de la république des lettres en France, 36 vol. (Londres, 1777-1789).

Molinier, Jean-Baptiste, *Réponse aux Lettres de Monsieur de Voltaire* (La Haye, 1735).

Pascal, Blaise, *Œuvres*, 14 vol. (Paris, 1908-1921).

Penn, William, *A Collection of the works of William Penn*, 2 vol. (Londres, 1726).

Pomeau, René, René Vaillot, Christiane Mervaud et autres, *Voltaire en son temps*, 2ᵉ éd., 2 vol. (Oxford, 1995).

Rilliet, Théodore, *Lettre à Monsieur Covelle le fils, citoyen. Par l'auteur de la Lettre bleue* (Bienne et Karouge, 1764).

Rousseau, Jean-Jacques, *Correspondance complète*, éd. Ralph Leigh, 59 vol. (Genève, Oxford, 1963-1989).

– *Emile ou De l'éducation*, 4 vol. (Amsterdam, 1762, BV3035).

– *Œuvres complètes*, 5 vol. (Paris, 1959-1995).

Roustan, Antoine-Jacques, *Lettres sur l'état présent du christianisme, et la conduite des incrédules* (Londres, 1768).

Senebier, Jean, *Histoire littéraire de Genève*, 3 vol. (Genève, 1786).

Sinner, Jean Rodolphe, *Essai sur les dogmes de la métempsychose et du purgatoire enseignés par les bramins de l'Indostan* (Berne, 1771, BV3182).

Voltaire, *A M. Du M*** [...]*, M, t.30.

– *A Warburton*, OCV, t.64.

– *Les Adorateurs, ou les louanges à Dieu*, OCV, t.70B.

– *Anecdotes sur Fréron*, OCV, t.50.

– *Articles du fonds de Kehl*, OCV, t.34.

– *Articles pour le Dictionnaire de l'Académie*, OCV, t.33.

– *La Bible enfin expliquée*, OCV, t.79A.

– *Carnets (Notebooks)*, OCV, t.81.

– *Catéchisme de l'honnête homme, ou dialogue entre un caloyer et un homme de bien*, OCV, t.57A.

– *Collection d'anciens évangiles*, OCV, t.69.

– *Commentaire historique sur les œuvres de l'auteur de la Henriade* (Neuchâtel, 1776).

– *Commentaire sur Corneille*, OCV, t.54.

– *Commentaire sur le livre Des délits et des peines*, OCV, t.61A.

– *Corpus des notes marginales de Voltaire*, OCV, t.135-143.

– *De Cromwell*, OCV, t.30C.

– *Défense de milord Bolingbroke*, OCV, t.32B.

– *La Défense de mon oncle*, OCV, t.64.

– *De la paix perpétuelle*, OCV, t.70B.

– *De l'histoire*, OCV, t.57B.

– *Des conspirations contre les peuples, ou des proscriptions*, OCV, t.61B.

– *Des Juifs*, OCV, t.45B.

– *Des singularités de la nature*, M, t.27.

– *Dialogue de Pégase et du Vieillard*, OCV, t.76.

– *Dialogue du douteur et de l'adorateur*, OCV, t.61A.

– *Dictionnaire philosophique*, OCV, t.35-36.

– *Dieu et les hommes*, OCV, t.69.

– *Le Dîner du comte de Boulainvilliers*, OCV, t.63A.

– *Discours de l'empereur Julien contre les chrétiens*, OCV, t.71B.

– *Discours du conseiller Anne Du Bourg à ses juges*, OCV, t.73.

– *Dissertation sur la mort de Henri IV (La Henriade)*, OCV, t.2.

– *Les Droits des hommes et les ursurpations des autres*, OCV, t.67.

– *Du fanatisme*, OCV, t.28B.

– *Eléments de la philosophie de Newton*, OCV, t.15.

– *Eloge de Louis XV, prononcé dans une académie. Le 25 mai 1774*, OCV, t.76.

– *Eloge historique de la raison, prononcé dans une académie de province, par M. de Chambon. 1774*, OCV, t.76.

– *Entretiens chinois*, OCV, t.49A.

– *Essai sur la poésie épique*, OCV, t.3B.

– *Essai sur les mœurs et l'esprit des nations*, OCV, t.22-27.

– *L'Examen important de milord Bolingbroke*, OCV, t.62.

– *Extrait des sentiments de Jean Meslier*, OCV, t.56A.

– *Fragments sur l'Inde et sur le général Lalli*, OCV, t.75B.

– *La Guerre civile de Genève*, OCV, t.63A.

– *La Henriade*, OCV, t.2.

– *Histoire de l'établissement du christianisme*, OCV, t.79B.

– *Histoire de Jenni, ou le sage et l'athée*, OCV, t.76.

– *Histoire des voyages de Scarmentado*, OCV, t.45B.

– *Histoire du parlement de Paris*, OCV, t.68.

– *Homélies prononcées à Londres*, OCV, t.62.

– *Il faut prendre un parti*, OCV, t.74B.

– *Lettre curieuse de Monsieur Robert Covelle*, OCV, t.60C.

– *Lettre de Monsieur Clocpitre à Monsieur Eratou*, OCV, t.57B.

– *Lettre de Monsieur de La Visclède*, OCV, t.77A.

– *Lettre d'un quaker à Jean-George Le Franc de Pompignan*, OCV, t.57A.

– *Lettres à Son Altesse Monseigneur le prince de ****, OCV, t.63B.

– *Lettres chinoises, indiennes et tartares*, OCV, t.77B.

– *Lettres philosophiques*, éd. Gustave Lanson, revu par André M. Rousseau, 2 vol. (Paris, 1964).

– *Les Lois de Minos*, OCV, t.73.

– *Lettre de M. de La Visclède, à M. le secrétaire perpétuel de l'Académie de Pau*, OCV, t.77A.

– *Lettre de M. de Voltaire aux éditeurs de la première édition de Genève (Mélanges de 1756)*, OCV, t.45B.

– 'Notes de M. de Morza', OCV, t.76.

– *Nouveaux Mélanges*, OCV, t.60A.

– *Œuvres complètes*, éd. Louis Moland, 52 vol. (Paris, 1877-1885).

– *La Philosophie de l'histoire*, OCV, t.59.

– *Poème sur la loi naturelle*, OCV, t.32B.

– *Pot-pourri*, OCV, t.52.

– *Précis du siècle de Louis XV*, dans *Œuvres historiques*, éd. R. Pomeau (Paris, 1957).

– *Préface des éditeurs (Mélanges de 1756)*, OCV, t.45B.

– *La Pucelle*, OCV, t.7.

– *Les Questions de Zapata*, OCV, t.62.

– *Questions sur l'Encyclopédie*, OCV, t.38-43.

– *Questions sur les miracles*, M, t.25.

– *Recueil nécessaire* (Leipzig [Genève, Cramer] 1765).

– *Réflexions pour les sots*, OCV, t.51A.

– *Relation du bannissement des jésuites de la Chine*, OCV, t.67.

– *Remarques pour servir de supplément à l'Essai sur les mœurs*, OCV, t.27.

– *Romans et contes*, éd. Frédéric Deloffre (Paris, 1979).

– *Saül*, OCV, t.56A.

– *Seconde Anecdote sur Bélisaire*, OCV, t.63A.

– *Seconde Lettre du quaker*, OCV, t.57A.

– *Sentiment des citoyens*, OCV, t.58.

– *Sermon des cinquante*, OCV, t.49A.

– *Le Sermon prêché à Bâle, le premier*

jour de l'an 1768. Par Josias Rosette, ministre du saint Evangile, OCV, t.67.

— *Siècle de Louis XIV*, OCV, t.12-13D.

— *Socrate*, OCV, t.49B.

— *Sur le théisme*, OCV, t.28B.

— *Le Taureau blanc*, OCV, t.74A.

— *Testament de Jean Meslier*, OCV, t.56A.

— *Traité de métaphysique*, OCV, t.14.

— *Traité sur la tolérance à l'occasion de la mort de Jean Calas*, OCV, t.56C.

— *Un chrétien contre six Juifs*, OCV, t.79B.

— *Zadig, ou la destinée*, OCV, t.30B.

Voragine, Jacques de, *La Légende dorée* éd. A. Boureau (Paris, 2004).

INDEX